Rude Stated
Aalt 2013

Mit Gott leben

Eine Besinnung auf den Glauben

von

Traugott Koch

J. C. B. Mohr (Paul Siebeck) Tübingen

CIP-Titelaufnahme der Deutschen Bibliothek

Koch, Traugott:
Mit Gott leben : eine Besinnung auf den Glauben / von
Traugott Koch. – Tübingen : Mohr, 1989
 ISBN 3-16-145404-9

© 1989 J.C.B. Mohr (Paul Siebeck) Tübingen
Alle Rechte vorbehalten/All rights reserved Printed in Germany

Satz von Typobauer Filmsatz GmbH, Scharnhausen
Druck von Gulde-Druck GmbH in Tübingen.
Einband von Heinrich Koch KG in Tübingen.
Umschlagentwurf von Alfred Krugmann, Stuttgart

All denen,
von deren Freundlichkeit
ich gelebt habe und lebe

Inhaltsverzeichnis

Einleitung

1. Das Vorhaben 1
2. Das Ereignis des Verstehens 5
3. Der Leser, den ich mir wünsche 14
4. Wider das „gesetzliche" und moralische Mißverständnis dieses Vorhabens 16
5. Erfahrung und Besinnung 18
6. Drei Nachbemerkungen 22

I. Kapitel
An Gott glauben – wie man dazu kommt

1. Wege zur Erfahrung des Glaubens 26
2. Das Schlüsselerlebnis des Glaubens 42
   A. Die Erfahrung des Glaubens: ausgelöst in einer besonderen Erfahrung unter Menschen 42 –
   B. Der erfüllte Augenblick 48 – Zusatz: Zum Verständnis von „Bewußtsein" 53

II. Kapitel
Was das heißt, an Gott zu glauben

1. Was der Glaube selbst ist 65
   A. Glauben als „Für-wahr-halten" 65 – B. Richtungssinn und Bewegungsverlauf des Glaubens 76 – C. Glaube als Gottvertrauen 79 – D. Glaube als Einvernehmen mit Gott 86
2. Der Glaube an Gott als Mut zur eigenen Endlichkeit 94
3. Die Spannweite im Empfinden des Glaubens 103
4. Glaube und Zweifel 107

5. Enttäuschung im Glauben und Verlust des Glaubens 118
6. Die Gewißheit des Glaubens im Ungesicherten des Lebens 135

III. Kapitel
Was „Geist" ist – und was das heißt: „Gott ist Geist" 149

IV. Kapitel
Wie Gott im Leben eines Menschen ist

1. Gott ist nicht ferne, sondern bei uns da 161
2. Der Durchbruch zum Offenwerden für Gott 175
3. Gegenwärtig und offen im Leben sein 187
4. Den eigenen Auftrag fürs Leben finden 198
5. Wie sich zeigen kann, daß Gott in den Ereignissen des Lebens da ist 202
6. Frei, seine Angst zu bestehen 219
7. Vom Wachsen des Glaubens 229
8. Gott in der Einheit der eigenen Lebensgeschichte 238
9. Mut und Zutrauen für den Weg ins Kommende 248

V. Kapitel
Gott in der Höhe des Lebens und in dessen Tiefe

1. Die Freiheit in der Freude 256
2. Ist Gott im Leiden? 264
   A. Die Einsamkeit des Leidens 264 – B. Der Schrei nach Gott – der Gott vereitelt 274 – C. Gott, der das Unheil wendet 281
3. Die Klage, die Gott sehnsüchtig erwartet – Wie der Glaube Gott im Leiden durchhält 289
4. Die Ratlosigkeit und die Kraft des Tröstens 297
5. Bestandenes Leid 309

VI. Kapitel
Gott im Anfang und im Ende eines Menschenlebens

1. Das Wunder der Geburt 314
2. Das Leben – mir gegeben 326
3. Leben angesichts des Todes 335
   A. Was der Tod ist 335 – B. Nicht dem Tod leben 348 – C. Sterben können 361
4. Unser Tod und Jesu Leben aus dem Tod 366

VII. Kapitel
Glauben an Jesus als den Christus – als den Versöhner der Menschen

1. Wie Jesus für den Einzelnen lebenswichtig wird 378
2. Das Kreuz Jesu Christi – die Gegenwart Gottes 390

Anhang: Zu Weihnachten 403
Nachwort 405

Einleitung

1. Das Vorhaben

So einfach wie ich kann, soll dies Buch sagen, was Glauben ist. Daß selbstverständlich der christliche Glaube an Gott gemeint ist, das soll das ganze Buch erweisen. Insbesondere jedoch möchte ich darlegen, was der Glaube an Gott im Leben eines Menschen besagt und für das Leben bedeutet. Die eine Frage, wie der Glaube an Gott gelebt werden *kann*, beschäftigt dies Buch in allen seinen Teilen. Also will ich ausführen, was ein Einzelner, wie ich es bin, glaubt – oder besser noch: woran ich glaube, wem ich glaube – und ineins damit, wie ich das zu leben suche, was ich glaube, weil es für mich wahr ist. Denn wirklich an Gott glauben, das ist ja keine Sache bloßer Worte, sondern das *ist*, das geschieht nur in einem ganzen, ungeteilten Leben und im Einsatz des eigenen Selbst.

Spricht man zu einem Anderen vom Glauben, so wird man auf die Rückfrage gefaßt sein müssen: „Glaubst du das wirklich?" Und das heißt ja: Ist das nur so gesagt, oder glaubst du das so, daß du davon mit Leib und Seele, also mit deinem Leben, überzeugt bist? Bliebe man hier die Antwort schuldig, so hätte man Gott und den Glauben schon verraten. Unstreitig ist es immer so: Die Glaubwürdigkeit jeder Rede von Gott und dem Glauben hängt daran, daß der Redende sich bei seinen Worten behaften läßt, also für das Gesagte mit seiner Person, mit seinem von ihm gelebten Leben, einsteht. Doch das wird er nur können, wenn sich der Glaube in sein Leben gleichsam eingegraben hat und es wie ein

Brunnen speist. Nur *der* Glaube ist wirklicher Glaube, auf den sich einer mit seinem ganzen Leben einzulassen bereit ist, den er sich *selbst* zueigen gemacht hat und den er so selbst *lebt*. Durch solches Einstehen von Menschen für den Glauben gerät die Rede von Gott nicht in Vergessenheit, sondern bleibt sie wahrheitsfähig, indem sie immer wieder durch neue und andere Menschen glaubwürdig *wird*.

Deshalb genügt es nicht, Worte der christlichen Tradition nur zu wiederholen. Denn werden sie nicht auf ihre lebenspraktischen Konsequenzen hin ausgelegt, so tönen sie rasch als große, aber hohle Worte. Folglich ist zu Recht darauf zu bestehen, daß dargelegt wird, wie einer lebt, wenn wahr ist, was sie sagen. Ein zehnjähriger Junge sagte nach einer Predigt zu mir: „Was machst du immer bloß so viele Worte; das ist doch ganz einfach. Man kann nicht leben, ohne an Gott zu glauben, und man glaubt nicht, wenn man nicht danach lebt." Nichts weiter als dies Einfache möchte ich ausführen: Leben, wach und bewußtseinsweit leben *ist* glauben; und der Glaube an Gott ist genau dies – ein aufmerksames, klarsehendes Leben.

Und doch bleibt man unablässig mit seinem Leben hinter dem Glauben zurück, den man doch *selbst* leben will. Stets ist die Überzeugung deutlicher als das immer uneindeutig bleibende Leben. Wieder und wieder vergesse ich den Glauben, ist mir Gott wie verschattet – und also muß ich immer wieder an ihn erinnert werden. Was ich vom Glauben sage, das gerät mir also zum Vorsagen dessen, was ich gerne sein und leben möchte, aber nicht bin – oder nur bin, indem ich es sein will. Diese Spannung, den Glauben immer auch schuldig zu bleiben, gehört so wesentlich zum Glauben hinzu, daß er ohne sie gar nicht denkbar ist. Darum ist, wenn ich sage: ich glaube, immer zugleich mitgesagt: ich suche und hoffe zu glauben. Nur so kann ich es wagen zu sagen: ich glaube. So aber *soll* ich es auch ungescheut sagen. Gegenwärtig wird mir sein, daß ein Anderer es gelten ließ, als jemand rief: „Ich glaube, hilf meinem Unglauben." Sagt einer *so*, daß er glaubt, dann wird der Andere das anerkennen und akzeptieren können. Denn glaubwürdig ist wohl nur der, der das Unzulängliche des eigenen Glaubens sich nicht verhehlt. Das aber ist gerade das Besondere am Glauben: daß das Glauben ein *Ringen* um Glauben ist. Ja noch mehr: Gnade ist es, die Gnade des Glaubens an Gott, daß man in *ihm* das Unfertige und Unvollkommene seiner selbst, also des eigenen Glaubens, sich eingestehen kann. Nicht nur *kann* ich meiner nicht sicher sein; im Glauben *brauche* ich vielmehr meiner selbst und meiner Glaubenskraft nicht sicher zu sein. Im Glauben ist begriffen, daß auch das Glauben nicht in meiner Macht und nicht im eigenen Vermögen steht.

Das aber bedeutet: Wer über den Glauben spricht, spricht über das Ureigenste, über das Fundamentale seines Lebens. Und darin ist er machtlos auf das Verstehen des Anderen angewiesen. Er ist darauf angewiesen, daß der Andere es aufnimmt und sich damit in Zustimmung, Widerspruch und Abwandlung für *sein* eigenes Sichverstehen auseinandersetzt. Und nie entgeht er dem, dabei für Andere verletzbar und vor sich selbst anfechtbar zu sein. Aber anders als in einem solchen Reden vom eigenen Glauben wird nicht offenbar, was der Glaube ist – wenn Glaube nur *ist* als gelebter, als der, der im Leben eines bestimmten Menschen wirklich ist. Folglich ist es ein gefährdetes, in sich problematisches Unterfangen, vom eigenen Glauben an Gott zu reden. Denn allein von Gott und so vom Glauben ist zu reden – und doch ist es unvermeidlich, daß ich von mir, nämlich von meinem Glauben spreche. Wahr ist für den Glaubenden, daß der Glaube gerade dies ist: der gelebte, bei sich selbst vollzogene Verweis von sich weg auf Gott hin, von dem er als Glaubender lebt. Glauben an Gott besagt eben dies, daß ich mir nicht ein und alles bin, sondern vielmehr eines mir unendlich wichtig ist: Gott, der Sinn und das Gelingen des Lebens für alle Menschen. Gott allein soll zur Sprache kommen; aber er kann nur so zur Sprache kommen wie ein Mensch ihn in der ganzen Zufälligkeit und Besonderheit seines Verstehens zu erkennen vermag: Gott, wie ich ihn verstehe. Gesagt wird das in der nicht ausgemachten Hoffnung, daß ein Anderer diese Verantwortung mitträgt, indem er zustimmt oder widerspricht und so *seinen* Glauben an Gott zu verstehen unternimmt.

Vom Glauben als Leben mit Gott ist zu sprechen. Und also soll verständlich werden, was das Reden von „Gott" besagt und im Leben eines Menschen – wie in meinem, aber potentiell auch in dem jedes anderen – bedeutet. Gott, das bedeutet: Die Wahrheit ist größer als ich und die Liebe stärker, als ich sie realisiere; wirklich und mich umfassend ist sie immer schon, längst bevor ich anfange, ihr zu leben. Gott also, das heißt: Das Leben, das ich lebe, ist nicht aus mir, und so ist es jeden Tag, keineswegs nur am Anfang meines Lebens; nie bin ich mithin nur aus mir, was ich bin, sondern alles, was mein Leben erfüllt, belebt und lebendig hält, ist mehr als ich allein. „Gott" sage ich, und es ist mit gemeint: daß alles, was das Leben lebenswert macht, aus dem Geist ist, herrührt aus dem Geist der Wahrheit und der Liebe; und daß eben dieser Geist – Gott ist, Gott in meinem Leben. Gesagt ist mit dem Wort „Gott", daß dieser Geist, dieser Gott, *da* ist, da im Leben eines Menschen, wie ein Lebenswasser, in dem man schwimmt – wie ein Wasser, das bewegt und trägt und Auftrieb gibt und doch nur den bewegt, der sich selbst bewegt. Davon soll im folgenden die Rede sein und nicht zuletzt davon, daß man diesen belebenden Geist – Gott –, den Geist des Lebens, *anrufen* kann, auf daß er neu belebend in unser Leben kommt.

So ist von Gott zu reden, wie er im Glauben *ist* – und also wie er im Leben eines Menschen wirklich und wirksam ist. Ausgeschlossen sei somit die Vorstellung, Glaube und Leben seien zwei für sich bestehende Phänomene, oder der Glaube komme irgendwie zum Leben noch hinzu, gleichsam obendrauf. Vielmehr, wo Glaube an Gott ist, da *ist* Gott, und da bleibt das Leben eines Menschen nicht unverändert. Da zeichnet sich der Glaube in ein Leben ein, so daß es ohne den Glauben gar nicht mehr erkannt werden kann. Und ebenso bleibt auch der Glaube an Gott dabei nicht unverändert; sondern er wandelt sich ab und wird individueller, indem er den Einzelnen immer tiefer durchdringt, alle Bereiche seiner selbst in Denken, Gefühl und Wollen erfaßt, und indem zugleich alle prägenden Erfahrungen, die dieser Mensch in seinem Leben macht, in *ihn* eingehen.

‚Es gibt so viele Geschichten Gottes mit den Menschen, die an Gott glauben, wie es glaubende Menschen gibt' (nach R. Guardini)[1] – und, fügen wir hinzu: mit den anderen vermutlich und hoffentlich auch.

2. Das Ereignis des Verstehens

Viel wird vom Leser erhofft: nämlich daß er mit seinem Verstehen frei auf meine Überlegungen antwortet und so sich auf sie einläßt. Er wird bei den einzelnen Worten und den mehr oder minder zufälligen Formulierungen nicht stehenbleiben, sondern das hier Geschriebene lesen auf das hin, was es zu verstehen gibt – auf daß er selbst verstehe, was es mit dem Gottesglauben auf sich hat.

Dieses Sich-einlassen ist wörtlich gemeint. Es geschieht, wenn einer sich in die „Sache", in die angesprochene Thematik, hineinbegibt und sie dadurch zu seiner Sache werden läßt. Damit jedoch diese Selbstaneignung geschieht, ist es unumgänglich nötig, daß er sich in das hineinvertieft, was für ihn fremd, das andere, nicht bereits Bekannte ist. Dieser Umweg, sich auf anderes einzulassen, ist der einzige Weg, um ein *eigenes* Verständnis der Sache zu gewinnen und also um sich selbst zu verstehen.

Mithin ist solches Sich-einlassen ins andere, um die Sache zu verstehen, in sich gegenläufig. Es geschieht, wenn es recht geschieht, nicht, damit sich der Einzelne darin verliere, sondern

---

[1] R. GUARDINI, Vom Leben des Glaubens (Topos-Taschenbücher 124), Mainz 1983, S. 32.

damit er *selbst* verstehe, also *sich* verstehe und in diesem Sinne gerade zu sich selbst finde. Wer verstehen will, der wird *zunächst* absehen müssen von sich selbst und sich hineinbegeben in das, was das andere ist. Ihm wird er gerecht werden wollen; und darum wird er bereit sein, Eigenes, schon Bekanntes, loszulassen, dem anderen sich zuzuwenden und ihm in dem, was er selbst ist und intendiert, „gehorsam" zu werden. Ohne solches Herausgehen aus sich, in welchem einer von sich abzulassen vermag, bliebe man nur bei sich und bei dem, was man bereits kennt. Will einer jedoch verstehen, so stellt er sich die Aufgabe, das andere so zu erfassen, wie es selbst und von sich aus gemeint ist und wie es nach dem Zusammenhang beschaffen ist, in dem es steht und aus dem es sich selbst bestimmt. Dem anderen also soll ich gerecht und gehorsam werden und es nicht sogleich auf mich hin zurichten, nicht es einpassen in das Wissen, das ich schon habe. Nur so, indem ich mich um das andere bemühe, erschließt sich mir Neues, Wissens- und Erfahrenswertes; nur so wiederhole ich mich nicht in bloßer Bestätigung des bereits Gewußten.

Doch das Gelingen des Verstehens liegt ferner – und zu dem eben Beschriebenen gegenläufig – darin, daß so das andere, Fremde, Ungekannte sich *mir* erschließt: zu meiner *eigenen* Sache wird, ich darin Eigenes finde und ich mich besser, anders, neu verstehe – ja, mehr geworden bin, mehr ich selbst, von mir bejahbar, geworden bin, als ich zuvor war. Beides gehört aufs engste zusammen, vollzieht sich nur zusammen: Das Verstehen des *anderen*, einer thematischen „Sache", eines Gedankens also, wobei sich aber das Verstehen nicht mit dem bloß Äußerlichen der Formulierungen und der gebrauchten „Begriffe" begnügt, sondern diese Äußerlichkeit durchdringt und die Sache von ihrer Mitte her versteht – und ineins damit das Gegenläufige, daß sich der Verstehende von dem her, was er versteht, *selbst* versteht, sich von dem, was er versteht, ergreifen läßt.

Ereignet sich solches Verstehen, in dem ich anderes verstanden habe und mich verstehe, dann ist das allemal eine entscheidende, mich prägende Erfahrung. Eine erhebende Erfahrung ist das, die beglückt, weil sie heraushebt aus dem unzufriedenen Herumsuchen: hat sich mir doch eine Sache erschlossen, habe ich doch den Gedanken eines anderen Menschen wirklich eingesehen. Das ist *die* Erfahrung von Freiheit, die ein Studium, eine Lektüre geben kann.

H. Frank hat dieses ‚Glückserlebnis' so beschrieben: „Manchmal, wenn ich nächtens am Schreibtisch sitze, hartnäckig mit einem Thema befaßt, in eine Tätigkeit vertieft, die einer Knobelei gleichkommt, die schwierig ist und mir Mühe bereitet, zäh bin ich drübergeblieben und knie mich nicht ohne Überwindung hinein, und dann auf einmal passiert's, dann platzt der Knoten, sozusagen, dann sehe ich klar, dann habe ich begriffen, dann kann ich sagen, was ich sagen wollte – dann bin ich glücklich. Dann möchte ich am liebsten meinen Mann bei seiner ebenfalls mühsamen Pflichterfüllung stören, umarmen, dann wieder wegrennen, weitermachen – wunderbar ist das. Dann lebe ich, ... dann bin ich sicher, daß dergleichen sich wiederholen wird, und ich freue mich, und von Trübsalblasen kann überhaupt keine Rede mehr sein."[2]

Schwer ist es freilich, diese Erfahrung, daß Verstehen gelingt, selbst zu machen. Wollte sie einer aber dem Anderen abnehmen oder ermäßigen, er würde den Anderen nur um diese Erfahrung betrügen. Der Einzelne kann sie nur selbst machen; ein Anderer kann ihn dazu bestenfalls anregen – vorausgesetzt, daß dieser selbst von solchen Erfahrungen lebt. Wirklich gemacht hat allein *der* eine solche Erfahrung, dem sich das, was ihm so einleuchtete, in sein Leben eingezeichnet hat.

---

[2] H. Frank, Leben angesichts des Todes, Stuttgart ²1977, S. 82. Vgl. bes. auch: H. Rombach, Leben des Geistes. Ein Buch der Bilder zur Fundamentalgeschichte der Menschheit, Freiburg/Basel/Wien 1977, S. 294.

Mühsam und nicht ohne Klippen ist das Verstehen, weil das andere, das ist: das noch nicht Gekannte, Schwierigkeiten bereitet und also abstößt. Es erscheint als befremdend und als Zumutung, sich damit abzugeben. Um diesen Widerstand, den mir das andere entgegensetzt, nicht nur auszuhalten, sondern zu überwinden und sich auf das Fremd-Andere einzulassen, braucht es alle Kräfte des Denkens und also einen nicht nachlassenden Einsatz. Phasen der Unsicherheit, auch Zeiten der Unzufriedenheit mit sich und der Enttäuschung werden angesichts des Befremdlichen nicht ausbleiben. Solche Unsicherheit ist sogar bewußt zu riskieren. Nur dem, der sie durchhält, indem er nicht nachläßt, sich über sich hinaus zu bewegen und dem anderen, der Sache, sich zuzuwenden – nur dem erschließt sie sich. Überraschend wird ihm das Erlebnis zuteil, daß das, was ihm eben noch schwer und unerreichbar erschien, sich ihm nun zum Einsichtigen und Selbstverständlichen verwandelt hat. In solcher Erfahrung, durch Unsicherheit hindurch zum Verstehen gekommen zu sein, gewinnt ein Mensch ein gutes Stück freies, unverkrampftes Zutrauen zu sich selbst. Der Sinn der Worte und Gedanken, die ein Anderer zu verstehen gab, ist sein eigener geworden.

Wem einmal diese Erfahrung des Verstehens gelungen ist, der hat über sie als einzelne Erfahrung hinaus eine Offenheit, eine Bereitschaft für solches Verstehen gewonnen, die ihn nie wieder verläßt. Nicht nur hat er Neues erfahren; nicht nur ist ihm eine Sache klar geworden und hat er sich ein Stück weit selbst verstanden, er hat darüber hinaus eine Erfahrungsfähigkeit erworben: eben die Fähigkeit, verstehen zu können. Und das gilt insbesondere vom Verstehen eines anderen *Menschen*: Wer einen Anderen so verstanden hat, daß er dabei sich selbst erfahren, gewandelt und neu sich selbst verstanden hat, der hat bleibend eine Verstehensfähigkeit für Andere gewonnen. Und: er ist *diesem* Anderen verbunden. Freilich, beides bleibt nicht, wenn es nicht geübt und gepflegt, vertieft und erweitert wird.

Im Blick auf dies Ereignis des Verstehens als Erfahrung eigener

Einsicht seien, zum Teil wiederholend, zwei Sachverhalte eigens hervorgehoben.

Liegt das, was ein Anderer zu verstehen zu geben sucht, als ein geschichtlicher Text vor, so sind wir geneigt, entweder *nur* zu fragen, was er für die Menschen der damaligen, für uns vergangenen Zeit bedeutet – oder nur, was er für uns in der Gegenwart besagt. Doch die Frage nach der Bedeutung eines Textes in der Sprachwelt einer vergangenen Zeit führt nur zu einer Information, die fern, distanziert von mir, verbleibt. Die andere aber nach der gegenwärtigen Bedeutung, gleichfalls isoliert für sich gestellt, verliert sich nur zu rasch in einem bloßen Bestätigen von anderweitig bereits Bekanntem. Wie ja auch der nicht versteht, der bloß auf Formulierungen und „schlüssige Begriffe" aus ist. Verstehen, eine neue Einsicht gewinnen, wird vielmehr nur, wer die Zumutung auf sich nimmt, daß der Gehalt, die Bedeutung eines Gedankens nur dann für uns, für den Einzelnen ist, wenn der Verstehen-wollende sich zuerst und vor allem auf ihn, den Gedanken als ihm gegenüber anderes, einläßt. Nur wenn wir uns hin zu dem Gedanken bewegen, ihm uns aussetzen, bewegt er sich zu uns. Dann gerät unser Vor-Verständnis in Bewegung, verlieren unsere vorgefaßten „Begriffe" ihre Selbstverständlichkeit, schließen sie sich gerade nicht, sondern werden sie gleichsam flüssig. Es versteht nur, wer offen ist und eben nicht schon Bescheid weiß.

In einer rationalisierten Gesellschaft wie der unsrigen sind Menschen in der Regel bereit, die Beschwerlichkeit des Verstehens auf sich zu nehmen und sich in einen fremden „Stoff" hineinzuarbeiten, wenn ihnen nach realistischer Prognose versprochen wird – und dies Versprechen sich fortschreitend erfüllt –, daß man dadurch den Schlüssel zur Erklärung vieler Phänomene in die Hand bekomme und so die Welt, in der wir leben, überschaubarer, verständlicher, etwas weniger verwirrend und komplex, eben erklärlicher werde – man sie also ein Stück weit in Griff bekommen könne. Versprochen wird damit ein Erklärungswissen, das immer auch ein Herrschaftswissen ist, das im Bescheidwissen und

Durchschauthaben über die Dinge verfügt, vor Überraschungen und Unsicherheiten sicher ist.

Ohne solches Erklärungswissen abwerten zu wollen: Im Unterschied zu ihm dringt das hier bedachte Verstehen auf Klarheit aus Einsicht, intendiert es nicht eine selbstmächtige und -sichere Distanz gegenüber „Dingen", „Gegenständen". Vielmehr ist es am Ziel, wenn die Sache, der gedankliche Gehalt selbst, sich mir auftut. Das Verstehen hat so selbst teil an der Sache; es ist teilhabendes und selbstbeteiligtes Verstehen. Und der Einzelne, dem in solchem Verstehen die Sache zu seiner eigenen wurde, hat sich darin selbst verstanden; ist er doch nicht mehr ohne das, was er verstanden hat. Im Prozeß *solchen* Verstehens wurde ja auch nicht nur sein Interesse, Neues zu wissen, in Anspruch genommen, sondern seine Ausdauer in der Wahrheitssuche fürs eigene Leben.

In der Einsicht des Verstehens wird nun – im Unterschied zum Erklärungswissen – die widersprüchliche Vielfältigkeit unseres Lebens und unserer Welt nicht reduziert; sie wird nicht einfacher und nicht leichter. Sie bleibt verwirrend und zwielichtig. Doch sie wird, so weit die Einsicht reicht, zu einer begriffenen, in ihrem Sinn und Nichtsinn begriffenen Vielfältigkeit, der gegenüber ich nicht ausgeliefert bin, sondern mich verhalten kann. – Verfehlt wird jedoch solche Einsicht, wenn man nicht dem heimlichen Verlangen, die Weite des Lebens auf Stereotypen und fertige Muster zu reduzieren, entgegendenkt.

Doch ein weiterer, für den Vorgang und das Ereignis des Verstehens besonders bedeutsamer Sachverhalt sei noch bedacht. Auf die aktiv formulierte Frage, wie ich mir einen anderen Autor erschließe, ist sinngemäß zu antworten: Indem ich mich ihm erschließe, ihm mich öffne und auf ihn mich einlasse, erschließt *er* sich mir. Dieser Wechsel des handelnden Subjekts ist das Entscheidende, an dem das ganze Verstehen hängt. Denn spräche der Text nicht zu mir, mich in meinem Eigenen herausfordernd, gäbe er mir nichts zu verstehen, was mir Aufschluß gibt für mein Leben, so gewönne ich nichts hinzu und verbliebe ich in meiner Voreingenommenheit bei mir selbst. Dieser Wechsel des Subjekts – nicht in einem zeitlichen Nacheinander, sondern in wechselseitigem Umschlagen – ist übrigens, vorweg sei es gesagt, das ganze Geheimnis der Gnade. Wenn dieser Wechsel des tätigen Subjekts eintritt, dann kommt es zum einsichtigen Verstehen. Und dann haben sich drei auf einmal erschlossen: der gedankliche Gehalt eines Textes, über ihn der andere Autor, und ich mir selbst. Aufgeschlossen gegenüber dem Text, hat sich mir die Sache, die Thematik des Textes, erschlossen und damit das, was der Andere als Autor mir sagen wollte, weil es ihm wichtig war; so aber und darin hat sich auch der Andere als Person mir zu erkennen gegeben, denn ich habe verstanden, woran *ihm* liegt. Die Sache jedoch, die sich mir erschlossen hat, ist in Widerspruch und Zustimmung zu meiner Sache geworden, in der ich mich und mein Leben verstehe.

Im Ereignis des Verstehens ist die Sache, die Thematik, dem Autor und mir, dem Verstehenden, gemeinsam; in ihr sind wir miteinander verbunden. Als diese verbindende Sache ist sie das „gemeinsame Dritte" für uns beide. Diese uns einende gemeinsame Sache steht im Text, ist vom anderen Autor gesagt; aber sie steht nicht einfach ablesbar im Text. Sie muß sich, wie gesagt, mir erschließen – und nur dann ist sie *da*. Weil sie aber nur *so* da ist, daß sie sich mir in ihrem Sinn erschließt, *ist* sie nur und ist sie erkennbar nur als „Geistiges".

Doch genau das, was ich als Geistiges mir selbst aneigne, das erkenne ich zugleich *an*: das erkenne ich an als etwas, das von sich aus ist und einen ihm selbst eignenden Inhalt hat. Ich erkenne es mithin als etwas, das nicht aus mir ist, nicht das Produkt meines Herstellens und Erdenkens ist, sondern das gerade auch außerhalb meiner ist, mich ergreift und größer als ich ist – in diesem Sinne: auch mir *gegenüber* ist. Für denjenigen aber, der es nicht erfaßt und dem es sich nicht erschließt, für den ist es überhaupt nicht. Wem

Gott nicht *da* ist, der behauptet gemeinhin, es ‚gebe' überhaupt keinen Gott.

Je bedeutsamer eine Sache derartigen Verstehens für ein Menschenleben ist, desto rückhaltloser ist der Einsatz des eigenen Selbst gefordert, um zu verstehen. Deshalb ist das Verstehen des anderen dann besonders schwergewichtig, wenn, wie man früher formulierte, „von Gott und göttlichen Dingen" die Rede ist. Gott und alles Göttliche ist ja nichts Gegenständliches, nichts Feststehendes, kein Ding, keine neutrale Sache, die sich in Distanz beschreiben ließe; nichts Vorzeigbares, nichts Demonstrables, das man vorführen könnte, damit der Andere überprüfen könne, daß es das „gibt". Gott ist kein für sich bestehendes und als solches konstatierbares Etwas, in *diesem* Sinne kein Gegenstand. Er fügt sich folglich nicht in die Formen des Erklärungswissens. Geistiges kann man nur verstehend erkennen, oder eben verkennen. Man kann es nicht neutral konstatieren, oder vielmehr: letzteres wäre bereits ein Verkennen.

Weil aber Gott nicht etwas Gegenständliches ist und schon gar nicht ein „Fall" von irgend etwas Allgemeinem, darum kann die Mitteilung von Gott auch keine sein, die man passiv, distanziert unbeteiligt rezipieren und wie eine Information empfangen und sich anlernen könnte. Sondern „von Gott und göttlichen Dingen" ist, wie ein Katechismus aus früherer Zeit sagt, „mit Ernst und Ehrfurcht" zu reden.[3] Die Rede von Gott und Göttlichem ist, um Hegel zu zitieren, nur „mit eigenem tiefen Geist zu erfassen." Allein „im Geiste des Lesers" findet diese Mitteilung „Sinn und Gewicht". Sie findet Sinn und Gewicht im Geiste des Lesers – und zwar „einen so verschiedenen, als verschieden die Beziehungen des Lebens und die Entgegensetzung des Lebendigen und Toten

---

[3] Katechismus für die evangelisch-protestantische Kirche in Baden (1929), ⁵1934, S. 7 (= Erklärung des 2. Gebotes).

zum Bewußtsein gekommen ist".[4] Sie findet, mit anderen Worten, einen so verschiedenen Sinn und ein so verschiedenes Gewicht, so verschieden Menschen ihr Leben zwischen Lebendigsein und Totsein führen.

Zwei Konsequenzen des Ausgeführten seien angedeutet:

In jedem wirklichen und also tiefergehenden Verstehen ist das eigene Leben und Sichverstehen mit einbezogen. Es versteht jeder, der versteht, auf seine individuelle Weise – und also anders, verschieden gerade gegenüber dem Anderen, mit dem er sich doch in der Sache versteht. Wie ja auch jeder, der denkt, anders denkt – und doch keiner aus sich allein mit dem Denken begonnen hat. Aber nur individuell und nicht anders versteht einer die thematische Sache, den gemeinsamen Geist, und ist er mit dem Anderen verbunden. Dieser Sachverhalt verschärft sich, wenn von Gott die Rede ist. Denn hier versteht einer nur, wenn er mit seinem *ganzen Selbst* – im Bewußtsein des Gegensatzes zwischen Lebendigmachendem und Tötendem – versteht und eben *so* Gott auf seine individuelle Weise versteht. Das ist Verstehen in höchster, in bis zum Äußersten gespannter Selbstbeteiligung. Doch anders, abgespannter, billiger ist Gott nicht zu verstehen.

Man versteht sich selbst nur, wenn man überzeugt ist, eine thematische Sache zu verstehen, die man – in Übereinstimmung und Widerspruch – mit einem Anderen teilt: weil er sie mir sagen will, oder weil, aus meiner Sicht, sie auch den Anderen angehen könnte. So allein, denke ich, hat man überhaupt eine *Überzeugung* und nicht bloß Meinungen. Überzeugt bin ich mithin dann von einer thematischen „Sache", wenn sie sich mir als mit Anderen gemeinsames Drittes erschlossen hat; und wenn sie mir so einsichtig geworden ist, daß ich sie einem Anderen mitteilen kann, damit

---

[4] G.W.F. Hegel, Geist des Christentums; in: Ders., Werke in zwanzig Bänden (Theorie-Werkausgabe), Bd. 1: Frühe Schriften, Frankfurt 1971, S. 373.

er sie von sich aus verstehe. Was mir nicht auf diese Weise einsichtig geworden ist, das würde ich als meine Überzeugung bloß behaupten und schlimmstenfalls gewaltsam durchsetzen. – Frei in Gott und in der Rede von Gott die Anderen, zu denen man spricht, frei sie selbst sein lassend ist allein der, welcher in der Weise eigenen Verstehens von Gott überzeugt ist.

3. Der Leser, den ich mir wünsche

K. Rahner hat einer seiner letzten Veröffentlichungen, der Schrift „Was heißt Jesus lieben?", eine „Einleitung" vorangestellt, in der er davon spricht, daß man bei einem solchen Thema die Sätze rasch lesen kann, um sich einen Eindruck zu verschaffen über das, was bekannt und was mutmaßlich neu ist. Doch man könne auch ganz anders lesen: so nämlich, daß man die „Aufforderung" vernimmt, „das aus der eigenen Lebenserfahrung auf sich zukommen zu lassen, worauf" die einzelnen Worte „hinweisen". Jeder könne „behaupten, er verstehe Worte wie Liebe, Treue, Geduld usw. schon beim ersten Hören. Aber es muß doch auch jeder zugeben, daß nur der diese Worte wirklich versteht, der beim Hören die Erfahrungen seines Lebens dabei sammelt – langsam und geduldig, immer wieder hinhörend auf das eigene Leben..." Wer nun so liest und wirklich versteht, der wird nicht bei einzelnen Worten und Formulierungen hängenbleiben, sondern immer „den eigentlich gemeinten Sinn suchen, auch wenn die Worte nur so ungefähr in die richtige Richtung treffen." Ein solcher Leser wird ,stillschweigend liebend verbessern', wird er die Worte doch ,ins eigene Leben übersetzen'.[5]

S. Kierkegaard hat in den Vorworten zu seinen „Erbaulichen

---

[5] K. Rahner, Was heißt Jesus lieben?, Freiburg/Basel/Wien 1982, S. 7f.

Reden" den Wunsch nach demjenigen Leser, der versteht, immer wieder neu variiert. In einer Fassung drückt er ihn so aus: Dies kleine Buch „sucht jenen Einzelnen, den ich mit Freude und Dankbarkeit meinen Leser nenne, oder es sucht ihn auch nicht. Unwissend um Zeit und Stunde wartet es in der Stille, daß jener rechte Leser kommen möge wie der Bräutigam und die Gelegenheit mit sich bringe. Jeder tue das Seine, der Leser also das meiste. Die Bedeutung liegt in der Aneignung. Daher des Buches frohe Hingabe. Hier ist kein weltliches Mein und Dein, das trennt und verbietet sich anzueignen, was dem Nächsten gehört. Denn Bewunderung ist doch ein wenig Neid und also ein Mißverständnis, und Tadel in all seiner Berechtigung doch ein wenig Widerstand und also ein Mißverständnis, und Wiedererkennung im Spiegel nur eine flüchtige Bekanntschaft und also ein Mißverständnis – aber richtig hinzusehen und nicht vergessen zu wollen, was die Ohnmacht des Spiegels nicht zu bewirken vermag: das ist die Aneignung, und die Aneignung ist des Lesers noch größere, ist seine siegreiche Hingebung."[6] G. Bernanos verspricht vom Verstehen Höchstes: „Verstehen ist der sicherste und anständigste Weg, ihn [den Nächsten] zu lieben."[7] Nur Wahrheit, eingesehene Wahrheit, vermag Menschen zu verbinden – Unaufrichtigkeit aber trennt.

---

[6] S. KIERKEGAARD, Vorwort zu: Drei Reden bei gedachten Gelegenheiten (1845); in der Übersetzung von Th. Haecker: S. Kierkegaard, Religiöse Reden, übers. v. Th. Haecker, München 1950, S. 8 (= Ges. Werke, hg. u. übers. von E. Hirsch u. H. Gerdes, 13./14. Abt., Gütersloh 1981 [= GTB 609], S. 113).

[7] G. BERNANOS, Vorhut der Christenheit. Eine Auswahl aus den polemischen Schriften, Düsseldorf 1950, S. 14.

4. Wider das „gesetzliche" und moralische Mißverständnis dieses Vorhabens

Vielleicht und hoffentlich ist nach dem Dargelegten der Hinweis gar nicht nötig, daß das, was hier über den Glauben gesagt wird, gänzlich mißverstanden wäre, würde es als Vorschrift genommen: als Dienst- oder Gebrauchsanweisung, wozu man sich aufzuschwingen oder wie man sich durchzuarbeiten habe, um den richtigen Glauben zu erwerben. Ich will diesen Hinweis dennoch ausdrücklich geben.

Denn es liegt mir fern, aufzutreten mit dem Anspruch, es stehe fest und sei in bestimmten Sätzen aussagbar, was für den Anderen und für alle der richtige Glaube an Gott sei; und nach dem, was so feststehe – oder gar was ich für richtig halte – habe man sich, wenn man glauben wolle, zu richten. In unserem Zusammenhang wäre nichts ruinöser als die Forderung: so sei es und nicht anders, und das habe man zu akzeptieren – wäre nichts verderblicher als die Behauptung: wer anders denke, besitze nicht den „rechten" Glauben. Oder man habe erst dies und das und dazu noch das zur Kenntnis zu nehmen und sich einzuprägen, damit man „recht" glaube oder „richtig" liebe. Fern liegt mir vorzugeben, ich oder sonst jemand wisse, was der Andere zu denken und zu „glauben" habe. Solcher Anspruchsdruck machte vielmehr Glauben zunichte.

Also möchte ich kein „Gesetz" über den richtigen Gottesglauben vorstellen. Und doch liegt in dem hier Auszuführenden eine Zumutung, die ich gar nicht wegreden oder abschwächen könnte: die Zumutung an den Anderen, selbst sich zu besinnen, was für *ihn* selbst „Glauben an Gott" bedeutet. Denn nur *so* wird er verstehen. Er möge bedenken, ob es so ist oder sein könnte, wie hier zu formulieren versucht wird, ob das Gesagte Wahrheit in sich enthält – oder ob es anders ist. Sage ich, wie ich die Sache des Glaubens sehe und verstehe, so hoffe ich, der Leser möge verstehen, wie er sich selbst versteht. Freuen würde ich mich, ein Anderer gewönne Mut, selbst einen bewußten Glauben zu leben. Es findet nämlich einer in die Wahrheit nur, wenn er selbst sie findet. – Überhört jedoch hätte der das Gesagte, der es als bloß subjektive Meinungsäußerung auffaßte.

Was ich vom Glauben an Gott auszusagen habe, das kann in seiner Inhaltlichkeit nur Anregung für den Anderen sein, es bei sich selbst zu erkunden. Es ist nur bittweise vorgebracht. In der Sache aber – im „Geist" – ist es zugleich die Zumutung an den Anderen, sich im Ernst und mit dem Einsatz des eigenen Selbst nicht einfach auf meine Worte, sondern auf die darin gemeinte „Sache" einzulassen: um selbständig im Glauben *und* darin mit dem Anderen verbunden zu sein. Wer darauf eingeht, was ich zu sagen suche, der läßt sich auf diese Zumutung ein und nimmt sie als Last mir ab.

Wohl bin ich überzeugt, daß sich durch die Worte eines Menschen hindurch Wahrheit ereignen kann. Aber ganz gewiß bin nicht ich oder ein anderer Mensch es, der diese Wahrheit erzeugt oder bewerkstelligt. Wie man auch einen anderen Menschen – weil er selbst ein Ich, ein eigenes Subjekt ist – nicht zur Wahrheit und nicht zum Guten überreden, ihm dazu nicht „verhelfen" und ihn nicht mit einem noch so wortreichen „Tu's doch!" einfach dazu auffordern kann. Vielmehr kann er nur für die Wahrheit, für das Gute gewonnen werden – und dies dadurch, daß das Gute, die Wahrheit, *selbst* sich ihm erschließt, ihn erfaßt und bewegt. Durch eines anderen Menschen oder durch meine Worte und Taten hindurch kann nur die Wahrheit selbst jemanden gewinnen, indem *sie* ihm einleuchtet und *er* selbst sich darin findet. Wer dieser Unverfügbarkeit der Wahrheit *in* seinen Worten und Taten bewußt ist, der ist „demütig" zu nennen; denn er weiß und lebt, daß er die Wahrheit nicht besitzt – die doch auch auf ihn angewiesen ist und bleibt.

Noch in einem anderen Sinne könnte man ein solches Vorhaben, vom Glauben an Gott zu sprechen, moralisch deuten und also mißverstehen. Das wäre der Fall, nähme einer an, durch

Reflexion und Denken, wie hier vorgetragen, solle allererst hervorgebracht werden, was an sich – noch – gar nicht ist. Nein, nicht so; sondern durch Nachdenken soll bewußt werden und ganz in mich eindringen, was schon, mehr oder weniger bewußt, *geschieht* und geschehen ist. Wo das Denken eines Menschen Wahrheit erkennt, da erkennt er auch und zugleich, daß diese Wahrheit längst oder immer schon war – bereits war, bevor er sie nun erkannte. Denn die Wahrheit ist nicht erst von heute und nicht etwa erst durch das Erkennen dieses Menschen hervorgebracht; – eben dies jedoch ist *zu denken*, es wäre diese Einsicht sonst nicht. Denken deckt in diesem Sinne auf; es entdeckt, was *ist*. Denken und Erkennen hat auch nach rückwärts aufschließende Kraft. Wie J.E. Erdmann formuliert: „Alles was begriffen ist, beweist, daß es früher unmittelbar gewiß, erfahren war."[8]

Folglich kann man das, was über den Glauben an Gott gesagt wird, nicht schlimmer mißverstehen, als wenn man annimmt, das Glauben sei ein Ideal und das Reden von Gott bestehe folglich in der Forderung, den „Glauben" anzustreben, sich oder einem Anderen den Glauben abzufordern.

5. Erfahrung und Besinnung

Was ich hier vortrage, das stammt aus einer Besinnung, die von vielen Anderen, von den Vätern des Glaubens, von meinen Lehrern und von meinen Freunden erweckt und beeinflußt ist. Doch es ist formuliert aus einer Besinnung auf das, wovon ich überzeugt bin, daß es ein Mensch im Glauben *erfahren* kann, und wovon ich hoffe, daß es auch meiner Erfahrung angehört. Im Nachdenken suche ich mir klarzumachen, was in meinem Leben an Gehalt ist und wovon ich meine und wünsche – ja sogar überzeugt bin –,

---

[8] J.E. Erdmann, Vorlesungen über Glauben und Wissen als Einleitung in die Dogmatik und Religionphilosophie, Berlin 1837, §. 39.

daß es in anderer Weise auch im Leben Anderer ist. Und eben dies verspreche ich mir von einem Vorhaben wie diesem: daß ich durch eine Besinnung auf das, was im Glauben an Gott erfahren wird, zu größerer Klarheit gelange; daß mir der Glaube deutlicher werde und ich also den Glauben deutlicher leben kann.

Allemal ist es so, daß das, was wir erfahren, durch die Reflexion darauf überhaupt erst prägnant, gefüllt und klar, und folglich gewiß wird. Sonst würde uns alles ins Diffuse, Unbestimmte verfließen. Im Nachdenken erst wird mir der Sinn und Gehalt dessen, *was* ich erlebt und wahrgenommen habe, wirklich bewußt. *Die* Worte haben die größte Kraft, mir einsichtig zu werden, die in mir die Erinnerung wecken an das, was ich zwar erlebt, aber nicht verstanden, nicht wirklich wahrgenommen und in mein bewußtes Leben aufgenommen habe – vielleicht weil ich es gar nicht beachtet oder eben nicht begriffen habe. Jedes nicht an der Oberfläche haftende, sondern tiefere, intensivere Verstehen wird mir nur dann zur vollen, klaren Erfahrung, wenn mir das, *was* ich verstanden habe, wirklich bewußt geworden ist. Allein das Nachdenken und in Worte Fassen, und sei das auch ein lautloses Sichvorsprechen, bewahren das Flüchtige des Erlebens, widerstehen dem Forteilen der Zeit und schließen mir die Bedeutung, den Gehalt und den Sinn dessen auf, was auf mich zukam und mich erfüllte, oder was in mir aufkam – immer aber *erlebt* mir zueigen wurde. Sonst bliebe mir nichts und wäre ich nicht etwas Eigenes, kein Selbst.

Doch ebenso gilt umgekehrt: Im gelebten Leben liegt ineinander, was das Denken unterscheidet und in den Formulierungen in ein Nacheinander zerlegt. Insofern verstößt es immer, mehr oder weniger stark, gegen den inneren Zusammenhang einer Sache in der Lebenserfahrung. Vor allem auch ist die Erfahrung selbst ungleich vielfältiger – und verwirrender, also ungewisser – als die Begriffe des Denkens. Die Überraschungen, die das Leben bereithält, seine von mir gewußte Ungewußtheit – ich weiß ja, daß die Zukunft unbekannt ist – bereiten Unsicherheit und fordern mich doch zugleich heraus, über das bekannt Gewußte hinauszugehen und, aufgrund des jeweils Erfahrenen, Neues, Ungekanntes zu denken. Es bliebe einer nicht lebendig, riskierte er solche Unsicherheit nicht. Was nicht in der Weise durchlebt ist, daß es einen umtrieb und die gewohnten Selbstsicherheiten durchbrach, was, in diesem Sinne, nicht auch erlitten ist, das hat man nicht für sein Leben, also für sich selbst, erkannt, das prägt sich nicht ein.

Wie man sieht, stehen Erfahrung und Besinnung in einem Prozeß wechselseitigen Sichbedingens, der durch das Nachdenken zur Vertiefung – aber auch zu Neueröffnung – von Erfahrung und andererseits durch neue Erfahrung zur Erneuerung des Denkens führt.

Dieser Sachverhalt sei noch einmal in einer anderen Hinsicht dargetan. Unbestreitbar ist jede Erfahrung immer schon mit einer durch Nachdenken gewonnenen Deutung verbunden. Ich würde sie sonst gar nicht als diese bestimmte wahrnehmen, gar keinen Gehalt erfassen. Doch indem nun einer das, was er erfährt, sich klarmacht und ausspricht, deutet er das Erfahrene für sich selbst und also neu, anders. Er tut das in dem allgemeinen, nicht von ihm hervorgebrachten Medium der Sprache. Und so wird ihm selbst bewußt, erkennt und *weiß* er, was er erfahren hat. Er sucht seine Erfahrung in Worte zu fassen, hoffend und darum ringend, die zutreffenden, sachgemäßen Worte zu finden. Soweit ihm das gelingt, soweit ihm das Erfahrene wirklich bewußt geworden ist, verhält er sich dazu freier: kann er dazu Stellung nehmen, es nicht zuletzt *wollen* und für die eigene Lebensführung bejahen. Nachdenken als Bewußtwerden heißt freier werden.

Wenn nun einer, wie ich hier in diesem Unterfangen, sich selbst in seinen Erfahrungen zu begreifen, einen Anderen anspricht, so wird er von der „Sache" sprechen, die er erfahren hat und von der er überzeugt ist, daß sie auch die „Sache" – Sinn und Gehalt des Lebens – des Anderen ist oder werden kann. Und der Andere wird solcher Mitteilung sehr wohl abspüren, ob sie in Erlebtem – und das heißt ja immer auch: in Erlittenem – gründet.

Vermutlich wird er zum Verstehen bereit sein, wenn er *das* an den Worten merkt und so Vertrauen zum Anderen faßt. Versteht er nun die Mitteilung des Anderen, so geht ihm auf, was der *Andere* erfahren hat – und im selben Akt wird ihm das zu einer möglichen *eigenen* Erfahrung. Verstehen und damit Nachdenken erschließen mir, was für mich real mögliche, also potentielle Erfahrung sein kann.

Verstehen und Besinnung führen über die Unmittelbarkeit des Erfahrens hinaus – und wieder ins Erleben hinein: Sie vertiefen das Erfahrene, machen freier und für neue Erfahrungen offener, etwa indem sie mir gerade meine Sperren deutlich werden lassen. Ja, sie können selbst neue Erfahrungen erwecken.

Wohl trifft es zu, daß eine bestimmte Aussage, etwa über den Glauben an Gott, nur in dem Zusammenhang verstanden werden kann, in dem sie auch zur Erfahrung kommt. Sie wird entstellt, wenn sie aus ihrem Zusammenhang herausgelöst wird. Doch dieser Sachverhalt besagt *nicht*, daß nur derjenige jene Aussage verstehen könne, der *zuvor* bereits diese Erfahrung selbst gemacht oder sie gar auf dieselbe Weise und in gleicher Bestimmtheit gemacht habe. Im *Verstehen* der Mitteilung des Anderen geht mir vielmehr auf, was ich erfahren *kann*.

Niemand ist vom Verstehen einer „Sache" – etwa der des Glaubens an Gott – ausgeschlossen: gar durch das Diktat, nur der könne mitreden, der das bereits erfahren habe. Würde man in *dieser* Weise die Erfahrung des Glaubens zur – zuvor zu erschwingenden – Voraussetzung des Redens und Verstehens einsetzen, so schlösse man eben damit irgendwelche anderen Menschen vom möglichen Glauben an Gott aus. Man ersparte sich damit die anstrengende Verpflichtung, die in der Wahrheit einer „Sache" liegt, um der Wahrheit willen Sinn und Gehalt des Glaubens für Andere verstehbar, einsehbar auszusagen. Durch die Forderung, dies oder jenes „müsse man eben glauben", also durch die Forderung, das Denken stillzustellen und *zuerst* „gehorsamst" bloß zu akzeptieren, würde gerade das eigene Verstehen dessen, was

Glaube ist, verhindert. – Unbestritten gilt, daß es Wahrheiten „gibt", die nur der versteht, der sie lebt. Aber die Richtigkeit dieses Satzes entbindet keinen Moment von der – gewiß oft so schweren – Aufgabe, die betreffende Wahrheit sich und dem Anderen verständlich zu machen, damit *sie* sich ihm und ebenso mir erschließe – und wir sie *leben*.

Entscheidend ist, daß ein jeder bei dem, was er als Wahrheit, als Gott, erkennt und denkt – und glaubt –, sich selbst mitdenkt, also bedenkt, was das für ihn bedeutet und besagt.

Es sei wiederholt: Schwer ist es zu verstehen. Bei S. Kierkegaard steht: „... aber der, welcher nicht sich selbst verstand, wie sollte er in tieferem Sinne fassen, was außer ihm ist."[9]

6. Drei Nachbemerkungen:

1. Wohl die meisten Ausführungen dieses Buches sind unvollständig. Besonders im Anfang wird vielleicht mancher den einen oder anderen Gedanken vermissen. Es sei aber der Hinweis gestattet, daß dies Buch einen Weg beschreiben will, der beim relativ Einfachen beginnt.

Jedoch bleibt leider auch vieles gänzlich ungesagt, und dies in mehrfacher Hinsicht. So fehlt zum einen die Darlegung von Themen, die mehr oder weniger direkt hierher gehören: etwa das Lesen und Verstehen der Bibel oder das Problem der Schuld und der Vergebung. Es fehlen der ganze Bereich der Ethik, ein Begriff dessen, was Kirche ist, und eine Darlegung darüber, wie Gott in der Natur zu erkennen ist. In der Richtung der hier vorgetragenen Überlegungen läge es, diese drei Themenbereiche unter dem

---

[9] S. KIERKEGAARD, Die Bestätigung in dem inwendigen Menschen; in: Drei erbauliche Reden (1843), nach der Übersetzung Th. Haeckers [wie oben zu S. 15], S. 75 (= Ges. Werke, hg. u. übers. v. E. Hirsch und H. Gerdes 5./6. Abt., Gütersloh 1980 [= GTB 605], S. 140).

einen Gedanken einer „gemeinsamen Welt" zu behandeln. Denn zu denken ist, daß die Welt, in der jeder von uns lebt, eine gemeinsame Welt höchst unterschiedlicher Individuen ist. Der Begriff, der zu denkende Gedanke, einer in diesem Sinne gemeinsamen Welt gründet in dem, was ich den „Geist der Gemeinsamkeit" nenne und wovon in diesem Buch noch die Rede sein wird. Dieser Geist findet seine Verwirklichung im Recht und in der Liebe, was als Grundlegung der Ethik auszuführen wäre. Zur gemeinsamen Welt der Menschen gehört aber insbesondere auch die Grenze menschlichen Handelns: *das* andere, die Natur. In der Lebenswelt, in der Kultur der Menschen ist sie immer auch mitinbegriffen. Kirche jedoch ist dazu da, für das auch ihr unverfügbare Ereignis des Geistes, der Gemeinsamkeit schafft, einzustehen und unablässig an ihn zu erinnern.

Zum anderen ist hier nicht versucht, eine ausgeführte Dogmatik der Lehre von Gott oder von Jesus Christus zu umreißen. Auch will dies Buch keine religionsphilosophische, das heißt begrifflich strenge Abhandlung sein. Darum wurde auch nicht angestrebt, eine *begriffliche* Präzision des Dargelegten zu erreichen. Ich weiß beispielsweise, daß eine Sache nicht zu Ende gedacht ist, wenn man bei dem Begriff der „Wechselwirkung" stehenbleibt, und habe das oben doch getan. Zwar will ich auf die Strenge des Gedankengangs nicht verzichten; aber ich möchte dem Leser und mir nicht mehr an wissenschaftlicher Methodik zumuten, als zum Verstehen nötig ist.

Schließlich möchte ich hervorheben, daß ich hier meine Ausführungen nicht in einer Auseinandersetzung mit der theologischen Tradition entfalten kann. Das ist eingestandenermaßen eine erhebliche Verkürzung – sind sie doch aus eben einer solchen Auseinandersetzung erwachsen. So bleibt bedauerlicherweise ungesagt, was ich von welchem Lehrer gelernt habe. Und doch weiß ich höchstwahrscheinlich nichts zu sagen, was ich nicht Anderen schulde – vor allem Luther, Hegel und Kierkegaard –, weil es von ihnen zumindest angeregt ist. Und viele Gedanken, die ich den Gesprächen mit den Menschen verdanke, mit denen ich befreundet bin, sind für mich ununterscheidbar in meine Erwägungen eingegangen.

2. Ob man gegen die Darlegungen dieses Buches den Vorwurf erheben wird, sie seien „privatistisch", „rein innerlich" und ohne Praxisbezug? Dagegen gebe ich zu bedenken: Persönliche Existenz ist zweifellos vom kollektiven Existieren, von der „Gesellschaft", nicht „ablösbar", also nicht zu trennen. Aber wo der Mensch, und das ist der Einzelne, *in* seinen gesellschaftlichen Verhältnissen, in denen er selbstverständlich untrennbar mit anderen Menschen verbunden ist, *sich selbst* zur Frage wird, da erkennt er, daß er für sich selbst ein einmaliges, individuelles Wesen, unvertretbar ein Selbst ist. Oder anders gesagt: Wer seiner bewußt ist und das ist in irgendeiner Weise jeder Mensch –, der ist „etwas", ein Wesen, *für sich*: der ist ein unverwechselbarer „Dieser".

Ich weiß wohl, daß eine Innerlichkeit, eine Frömmigkeit, ohne soziale Praxis zu verkümmern, leer in sich oder gar selbstgefällig zu werden droht. Jesus hat das gelehrt, Luther es erneuert. Von einer Innerlichkeit, von einem Glauben, ohne die Anderen und vor allem ohne diesen Anderen, meinen Nächsten, kann gewiß nicht die Rede sein – und ist hier auch nirgends die Rede. Nicht um eine „Pflege der Innerlichkeit" ist es zu tun, sondern um ein Leben in den sozialen Bezügen aus dem Innersten des Einzelnen, seinem Gottesglauben, heraus – wo doch selbst *das*, das Innerste eines Menschen, nie ohne Auseinandersetzung mit Anderen ist und nie ohne den Anderen einem Menschen, also diesem *selbst*, bewußt wird. Ganz sicher und unbezweifelbar ist der Mensch kein isoliertes, einfach und nur in sich abgeschlossenes und in sich ruhendes Einzelwesen. Es soll hier vielmehr konsequent damit Ernst gemacht werden, daß noch und gerade der Glaube an Gott nicht ohne *den* Anderen und *die* Anderen gedacht und gelebt werden kann.

3. Es könnte sein, daß eine Eigenart sprachlicher Formulierung befremdet. Ich formuliere, wie „man" den Glauben lebt, und

schreibe nicht, wie „man /frau" den Glauben lebt. Ich spreche von dem Einen und dem Anderen und meine dabei doch zugleich die Eine und die Andere. Ich wüßte nicht, wie ich eine solche Ausdrucksweise, die die maskuline Form bevorzugt, vermeiden könnte. Diejenigen, die sich daran stoßen, bitte ich zu bedenken, daß ein Gedanke nur wahr ist, wenn er über den Wortlaut hinaus von jemandem für sich selbst ‚gehört' und im eigenen Selbst angeeignet ist. Solche Aneignung wird an der sprachlichen Form, an der Formulierung, nicht hängen. Es sind meine Überlegungen, die ich formulieren möchte. Was sie intendieren, ist dann erreicht, wenn sie nicht nur die eines Mannes sind.

I. Kapitel: An Gott glauben – wie man dazu kommt

1. Abschnitt: Wege zur Erfahrung des Glaubens

Eine Vorbemerkung:
Die Frage, wie man zum Glauben kommt, wird oft so vorgetragen, als sei sie gleich der anderen, was „Glauben" überhaupt ist und bedeutet. Und manchmal wird sie auch in eins gesetzt mit der Frage, was es heißt, den Glauben wirklich zu leben und nicht bloß über ihn zu reden. Nun hängen diese Fragen selbstverständlich eng miteinander zusammen. Doch will man Klarheit gewinnen, so tut man gut, sie in der Erörterung auseinanderzuhalten. Mithin soll hier zunächst diese eine Frage bedacht werden: Wie kommt man „eigentlich" dazu zu glauben? Wie kommt man da hin oder da hinein? Glauben: das fliegt einem ja nicht einfach so zu. Doch warum stellt sich diese Frage besonders in unserer Zeit? Eine kurze Beschreibung des geschichtlichen Ortes dieser Frage mag zur Sache führen.

Vermutlich wird in unserer Zeit der Gottesglaube immer weniger durch die Lebenswelt selbst schon dem Kind und dem Jugendlichen nahegelegt, so daß der Heranwachsende einfach hineingenommen wird in den Glauben, ihn wie selbstverständlich sich angewöhnt. Mit anderen Worten: Glaube wird, geschichtlich gesehen, zunehmend mehr zu einem *bewußten* Vollzug; er ist immer mehr nur als wissentlicher, willentlicher Glaube. Immer weniger reden die Lebensumstände von selbst den Glauben an Gott gleichsam auf. Denn die Abhängigkeit von der Natur ist nicht mehr *die* alltäglich erlebte Analogie und Mahnung zu einer Abhängigkeit von Gott. Naturabhängigkeit ist vielmehr in unserer Alltagswelt so gut wie besiegt. Gegen die Risiken des Lebens schützen ein großes technisches Wissen und Versicherungen aller Art. Keiner ist mehr ungedeckt Wind und Wetter ausgesetzt.

In unserem Zusammenhang ist diese geschichtliche Entwicklung einer wissenschaftlich-technischen Kultur und Zivilisation nicht zu beklagen – auch wenn in anderer Hinsicht die neuzeitliche Naturbeherrschung durchaus zu schwerwiegenden Bedenken Anlaß gibt.

Denn indirekt setzt sie den Glauben an Gott davon frei, Glauben als ein Abhängigkeitsverhältnis vorzustellen, das man um der menschlichen Ohnmacht willen nötig habe. Sie legt die Provokation nahe: wenn Glaube, dann freier Glaube.

Sicherlich ist es begrüßens- und erinnerungswert, wenn man in der Kindheit in den Glauben hineinwächst, weil er ganz selbstverständlich zum Leben hinzugehört, wie man es an Anderen, an den Eltern, der Lehrerin, dem Freund oder der Freundin sieht. Eltern können sich für ihre Kinder nichts Besseres wünschen. – Doch es kommt eine kritische Phase, in der man sich zu seinem geistigen Herkommen, und also auch zu dem bislang wie selbstverständlich gelebten Glauben, *bewußt* verhalten muß. Wiederum ist das nicht zu beklagen. Denn wäre das nicht so, so wäre die Befürchtung um so angebrachter, der Glaube an Gott verliere sich wie eine Hülle, der man entwachsen ist. Drängt sich nun aber die Entscheidung zu einem bewußten Glauben auf, so sieht sich der Betreffende vor die hier interessierende Frage gestellt.

Wie kommt man zum Glauben? Eine Episode soll diese Frage erläutern. Im Jahre 1980 gab der damalige Hamburger Bürgermeister, Hans-Ulrich Klose, einem Pastor ein Interview. H.-U. Klose erzählt darin von seinen Erlebnissen in einer christlichen Jugendgruppe, von den „Bibelarbeiten"; er spricht dann davon, daß er begriffen habe, inwiefern der Opfertod Jesu das Ende alles

Opfers sei, weil es die Umkehrung des Opferns bedeute, da nicht Menschen Gott ein Opfer darbringen, sondern Gott sich selbst den Menschen opfert; und zum Schluß bringt er dann unsere Frage vor. Er sagt: „Es ist gut, wenn man dieses eindrucksvolle Gebäude des christlichen Glaubens einigermaßen begreift – aber wie kommt man hinein? Vom Wissen her kriegen Sie den Einstieg nicht – wie kann er vermittelt werden?" Der Pastor antwortet: „Den kann keiner vermitteln, auch der Pastor letztlich nicht!" Darauf Klose: „Dann können Sie uns auch nicht weiterhelfen." Und zum letzten Mal der Pastor: „Ich auch nicht. Aber ich erinnere mich an das, was ich einmal gelernt habe: der Glaube kommt von Gott." Damit endete das Gespräch.[1] Nehmen wir diese Frage auf. Wie geschieht es, daß man dazu kommt, sagen zu können: ich glaube und suche zu glauben? Wie gelangt man in den Glauben hinein? Nun, selbstverständlich nicht, indem man in ein „System", in ein „Gedankengebäude", hineinzukommen sich müht; sondern – ich antworte zunächst ganz thetisch, um es hernach auszuführen – man gelangt zum Glauben, wenn man die *Erfahrung des Glaubens* macht.

Doch wie geschieht das? Wie kommt man zu dieser Erfahrung? Sie steht ja nicht zur Verfügung, und sie fällt auch nicht wie eine Sternschnuppe vom Himmel. Was auch soll das für eine Erfahrung sein, was besagt das: den Glauben erfahren? Um zu entfalten, was ich meine, muß ich um längeren Atem, um Geduld bitten.

Ich will es zunächst äußerlich beschreibend sagen: Man kann die Erfahrung des Glaubens auf zwei Wegen machen. Beiden Wegen sind jedoch gewisse Voraussetzungen gemeinsam, die nicht schon die Sache selbst sind und doch zur Erfahrung des Glaubens hinzugehören. Von Anfang an ist nämlich in zweifacher Weise Aufmerksamkeit gefordert. – Was im folgenden auseinan-

---

[1] Gemeindebrief der Paul Gerhardt Gemeinde Hamburg: „Wir in Winterhude", April 1980.

Wege zur Erfahrung des Glaubens

dergelegt wird, das ist allerdings im Vollzug zusammen, und das kann dem Betroffenen möglicherweise auch erst im nachhinein bewußt werden.

Die Erfahrung des Glaubens wird der nicht machen, der nicht *aufmerksam auf sich* geworden ist. Dies aber kann unter ganz verschiedenen, sehr individuellen Umständen geschehen. Irgend etwas im Leben, irgendein Ereignis macht betroffen und beschäftigt einen nachhaltig; es beunruhigt und stört den Betreffenden auf. Manchmal kann so etwas ganz unscheinbar sein: ein Gespräch, ein Satz, der hängenbleibt – irgendein Vorfall, dessen Bedeutung vielleicht erst viel später kenntlich wird. Oder es trifft jemanden ein Verlust, eine Krankheit; oder ein neuer Mensch begegnet ihm. Was auch immer der Anlaß ist, entscheidend ist, was er bei dem Betroffenen auslöst. Und zuweilen braucht in der äußeren Wirklichkeit gar nichts geschehen zu sein; im Innern jedoch bricht etwas auf, was womöglich lange schon schwelte – etwa der Zweifel: „Was soll's?" – weil einer spürt, wie ihm das Leben davonläuft, ohne recht gelebt zu sein; oder ein Widerwille breitet sich bei einem aus gegenüber dem aufreibend Öden des alltäglichen Getriebes. Und wieder ein Anderer erschrickt plötzlich vor dem, was er getan hat und noch tut und was um ihn herum überall geschieht. Die Umstände mögen höchst verschieden sein – auf einmal stockt jedoch der Lebensstrom, dem man sich ansonsten bedenkenlos überläßt. Etwas nicht Faßbares ist dazwischengekommen und hat sich in das gewohnte Leben eingemischt: Ein Riß, vielleicht nur hauchdünn, hat sich aufgetan – und die Selbstverständlichkeit des Dahinlebens ist erschüttert, die fraglose Sicherheit, zu leben wie die Anderen, ist aufgebrochen. Etwas störend Unbekanntes ist eingetreten, von dem man nur dunkel ahnt, daß es sich nicht einfach wegwischen läßt, daß es irgendwie unverhältnismäßig gewichtig ist. Man merkt: Man kann nicht einfach weitermachen, man muß sich damit auseinandersetzen. So in Frage gestellt, wird einer aufmerksam auf sich.

Es drängt sich ihm die Frage auf: Was bin ich denn? Wohin

gehe ich und wofür stehe ich? Weshalb lebe ich? Was soll ich und wie kann ich's werden? Und mehr oder weniger klar wird ihm bewußt: daß er nicht ist, wie er sein soll; daß ihm Entscheidendes fehlt zur Antwort auf die Infragestellung, was er selbst mit seinem Leben will und worauf es hinausläuft; daß er nicht einfach und unmittelbar so, wie er ist, identisch mit sich ist; daß er sich nicht in dem, was er nun mal so ist und hat, selbst genügt. So wird einer aufmerksam auf sich selbst, indem er auf das eigene Ungenügen aufmerksam wird. Und so verunsichert wird einer ernsthaft – und er *selbst*. Er beginnt nämlich, nachdenklich zu werden. Es geht ihm auf, daß er *selbst* gar nicht gelebt, sein Leben nicht selbst *geführt* hat, wo es ihm wie selbstverständlich „ablief", etwa wo er fraglos einfach so lebte, wie Andere es ihm vormachten.

Es ist merkwürdig: Stellt einer die Frage nach sich selbst, die doch seine ureigene Frage ist, so stellt er sie darum, weil sie sich ihm *gestellt* hat. Sie stößt ihm auf, sie trifft ihn – und er sieht sich mit dieser Frage konfrontiert. Sie ist zunächst einmal einfach *da*, indem *sie* sich meldet. Er erkennt sie und stellt sie, weil sie auf ihn zukommt, er sie in diesem Sinne auch erleidet. Er kann sie unterdrücken, ihr ausweichen – oder sie bejahen, und das heißt sie zu seiner eigenen Frage machen. Nur so, indem einer herausgefordert „von außen" – die Frage nach sich selbst für sich annimmt und bejaht, wird er seiner selbst bewußt. Es ist die alte Frage, die seit Menschengedenken jeder erfährt, der sich nichts vormacht: „Adam, wo bist du?" Doch nur wer die Infragestellung seiner selbst *annimmt*, gewinnt die Stärke, selbständig zu sein.

Wer nun aber einmal unsicher über sich selbst, nüchtern gegen sich selbst und aufmerksam auf das Ungenügen des Eigenen geworden ist, der wird das Verlangen haben, wahrhaftig zu sein und sich nach bestem Willen nicht selbst zu betrügen. Genau dieser Vorsatz jedoch, vor sich selbst wahrhaftig sein zu wollen, ist impliziert und gefordert, wenn einer die Erfahrung des Glaubens machen will. Verlangt ist das eigene Verlangen, zu jeder Zeit, in allen Phasen der Selbstinfragestellung und der Gottesbeziehung, aufrichtig, also wahr sich selbst gegenüber zu sein, selbst im Zweifeln, im Schwanken – und gerade auch im Nichtglauben, im Unglauben. Denn eigene Unwahrhaftigkeit läßt Wahrheit nicht zu. Das Aufrichtigsein gegen sich selbst ist allerdings hart. Überscharf formuliert E. Hirsch: „Wahrhaftigkeit ist der erste Akt des Glaubens, sogar dann, wenn es die ernste schwere echte Wahrhaftigkeit des Unglaubens ist."[2]

Doch zum Aufmerksamwerden auf sich und zum Verlangen, vor sich selbst wahrhaftig zu sein, muß noch ein Weiteres hinzukommen. Es muß mir begegnet sein, daß ein Mensch an Gott glauben kann. Jemand muß mir von Gott und dem Glauben erzählt haben. Doch das nicht allein: Ich würde vom Glauben wohl nie auch nur etwas erahnt haben, hätte ich nicht an mir bekannten Menschen absehen können, was der Glaube an Gott für sie bedeutet. Den Worten allein wäre ich schwerlich gefolgt, wäre mir nicht aufgefallen, daß sie mit mehr und Tieferem im Leben rechnen als nur mit dem, was feststellbar vor Augen liegt. Solche Menschen konnte ich fragen, was das sei, an Gott zu glauben; und deren Antworten machten nachdenklich. – Mithin lernt man den Glauben kennen, indem er an der Lebenspraxis eines anderen Menschen eindrücklich wird. Das Gelebtsein des Glaubens macht die Rede von Gott und dem Glauben allererst glaubwürdig – so glaubwürdig, daß sie Aufmerksamkeit erregt. Die Aufrichtigkeit dessen, der davon spricht, ist anziehend, weckt Interesse.

Daß einem selbst so etwas gelingt, das kann man nur in Wahrhaftigkeit gegen sich selbst hoffen und wünschen. Denn es ist ein freies Gelingen, ein „Glücken", das man nicht „machen", nicht absichtlich in die Wege leiten kann. Ließe man das Aufmerksamwerden auf den Glauben nicht frei geschehen, man würde es verhindern. – Und wiederum zeigt sich das Merkwürdige: Mein

---

[2] E. Hirsch, Zwiesprache auf dem Wege zu Gott, Berlin/Schleswig-Holstein ³1974, S. 176.

Interesse an der Sache wird durch Andere, also von „außen" her, geweckt; ich habe es zunächst nicht aus mir. Doch wenn es überhaupt Interesse an der *Sache* ist, so ist es zu *meinem* Interesse geworden: ist es mein eigenes, mein inneres – und nichts, was mir bloß äußerlich ist. Durch einen Anderen aufmerksam geworden, ist einer *selbst* bei der Sache.

Auf zwei Wegen kann man zur Erfahrung des Glaubens kommen. Der erste Weg:

Er beginnt, indem einer aus der noch vagen Ahnung heraus, was Gott und Glauben bedeuten könnten, inständig danach *verlangt*, daß ihm für sein Leben klar werde, was Gott ist – klar werde als das, was sein Leben erfüllen und lebenswert machen könnte. Solch ein Mensch wird sich aufmachen, mag er auch noch wenig von Gott verstanden haben, und sich ausstrecken nach etwas, das ihn beunruhigt, ihn umtreibt und das er doch nur verschwommen erahnt: Gott als Geist – als Sinn und Wahrheit – des Lebens, seines Lebens. Weit wird er sich ausstrecken, womöglich ohne zu wissen, wie ihm geschieht; beseelt vom Hunger nach dem, was nicht nur seinem Leben, sondern auch dem des Anderen, ja unbegrenzt dem Leben der Menschen überhaupt, Tragfähigkeit und einen inneren Fundus geben könnte. Treiben wird ihn das Ungenügen an sich selbst und der Jammer über so viel vertanes, zerstörtes, ungelebtes Leben. Und treiben wird ihn zugleich, was ihn anzieht als das, worin ein Menschenleben *gut* werden, gelingen kann – was ihm dämmernd vorscheint wie ein Morgenlicht.

In solchem Sehnen wird er vielleicht als erstes die Erfahrung machen, daß man von diesem Verlangen, glauben zu *können*, nicht loskommt, daß einem ist, als wär' man mit dieser Sehnsucht nach Gott „geschlagen". Man wehrt sich dagegen, möchte das abschütteln, „Gott" und was damit zusammenhängt – und kommt doch nicht davon los, kriegt das gleichsam nicht von der Haut: einmal betroffen, kann man Gott nicht einfach wieder vergessen. – Übrigens: Wer in solcher aufwühlenden Erfahrung Gott brennend entbehrt, der ist gewiß ihm nah. Und deshalb kann der Anfang wohl noch ganz anders, aber nicht weniger erregt und erschrocken sein: daß sich nämlich ein Mensch gegen Gott wehrt, ihn hartnäckig verneint.

Entscheidend jedoch ist, daß einer „dranbleibt", statt nachzulassen wirklich durchhält, wozu Jesus auffordert: „Suchet, so werdet ihr finden; klopfet an, so wird euch aufgetan" (Matth. 7,7). Im Suchen nach Gott geht keiner leer aus. Warum? Das wird hernach noch zu sagen sein. „Schaffet, daß ihr selig werdet mit Furcht und Zittern" (Phil. 2,12). Wenn man zum Glauben, zur Klarheit über Gott gelangen will, dann muß man das Gottsuchen wirklich *tun* und darin nicht müde werden. Sonst wird man auf diesem ersten Weg zum Glauben nicht finden. Denn hinterrücks führt kein Weg zu Gott. „Wider Willen wird niemand selig" (G. Lasson)[3].

Und man wird sich unablässig um Aufrichtigkeit bemühen müssen. So wird man sich in acht zu nehmen haben vor den einschleichenden Selbsttäuschungen, mit denen man Gott und sich selbst etwas vorzuspiegeln sucht. Ungeteilter Anspannung bedarf es und der intensiven Aufmerksamkeit eines ganzen Wollens, also eines vorbehaltlosen Selbsteinsatzes. Das Glauben fällt einem, zunächst sei das so gesagt, nicht in den Schoß. Gewiß auch wird es nicht „angeboten", zum behaglichen Konsumieren. Dieser erste Weg ist anstrengend. Wem er aber zu beschwerlich, zu aktiv ist, der sei gefragt, ob er nun glauben *wolle* oder doch nicht.

Ohne Ausdauer ist dieser Weg nicht zu gehen. „Furcht und Zittern" werden kaum ausbleiben. Einsam kann es um einen werden. Nichts gibt es, was Sicherheit böte. Vielleicht muß einer viele Tage durchstehen, an welchen er Gott immerzu nur herbeiflehen, nach ihm nur schreien kann, weil er nicht weiterkommt und nichts sich ihm zur Klarheit erschließt: er zu Gott und zum Sichfinden in Gott nicht gelangt. Mut braucht also dieser Weg und gespannte Kraft, um im Ungewissen warten zu können.

---

[3] G. Lasson, Gottes Sohn im Fleisch. Betrachtungen über die Evangelische Geschichte, Gütersloh ²1899, S. 65.

Dabei mag es hilfreich sein aufzuschreiben, vielleicht sogar täglich, was sich in diesem Ringen um das Klarwerden Gottes ereignet: wie es um einen im Verhältnis zu dieser Aufgabe steht, was an Entbehrung man erleidet, was leid und lästig ist – aber auch, wie weit man ist und was gut war. Denn durch solches Niederschreiben wird manches deutlicher und löst man sich ein Stück weit aus der drohenden Selbstverfangenheit.

Doch wenn man nachzulassen geneigt wird, rufe man sich erneut ins Gedächtnis: „Wer sich um Gott nicht... müht, der rechnet nicht mit... ihm als Gott" (J. Ringleben).[4]

Aber eines guten Tags ist dieser Weg zu Ende, glücklich zu Ende: Er findet seine Erfüllung. Denn auf ihm als Weg *allein*, das heißt in der Willensanstrengung allein, wird nichts erreicht: wird Gott nicht erreicht und der Glaube nicht erreicht. Jedoch es leuchtet diesem Weg das Versprechen voran: Wer ihn geht, ausdauernd, Schritt für Schritt ins Ungebahnte, der findet und der ist, wenn er findet, am Ziel. „Wer da Gott sucht, er findet alle Zeit" (S. Kierkegaard).[5] Die Aussicht dieses Weges liegt in dem Versprechen erfahrbarer, dem Betreffenden sich erschließender Einsicht. Wer nur dranbleibt und die Entbehrung Gottes aushält, der wird überglücklich die erhebende, die erlösende Erfahrung machen: Gott ist da – ein untrüglicher, unverfälschbarer und nicht versiegender Sinn ist da für mich, und also hat auch mein Leben Sinn und Auftrag. Er wird erschüttert und beglückt spüren und erkennen – jäh, unversehens und unableitbar geschieht das, wunderbar allemal –, daß die ganze Kraft seines Einsatzes und Wollens, alles, was er in dieses Verlangen hineingegeben hat, umschlägt und auf ihn zurückströmt. In solcher Umwandlung erfährt einer sich als verwandelt: Er, der sich in dieses Verlangen

---

[4] J. Ringleben, Aneignung. Die spekulative Theologie Søren Kierkegaards, Berlin/New York 1983, S. 172.

[5] S. Kierkegaard, Die Bestätigung in dem inwendigen Menschen; a.a.O. [wie oben zu Einleitung 5., 5.22], S. 144.

nach Gott selbst hineingelegt hat, findet sich nun als sich selbst geschenkt. Die Einsicht ergreift ihn und er begreift für sein Leben: Ich, dieser Mensch, bin trotz vielem gewollt und im Guten gemeint; noch wird es gut mit mir werden. Was sich ihm da erschließt, das erfaßt er als seine Wahrheit für sich, und er wird dessen gewiß: „Ich bin Gottes Kind; ich gehöre zu Gott".

Intensiv, voll Sehnsucht hat einer *dies* gesucht, sogar als sich vieles in ihm gegen diese Suche wehrte. Aufs dringlichste hat er, ob bewußt oder nicht, dies erwartet – und auf einmal trifft es ihn und es geht ihm auf: Es ist *da*, längst schon da, was er sucht. Es geht ihm auf, alle vorgefaßten Erwartungen beiseite schiebend – und es ergreift ihn ganz.

Dieser „Umschlag" der Evidenz – daß sich mir etwas auftut, mir sich erschließt und einleuchtet und ich mich so erfüllt zurückgewinne, als sei ich mir neu gegeben – ist *das* Entgegenkommen Gottes. Und genau dieser „Umschlag", dieser „Wechsel" des tätigen Subjekts – daß Gott sich dem erschließt, der im Ringen um Gott sich Gott erschließt – ist der Kern der Erfahrung des Glaubens: *der* Erfahrung, durch die Gott mir *da* ist. Das genau ist nämlich Glaube. Allemal wurzelt er in einer Erfahrung, die von der Art eines „seligen Tausches" (Luther) ist. So fällt einem der Glaube, das Sichfinden in Gott, nun wirklich doch „in den Schoß".

Diese Erfahrung läßt sich nicht aufteilen nach „aktiv" und „passiv", gar mit quantitativen Anteilen Gottes und des Menschen oder in einer Abfolge von menschlicher und göttlicher Tätigkeit. Nur als einheitlicher Vorgang, in welchem beide beteiligt und vereinigt sind, hat diese Erfahrung einen Sinn. Wohl sind Gott und Mensch unterschiedlich beteiligt, aber der ganze Sinn hängt daran, daß noch im Subjektwechsel – also im Widerfahrnischarakter dieser Erfahrung – meine und Gottes Aktivität koinzidieren. Sie sind nicht länger getrennt; und so ist noch das Empfangen der Einsicht, noch die Eingebung Gottes und seine Erleuchtung, höchste Selbstbeteiligung des Ich. Gott leuchtet mir ein, gibt sich in mich hinein – indem ich ihn, so wie *er* sich mir zeigt, in mich aufnehme.

Kern der Gotteserfahrung, der Erfahrung des Glaubens, ist die von Grund auf umwandelnde Einsicht, daß ich immer schon davon lebe, daß Sinnvolles bereits *ist*, Gutes mir schon zuteil geworden ist, längst bevor ich zu denken begann und längst bevor ich etwas Gutes oder Sinnvolles zu tun vermochte. Das Gute, das, was ein Menschenleben lebenswert macht, und die Wahrheit: sie fangen nicht mit mir an. *So* ist das in Wirklichkeit – ich habe das nur bislang total übersehen. Und was für mich gilt, das gilt wie für mich so für jeden Menschen. Jeder lebt immer und immer schon von dem Guten, von der Wahrheit, die nicht nur durch ihn sind. *So* soll ich jeden Anderen sehen, obschon ich *sein* Gutes gewiß vorweg nicht weiß. Aber die Wahrheit und das Gute sind größer als ich und als jeder neben mir. Wie anders könnten sonst Menschen wirklich, also bewußt, *leben*?

Gott erschließt sich mir in der Erfahrung des Glaubens weder *nur* für sich, noch für mich allein. Er erschließt sich mir als Gott – und in einem als mein tragkräftiger Grund und mich erfüllender Fundus. Doch wenn es wirklich Gott ist, was sich mir da aufgetan hat, dann ist er nie nur für mich allein Gott; dann ist er mir der eine Gott für alle. Das allein ist Glaube: daß Gott wirklich mein Gott und darin zugleich erhofft und geglaubt wird als Gott für das Leben aller Menschen.

Wem die Erfahrung des Glaubens zuteil wurde, in der Gott ihm entgegenkam, der kann im Rückblick, als Schluß aus ihr, nachvollziehen, wenn gesagt ist: ‚Gott muß man nicht suchen, nur finden' (G. Tersteegen).[6] Es zeigt sich, „daß wir Gott nicht gefunden haben, *weil* wir ihn suchten, sondern daß wir ihn such-

---

[6] Wörtlich bei G. TERSTEEGEN: „Man muß Gott nicht suchen, sondern nur finden." (Aus Gerhard Tersteegens Briefen, hg. F. Weinhandl [Insel-Bücherei Nr. 342], Leipzig o.J. [1938?], S. 7).

ten, weil er sich uns zu finden gegeben hat." (G. Lasson)[7] Es erkennt ein Einzelner in jener Erfahrung: Gnade schon ist es, was das Verlangen nach Gnade weckt.

Und wie konnte es nun geschehen, daß einer Gott und den Glauben gefunden hat? Darum, weil Gott nicht ferne einem jeden von uns ist. Derjenige, „welcher ‚das, was brennt' sucht", findet es nur dann nicht, „wenn er nicht merkt, daß das zu Suchende ihm in der Hand brennt." (S. Kierkegaard)[8]

Freilich, es wird dieser Prozeß, der zur Erfahrung des Glaubens führt, bei jedem Einzelnen nicht nur individuell verschieden sein; er wird auch in aller Regel umständlicher, vermutlich auch nicht ohne Umwege sein. Näheres soll uns noch im nächsten Abschnitt beschäftigen.

In einer bestimmten Hinsicht will ich jedoch die vorgetragenen Ausführungen über die Willensanstrengung dieses ersten Weges noch korrigieren. Mit der Absicht eines solchen Willens hat es nämlich eine eigentümliche Bewandtnis. Es will einer in höchstem Selbsteinsatz und in nicht nachlassendem Bemühen, daß in sein Leben kommt, was es belebt, lebendig und lebenswert macht – doch was er so beabsichtigt, genau das kann er sich nicht selbst verschaffen. Das kann sich ihm nur, sein absichtsvolles Wollen aufhebend, erschließen, nur ihm einleuchten. Gott, der Geist, Freiheit und Sinn lassen sich durch keine Anstrengung erzwingen. Wie man ja auch Freude und Erfüllung, Liebe und Vertrauen sich nicht selbst verschaffen, besorgen und zuwege bringen kann, so sehr man sich anstrengen mag; nur das Gegenteil, Leiden und Sinnlosigkeit, Mißtrauen und Vergeltungssucht kann man sich, wenn man will, auch selbst bereiten. Wie man sich selbst töten, aber nicht beleben kann.

---

[7] G. Lasson, Die älteste Christenheit. Betrachtungen über die apostolische Geschichte. 1. Bd.: Die Gründung der Kirche, Gütersloh 1899, S. 265.

[8] S. Kierkegaard, Der Begriff Angst; in: Ges. Werke, hg. u. übers. v. E. Hirsch u. H. Gerdes 11./12. Abt., Gütersloh 1981 (= GTB 608), S. 50.

Und dennoch bedarf es der Willensanstrengung; denn ohne sie kommt Freiheit nicht zustande, wird der Glaube in eigener Freiheit nicht gewonnen. Aber es bedarf der Anstrengung eines *solchen* Willens, der sich nicht verhärtet und verkrampft, der vielmehr auch innezuhalten, loszulassen und im Blick auf das, was ihm kommt, entgegenkommt, abzuwarten vermag. Alle Anstrengung *allein* steht in der Gefahr zu verzerren. – So kann man diesen ersten Weg auch verderben. Es gibt keine Garantie für ein gutes Ende. Höchste Konzentration im Einsatz des eigenen Wollens ist nötig – doch *nur* suchen, ohne sich auch loszulassen, verstellt das Gelingen. Gleich notwendig ist ein Sichöffnen, ist dies, daß einer sich bereit hält für das, was auf ihn zukommt, daß er aufmerksam darauf wartet, was ihm begegnet, ihm einfällt und sich ihm auftut. Einer entspannten, gelösten Konzentration bedarf es: also dessen, was unsere Vorfahren „Geduld" nannten.

Der *zweite* Weg, wie man die Erfahrung des Glaubens gewinnt, also zum Glauben kommt, besteht darin, daß man ausdrücklich ausübt, was im ersten Weg stillschweigend enthalten war: daß man nämlich zu Gott *betet*, Gott um das Glaubenkönnen anruft, anfleht. Im Vergleich mit dem ersten Weg erscheint vermutlich dieser zweite als unzugänglicher und insofern als noch beschwerlicher. Nicht wenige Hindernisse versperren ihn. Will einer ihn gehen, so darf er sich nicht länger kindisch vorkommen, wenn er betet, oder vielmehr: Sollte es ihm so vorkommen, dann tut er gut, sich das einzugestehen. Es muß einer nicht nur seine Scheu vor dem Beten ablegen, sondern, allen angelesenen Vormeinungen über das Beten zum Trotz, tatsächlich wagen zu beten: also an Gott zu denken und „andächtig" sich auf Gott einzulassen – so intensiv er kann, ohne daran herumzudeuten, wer und was Gott ist.

Wo, an welchem Ort, er das tut, ist ganz gleich. Entscheidend ist allein, daß einer sich konzentriert, damit es stille um ihn wird. Und es wird stille, wo er aushalten kann, daß er mit sich allein ist und einmal nichts von Anderen zur Kenntnis zu nehmen oder ihnen zu sagen hat. Beten heißt zur Ruhe kommen, das Getriebe um einen herum abfallen und in sich abklingen lassen – und sich sammeln auf den Gehalt, den Fundus und die Quelle des Lebens. „Beten" meint, daß einer sich konzentriert und Gott beim Namen nennt.

Das gelingt wohl keinem beim ersten Mal. Es will geübt sein. Denn es *ist* nur im Vollzug gesammelter Aufmerksamkeit: nicht auf das eigene Selbst, sondern im Sichhinwenden zu Gott, der Quelle des Lebens. Und es *wird* immer mehr zum Gebet, je mehr ich vom Beten durchdrungen bin.

Wenn nun Beten gesammeltes Sichaussprechen und Bitten ist, so mag der Einzelne schlicht mit dem beginnen, was ihm am nächsten liegt. Ein guter Anfang im Beten könnte sein, wenn einer Gott sagt, daß er nicht beten kann. Oder vielleicht bringt man – und das nicht nur anfangs, sondern immer mal wieder – kein Wort über die Lippen, weil einem das, was man sagen könnte, wie schal und leer erscheint. Oder man wünscht sich sehr, es gelänge auszusprechen, was man sagen will – und bringt es doch nicht gesagt. In solcher Lage hilft es, wie etwa Luther vorschlägt, nachzusprechen und dem nachzusinnen, was andere vor mir gesagt und gebetet haben: ein Lied oder einen Psalm.[9] Ich kann etwas sagen, was ich jetzt von mir aus nicht sagen könnte – und das nimmt mich in sich auf.

Wie und womit einer auch zu beten anfängt – entscheidend ist, daß er ausdauernd ist: nicht nachlässig, nicht träge, sondern anhaltend im Beten, brennend im Geist. Wieder und wieder wird man

---

[9] M. LUTHER: „Ich weiß nicht, wie stark andere im Geist sind; ... es widerfährt mir allezeit: wenn ich ohne das Wort bin, so ist Christus nicht in mir, ja auch keine Lust und Geist zum Beten; aber sobald ich einen Psalm oder Spruch der Schrift für mich nehme, so leuchtet und brennet es ins Herz, daß ich andern Mut und Sinn gewinne. Ich weiß auch, es soll's ein jeglicher täglich also bei sich selbst erfahren." (Zitiert nach: Gedanken sind Kräfte. Aussprüche, hg. W. March [Reclam UB Nr. 8091], Stuttgart (1948) 1980, zum 13. Nov.)

in die Lage kommen, daß einem nur der Seufzer bleibt: „Gott, ich suche dein Angesicht, nichts als dein Angesicht, auf daß es hell über mir werde – so wie das seit urlanger Zeit von dir selbst gesagt wird" (Ps. 27,8).

Wer betet, der vertieft sich ins Beten intensiv, rückhaltlos und achtsam innehaltend zugleich – bis sich ihm die Erfüllung des Gebetes auftut und eben das geschieht, was ich das „Umschlagen", das Widerfahrnis, in der Erfahrung des Glaubens genannt habe: bis dem Beter vermehrt zurückströmt, was er verlangend ins Beten hineingelegt hat; Mut und Kraft zum Widerstehen neu ihm zukommen; sein Lebenswille ihn verläßlicher von innen her ergreift und prägt; er sich neu gegründet fühlt, im Guten seines Lebens gewiß. Kraft des Gebets ist einer, der betet, seines Sinns gewiß und verliert ihn nicht aus dem Blick – und dadurch wird er seines Lebens froh. Er kann sich aus dem Gebet aufrichten: erstarkt und gefaßt gegenüber dem ungeheuer Schrecklichen.

Im Ziel und Ende *beider* Wege, in der Erfahrung des Glaubens, verwandelt sich die Bedeutung des Wegs; im Nachhinein klärt sich verändernd auf, was es um das Gehen dieser Wege, um unser Anfangen und Tun, ist. In jenem „Umschlagen", in dem Gott sich mir erschließt, geht mir auf, daß Gott immer schon da ist für mein Leben. Gott wird nicht erst; sondern jetzt in solcher Erfahrung wird erkannt, daß er immer schon da ist – vor meinem Suchen, vor meinem Ahnen und schließlichen Erkennen. Ich erkenne, daß ich den Weg zu Gott nie angetreten hätte, ihn nie gegangen wäre, wenn sein Ziel, Gott, nicht immer schon da gewesen wäre, mich anziehend und inspirierend. – Wie in der Liebe: Ist man erst in ihr, dann sieht man rückblickend ein, daß man alles der Liebe verdankt, gerade und vor allem das Hineinkommen in die Liebe. Solchem Rückblick erschließt sich allererst die Bedeutung der Wege zur Liebe – aber auch der Umwege und des Unsicherwerdens auf dem Wege. Keine Rückschau auf Gewesenes, Vergangenes ist das, gar in nachträglicher Verklärung: sondern Aufschluß des Ganzen in seinem Sinn. Wie auch hätte jemand zu lieben auch nur gesucht oder begonnen – ohne von der Liebe angezogen, von einem Anderen fasziniert zu sein und dabei gewiß zu hoffen, der Andere werde ihn, so oder so, wieder lieben? Wer Liebe nicht als Gnade erlebte, wird der sie überhaupt erfahren haben? Ob man sie nicht um so stärker und eindrücklicher als Gnade erlebt, je mehr man um sie gerungen, für sie getan und gearbeitet hat? Wer liebt, der erkennt sich als erwählt: als von der Liebe und vom Anderen erwählt; denn er hat eingesehen, daß die Liebe nicht aus ihm herrührt, er sie nicht allererst zustande gebracht hat. – Wer an Gott glaubt, der begreift sich als erwählt, weil von Gott im Guten gewollt und als Glaubender geschaffen.

Das ist das Erhebende und Befreiende dieser Erfahrung: Der Einzelne erlebt, daß er von dem, wonach er sucht und was er ersehnt, bereits ergriffen *ist* und daß er nur *deshalb* danach suchte. – Und so erhellt noch einmal, daß die Aufteilung von „aktiv" und „passiv", von Anteilen des einen und des anderen oder gar der einfordernde Anspruch auf Gegengabe und Gegenleistung nicht nur abwegig sind, sondern überdies den Sinn der Erfahrung auslöschen. Wie ja auch der die Liebe schon verlassen hat, der Mein und Dein aufrechnet.

„Schaffet, daß ihr selig werdet, mit Furcht und Zittern." Wer das mit ganzem Willen *tut*, der erkennt in der Erfahrung des Glaubens rückblickend für sich: „Denn Gott ist's, der in euch wirkt beides, das Wollen und das Vollbringen" (Phil. 2,12f.).

Kurz sei noch auf eine Frage eingegangen, die sich ergeben könnte: Ob meditative Techniken nicht einen – in welchem Sinne auch immer – „besseren" Zugang zum Glauben eröffnen können. Das will ich nicht ausschließen; aber angesichts der vielen Meditationsformen und -techniken scheint es mir wichtig, noch einmal zu betonen, daß man sich den Zugang zum Glauben nicht aus sich verschaffen kann: auf den „Subjekt-wechsel", in welchem Gott sich erschließt, kommt es entscheidend an. Wenn das nicht in Zweifel gezogen wird, dann kann ich mir vorstellen, daß alle Meditationsformen hilfreich sind, die tiefere Bewußtseinsschichten aufzuschließen suchen und somit beitragen, das irrige Vorurteil zu überwinden, die Sache des Glaubens sei nur eine des Wissens, des Akzeptierens und Erlernens, nur des Verstandes. Schwerlich annehmbar dürften jedoch diejenigen Meditationsformen sein, die das Bewußtsein und damit ein deutliches Verstehen und Sich-verstehen ausschließen oder absichtlich nicht wieder einbeziehen. Bleibt nämlich das Bewußtsein ausgesperrt oder wird es konsequent umgangen, so wird der „Glaube", was immer das dann ist, vom tatsächlichen Leben und von der bewußten Lebensführung ferngehalten, oder es wird die Auslöschung des bewußten Selbst absichtlich, also bewußt, betrieben.

Man bedenke auch: Ein kleines Kind singt Laute vor sich hin. Doch nur was verständlich ist, was in diesem Falle auch das Singen selbst sein mag, hat es mit Anderen, etwa der Mutter, gemeinsam. Nur was verständlich oder verstehbar ist, können Menschen frei miteinander teilen.

2. Abschnitt: Das Schlüsselerlebnis des Glaubens

A. Die Erfahrung des Glaubens: ausgelöst in einer besonderen Erfahrung unter Menschen

In der Erfahrung des Glaubens erschließt sich dem Einzelnen, daß überhaupt *Sinn* ist, für *sein* Leben Sinn ist – und zwar *unbedingter* Sinn, über alles Bedingte, Veränderliche und im Fluß der Zeit Vergehende hinaus. Unbedingt ist solcher Sinn in zweifacher Hinsicht: immanent in sich, weil er als Sinn verläßlich, also untrüglich und nicht verschleißbar in den Wechselfällen des Lebens ist; und unbedingt ist er für mich da, nicht gebunden an die wechselnden Umstände meines Lebens, also für mein *ganzes* Leben, für mich als Person; und doch nicht nur für mich – er wäre sonst begrenzt – sondern potentiell für alle. Was mir einleuchtet als Sinn für das Ganze meines Lebens, das erkenne ich als sinnvoll für das Menschsein überhaupt. In dieser Unbedingtheit ist die Erfahrung des Glaubens, in der ein Mensch solchen Sinnes innewird, das Schlüsselerlebnis seines Lebens.

Aber wie kann das sein, wenn doch jede Erfahrung bedingt, durch bestimmte Umstände veranlaßt ist, zu einem besonderen Zeitmoment geschieht und im Erleben an dem unmittelbaren Ereignis haftet? Nun, Wendepunkte des Lebens bereiten sich zumeist lange vor, bahnen sich unmerklich an – und tauchen plötzlich, unversehens auf. Doch wohl immer treten sie ein in der Begegnung mit einem anderen Menschen, wobei diese durch dessen mündliche oder schriftliche Äußerung hervorgerufen sein kann. Immer ist das eine Erfahrung, die aufmerken läßt und bei der der Betreffende nicht auf Ausdefiniertes, objektiv Feststellbares aus ist – in der er vielmehr ahnungsvoll gewiß ist, daß in dieser Erfahrung heimlich „mehr" liegt, als er akut erfaßt. Und immer ist das ein persönliches, den Betroffenen ganz einbeziehendes Ereignis; in ihm läßt sich das „Was", der Gehalt dessen, was erfahren wird, zwar sehr wohl unterscheiden, aber nicht ablösen vom „Wie" der Betroffenheit, wie das für das Verstandeswissen normal ist.

Augenblicke sind das, die mehr zählen als Vorfälle und Ereignisse sonst, weil sie mich völlig fordern. Die Ausrichtung meines Lebens ist durch sie infrage gestellt. Denn ich spüre: Lasse ich, was mich in diesem Augenblick erfaßt, ein in mein Leben, so wird es sich von Grund auf ändern, ändern müssen – anders hätte ich wohl mein Leben gar nicht selbst gelebt. So begeisternd solche Augenblicke sein können, weil man sorglos, wie verwandelt, in ihnen auflebt – so unheimlich sind sie zugleich; denn das Unbedingte ist immer auch das Erschreckende (F. Fühmann),[10] weiß

---

[10] F. Fühmann, Wahrheit und Würde, Scham und Schuld. Rede bei Entgegennahme des Geschwister-Scholl-Preises; in: Ders., Den Katzenartigen wollten wir verbrennen. Ein Lesebuch, hg. H.-J. Schmitt (dtv 10844), München 1988, S. 261–270; zur Sache: S. 267.

ich doch nicht, wohin es mich führt. Sind es aber wirklich Augenblicke der Erfahrung von Sinn, so nehmen sie nicht in Beschlag, sondern geben sie mir gerade dank ihrer Unbedingtheit *diese* Freiheit: sie zu bejahen, sie für mich selbst zu wollen und mich selbst riskierend ganz in sie einzulassen. Anziehend sind sie; denn ihnen eignet das Versprechen, mir nicht länger etwas vormachen zu müssen, sondern zu mir selbst zu kommen und mein Leben selbst zu leben. Und sie haben zugleich etwas Zurückstoßendes, störend Beunruhigendes an sich; denn in ihnen liegt die Zumutung, sich selbst zu riskieren und hineinzulassen in eine nicht ausgekannte Weite. Wer sich nun einer solchen Erfahrung nicht verschloß, der hat für sich selbst einen Gehalt – einen Sinn – erworben, den *er* zwar verlieren, der ihm von außen aber nicht mehr genommen werden kann. Er kann nicht mehr anders sein, als er so wurde, weil er selbst nicht mehr anders sein *will*. Freiheit ist das, die über die bloße Wahlfreiheit hinaus ist und dank derer ein Mensch *selbst* etwas ist. – Im *Gehalt*, der sich in solchen Erfahrungen erschließt und mir zueigen wird, selbst liegt also der Überstieg über das Bestimmte des unmittelbaren Erlebens hinaus.

An einer einzelnen Freundlichkeit, die mir akut widerfährt, geht mir unversehens auf: daß ich alle Freundlichkeit, die mir zuteil wird, frei-umsonst und unverdient erfahre. An *einer* Liebesbezeugung wird mir evident: daß ich gar nicht leben könnte und nicht der wäre, der ich bin, wäre mir Liebe nicht längst und – mag sein durchkreuzt von vielem anderen – immer schon zuteil geworden. So enthüllt sich mir über die besondere Erfahrung hinaus ein unbedingter Sinn, der als solcher über *allen* bestimmten Erfahrungen liegt und der doch mich erfüllt: Gott geht mir so auf als der Gehalt, an den ich mich halten kann.

Erfahre ich Liebe, so kann diese eine Erfahrung zwei unterscheidbare, wenn auch zusammengehörende Bewegungen hervorrufen. „Die eine ist, in der Liebe wie über eine Brücke zum anderen zu gehen", „die Fremdheit unserer Personen" überschreitend. Die andere ist, die Liebe in dem, was sie *selbst* ist, zu erfassen, sich *ihrer* selbst in einer Erfahrung der Einsicht zu vergewissern. Mit anderen Worten: „die andere ist, mit der Liebe ihrer Herkunft nachzugehen, in eine grenzenlose Tiefe und Weite; in ihren Hintergrund, der – in der Welt nicht vorfindlich – sich nur in ihr auftut." Diese andere Bewegung ist die Erfahrung des Glaubens. „Gott zu lieben und Menschen zu lieben läßt nicht sich trennen, aber es sind doch zwei unterscheidbare Bewegungen... Liebe, die uns mit" Menschen „glückt, kann uns die Liebe zu Gott nicht ersetzen" (H. Ihmig).[11]

Über die bestimmte Erfahrung, die mir Anlaß war, hinaus tut sich mir eine „zweite", eine vertiefte und umfassende Erfahrung reiner Einsicht auf, die selbst über alle sinnliche Wahrnehmung hinausreicht. In ihr nun wird einer der Liebe *selbst* inne, ihrer als unbedingten Sinns gewiß. Das alles überragende Wunder leuchtet ein, daß Liebe überhaupt *ist*, daß ich trotz vielem in der Liebe sein kann, für einige Menschen achtens- oder sogar liebenswert bin. In solcher Erfahrung, in der Gott sich mir erschließt, ergreift mich die verwandelnde Einsicht, daß die letzte, grund-gebende Wahrheit – selbst noch hinter dem sie verdeckenden und zerstörenden Grauenhaften – die Liebe ist; daß sie also verläßlich und doch als Wahrheit nur in einem sie liebenden, an ihr teilhabenden Verstehen erfaßt wird. Gott wird erkannt als Geist, als Einheit der Wahrheit und der Liebe. Unter Menschen und bei mir geht mir auf, daß entschieden mehr *ist* als nur Menschliches, nämlich Unbedingtes, Göttliches – was aber gewiß nicht aufhebt, daß es unter *Menschen* ist.

Weil die Erfahrung des Glaubens eine „zweite" über die direkte, zwischenmenschliche hinaus ist, deshalb *befähigt* sie gerade, die menschliche Schwäche in allem Menschlichen, die Unvollkommenheit noch unsres Liebens, einzugestehen. Gottes gewiß,

---

[11] H. Ihmig, Gott lieben; in: Diakon. Zeitschrift der Deutschen Diakonenschaft 64. Jg., 1984, H. 1, S. 10 (unter dem Titel: Wie Schmetterlinge am Lagerfeuer).

kann einer den geliebten Anderen *frei*lassen, auch in dessen Mängeln – und ihn doch in seiner Liebe halten. Er wird ihn achtend freilassen, also ablassen von dem Perfektionsdruck, der Andere habe ihn in allem und völlig zu verstehen. Liebe unter Menschen kann sich so lösen aus der Verklammerungssucht.

Und eben darum kann mir zum Danken aufgehen, was ein anderer Mensch mir für meine Gottesbeziehung bedeutet: er, der mir die Ahnung Gottes gab, indem er mir Anlaß für die Erfahrung des Glaubens wurde. Wie könnte je ein Mensch für einen Anderen mehr bedeuten? „Mit eines andern Menschen Hilfe zur Gottesliebe gebracht werden, das heißt geliebt werden" (S. Kierkegaard).[12] Nicht zufällig ist das Einsehen Gottes veranlaßt durch eine zwischenmenschliche Erfahrung. Denn was im Guten zwischen den Menschen gelingt, das ist gar nicht ablösbar von dem, was Gott in sich selber ist und bedeutet. Gott ist die Wahrheit aller Menschen und die keinen ausschließende Liebe aller; für alle und jeden kann dies einsichtig sein und werden: daß jeder Einzelne als er selbst gewollt und im Guten gemeint ist. Im Glauben wird ja gerade erkannt, daß *meine* Wahrheit, der sinngebende Inhalt meines Lebens, nicht auf mir steht, sondern gründet in Gott und deshalb für alle in je ihrer Weise offensteht. Wer an Gott glaubt, gönnt Gott allen.

Folglich lenkt das von Gott ergriffene Erfassen Gottes aufgrund dessen, was Gott selbst ist, neu zurück zu den anderen Menschen. Freundlichkeit und Liebe unter den Menschen sind im Glauben neu und verändert gegründet: denn im Glauben an Gott kann sich die Menschenliebe nicht abfinden mit den Schranken, die Menschen untereinander aufrichten, nicht zulassen, daß Liebe an Vorbedingungen geknüpft wird. Wer an Gott glaubt, gönnt, was

---

[12] S. Kierkegaard, Der Liebe Tun. Etliche christliche Erwägungen in Form von Reden, Bd. 1; Ges. Werke, hg. u. übers. von E. Hirsch u. H. Gerdes 19. Abt., Gütersloh 1983 (= GTB 616), S. 119 (zitiert nach J. Ringleben [wie oben zu I. 1., S. 34], S. 385).

ihn erfüllt, jedem in seiner Weise: daß jedem ebenso Wahrheit und Liebe eins werden und als seine Wahrheit sich ihm eröffnen. Im Glauben an Gott bekommt einer ein „Herz" für andere Menschen. – J.E. Erdmann faßt das so zusammen: „Nur in den Menschen kann man Gott wirklich, nur in Gott die Menschen wahrhaft lieben."[13]

Bei J. Gotthelf steht: „Überall, wo ihr spürt diesen Gott über euch und um euch und in euch, wo euch ein Ahnen ergreift von etwas, das über euer Leben, euer leibliches Schauen und geistiges Begreifen hinausliegt, von etwas, das uns mit warmen Armen der Liebe umfängt, da beginnt ein höheres Leben. Unser Alltagsleben, wenn geführt in der Gemeinschaft mit diesem Gott, wird ein ganz anderes."[14] Ja, das ist zu erkennen: Glauben an Gott ist ein bestimmt anderes Leben gegenüber dem üblichen – eines, das selbst der Wahrhaftigkeit, der Wahrheit und damit der Liebe verpflichtet ist und frei nicht anders sein will, obschon der so Glaubende weiß, daß er sich auch schuldig machen wird. Glauben, so könnte man einfach sagen, ist die eigentümliche Weise, seines Lebens von Grund auf froh zu sein. – Das Leben an sich allein ist nicht schon sinnvoll, und rein aus sich ist es nicht schon lebenswert; es ist das nur, wenn es mehr als bloßes Leben, Dahinleben und Überleben ist – doch welches Menschenleben wäre das nicht, wäre nur das schiere Leben? Aber vermutlich wird nur der, der in einem „Schlüsselerlebnis" einen unbedingten Sinn gewonnen und für sich erfaßt hat, die Kraft aufbringen, angesichts des Unheilvollen und des eigenen Versagens aufrecht, wach zu leben. Und nur ein derart Erfahrener wird wohl den Mut haben, an Gott – an einen verläßlichen, in sich beständigen und so sich

---

[13] J.E. Erdmann, Sammlung aller Predigten, welche vom Januar 1851 bis Juli 1867 gehalten wurden, Halle 1867, S. 181.
[14] J. Gotthelf; zitiert nach: Gedanken sind Kräfte (wie oben zu I. 1., S. 39), zum 14. August.

bewährenden Sinn – zu glauben, auch wo es bei ihm und um ihn dunkel ist, Gott sich ihm zu entziehen scheint.

Eine Frau schreibt: „Mit dem Gottvertrauen ist es eigenartig: Während ich es zuerst wie ein Wunder in mir langsam fühlte, festigte es sich dann mehr und mehr, ich merkte gar nicht, wie – nur, daß es so war und noch ist."

B. Der erfüllte Augenblick

Die besondere Erfahrung unter den Menschen, in der sich die Erfahrung des Glaubens auftut, geschieht in einer Zeit so intensiver Erfüllung, daß man darüber die Zeit vergißt, sich als dem Fluß der Zeit enthoben erlebt. „Dem Glücklichen schlägt keine Stunde." Augenblicke, in denen Sinn sich mir eröffnet, Augenblicke der einleuchtenden Evidenz von Wahrheit, des ungeteilten Liebens: Sie kennen kein „Darüber-hinaus", weder eine Erwartung von Zukünftigem noch ein Vermissen von Vergangenem. In ihnen hat einer alle seine Absicherungen und Vorbehalte vergessen; denn er erlebt *sich* darin als eins mit dem, *was* er erlebt, und deshalb ganz gegenwärtig und seines Lebens selbst bewußt. Er ist von dem, was er erlebt, ganz erfüllt. Erhebend und über alles Gewohnte hinaus beglückend ist das. Es empfindet einer jetzt und hier, vielleicht zum ersten Mal, sich selbst: Er spürt, daß er selbst etwas ist, unaustauschbar er dieser selbst ist – gerade weil er dem Alltäglichen und für ihn Selbstverständlichen entnommen und von einem Sinn und Gehalt ergriffen ist, der allen Kummer, alle Beschwernisse und Sorgen hinter sich läßt, ihn also aus allen Zwängen des alltäglichen Lebens löst. So lebt einer auf, beflügelt und beschwingt, wie verwandelt und sich neu geschenkt.

In solchen Augenblicken erscheint uns unser ganzes Leben wie konzentriert; es ist wie zusammengefaßt in diesem einen uns erfüllenden Gehalt. Nur einen Augenblick ist das, kurz oder länger weilend; und doch ist solch ein Augenblick sich selbst genug, fraglos gut: ist er „alles". In solchem Erleben liegt alles Vergleichen fern, denn solch ein Augenblick ist keiner Steigerung bedürftig. Unbeschwert und unbefangen lebt der Betreffende ganz in der Gegenwart – höchstens mit dem Wunsch, völlig in dieser Erfahrung zu sein, sie ganz in sich einzulassen.

Solche Augenblicke ereignen sich in einer bestimmten Zeit – und sind doch zeitenthoben. Ganz Gegenwart, lassen sie die Zeit mit ihrem Forteilen, ihrer Erstreckung und Meßbarkeit vergessen. Und doch: auch diese erfüllten Augenblicke vergehen. Jedes akute Erlebnis ist einmal zu Ende. Im Vergehen weckt aber die erlebte Erfüllung den – gefährlichen – Wunsch, sie dauerhaft zu haben. Weil das aber nicht sein kann, weil der Augenblick eben nicht verweilt, kommt es zu dem vom Wunsch getriebenen Verlangen, die einmalige Erfahrung, so wie sie war, zu wiederholen. Aber die reine Wiederholung entleert, macht die Erfahrung, statt sie zu erneuern, fad. Wir verfügen auch über die Augenblicke der Erfüllung nicht.

Der Freiheit im Selbstsein jedoch, die solch ein Augenblick eröffnet, wird allein der gerecht, der, ganz in ihnen, den *Gehalt* solcher Erfahrungen – nicht diese selbst in ihren einmaligen Bestimmtheiten – in sich aufnimmt und bei sich selbst weiterträgt: in sein weiteres Leben hinein, und vor allem hinein in die Auseinandersetzungen mit einer Welt, die weithin ganz anders geartet ist. Ein solcher Mensch erprobt den Gehalt in seiner Kraft, das Sinnwidrige, das kommt, zu verkraften. Und in solcher Erprobung, in der sich die Widerstandsfähigkeit des erfahrenen Sinns, der erlebten Liebe erweist, wird er sich dessen, was er erfahren hat, erst recht gewiß.

So hängt sich einer nicht an sein bestimmtes, einmaliges Erlebnis, bleibt er nicht bei diesem stehen. Er ist vielmehr frei, weiter zu gehen auf seinem Weg, weil er aufgrund des erfahrenen Gehaltes dessen gewiß ist, dieser werde sich neu und anders wieder erfahren lassen – und dies von selbst und unversehens, und also ohne daß er das besorgen müßte. Eine *offene* Gewißheit ist das, in der einer überzeugt ist, daß, was an Sinn ihn erfüllte und er in sich aufgenommen hat, bei ihm bleibt, auch wenn er es nicht akut erfährt. So erweist sich ein Mensch *dessen* würdig, was er erfahren hat, weil er um sich selbst angstlos und um diesen Gehalt und Sinn unbesorgt ist. Er läßt ihn für sich, für sein Leben, *unbedingt* sein. Folglich wird er auch erkennen können, daß der Augenblick der Erfüllung gerade in seiner Flüchtigkeit kostbar ist, wäre er doch für den Menschen nicht bedeutsam, wenn er eine selbstverständliche Konstante des Lebens wäre. Ihm wird bewußt, daß dem einmaligen Zuteilwerden der Erfahrung Dank gebührt, – deren Gehalt aber aufbewahrt wird in der Dankbarkeit.

Wer so mit seinen Augenblicken der Erfüllung lebt, wer sie gleichsam ausschöpft, für den löst sich der Sinngehalt, die ihm einleuchtende Wahrheit, die ihn umfangende Liebe, ab vom vergehenden Zeitmoment des unmittelbaren Erfahrens. Der nimmt den Sinngehalt, den er erfuhr, in seiner Zeitüberlegenheit wahr. Was in einem flüchtigen Augenblick ins Bewußtsein gekommen ist, davon kann man – hat es nur Gehalt in sich – lange zehren.

Was sich einem Menschen *einmal* aufgetan hat, ihn erfüllend und erweckend, das ging in ihn ein – und *bleibt* bei ihm. Das gerät nicht zum Vergangenen nach der Art des Abgelebten, das einmal war und nun „aus und vorbei" ist. Das prägt sich vielmehr ein, faßt bei ihm Boden, weil er ihm bei sich Raum gibt. In einer einmaligen Erfahrung ging ihm Verläßliches auf, er hätte sonst ja auch keinen Sinn erfahren.

Wie an einer Stelle die Sonne durch die Wolken bricht – und der Himmel offensteht, so ist es bei dem, der Vertrauen faßt: Einmal faßt er es, vielleicht endlich, lange erwartet und dennoch nicht voraussehbar – und dann bewahrt er es, hält er es durch für lange oder für immer. Alle Zustände unter Menschen, die tragen, ergeben sich aus einer bestimmten, aber aufschlußreichen Erfahrung.

Doch der erfahrene Sinn, die eröffnete Wahrheit, die ergreifende Liebe bleiben nur dem, der sich ihrer gewiß ist – und also sich in sie einlebt, neu und erneut ihrer sich vergewissert, unablässig in sie sich vertieft: über das alltägliche Leben hinaus und doch nicht an ihm vorbei. Gottes gewiß, lebt sich ein Mensch in Gott ein – und wird gefaßter, offener fürs Leben. So also geschieht es: Die augenblickhafte Erfahrung des Glaubens geht über in ein Leben im Glauben.

Was einer für sein Leben als seinen Sinn erfahren hat, dessen kann er sich erinnern, ohne Wiederholungszwang. Wem unsere Liebe galt, das vergeht uns nicht, sondern bleibt und kommt in der Erinnerung zurück. Neu kommt der Gehalt demjenigen zur Erfahrung, der auf dessen Selbsterneuerung vertraut. Erkenntlich wird, daß der Sinngehalt *selbst* sich in *einer* Erfahrung nicht erschöpft. In der Erfüllung selbst liegt ein Versprechen: das Versprechen unausgeschöpfter Möglichkeiten. Noch ist der Gehalt nicht abgegolten, nicht ausgemacht und ausgekannt. Und gerade deshalb ist er verläßlich und tragfähig für die Zukunft. Was mich durchdrungen hat, das durchdringt im weiteren Leben vieles und gerade die Beschwernisse und Nöte, die im Augenblick des Erlebens in den Hintergrund traten. Der Schatz erfahrenen Sinns macht widerstandskräftig gegen den Verschleiß, gegen die Zerstörungen des Lebens.

Alles Menschen Erfüllende und Prägende, *wenn* es *frei* ist – wie eine wirkliche und eben nicht erloschene Liebe oder wie das unbedingte Interesse an Wahrheit –, bleibt nur, wenn es sich erneuert: wenn einer achtsam darauf ist und frei es sich selbst erneuern läßt. Alles Freie ist, um es so zu sagen, erneuerungsbedürftig, aber dessen auch fähig. Zeitüberlegen und verläßlich ist also der erfahrene Sinn nur dem, für den er kostbar ist, wert, nicht dem Vergessen und Vertun anheimgegeben zu werden. Solcher Sinn ist allein dann für mich da, wenn ich ihn achte und also achtsam auf ihn bin. Gilt ihm meine Aufmerksamkeit nicht, so vergeht er mit der Zeit – wie in gleicher Weise die Liebe, meine Liebe. Der Glaube, Gott bei mir: er entgleitet mir, wenn ich nicht darauf achte, wie Gott bei mir ist; wenn ich mithin Gott mißachte, nicht aufmerke auf ihn. In der Undankbarkeit wird Gott vergessen.

Uns ist das aufgegeben: die Aufgabe der Achtsamkeit, des Aufmerkens, des beharrlich offenen Wartens auf Gott. Diese Aufgabe für Gottes Dasein bei uns ist *uns* gestellt, diese Verantwortung uns aufgetragen. Doch daß sie uns gestellt ist, das ist die höchste Achtung, die uns Menschen erwiesen ist. Aber das Unbedingte, es ist auch in diesem Sinne das Erschreckende: Denn nur zu oft ist man nachlässig, unachtsam, wagt man nicht, auf die Selbsterneuerung des Sinns zu setzen – und der Glaube gerät schwach, das Verstehen kümmerlich und unser Lieben verzagt. Das Unbedingte ist höchstwahrscheinlich uns nur gegenwärtig, wenn wir erschrecken, vor ihm erschrecken.

Wieder und wieder will es geübt sein, sich zu vertiefen in Gott, in den Geist der Wahrheit und der Liebe – will es geübt sein zu lernen: in Gewißheit zu warten auf sein neues Kommen, unversehens, im Leben. Doch was so geübt und gelernt sein will und also ungeteilt von uns zu wollen und, ohne Ausflüchte, von uns zu tun ist, das ist nur zu tun in einem Willen, der von Gewißheit geprägt und mithin gelöst ist. Das Gegenteil einer rein angespannten Aktivität ist hier gemeint: ein aktives, aber gelassenes Wachen und Warten, ein Hinhören auf das, was auf uns zukommt. – Allzu geneigt sind wir jedoch, nur an das Ereignis zu denken, in welchem der Glaube an Gott sich uns erschließt, und das daraus folgende Tun für diesen Glauben und den im Glauben von einem jeden von uns zu gehenden, unvertretbar eigenen Lebensweg zu übersehen.

Ich schließe diese Überlegungen ab. In der Erfahrung des Glaubens ergreift einer eine unbedingte Gewißheit für sein ganzes Leben; ihm leuchtet – einmal und bleibend – ein: So ist mein Leben, das kann ich sein und so soll es sein, so will ich es. Die unbedingte Gewißheit des Sinns ist eine unendliche Bejahung des eigenen Lebens: komme, was da wolle. Solche Gewißheit – als eine Gewißheit des Glaubens an den nicht ausgekannten, sondern unerschöpflichen Gott – ist eröffnet in die Unabgeschlossenheit des eigenen Selbstverständnisses hinein. Die Seligkeit dieser Gewißheit ist, daß noch etwas zu erhoffen, von Gott zu erhoffen ist. In solchem nach vorne offenen Überglück ist einer über die Einstellung der Zweideutigkeit hinaus, wonach immer alles nur „teils-teils", gut und schlecht vermischt und darum letztlich sinnlos ist. Denn er kennt eine „Instanz" der Eindeutigkeit, die im Ambivalenten, im unausgemacht Zweideutigen des Menschenlebens orientiert. Und dadurch ist er jener müd-freudlosen Zweideutigkeit gewachsen.

Große Augenblicke sind es allemal, wenn im Endlichen, Vergänglichen, wenn im Bruchstückhaften das „Ganze" – ein untrüglicher Sinn – aufleuchtet – und bleibt. Was ein Mensch für sein Leben wirklich *hat*, das rührt allemal aus solchen Augenblicken her. Als eine „Betrachtung der Zeit" spricht A. Gryphius aus: „Mein sind die Jahre nicht, die mir die Zeit genommen. / Mein sind die Jahre nicht, die etwa möchten kommen. / Der Augenblick ist mein, und nehm ich den in acht, / So ist der mein, der Jahr und Ewigkeit gemacht."[15]

Zusatz: *Zum Verständnis von „Bewußtsein"*[16]

Nötig ist zu unterscheiden zwischen „Bewußtsein", dem „Bewußtwerden" und dessen Resultat: daß nämlich ein Mensch einer Sache, eines Sinngehaltes, selbst und eigens „bewußt" ist. An diesen Worten liegt natürlich wenig – an der Einsicht aber viel,

---

[15] A. GRYPHIUS, Betrachtung der Zeit; in: Wir vergehen wie Rauch von starken Winden. Deutsche Gedichte des 17. Jahrhunderts, Leipzig/München 1985, 1. Bd., S. 284.

[16] Der einzige mir bekannte Philosoph des 20. Jahrhunderts, der die „prinzipielle Bewußtseinsunabhängigkeit des seelischen Lebens" – des „Innenleben(s)" – hervorhebt, um den „Wirklichkeitscharakter" und die „Schicksalhaftigkeit" der „innere(n) Erfahrung", des „Innenleben(s)",

daß ein Sinngehalt in meinem Bewußtsein sein kann, ohne daß er mir eigens, das heißt reflexiv, bewußt ist, also ohne daß ich davon deutlich weiß. Diesen Unterschied deutlich hervorzuheben, scheint mir wichtig für das Verständnis des Glaubens. Der Glaube an Gott kann nicht anders als „im Bewußtsein" sein; und doch muß ihn der Einzelne nicht *sich* bewußt gemacht haben. Er muß nicht eigens bedacht haben, daß und als was genau der Glaube an Gott in seinem Bewußtsein ist.

Vieles ist ja auch sonst in unserem Bewußtsein, und doch ist es uns nicht ausdrücklich und klar „bewußt", schon gar nicht aufgrund eines intellektuellen Erkenntnisprozesses. Vieles, was ohne Bewußtsein gar nicht sein könnte, unser Sehen, das selbstverständliche Wahrnehmen, alles Erleben und Erfahren, machen wir uns höchstens beiläufig als Bewußtseinsvorgang eigens klar und bewußt. Vieles kann man, ohne es besonders bedacht zu haben, im Bewußtsein haben; und es ist doch inhaltlich bestimmt und nicht etwa diffus, irgendwie weiß man auch darum, selbst wenn man es nicht selbst in Worte fassen kann. Es kann einer eine wahre Überzeugung haben, ihr mit seinem ganzen Leben anhängen, ohne sie sich eigens als Wahrheit vergegenwärtigt zu haben. Ihrer selbst sind sich die Menschen in aller Regel nur ab und an bewußt.

Wäre es für das Leben des Glaubens grundsätzlich nötig, ihn klar sich selbst bewußt gemacht zu haben, so hätte ein Intellektueller, zum Beispiel ein ausgebildeter Theologe, im Glauben selbst einen Vorzug. Wer aber den „einfachen" Glauben – den, wie man sagt, „von Herzen" und nicht aus dem Verstand – nicht achtet und schont, der hat vom Glauben an Gott wenig oder nichts verstanden.

Seit wir das Wort „Seele" als Bezeichnung für das Innerste des

---

nicht aus dem Blick geraten zu lassen, ist PAUL L. LANDSBERG (Einführung in die philosophische Anthropologie, Frankfurt a.M. 1934, bes. S. 192). Im Blick auf diese Thematik ist es wohl nicht zufällig, daß Landsberg als Philosoph Christ war.

Menschen – für das, was ihn zuinnerst in seinem Selbst bewegt und betrifft – verloren haben, neigen wir dazu, ohne weiteres dafür den Ausdruck „Bewußtsein" einzusetzen. Das aber muß verwirren, *wenn* „Bewußtsein" gleichgesetzt wird mit dem, was dem Betreffenden eigens und selbst bewußt ist, was er also mehr oder minder genau weiß; *wenn* m. a. W. „Bewußtsein" gleichbedeutend mit „Wissen" wird. Die psychoanalytische Einteilung in „bewußt" und „vorbewußt", „unter-" oder „unbewußt" tut ein übriges dazu, dies gängige Verständnis zu unterstützen; denn danach ist bekanntlich all das „unbewußt", was triebhaft und verdrängt ist, und „bewußt" das, was, nicht zuletzt in der Therapie, bewußt geworden ist. Oder es bezeichnen einige das, was nicht eigens bewußt ist, was nicht „eigentlich" zu „Bewußtsein" gekommen – was heißen soll: nicht klar bewußt geworden – ist, als „praerational" und meinen, dieses sei gänzlich vernunftlos. Oder das Gefühl wird ohne weiteres als „irrational" bezeichnet – stillschweigend aufgrund der Annahme, „bewußt" sei gleichbedeutend mit „gewußt", gar „rational" gewußt.

Halten wir uns zunächst an die Alltagssprache. Was ist gemeint, wenn jemand als Entschuldigung sagt: „Ich habe es aber nicht bewußt getan." „Nicht bewußt" heißt hier gewiß nicht: „unbewußt"; denn was da einer getan und also irgendwie auch gewollt hat, das hat er „eigentlich" nicht gewollt, *so* nicht gewollt, das hat er nicht beabsichtigt – und insofern „nicht bewußt" getan. Aber es gehört selbstverständlich seinem Bewußtsein an, und nicht etwa seinem „Unbewußten". Und er hat es ja auch nicht „bewußtlos" getan. Doch es war *ihm* nicht eigens, nicht als solches und nicht reflexiv bewußt; er hat es so nicht gewußt.

Genau um dies Problem ist es hier zu tun. An einem Zitat sei es verdeutlicht. Über Dostojewskijs lang gehegte Absicht, die auszuführen ihm nicht gelang, ein „atheistisches" Leben zu gestalten, schreibt Manès Sperber: Es kam Dostojewskij „in erster Reihe darauf an, einen durchaus weltlichen, allen Lastern anheimgegebenen, gewissenlosen Menschen darzustellen, der, wenn auch nicht stets dessen bewußt, in seiner negativen, doch unlösbaren Bindung an einen verborgenen Gott beharrt".[17] – Nicht darauf sei hier eingegangen, wieviel „Theologie" in diesem Satz beschlossen ist. Es interessiert jetzt lediglich dies: Im Bewußtsein ist ein Inhalt – hier: daß einer nicht loskommt von Gott –, doch das ist dem Betreffenden nicht selbst klar, d. h. nicht reflexiv, bewußt, er *weiß* das nicht.

So wird verständlich, daß beispielsweise gesagt werden kann, eine Lebensform – sagen wir: daß man sich zur Kirche hält – werde weiter übernommen und noch gelebt, ohne daß man sich des Sinns noch „bewußt" wäre, also ohne daß dieser eigens bedacht und Einzelnen deutlich gegenwärtig wäre.

Worauf ich mit all dem hinaus will, ist: Im Bewußtsein, im Wahrnehmen und Erfahren, im Inneren eines Menschen, in seinem „Selbst" ist immer mehr, als ihm reflexiv bewußt, also ihm selbst gegenwärtig ist und mithin als er davon weiß. Und zum anderen: Alles, was einem Menschen reflexiv klar geworden ist, ihm also voll bewußt ist, das ist ihm bewußt *geworden* – und das ist folglich schon vor diesem Sich-Klarwerden in seinem Bewußtsein. In dieser Weise ist es im Bewußtsein, *ohne* daß es erkannt, deutlich gewußt, voll bewußt wäre.

Das bewußte, wache Leben setzt eine Phase des noch nicht seiner selbst bewußten voraus. Vieles, was einen Menschen in seinem Innersten bewegt, das ist schon länger in ihm, bevor er sich dessen erkenntnismäßig bewußt wird. Resignation und Neugewinnen von Mut: auf einmal stellt man fest, daß sie da sind – und man schließt, daß sie sich unmerklich lange schon angebahnt haben müssen. Abschiede treten ein und man spürt, daß man sie insgeheim lange schon befürchtete. Der Verlust einer Liebe, das

---

[17] M. Sperber, Der Heilige ist der Sünder. Vor hundert Jahren starb Fjodor M. Dostojewskij; in: Südd. Zeitung Nr. 31, Sa/So 7./8. Febr. 1981 (SZ am Wochenende).

Das Schlüsselerlebnis des Glaubens 57

Vergessenhaben des Glaubens: man wird sich dessen erschrocken bewußt, wenn es bereits geschehen ist.

Nicht selten wird einem erst im Nachhinein deutlich und bewußt, was der Gehalt und die Bedeutung einer gemachten Erfahrung ist. – Man sieht: Auch als Subjekt ist der Mensch *mehr*, als er akut von sich weiß. Keiner geht auf in dem Wissen oder in dem Bild, das er oder ein Anderer von ihm hat. Das ist das Geheimnis und die Würde der „Person", die jedem Subjekt zukommt; und das ist auch das Geheimnis und die Würde, die Gott für uns hat.

Weil dem so ist, darum muß mir zuerst *gesagt* werden, was ich bin, damit ich es daraufhin selbst werde: damit mir das selbst bewußt wird und ich es für mich *bin* und bewußt lebe. Meine berufliche Stellung und die damit verbundenen Fähigkeiten kenne ich auf diese Weise. Die Verantwortung, die mir übertragen wird, gibt mir zu erkennen, daß ich verantwortlich sein kann. Nicht zuletzt beruhen christliche Symbolhandlungen, wie die Taufe oder die Konfirmation, auf einer solchen Art von Zusage: Es wird gesagt, zugesagt, was einer ist – ein „Kind Gottes", ein vollberechtigtes Mitglied der Kirche – und was er folglich für sich werden kann und soll.

Weil kein Mensch aufgeht im Wissen von sich und im Wissen des Anderen, darum ist es auch notwendig und tut man gut daran, selbst *dem* Menschen nicht das Bewußtsein abzusprechen, der unfähig ist, sich sprachlich und also verständlich zu äußern. Friedrich v. Bodelschwingh berichtet, wie er als Kandidat der Theologie zum ersten Mal einen pflegebedürftigen, anfallskranken, „völlig verblödeten" jungen Mann zu betreuen hatte: „ein wundgelegenes Bündel von Haut und Knochen, ohne Fähigkeit zu sprechen und selber zu essen." Als er ihn gebadet und danach auch noch gewindelt und verbunden hatte, sei er kurz entschlossen gewesen, keinen Tag länger zu bleiben. „Dann aber geschah es, daß dies schreckliche Bündel sich bewegte und den Arm in die Höhe streckte." Der Pfleger habe zu ihm gesagt: „Herr Kandidat, merken Sie es noch nicht, Fritz will Ihnen danken." Er selber habe diesen Fritz „gar nicht für einen Menschen gehalten."[18] – Ich schließe daraus: Auch der, der sich sprachlich nicht zu äußern vermag, ist ein Mensch, ein Wesen, dem ein Bewußtsein von sich selbst eignet. Auch der nimmt wahr, sich und Andere; auch der hat Bewußtsein und Inhalte in seinem Bewußtsein, obschon wir nicht wissen können, wie das geschieht und was genau er wahrnimmt und weiß – nur vermutlich mehr, als wir uns gemeinhin vorstellen.

Nur Denken, Erkennen, Wissen und das auf Überlegen und Nachdenken beruhende Handeln sind selbst-bewußte – nach ihrem eigenen Sinn in klarer Bewußtheit vor sich gehende – Vollzüge. Gerade auch das Handeln ist nur so zu verstehen; denn wir nennen nur das Tun eine „Handlung", bei dem sich der Betreffende „etwas gedacht" hat und bei dem er selbst sich als Täter weiß.

Freilich gibt es auch Erlebnisse, deren eigener Sinn in der Unmittelbarkeit des Erlebens liegt. Im Erschrecken und Erstaunen beispielsweise: Wenn ich mir klar mache, was da geschieht, wenn ich dessen wirklich für mich selbst bewußt werde oder wenn ich gar zu einem Anderen davon reden will, so bin ich schon nicht mehr *in* diesem Erleben, weil ich nicht mehr völlig davon ergriffen bin. Was uns bewußt geworden ist, oder anders gesagt, was wir uns bewußt gemacht haben, demgegenüber haben wir eine Distanz, die es uns ermöglicht, uns dazu zu verhalten. Das bitter Quälende, Abtötende manchen Leidens liegt eben darin, daß wir zu dieser Distanz nicht finden. Was uns in seinem Gehalt wirklich bewußt ist, das ist freier bei uns; denn zu ihm können wir uns verhalten und uns selbst darüber Rechenschaft geben. Wer über das Erfahrene und Erlittene sprechen kann, der nimmt Stellung.

---

[18] In: Bethel Arbeitsheft 1, 1970, S. 44 ff. – Hier zitiert nach: J. WUNDERLI, Euthanasie oder Über die Würde des Sterbens. Ein Beitrag zur Diskussion, Stuttgart 1974, S. 94.

Bewußt werden, sich einer Sache, eines Gehaltes, bewußt werden heißt freier werden.

Was einem in dieser Weise klar, deutlich gegenwärtig wird, das geht so erst ganz ins wache Bewußtsein und ins eigene Leben ein. Das gehört, von mir bejaht, erst richtig, „eigentlich", zu mir. Und was das Bewußtwerden distanziert, das wird so gerade auch aufgedeckt und kann – bereichernd aufschlußreich – wieder oder neu zum Erlebnis werden.

Alles nun, was den Menschen selbst betrifft und was in seinem Bewußtsein ist, ist prinzipiell und von sich aus dem Bewußtwerden, dem Erkennen und Wissen nicht verschlossen, auch wenn selbstverständlich kein Mensch je dazu kommt, alles zu wissen. Insbesondere aber will der Glaube bewußt angeeignet sein. Und die an ihn gerichteten Fragen des Wissenwollens und des Zweifels sind mit keinem Denkverbot zu belegen, sondern klar und prägnant, also gedanklich bewußt zu beantworten.

Doch alles Subjekthafte, Geistige ist nie erschöpfend zu wissen, so daß kein Überschuß eines „Mehr" bliebe. Es ist über alles Wissen hinaus zu *verstehen*: in seiner nicht ausdenkbaren Unerschöpflichkeit zu verstehen. Es bleibt ein Geheimnis, freilich kein von vornherein verschlossenes und unerkennbares, keines, das sich vorenthält. Sondern eines, das erkannt sein will gerade in seiner Unausdenkbarkeit, in der es nie zu Ende gekannt ist, also nie ausgeforscht und durchschaut sein kann. Zu erkennen ist es, aber auf *diese* Weise – und also ist es zu verstehen und anzuerkennen. Ein Geheimnis ist es, das mir aber vertraut werden kann, weil es sich mir zu verstehen gibt, sich zeigt in dem, was es ist – und das doch immer mehr enthält, als ich jetzt und hier erkenne und verstehe. Nicht wie ein Rätsel ist es aufzulösen; vielmehr wird es mir nur größer, schöner und liebenswerter, je mehr es sich in seinem Sinn erschließt (F. Fühmann).[19] Wie auch Liebende anders

---

[19] Zum Sinn des „Geheimnisses" im Unterschied zum „Rätsel" siehe F. FÜHMANN, Der Sturz des Engels. Erfahrungen mit Dichtung, Hamburg 1982, S. 84.

sich nicht kennen und verstehen: Sie kennen sich, kennen sich gut, indem sie sich noch mehr zutrauen; sie verstehen sich, indem sie sich noch besser verstehen wollen. So also achten sie gegenseitig die Würde des Anderen und bleiben sie dessen eingedenk, daß Menschen im letzten für einander und für sich selbst ein Geheimnis sind. Nicht anders bei Gott: Wer Gott kennt, dem genügt seine Kenntnis Gottes nicht. – Eben dies ist in gefülltem Sinne „teilhabendes Verstehen": Es ist ein Akt, ein Geschehen der Einsicht, der das Interesse an Feststellbarem und am bescheidwissendem Verfügen fernliegt; die vielmehr im inhaltlich bestimmten Erkennen die Unausschöpfbarkeit des Erkannten wahrt.

Das Wissen selbst, wie alles wirklich eigens Bewußte, hat einen Hof des Geheimen, des Nichtgewußten, um sich: dessen, was im Bewußtsein ist und doch nicht deutlich bewußt ist. Die „exakten" Wissenschaften zeichnen sich allerdings dadurch aus, daß sie diesen Umhof bewußt auszublenden suchen. Aber wenn wir miteinander sprechen und in der Sprache uns verständigen, dann lassen wir uns auf etwas ein, was wir nicht gemacht und geformt haben, sondern was vor uns Sinn und Bedeutung in sich selbst hat: eben auf die Sprache. Sprechen wir, so sprechen wir immer in einer vorgegebenen Sprache, die wir bestenfalls abwandeln. Nie sprechen wir nur das aus, was wir denken und aussprechen wollen; sondern wir sprechen immer auch das mit aus, was die Sprache von sich her aussagt – und was immer „mehr" ist und meint, als wir wissen, ja als uns je wirklich bewußt sein kann. Mit jedem Wort lösen wir beim Anderen und bei uns selbst Assoziationen und Einfälle aus, die wir nur zum allerwenigsten absehen können. Wer hingegen alles sagen will, macht viele Worte und hat am Ende nichts gesagt, hat nur verwirrt. Ohne Unausgesprochenes – und im konkreten Einzelfall Unaussprechliches – ist keine verstehbare Rede. Nur deshalb auch kann ein intensives Verstehen, erprobt in vorbehaltlosem Sichaussprechen, übergehen in ein Verstehen des Anderen ohne Worte, in welchem einer dem Anderen anmerkt, ihm geradezu abliest, was er möchte. Dann

Das Schlüsselerlebnis des Glaubens 61

fühlen beide sich wirklich verstanden, verstehen sie *sich* und sind sie darin unbeschränkt miteinander verbunden.

Indem wir die Sprache, unsere Sprache gebrauchen, setzen wir Sinn – wie unbestimmt auch immer – voraus, über unser „Machen" und Können hinaus. Denn wir setzen darauf, daß unsere Worte für den Anderen verständlich werden können. Das aber ist angesichts unserer individuellen Verschiedenheit und unserer unterschiedlichen Lebensgeschichten ganz und gar nicht selbstverständlich. Im Gegenteil, wie jeder weiß, ist gelingende Kommunikation nicht *als gegeben* voraussetzbar und nicht als sicher voraussehbar; *daß* sie gelingt, ist vielmehr jedesmal ein Wunder, ist Gnade. Und doch könnten wir uns gegenseitig nicht verständlich machen, uns also nicht verständigen, vertrauten wir nicht auf ein vorgängiges – aber nicht vorweg zu wissendes, und nicht erst von uns zu besorgendes und herzustellendes – uns jedoch *gemeinsames* Verstehen*können* und insofern auf ein schon Verständigtsein: auf ein vorgängiges Verständigtsein aller miteinander Sprechenden, das in der Sprache eröffnet ist. Immer und notwendig und mit jedem Satz, den wir aussprechen, setzen wir dies Gemeinsame, uns gegenseitig verstehen zu können, voraus, ohne daß wir dessen habhaft wären. Es steht nicht in unserer Macht, ist nicht ausgemacht und sicher, ist uns nicht garantiert. Wir setzen es *notwendig* voraus, könnten sonst gar nicht als Menschen leben; aber wir können es nicht *als gegeben* voraussetzen, – vielmehr können wir nur darauf setzen, daß es sich einstellt, also wie zufällig ereignet. Es ist eben – und gerade in diesem Sinn zwischen „notwendig von uns vorauszusetzen" und freiem Sichereignen – Gnade.

Daß einer in der Situation der Not eines Menschen das „Gleiche" empfindet wie dieser, das „Gleiche" erkennt und vor allem das „Gleiche" dank der Sprache versteht: woher sollte einer das wissen? Aber es ist notwendig vorauszusetzen, es ist als real möglich zu *glauben* und zu erhoffen, wenn das Miteinandersprechen und das Sichselbstverstehen gelingen soll. Doch es gelingt nur, wenn es wie zufällig – nämlich frei – geschieht. Wer es herbeizwingen will, verdirbt und verhindert es.

Sprechend vertrauen wir mithin auf den Sinn, auf den *Geist* der Sprache: Wir vertrauen nicht nur darauf, daß sie selbst geistiger Art ist, sondern daß in ihr, wo sie nur in Wahrhaftigkeit gebraucht und eben nicht mißbraucht wird, der Geist der Gemeinsamkeit, der uns Verstehen ermöglicht und gelingen läßt, enthalten ist und sich als dieser Geist mitteilt. Und dies vorgängige, zumeist gar nicht eigens bewußte Vertrauen ist es ja selbst, das uns verbindet.[20] Doch noch einmal sei es gesagt: Nur Wahrheit verbindet; Unaufrichtigkeit trennt.

In jedem einzelnen Miteinandersprechen erproben wir diesen Sinn und Geist und setzen wir ihn fort – wie wir ganz selbstverständlich zunächst einmal darauf vertrauen, daß es Sinn hat, überhaupt miteinander zu sprechen. Wir setzen ihn fort, indem wir ihn voraussetzen und als Wunder sich ereignen lassen; denn Gemeinsamkeit als freie bleibt nur, wenn sie sich ständig erneuert und von uns als sich-erneuernde gewollt und unterhalten wird – wie bei einem Feuer, das brennt, das leuchten und wärmen soll.

Übrigens setzen wir normalerweise ebenso voraus, daß Sprache von etwas spricht – und zwar von etwas, das nicht nur verbal ist, vielmehr das wirklich oder möglicherweise wirklich ist. Für Täuschung halten wir, wenn einer das in der Sprache liegende Versprechen einer „Sache" hintergeht. Worte und nichts als Worte machen, heißt die Sprache mißbrauchen.

Ich schließe diese Ausführungen ab. Mit dem, was P. Gerhardt ausspricht, kann man gar nicht zu Ende kommen: „Sollt ich meinem Gott nicht singen? Sollt ich ihm nicht dankbar sein?

---

[20] Zum Zusammenhang von Sprache und Gott als Geist der Gemeinsamkeit vgl. J. SIMON, Vom Namen Gottes zum Begriff; in: Der Name Gottes, hg. H. v. Stietencron, Düsseldorf 1975, S. 230–242.

Denn ich seh in allen Dingen, wie so gut ers mit mir mein'. Ist doch nichts als lauter Lieben, das sein treues Herze regt, das ohn Ende hebt und trägt,... O du unergründter Brunnen, wie will doch mein schwacher Geist, ob er sich gleich hoch befleißt, deine Tief ergründen können? Alles Ding währt seine Zeit, Gottes Lieb in Ewigkeit."[21]

Eine Überlegung sei noch angeführt: Die Thematik, daß etwas im Bewußtsein ist, ohne wirklich dem Betreffenden selbst bewußt geworden zu sein, hat eine besondere Zuspitzung in dem, was man im christlichen Sinne als „geistesgegenwärtig" bezeichnet. Damit ist ein Vorgang gemeint, in welchem einer sich *des* Geistes klar und für sich selbst bewußt wird, von dem er lebt und in dem er lebt. Dieses Bewußtwerden geschieht als ein Augenblick höchster, zentrierter Gegenwärtigkeit, in welchem dem Betreffenden dieser Geist seines Lebens ganz gegenwärtig wird und er selbst mit ihm ganz eins ist. Völlige Gegenwart ist das, in der einer rückhaltlos seines Geistes gewärtig ist. W. Schönfeld drückt das so aus: „Um" das „Wunder des Geistes einigermaßen zu begreifen, besinnen wir uns darauf, was uns mit dem Worte Geistesgegenwart gesagt ist, worin der Geist sich selbst begreift. Und da ergibt sich folgendes: die Gegenwart hat einen zeitlichen und zugleich einen überzeitlichen Sinn, was zwar zu unterscheiden, aber auch zu verbinden und deshalb nicht zu trennen ist... Darin besteht die Geistesgegenwart, daß sie im Augenblick der Gefahr, wo es um Sein und Nichtsein, um Leben und Tod, um Zukunft und Vergangenheit geht, das Richtige zu tun und zu lassen weiß, nämlich das, worauf es gerade jetzt entscheidend ankommt... Wir wissen alle aus Erfahrung, wie oft es uns an dieser Geistesgegenwart im engeren und weiteren, im ursprünglichen und abgeleiteten, im eigentlichen und übertragenen Sinne, an dieser Schlagfertigkeit mit

---

[21] P. GERHARDT, Evang. Kirchen-Gesangbuch 232, 1.3.

einem Wort, gebricht, weil wir uns entweder von der Vergangenheit oder von der Zukunft überwältigen lassen, statt daß wir unserer Gegenwart in der Stunde der Entscheidung mächtig würden."[22]

---

[22] W. Schönfeld, Über die Gerechtigkeit. Ein Triptychon, Göttingen 1952, S. 23.

II. Kapitel: Was das heißt, an Gott zu glauben

1. Abschnitt: Was der Glaube selbst ist

A. Glauben als „Für-wahr-halten"

Wenn vom Glauben an Gott die Rede ist, was ist dann unter dem Wort „glauben" gemeint? Es muß ersichtlich mehr meinen und an Bedeutung reicher sein als nur das vermutungsweise Annehmen, daß etwas so und nicht anders sein könnte, von dem man aber Genaueres nicht weiß. Denn Gott, auf den sich das Wort „glauben" hier bezieht, ist nicht ein möglicher oder wahrscheinlicher Sachverhalt neben anderen; der Ausdruck „Gott" sagt ungleich Bedeutungsschwereres: nämlich die unbedingte Sinngrundlage meines ganzen Lebens. Das Ergriffensein von dem so verstandenen Gott – ein Ergriffensein, das zugleich ein sich diesem Gott Erschließen ist – soll in dem Wort „glauben" zum Ausdruck kommen. Es bezöge sich anders nicht auf Gott.

Also ist im Zusammenhang mit Gott unter dem Wort „glauben" auch mehr gemeint als nur ein distanzierendes Geltenlassen, so wie einer sagt: „Ich glaube es dir" und damit dahingestellt sein läßt, was der Andere behauptet. Das Wenigste ist, daß einer, der an Gott glaubt, in seinem Leben mit Gott „rechnet". Das Wort „glauben" in Verbindung mit „Gott" schließt nicht etwa nur das Betroffensein, sondern das Beteiligtsein des Glaubenden so völlig ein, daß zu sagen ist: Er ist als Person einbezogen. Daß der Glaube an Gott diese Bedeutung für den Glaubenden hat, sein ganzes

Leben – sein Selbst – zu bestimmen, das gehört wesenhaft zu dem, was er als Glaube an Gott ist.

Der Glaube, von dem hier die Rede ist, hat mithin nach seiner Bedeutung eine zweifache Ausrichtung: Er bezieht sich auf Gott; doch damit ist zugleich der Einzelne, der glaubt, als er selbst beteiligt, betroffen und einbezogen. Glaube verbindet Gott und Mensch. Diese „Zweipoligkeit" in der „Verbindung" will in allen Aussagen über den Glauben an Gott beachtet sein. Um dafür ein Verständnis zu gewinnen, sei noch einmal anders begonnen. Soll mit dem Wort „glauben" mehr gesagt sein als ein bloßes Akzeptieren von nicht genau Gewußtem, so ist man seinem Sinngehalt wohl eher auf der Spur, wenn man bedenkt, daß einer auf eine Liebeserklärung mit vorbehaltloser Überzeugung antworten kann: „Ja, ich glaube dir – glaube dir, weil du es bist, der das sagt." Damit gibt er zu verstehen, wofür er den Anderen hält: nämlich für wahrhaftig, für glaubwürdig und verläßlich. Und zugleich drückt er damit aus, welche Konsequenzen und welche Bedeutung das für ihn hat: daß er nämlich dem Anderen vertraut, sich auf ihn verläßt.

Wiederum fällt das „Zweipolige" oder Wechselseitige der Aussage auf: Es wird etwas über den Anderen und damit zugleich über den Antwortenden ausgedrückt. Das „zugleich" folgt aus der Bedeutung, die der Andere für den Antwortenden hat. Er geht auf diese Bedeutung ein, macht sie sich zu eigen, indem er aus sich herausgeht und sich auf den Anderen verläßt, ihm vertraut. In einer Bewegung von sich weg zum Anderen hin eignet er sich die Bedeutung an, die der Andere für ihn hat. Und eben das heißt hier: Ich glaube dir.

Noch ein weiteres Moment kann daran deutlich werden. „Ich glaube dir": Das kann ich in dieser Bedeutungsschwere nicht sagen zu einem, der mir unbekannt ist. Zumindest so viel muß ich von ihm erfahren haben, daß ich es wage, mich auf ihn einzulassen und ihm zu vertrauen. Würde ich ihn nicht kennen, so könnte ich ihn nicht für verläßlich, also für vertrauenswürdig halten und so könnte ich ihm gar nicht vertrauen. Und mein Vertrauen steigt, wird stärker und gewisser, je besser ich den Anderen kennenlerne, je vertrauter er mir wird. Wen ich soweit kenne, daß ich Vertrauen zu ihm habe, von dem will ich mehr erfahren, um ihn gut zu kennen. Das Vertrauen schließt also das Erkennen nicht aus, sondern als rechtes, fundiertes Vertrauen gerade *ein*; so ist es nicht „blind". Damit es aber ein aufrechtes, selbstgewolltes Vertrauen sei, ist eine längere Geschichte von Erfahrungen nötig. Erfahrungen jedoch, die zu einer intensiven, dichten Beziehung und zu einem wirklichen Kennenlernen führen, ja einer derartigen Beziehung schon angehören, kommen nicht zustande ohne das unaufhörliche Wagnis, aus sich herauszugehen, dem Anderen sich zu öffnen – und vor allem über das Kennen und Wissen des Anderen noch hinauszugehen und Vertrauen zu *schöpfen*, Vertrauen eben zu wagen: ihm also zu glauben.

Vertrauen kommt wohl immer, wenn es aufkommt, in der längeren Geschichte einer Beziehung auf. Es entsteht und wächst unmerklich; doch überraschend ist es da, indem es einem bewußt wird. *So* faßt einer Vertrauen zu einem Anderen – gewiß nicht ohne nachzudenken. Es kommt aus einer längeren Geschichte und kann, ist es erst da, seinerseits eine längere Geschichte auslösen. Aber es bleibt nicht, hält sich nicht, ja kommt gar nicht richtig zustande, sondern bricht sogleich ab, wo es nicht dauerhaft getragen und durchformt ist von jenem: „Ich glaube dir und verlasse mich auf dich" – wo es nicht im Einsatz des eigenen Selbst vom Beteiligten selbst gewollt ist.

Was für das Glauben und Vertrauen der Menschen untereinander gilt, das trifft noch ungleich mehr für das Verhältnis des Menschen zu Gott, für den Glauben an Gott, zu. Es kann kein Vertrauen auf Gott, den Fundus meines Lebens, die größere Wahrheit, der ich zugehöre, sein *ohne* ein Kennen und Erkennen Gottes. Im Glauben an Gott ist immer und unabdingbar ein Wissen von Gott mitenthalten. Wie sollte ich jemandem *ganz* vertrauen, ohne zu wissen, *wem* ich vertraue? Und das erst und gerade bei Gott? Wenn schon unter Menschen einer dem Anderen, indem er ihm vertraut, ein Stück seiner selbst, seines Lebens, anvertraut und das hoffentlich nicht tut, ohne daß er weiß, was er tut – wie könnte dann bei Gott, dem ein Mensch sich glaubend *ganz* anvertraut, das Vertrauen, das Glauben, „blind" sein, oder wenn es das zufällig ist, „blind" bleiben können? Im Glauben an Gott ist das Wissen von Gott eingefaßt ins Vertrauen, das es noch übersteigt. Und weil es so eingefaßt ist, verdirbt es nicht zu einem objektiven Bescheidwissen, ist es vielmehr ein Kennen und Erkennen *in* der Beziehung, in der Verbundenheit; ist es ein Wissen aus dem Verstehen dessen, was Gott ist. Und deshalb mündet es seinerseits ein in das *ihm* Vertrauen, in das ihn Lieben. Im Blick auf Gott ist das Wissen eins mit dem Lieben. Und so ist das Wissen von Gott ein *selbst*-gewolltes und folglich eines, das prägt und anhält und nicht nur eine Information neben anderen ist.

So verstanden ist in bezug auf Gott die übliche Alternative von Glauben und Wissen schlicht töricht. Abwegig ist, in bezug auf Gott – wie in bezug auf den Nächsten – anzunehmen, „Wissen" mache „das Glauben" überflüssig oder „Glaube" sei dort angebracht, wo das Wissen nicht hinreicht. Es ist kein dem Anderen Glauben, kein ihm Vertrauen und Lieben ohne Verstehen. Auf einen Befehl zum Gehorsam hin kommt das nicht zustande. Und selbst um einem Befehl gehorchen zu *können*, muß man zumindest *wissen*, von wem er kommt.

Das Wissen von Gott muß freilich kein reflektiertes, eigens durchdachtes sein. Und Wissen allein tut's sicherlich bei Gott nicht. Gott – wirklich und in Wahrheit Gott – ist gar nicht im Blick und gar nicht gewußt, wenn einer nicht darauf sich einläßt und dem bei sich Raum gibt, was er von Gott versteht und weiß. Recht gewußt ist Gott, wenn das Wissen über sich hinausführt und übergeht ins Glauben, ins Vertrauen. An Gott glauben – das „muß ein großer mächtiger Ernst sein; nicht nur ein Lernen und Wissen. Denn das Wissen allein ist kein Glaube, sondern der Hunger und Durst danach, daß ich mir's [hin-]einbilde und mit der [Hin-]einbildung [in mich] zum Eigentum nehme, das ist Glaube" (J. Böhme).[1]

Das Wissen, das eingeht in den Glauben, diesem selbst angehört und immanent ist, kann, wie gesagt, kein distanzierendes, den Inhalt „Gott" zum neutralen Objekt vergegenständlichendes Denken und Wissen sein. Es zielt nicht auf Feststellen und Festlegen, intendiert nicht, eine Sache zu durchschauen und zu erklären, um so mit ihr zum Abschluß zu kommen und zur nächsten überzugehen. Das Wissen des Glaubens ist vielmehr ein „Hunger" nach weiteren Erfahrungen mit dem Gewußten und Geglaubten, nach weiterem, besserem Kennen. Und darin ist es ein Offenwerden für Gott und in solcher Geschichte mit Gott ein Gottes Gewisserwerden. Es ist ein Denken, Erkennen und Wissen, in welchem einer durchdrungen ist von dem, was er erkennt und weiß, und so dessen ganz gewärtig ist. Gott kennt, wer ihn noch besser kennenzulernen verlangt. So wächst im Wissen Vertrauen und wird mir ein Anderer vertraut.

Der Sachverhalt, daß das Wissen von Gott zum Glauben an Gott notwendig hinzugehört, wird üblicherweise so ausgedrückt: Glauben heißt auch Für-wahr-halten. Im dargelegten Sinne ist das nicht zu bestreiten. Wer an Gott glaubt, der hält das, was er von Gott weiß und glaubt, für wahr – was denn sonst! Anders hätte er ja von Gott gar nichts verstanden. Was jedoch hält einer im Blick auf Gott für wahr, was glaubt er von Gott? Wie immer das im einzelnen bestimmt sein mag, auf jeden Fall dies: daß Gott die Wahrheit und die tragfähige Grundlage seines Lebens ist – und wie seines Lebens, so die Wahrheit und der tragende Grund von allem, in der Gegenkraft gegen das Zerstörerische und Sinnlose. Es glaubt einer von Gott und hält das für wahr, was sich ihm zur Erfahrung erschloß: dies *eine* nämlich, daß über alles Zweideutige und Widersinnige hinaus *eines*, oder besser, *einer* wirklich ist, der

---

[1] J.Böhme, zitiert nach: Gedanken sind Kräfte [wie oben zu I. 1., S. 39], zum 1. Dezember. (Zusätze in den Klammern von mir.)

eindeutig gut ist. So hält ein Mensch, der an Gott glaubt, das nicht nur für wahr, sondern hält er zugleich Gott für eindeutig *gut*. Was nämlich nicht *wahr* ist, kann auch nicht *gut* sein. Nur was wahr ist, ist auch gut – gut in sich wie gut für mich. „Was wahr ist, streut nicht Sand in deine Augen, / was wahr ist, bitten Schlaf und Tod dir ab / als eingefleischt, von jedem Schmerz beraten, / was wahr ist, rückt den Stein von deinem Grab" (I. Bachmann).[2] Nicht „was vorübergeht", nur was „standhält" und „währt", ist „gut" (M. Claudius).[3]

Was aber nicht wahr, in sich nicht stimmig ist, das zerfällt. In einem gewissen Sinn kann man von jedem Menschen sagen, daß er an etwas, das für ihn Gott ist, „glaubt", daß er etwas für die entscheidende Wirklichkeit, für *die* Wahrheit hält, auf die er alles bezieht und nach der er lebt. Denn jeder lebt „aus" etwas, das für ihn in Zweifelsfällen des Lebens von ausschlaggebendem Gewicht, also „letztlich" wirklich ist. Gemeinhin ist dies „letztlich Wirkliche" wohl für jeden: jeder sich selbst; jeder ist sich nicht nur, wie man sagt, der Nächste, sondern wohl auch das Höchste. Oder es ist das für einen Menschen, aber nur in einem vagen und zeitweiligen Sinn, der ihm vertraute Andere, der intim Geliebte – oder auch eine Gruppe, ein Kollektiv. Daran „glaubt", wie man bei sich selbst wahrnehmen kann, gemeinhin der Mensch: das ist ihm entscheidend wichtig und „wirklich wahr". So „glaubt" man an sich selbst.

Aber das kann einem Menschen doch ehrlich, aufrichtig und ohne Selbsttäuschung „*die*" Wahrheit nicht sein. Denn zu vieles bleibt da ausgeklammert: die Vergänglichkeit des menschlichen Lebens, das grauenhafte Unheil dieser Welt, die nicht auszutilgende Zweideutigkeit um uns und in uns. Und zuviel

---

[2] I. Bachmann, Was wahr ist; in: Dies., Anrufung des Großen Bären. Gedichte (Serie Piper 307) München [8]1983, S. 47.

[3] M. Claudius, Sämtliche Werke, Darmstadt [5]1984, S. 601; cf. auch S. 545: „Es ist nichts groß, was nicht gut ist; und es ist nichts wahr, was nicht bestehet."

wird in solchem Glauben des Menschen an sich selbst unterdrückt: der ebenbürtige Andere, ohne den man doch nicht leben könnte, der *so* aber ein anderes, eigenständiges und auch fehlsames Selbst nicht sein darf; viel zuviel dunkle, unbewältigte Angst geht da um – und darum Zwang zur Selbstbehauptung und Selbstsicherung gegen Andere; zuviel Leben wird unterdrückt. Begreift einer diesen ungeheuerlichen Widerspruch, so enthüllt sich ihm der Glaube an sich selbst als trügerischunwahrer Glaube, als „Aberglaube", und er wird darunter leiden, nicht aus ihm herauszukommen, wieder und wieder in ihn zurückzufallen.

Diesem Abweg des Glaubens können wir für den Zusammenhang, der uns hier interessiert und in dem es uns um den Glauben an Gott in einem strikten, absoluten Sinn zu tun ist, die Einsicht entnehmen, daß wahrer Glaube – also sich nicht selbst widerlegender Glaube, Glaube an den wahren Gott – sich daran erweist: nichts auszublenden und auszulassen, zustimmend oder überwindend nichts auszuschließen, nichts zu verdrängen und zu unterdrücken, gerade auch das zerstörerisch Böse nicht; und übrigens auch nicht die Natur auszulassen, das Universum des Alls nicht. Und wahrer Glaube, Glaube an den wahren Gott erweist sich zudem daran, daß er für den Einzelnen *selbst* gut ist, ihn ohne Selbstbetrug wahrhaftig sein läßt, mithin ohne Zwang, vielmehr in sich frei ist und allem Guten Freiheit gibt, es so aufleben läßt. Nur bei dem, der unbedingt und unbeschränkt Gott, der der wahre Gott ist, *der* Sinn von allem noch über das Widersinnige, Sinnzerstörende hinaus: nur bei ihm ist das Glauben eines Menschen wahr. Nur im Glauben an Gott – wenn es wirklich Gott ist – braucht keiner sich etwas vorzuspiegeln, ist der Mensch in seiner Wahrheit.

Was der falsche, wahnhafte Glaube nicht gestattet, das ist vom wahren Glauben an Gott ermöglicht und geboten: daß nämlich einer erkanntermaßen, in eigener Wahrheitseinsicht selbst und von sich aus bejaht, einwilligt und selbst will, woraus er lebt.

Keiner lebt aus sich, und doch „glaubt" mancher nur an sich – er muß sich diesen Betrug selbst verschleiern, was ihm freilich nur zu leicht fällt. Der Glaube an den wahren Gott ist jedoch in sich von der Art, daß er wirklich nur ist, wenn ich ihn für mich übernehme, ihn mir aneigne, ihn bei mir für wahr halte. Zum wahren Glauben gehört unabdingbar, daß ich nicht nur von Gott als *der* Wahrheit überzeugt bin, sondern daß ich mich ganz mit dieser Überzeugung als meiner eigenen identifiziere. Wer an Gott glaubt und von Gott überzeugt ist, der läßt Gott für sich und sein Leben gelten, bejaht und stimmt aus dem eigenen Innern dem zu, daß für ihn Gott ist. Mithin wird er selbst dem leben wollen, woraus er lebt: Gott leben wollen.

Der Glaube an Gott erschöpft sich nicht im „Für-wahr-halten". Doch wenn er auch nur so verstanden wird, zeigt sich, daß im Glauben an Gott immer über beide Beteiligten etwas ausgesagt ist: über Gott und zugleich über den Einzelnen, der glaubt. Für den Einzelnen bedeutet sein Fürwahrhalten Gottes, daß er von Gott überzeugt ist. Er hat nicht bloß eine Meinung über Gott; sondern er *ist* der Überzeugung, daß Gott für ihn ist. Er wäre davon nicht überzeugt, wenn er *dessen* unsicher wäre: wenn er dessen nicht *gewiß* wäre – so unsicher, seiner selbst ungewiß, er sich dabei selbst empfinden mag. Die Gewißheit des Glaubens ist eine der Überzeugung; sie liegt im Glauben als Verbundenheit mit Gott – und nicht im Glaubenden allein, isoliert für sich betrachtet. Anders jedoch als in solchem Überzeugtsein sind die Wahrheit und das Gute gar nicht da.

Im Verständnis des Glaubens als „Für-wahr-halten" liegt auch bereits ein weiteres unabdingbares Moment des Gottesglaubens. Wer für wahr hält, daß Gott ist, der ist davon überzeugt – und der hält damit Gott für wahr: und überdies auch für gut. Im Blick auf Gott und den Glauben liegt im Fürwahrhalten, das sich an sich auf einen Sachverhalt bezieht, ein personaler Aspekt: Es ist darin etwas über Gott selbst, über das Eigensein Gottes ausgesagt – nämlich daß er wahrhaftig ist. Glauben an Gott als Fürwahrhalten heißt immer auch Gott für wahrhaftig halten; könnte ich doch sonst auf ihn meinen Glauben nicht setzen.

Das hängt unmittelbar mit dem Gottesbegriff selbst zusammen: Wovon ich überzeugt bin, daß es die Wahrheit ist, an der mein Leben hängt, das kann mir nicht schlechthin zweifelhaft sein, das halte ich vielmehr für in sich gewiß. Gott ist mir nicht Gott, wenn ich ihn nicht selbst für wahr, für in sich wahrhaftig und in sich gut halte; Gott täuscht nicht, Gott trügt nicht, Gott ist nicht falsch: Gott ist *in sich* nicht zweifelhaft – so zweifelhaft er *mir* nach meiner Selbstwahrnehmung im Auf und Ab meines Lebens auch sein kann.

Es glaubt einer an Gott – oder er verneint ihn. Vor Gott kann es keinen „halben" Glauben geben, wie ja auch die Liebe selbst, in sich selbst, nie eine „halbe Sache" sein kann, und wie eine „halbe Wahrheit" bereits eine Entstellung der Wahrheit ist. Aber mich selbst erfahre ich immer wieder – mich bestürzend – als schwankend und „halb": unsicher, ob ich wirklich im Glauben bin, ob ich liebe oder an der Liebe versage, weil ich mich zurückhalte. Ohnmächtig spüre ich, wie ich „kleingläubig" den (ganzen) Glauben bei mir kleinhalte.

In der immanenten Sinnbedeutung dessen, was „Gott" ist, liegt auch begründet, daß alles Glauben an Gott, jedes Fürwahr- und Fürwahrhaftighalten Gottes die Zuwendung zu ihm einschließt. Wer Gott für wahrhaftig, für verläßlich hält, der vertraut ihm. So ist der Glaube an Gott in seinem Kern: Vertrauen auf Gott. Doch das ist ein Vertrauen, das sowohl ein Wissen wie ein Fürwahrhalten mit in sich enthält – also ein Vertrauen, das nicht etwa ein bloß unbestimmtes „Grundgefühl" ist.

Bevor uns der Sinn von „Glaube" *als* „Vertrauen" beschäftigt, ist die spannungsvolle Beziehung von Gott und Ich im Glauben noch in einer anderen Hinsicht zu bedenken. An Gott glauben heißt: davon überzeugt sein, daß die Wahrheit meines Lebens nicht auf mir steht – und doch gerade *so*: in Gott – *meine* Wahrheit ist. Aber es ist ja ungleich leichter, risikoloser, an sich selbst zu glauben als an Gott, den wahren Gott: sich zu halten an das, was man hat und ist und fertigbringt – an das eigene Vermögen und an die eigenen Bestände. Zwar wird jeder, der sich seines Lebens bewußt ist, ein Zentrum für sich auszubilden suchen, das ihn dem unstetigen Hin und Her in der Vielfältigkeit des Lebens enthebt und das über die Bedeutung alles Erlebten für ihn selbst entscheidet, so daß einer aus seinem Zentrum – aus seiner Mitte – heraus lebt und in ihm die Kraft hat, sich für seine Äußerungen und Taten verantwortlich zu fühlen. Unvermeidbar hat jeder immer schon eine Vorentscheidung darüber getroffen, was ihm „letztlich" wichtig und von entscheidendem Interesse, was ihm die Grundlage seines Lebens ist, der Fundus, aus dem er lebt.

Doch gerade für diese – Leben entscheidende – Aufgabe, einen Schwerpunkt für sich zu finden, sind wir nur zu geneigt, uns nur aufs eigene Sein und Können zu verlassen. Das ist uns das Nächste, gleichsam direkt Greifbare. Gott hingegen liegt nicht auf der Hand. Die alltäglichen Lebensumstände legen ihn nicht nahe. Nur zu vieles gibt es, was ihm diametral und hartnäckig widerspricht. Um ihn zu finden und zu ihm zu gelangen, muß ich mich loslassen und durch eine Zone des Unbekannten hindurch bewegen; denn er ist anders als ich. Um ihm zu glauben, muß ich Vertrauen zu ihm fassen im Unausgemachten, wird mein Vertrauen nie „steif und fest", nie ausgemacht sein: komme ich über das Vertrauen nicht hinaus zu einer Sicherheit – ich hätte sonst Gott verloren. Im Glauben an Gott hat einer *so*, in der Weise des Vertrauens, Gott zum Zentrum, zum Schwerpunkt seines Lebens. Ihm gilt sein innigstes Interesse, seine ganze Aufmerksamkeit: aus Gott will er leben.

In diesem Sinne ist der Glaube an Gott immer und unvermeidlich riskant, nie sicher und festgestellt – gewiß nur, insofern Gott selbst gewiß ist. Er ist riskant, denn man riskiert seine Sicherheiten und Absicherungen, „stellt seine Sache" auf das *eine*, dem ohne Vertrauen gleichsam nicht beizukommen ist. Und für einen derart riskanten Vollzug, wie es der Glaube an Gott ist, wird die höchste Selbstbeteiligung gefordert: daß einer mit allem, was er ist und hat, darauf sich einläßt, im Glauben *sich* also einsetzt, gleichsam aufs Spiel setzt. Davon hat Jesus im Gleichnis vom Schatz im Acker und von der kostbaren Perle erzählt (Matth. 13,44-46).

Solcher Einsatz der eigenen Person ist selbst wiederum von riskanter Struktur. Denn er besteht gerade in einem Sichloslassen und Sichhineinbegeben in einen Zusammenhang – in eine Wahrheit, in Gott – größer als man selbst. Wer das Zentrum seines Lebens in Gott gefunden hat und finden will, der wird sich lösen von sich und sich öffnen: weit hinaus in eine unvermessene, überraschungsreiche Region, ohne die Gott nicht Gott wäre. Es traut sich einer zum höchsten, wenn er dem Unbedingten und Höchsten, Gott, vertraut. Er läßt sich los und darauf ein, daß der Schwerpunkt seines Lebens nicht in ihm selbst, nicht im Eigenen und nicht in der ganzen Welt des feststellbar Gegebenen liegt. Zur Mitte seines Lebens hat er im Gottesglauben das, was allemal sich seinem Zugriff entzieht; er lebt aus dem, worüber er nicht verfügt; sein höchstes Interesse gilt dem, was er nie im Griff und nie im Besitz haben, wessen er also nicht sicher sein kann – oder es wäre nicht Gott und wäre kein Glaube.

Hat einer Gott zum Zentrum seines Lebens, so lebt er nicht aus sich; und so wird er auch sich nicht selber leben, nicht *sich* ausleben. Er hat das Zentrum außerhalb seiner – aber so gerade hat er Gott zum Zentrum *seines* Lebens, zu dem Schwerpunkt, aus dem er *selbst* sein Leben führt. – Wie in der Liebe ist das, in der einer sein eigenes Leben ohne den geliebten Anderen sich gar nicht mehr vorstellen kann.

Der Glaubende, dem Gott zum Fundus geworden ist, aus dem er lebt und wonach er sich richtet, hält sich nicht an sich selbst, hält sich nicht immerzu nur bei sich auf; er ist in dem Sinne nicht mit sich selbst allein. Und er ist doch zugleich, weil er Gott zu seinem Zentrum hat, fähig und frei, mit sich selbst allein zu sein – und das heißt: sich auszuhalten. Wo aber einer sich selbst zu ertragen vermag, den Anderen nicht braucht, um seiner eigenen Schwäche zu entgehen, da wird er freier, unvoreingenommener – freier eben auch, den Anderen nicht zu vereinnahmen, sondern ihn freizulassen und daran teilzunehmen, wie er seinen eigenen Weg findet. Wie problematisch auch solche Fähigkeit in meinem persönlichen Leben sich darstellt – zum Gottesglauben als solchem gehört, freier zur Liebe zu sein.

Gott zum Zentrum seiner Aufmerksamkeit, seines Interesses haben: das macht nicht nur offener für aufkommende Erfahrungen – das macht widerstandsfähiger gegen die niederdrückenden Erfahrungen des zerstörerisch Bösen in der Welt und im eigenen Inneren. Denn daran, daß er den Schrecknissen des Lebens standhält, bewährt sich, ob ein Glaube wahrer Glaube an Gott ist.

B. Richtungssinn und Bewegungsverlauf des Glaubens

Liegt der Schwerpunkt eines Lebens im Glauben bei Gott, so wird sich die Richtung ändern, in der einer wahrnimmt, was geschieht, und in der er sich selbst versteht. Der Richtungssinn seines Lebens dreht sich gleichsam um. Der Glaubende, wenn er im Glauben lebt und sich versteht, macht im Erfassen seiner Lebenswelt nicht sich zum Bezugspunkt von allem – als sei, was auf ihn zukommt und in ihm aufbricht, nur auf ihn abgezweckt. Er wird, was zur Erfahrung kommt, nicht nur und nicht zuerst danach beurteilen, wie er es bei sich selbst wahrnimmt und empfindet. Vielmehr wird er aus sich herausgehen und danach fragen, was es jeweils *in sich* selbst bedeutet: was sein eigener Gehalt und Sinn ist, was es *selbst* sagen will. Er wird es nicht verwerten, sondern sich nach besten Kräften in das versetzen, was das andere als anderes ist und in sich enthält, und wird sich von ihm her – mithin in dieser Blickrichtung – selbst sehen. Doch wie schwer ist das, abzulassen von der prompten Frage: „was bringt's?" – abzulassen, Glaube und Liebe danach allein zu beurteilen, wie ich sie empfinde. Und doch ist solche Freiheit, von sich selbst absehen zu *können* – wer aber will behaupten, *er* könne das schon – ein innerstes Moment des Gottesglaubens. Wo sie wirklich bei mir ist, da ist sie mir zuteil gewordene Gnade. Solche Freiheit enthält, daß einer sich über seine Angst um sich zu erheben vermag.

In diesem Richtungssinn des Glaubens – nicht von sich aus, sondern vom Anderen her – erschließt sich, was die jeweiligen Erfahrungen nach ihrem eigenen Gehalt für – oder gegen(!) – Gott und den Glauben bedeuten: was mir Gott mit ihnen sagen will. Letztlich – doch wie selten gelingt uns das – ist die Blickrichtung des Glaubens: alles mit den Augen Gottes sehen, es *so* wahrnehmen, wie Gott es als dieses Bestimmte in sich selbst – also anders als ich – gemeint und gewollt hat.

So gelangt einer im Glauben über sich hinaus. Ja, in einem gewissen Sinn ist glauben genau dies: über sich hinaus gelangen. Doch sich dem überlassend, was mehr ist als er selbst, gelangt der an Gott Glaubende nicht in das leer Unbestimmbare; das erfahrbare Versprechen des Gottesglaubens ist vielmehr, daß er *so* im Unausgekannten zu *der* Eindeutigkeit gelangt, die Gott ist und an der sich alles – in dessen gutem oder verheerendem Sosein – konturiert.

Wer aus sich herausgeht und auf Gott sich einläßt, der gibt sich folglich nicht auf. Glauben an Gott meint nicht, daß einer sich Gott überläßt, *ohne* bei sich selbst zu sein. Sondern wer sich losläßt und eingeht auf Gott, der ist in dieser Zuwendung zu Gott zuhöchst seiner selbst gewärtig. Wie ein Segler, der sich seinem Element, Wind und Wellen, überläßt und doch dabei sich selbst erfährt. Glaube an Gott, das ist: sich loslassen, ohne sich zu verlieren und sich loszuwerden; „oder noch besser" gesagt: Ich bin darin „mir gegenwärtig ... als ein von mir Gelöster" (E. Hirsch).[4]

Mithin kann einer im Glauben, in der Bewegung zu Gott, auf sich selbst zurückkommen – und er wird sich im Glauben verän-

---

[4] E. Hirsch, Zwiesprache [wie oben zu I. 1., S. 31], S. 306.

dert, bereichert und beschämt, als neu sich selbst gegeben erfahren. Er selbst wird sein Leben neu sehen, und er wird diese neue Perspektive – die aus Gott – als seine Lebensperspektive selbst wollen.

Immer gehören zur Bewegung des Glaubens beide Vollzüge: der Ausgang aus der Enge des Eigenen als Hineingelangen zum erfüllend Eindeutigen, das doch selbst eine unbeschränkte Weite und eine Unbedingtheit ist – *und* die veränderte Rückkehr zu sich selbst. Immer ist der Glaube in sich diese doppelte, gegenläufige Bewegung. Es geht einer aus sich heraus – und findet Gott und damit neu sich selbst: findet in Gott die Gewißheit für sich, die Gewißheit, daß sein Leben gut gewollt ist. So aber gilt auch umgekehrt, daß nur der, der sich selbst vergißt, sich vergessen kann, diese Gewißheit findet. „Wer da sucht, seine Seele zu erhalten, der wird sie verlieren; und wer sie verlieren wird, der wird ihr zum Leben helfen" (Luk. 17,33).

Die entscheidende Wandlung geschieht, wo einer loskommt von sich, frei von sich selbst wird. Aber das ist nicht alles. Denn zugleich ist Gott der, der den Einzelnen – im Glauben – seiner selbst vergewissert. Also ist im Blick auf das Freisein des Glaubenden beides, aber als zusammengehörend zu sagen: Er, der Glaubende, ist frei von sich selbst und in Gott in sich selbst frei.

Es kann Augenblicke geben – große Augenblicke großer Freiheit –, in welchen einer sich und seine ganze Problematik vergißt und wie im Flug durch Ungekanntes hindurch sich in Gott hineinfallen läßt: sich hineinversenkt in die Unausdenkbarkeit unversiegend reicher Liebe und darin zu seiner Ruhe gelangt. Sehr intime und schwer sagbare Erfahrungen sind das: Augenblicke völliger Gottinnigkeit; vergleichbar vielleicht nur der Ekstase liebender Freiheit, in der einer nicht mehr sich, sondern nur den Anderen spürt. „Es schwebt mein Leben und alle mein(e) Sinn(e) in Gottes Lieb', Lob und hohen Freuden, daß ich mein(er) selbst nicht mächtig, mehr erhoben werde, denn mich selbst erhebe zu Gottes Lob; wie denn geschieht allen denen, die mit göttlicher

Süßigkeit und Geist durchgossen werden, daß sie mehr fühlen, denn sie sagen könnten" (M. Luther).[5]

Doch selbst solche überschwenglichen Augenblicke, in denen einer sich in Gott verliert, sind nur *dann* Erfahrungen mit dem wahren Gott, nur dann Augenblicke des Glaubens an Gott, wenn der Betreffende daraus neu gestärkt, neu inspiriert zurückkehrt, um nicht nachzulassen, Gott *in allem* zu suchen, auch wenn er in vielem verdeckt und nicht erkenntlich ist – und um die Problematik zu bestehen, die jeder sich selbst ist. Aus dem Frieden in Gott gewinnt dann einer für den Kampf des Glaubens den Frieden mit sich. Und er weiß aus Erfahrung, daß in Gott „die Liebe und der Hunger" nach Liebe „eins sind" (M. Noel).[6]

Es ist der Glaubende sich so wichtig nicht. Aber lebe ich mein Leben im Glauben, so wird mir alles daran gelegen sein, daß Gott in diesem meinem Leben da, bei mir und in mir am Werke ist, mein Leben umschaffend und mit Sinn erfüllend – und *insofern* wird mir sehr viel an mir, an meinem Leben, gelegen sein: will ich in *dieser* Hinsicht mir wichtig sein.

C. *Glauben als Gott vertrauen*

Glauben ist Zuwendung zu Gott: zu *der* Wahrheit, die nicht in mir gründet, sondern mich wahrmachen will, zu *der* Liebe, die größer ist als ich, die immer schon ist und aus der ich, trotz vielem, doch lebe. So ist der Glaube an Gott eine Bewegung, ein lebendiger Vollzug, dem jede Tendenz zur Festlegung, zum sicheren Auskennen fernliegt. Lebendig ist die Bewegung des Glaubens, weil in ihr ein Mensch sich auf etwas verläßt – ja darauf sein

---

[5] M. Luther, Das Magnificat verdeutscht und ausgelegt (1520/1); in Luthers Werke in Auswahl, hg. O. Clemen, Bd. 2, S. 139, Z. 5ff.

[6] M. Noel, Erfahrungen mit Gott. Eine Auswahl aus den Notes Intimes. Mit einem Vorwort von K. Pfleger, Mainz 1961, S. 116.

ganzes Leben baut –, was ihm zwar *gewiß*, aber immer auch als *das* andere seiner unergründbar ist: dessen personales Geheimnis er *im* Erkennen wahrt. Etwas als gewiß nehmen, daran sich halten, ohne es doch festzulegen und in Besitz zu nehmen, sondern das Anderssein des Anderen achtend: das heißt vertrauen, und das ist ja auch nur gegenüber einem Anderen als Person, als geistigem Wesen denkbar. Vertrauen kann man nur dem gegenüber haben, den man kennt, gut kennt, als verläßlich kennt – und bei dem man mit seinem Kennenlernen noch nicht zu Ende ist, den man nicht „auskennt". Wo einer also vertrauend sich auf den Anderen einläßt, da gerade ist er offen für das, was sich vom Anderen her ihm erschließt und was er nicht in seinem Wissen vorwegnehmen kann. Wo einer aber vom Anderen nichts mehr erwartet, da ist das Vertrauen – und übrigens auch jede Liebe – zu Ende.

Lasse ich mich auf Gott ein, achte ich ihn, indem ich ihm vertraue, als gewiß, so setze ich – weil es eben Gott, der unbedingte Sinn ist – mein ganzes Leben darauf, vertraue ich ihm mich an und werde ich nichts intensiver ersehnen und wollen, als aus ihm und nach ihm zu leben. Hat ein Mensch wie ich erkannt, wovon er tatsächlich lebt und woraus er wirklich *so* leben kann, daß er sein Leben bejahen, mit ihm einverstanden sein kann, so wird er *dies* lieben, darauf sein Vertrauen setzen, daran sich halten und danach sich richten. So vertraut einer Gott – glaubt er an Gott. Er könnte das nicht, noch einmal sei das gesagt, hielte er Gott nicht für verläßlich, nicht für wahrhaftig gut, also gut in sich.

Es liegt im Sinngehalt von „Vertrauen", daß ich dem, dem ich vertraue, Gutes zutraue – und zwar *nur* Gutes, nicht mich Schädigendes, Kränkendes. Mein Zutrauen zu ihm als Person, dies personale Moment, schließt das sachliche ein: daß ich ihm *etwas* zutraue, das er *tut* – Gutes zutraue.

Was unter Menschen menschlich gilt, das gilt im radikalen, eindeutigen und unbedingten Sinn von Gott, weil jenes Menschliche selbst schon, gelebt unter Menschen in Zweideutigkeit,

Göttliches ist. – Wer von Gott nichts für sein Leben und für das Leben der Menschen erwartet, der ist mit Gott fertig, vielleicht weil er von Gott schon alles zu wissen meint: der glaubt ihm also nicht. Denn wovon ich mir nichts verspreche, das bedeutet mir nichts, sagt mir nichts. Wer dagegen Gott vertraut, der erwartet von Gott Gutes; und der wird nicht aufhören, diese Erwartung aufrechtzuhalten, die doch als Erwartung sich für Unentdecktes, Überraschendes offenhält und als Erwartung des Vertrauens die Festlegung auf Ausgemachtes nicht kennt. Gottesglaube ist Erwartung Gottes. Gott, der lebendige Gott: das ist der unbedingte Sinn *als* die unerschöpfliche Fülle des immer noch möglichen Sinns, durch alles Widersinnige hindurch und darüber hinaus. Gott: das ist *der* unverbrüchliche Sinn, der immer noch erst zu entdecken ist – wenn ich mich nicht auf das mir Bekannte versteife, wenn ich mich loslasse und mich ins Ungekannte, noch Dunkle, zuversichtlich wage. An Gott glauben heißt nach Ch. Blumhardt: lebendig werden im Möglichen[7] – aufmerken und darauf vertrauen, was im Miteinander von Menschen möglich werden kann. Nie ist der Glaube an Gott in sich abgeschlossen; hellhörig und gespannt ist er auf das belebend Neue, das sich ihm auftut und von dem er sich begeistern läßt.

Luther selbst hat „glauben" verstanden als „Zuversicht", in der einer „sein Herz" an das „hängt", von dem er sich „alles Guten versieht", von dem er alles Gute erwartet. „Glauben", „einen Gott haben", das ist, seine „ganze Zuversicht, Trauen und Glauben" auf Gott „setzen". „Denn das heißt ... einen Gott haben, ... so du herzlich ihm traust und dich alles Guten, Gnaden und Wohlgefallens zu ihm versiehst, es sei in Werken oder Leiden, im Leben oder Sterben, in Lieb' oder Leid'."[8] – Als Antwort auf die

---

[7] Ch. Blumhardt, Eine Auswahl aus seinen Predigten, Andachten und Schriften, hg. R. Lejeune, IV. Band: Gottes Reich kommt!, Erlenbach = Zürich/Leipzig 1932, S. 60.

[8] M. Luther, Von den guten Werken (1520); in: Luthers Werke in Auswahl, hg. O. Clemen, Bd. 1, S. 234, Z. 23 ff.

Frage, was es heiße „einen Gott haben" oder „was Gott sei", formuliert er: „Ein Gott heißet das, dazu man sich versehen soll alles Guten und Zuflucht haben in allen Nöten. Also daß ein Gott haben nichts anders ist, denn ihm von Herzen trauen und gläuben, ... Worauf du nu[n] ... Dein Herz hängest und verlässest, das ist eigentlich Dein Gott."[9] Zutrauen zu Gott hat nicht der, der sich seines Ergehens sicher ist, oder gar der, der über den Kopf des Anderen hinweg zu wissen meint, was für ihn gut ist; vielmehr setzt nur der seine Zuversicht auf Gott, der Gott gegenüber gespannt voll offener Erwartung ist und mithin das, was er als Gutes erwartet, nicht benennt, nicht vorweg für ausgemacht hält: „Die aber ‚Gottes warten', die bitten [um] Gnad', aber sie stellen es frei zu Gottes gutem Willen, wann, wie, wo und durch was er ihnen helfe. An der Hilfe zweifeln sie nicht. Sie geben ihr aber auch keinen Namen nicht; sie lassen sie Gott taufen und nennen, und sollt' es auch lange, ohne Maß, verzögert werden. Wer aber der Hilfe einen Namen gibt, dem wird sie nicht, denn er wartet nicht und leidet Gottes Rat, Willen und Verziehen nicht."[10] Gottvertrauen, Zuversicht hat, wer das Warten auf das Gute aushält.

Daß aber das Gottvertrauen ein Sich-Gründen auf Gott aus eigenem „Herzensgrund" ist, also ein Gründen außerhalb unserer und doch von „Herzensgrund": dieser Kern des reformatorischen Glaubensverständnisses ist aufs kürzeste und wohl aufs klarste ausgedrückt in der Schlußstrophe des Chorals „Nun lob, mein Seel, den Herren": „... daß wir ihm [Gott] fest vertrauen, uns gründen ganz auf ihn, von Herzen auf ihn bauen, daß unser Mut

---

[9] Ders., Erklärung des 1. Gebots im Großen Katechismus (1529); in: Luthers Werke in Auswahl, hg. O. Clemen, Bd. 4, S. 4, Z. 23 ff. = Bekenntnisschriften der evangelisch-lutherischen Kirche (Ausgabe 1930), S. 560.

[10] Ders., Auslegung der sieben Bußpsalmen (1517) [= Auslegung von Ps. 130, V. 5]; in: Weimarer Ausgabe, Bd. 1, S. 208 f., Z. 38 ff. (auch in: Calwer Luther-Ausgabe, Bd. 2 [GTB 402], S. 80.

und Sinn ihm allezeit anhangen... Amen [d.h. es ist gewißlich wahr], wir werdn's erlangen, glaubn wir von Herzensgrund."[11]

Das vertrauende Sichgründen auf Gott ist keineswegs nur eine Bewegung von sich weg zu einem „Außerhalb". Ein solcher Vollzug ist es immer auch – und angesichts unserer Erstarrung vordringlich. Doch es lebt einer das Gottvertrauen nur, wenn er es bei sich selbst hat, wenn er es im eigenen Herzensgrund hegt und bewegt.

Gottvertrauen wirkt bei dem Menschen Selbstvertrauen. Im Glauben an Gott findet einer die Gewißheit, daß sein Leben im Guten gewollt ist, gewinnt einer in all seiner Zweideutigkeit eine Eindeutigkeit, an die er sich zu halten vermag. Und so kommt er aus der eigenen diffusen Zerstreutheit heraus – und hat er Grund, sich selbst, dem eigenen Leben, zu trauen. Das Vertrauen auf Gott befähigt, das Mißtrauen gegen sich selbst aufzugeben, diesen tiefsitzenden und heimlich unmäßig genährten Mißmut gegenüber dem Leben, so wie es ist, diesen Lebensverdruß zu lassen. Wer aber sich selbst nicht vertrauen kann, wie sollte der sein Vertrauen zu Anderen durchhalten können? – Im Glauben über sich selbst hinaus, wird einer ein gelassenes und doch nicht selbstgenügsames Zutrauen zu sich, zum eigenen Tun und Ergehen haben; denn um im Leben auszukommen, bin ich als Glaubender nicht auf mich allein angewiesen: Es gründet mein Leben in Gott; Gott hat es gewollt.

Die Gewißheit für sich selbst, „diese Ruhe des Vertrauens... ist die wahre Wachsamkeit des Herzens" (F. Fénelon/M. Claudius).[12] Im Gottvertrauen sich selber trauen, das meint nämlich: dies sein eigenes endliches Leben, das fehlsam ist und fragmentarisch blei-

---

[11] Evang. Kirchen-Gesangbuch 188, V. 5 (Königsberg 1549).
[12] F. Fénelon, Allgemeine Anleitung, um den innerlichen Frieden zu haben. Eine Auswahl... von M. Claudius (1818) (R. Brockhaus Taschenbuch 353), Wuppertal 1984, S. 42.

ben wird, bejahen und annehmen, um es wirklich selbst zu leben, furchtlos. Es macht der Glaube an Gott fähig, bewußtseinsweit zu leben: aufrecht, nicht geduckt und gedrückt zu leben; ohne den Zwang, sich und den Anderen etwas vormachen zu müssen; weder am Gräßlichen sich vorbeizudrücken noch das Gelungene nicht wahrhaben zu können, sondern beides, das Integre und das Vertane, anzunehmen, um das Gute herauszuarbeiten. Denn in keiner Verfehlung und Verirrung ist menschliches Leben – und also auch mein Leben – unabwendbar verloren. Denn Gott ist glaubhaft.

Ja, noch mehr ist zu sagen über das Selbstzutrauen, das einer in Gott hat. Er versteht sein Leben nicht als etwas Selbstverständliches und nicht als etwas, aus dem er nur etwas zu machen hat; sondern er versteht es als ihm anvertraut von Gott, gleich einer kostbaren, ihn auszeichnenden Gabe. Wem dies aufgeht fürs eigene Leben, der wird lernen, alles, was ihm Andere an Leben zuwenden, so zu akzeptieren: als ihm anvertraut. Leben, menschliches Leben recht gelebt, stellt sich im Glauben an Gott dar als anvertrautes Gut – das freilich so von uns gelebt und in den Widrigkeiten und durch die Entstellungen durchgetragen sein will.

Gott vertraut mir mein Leben an, damit ich kein Menschenleben verwerte und verbrauche, weder das eigene noch das der Anderen, sondern es im gegenseitigen Anvertrauen gedeihen lasse. Das ist die unbedingte, in Gott gewisse Würde des Menschen. Und in dieser Würdigung, in diesem Anvertrauen von Leben, ist Gott selbst präsent. Er würdigt mich, wie jeden Menschen, daß sein Geist in den Beziehungen meines Lebens – nie besessen, immer mir anvertraut – Gestalt gewinnen kann: daß in meinen fehlsamen Versuchen, der Wahrheit und der Liebe zu leben, ein Korn Wahrheit auch für Andere, einige Funken unverfälschter gemeinsamer Liebe sein können. Gott, der das Leben gibt, uns zuwendet, will nicht – vereitle nur ich seinen Willen nicht –, daß ich mich in meiner Zweideutigkeit verfange; vielmehr zieht er mich in seine Eindeutigkeit hinein und hält er mich so veränderungsfähig. Ich in meinen Fehlern und Verschuldungen bin gewürdigt, ein Glaubender zu sein.

So ist das Gottvertrauen tatsächlich meine – nicht besessene, aber mir zugewendete – Stärke, die in mir ist und mich trägt. Schwer ist das zu verstehen, doch so schwer zu leben ist es nicht: daß mein Selbstvertrauen, mein Mut zum Leben – Gottvertrauen ist; daß es ein Zutrauen über mich hinaus ist zur größeren Wahrheit und zur umfassenderen, unverbrüchlichen Liebe; ein Vertrauen auf etwas, was außerhalb meiner ist und mich doch ganz umfängt, ganz zu mir gehört; daß also die Leidenschaft meines Lebens, wo ich es gut lebe, nicht mir, sondern dieser größeren Liebe und reinen Wahrheit gilt. Das ist eine Stärke – ich spüre es in guten Tagen –, die in mir ist, die ich aber verfälsche und verliere, wenn ich sie mir selbst zuschreibe oder für mich beanspruche und meine, sie müsse zur Stelle sein und mir zur Verfügung stehen, sobald ich sie brauche. Diese Stärke aus Gottvertrauen habe ich nur, wenn ich mich zurückstellen, loslassen kann und ein Stück weit selbst vergesse. Dann ist sie bei mir, indem sie mich durchströmt und beflügelt. Diese Stärke schließt mich nicht ab, gestattet nicht, mir selbst zu genügen; sondern sie öffnet und macht also auch verletzbar.

Dieses Vertrauen auf Gott bleibt jedoch nicht bei mir und in mir, wenn ich darauf nicht achtsam bin und nicht dafür einstehe – den eigenen inneren Widerständen zum Trotz und angesichts der Widersprüche, die auf mich einstürmen. Wartend auf das Gute Gottes steht der Glaube für das Gute, für Gott, ein. Er ist so Mut, der wagt, das Gute wirklich zu tun, ohne es nach Erfolgsaussichten zu kalkulieren. Der Unbedingtheit und der göttlichen Kraft des Glaubens an Gott entspricht das Durchhalten des Geglaubten und Erhofften im eigenen Leben und hoffend für das Leben aller. Im Widerstehen und Standhalten gegen das Zerstörerische will das Warten auf das Gute Gottes durchgehalten sein. Der Glaube will erprobt sein, ob er trägt. In der Bewährung am Widerstreitenden, Widersinnigen erweist sich, ob ein Glaube – Glaube an den wahren Gott ist. Denn der wahre Gott erweist sich, wo er im Einbruch des Sinnlosen von uns durchgehalten wird und sich so als Übermacht des Guten bewahrheiten kann. Die Wahrheitsprobe des Glaubens ist die Probe seiner Unbedingtheit, in der er nicht etwa nur gegen das Augenscheinliche steht, sondern in der er dem, was ihn zu zerstören sucht, standhält, sich dem Sinn zerstörenden Bösen entgegenstellt. Wahrer Glaube ist im Sichverlassen auf das zu erhoffende Gute bewährter Glaube.

D. Glaube als Einvernehmen mit Gott

Wem ich vertraue, mit dem bin ich verbunden. Wem ich ganz vertraue, mit dem bin ich vorbehaltlos verbunden. Das kann nur bei Gott, der nicht täuscht und nicht trügt, der absolut verläßlich ist, zutreffen. Mit ihm kann ein Mensch im Einverständnis, „einerlei Sinnes", sein, ohne sich zu verlieren. Der Glaube an Gott ist ungeteiltes, sich nicht zurückhaltendes Einvernehmen mit Gott. Wenn immer ein Mensch wie ich, der nie ganz eindeutig, nur zu oft schwankend und kleinmütig ist, wirklich im Glauben ist, so ist er mit Gott verbunden. Im Glauben ist er mit Gott in Übereinstimmung.

Diese Einheit mit Gott ist eine des Verstehens und Sichverstehens. Verstehe ich Gott, so gehe ich auf *ihn* ein, lasse ich mich auf das ein, was sich von ihm her mir erschließt. Und zugleich geht, was ich von Gott erkenne und verstehe, in mein Selbstverstehen und so in mein Leben ein. Denn Gott ist nicht anders zu verstehen als so, daß der Verstehende sich auf Gott einläßt *und* sich als Person, also ganz, davon betreffen läßt. Solches auf Gott und in mich eingehende Verstehen *eint*. Es eint den Verstehenden mit dem, was er vom Anderen versteht, und dadurch mit dem Anderen selbst. In solchem Verstehen, geeint mit Gott, versteht sich der Glaubende aus Gott und versteht er *so* sich selbst. In dieser Weise ist er in Übereinstimmung mit Gott.

Weil diese Übereinstimmung eine des Verstehens ist, darum kann sie nie abgeschlossen sein. Ihrer wird der Glaubende inne als umfassender, profunder denn all sein inhaltliches Verstehen. Sie reicht weiter als das, was er verstanden hat. Und so kann er sie und damit *Gott selbst* nicht anders verstehen als unausdenklich und unerschöpflich, als alles inhaltliche Verstehen überragend und fundierend. Er ist mit Gott nie zu Ende; sein Glaube ist nie abgemacht. Dieses Einvernehmen mit Gott, das alles Verstehen trägt, auch nur ahnend – ist er dessen doch gewiß. Diese Gewißheit für sich selbst, fürs eigene Leben, ist das Überglück, die Seligkeit des Glaubens.

Wer im Glauben ist, der ist nicht getrennt von Gott. Er selbst beteiligt sich an dem, was Gott ist: *der* lebenschaffende Geist der Wahrheit und der Liebe.[13] Daran, daß dieser Geist, der Gott ist, unter Menschen Gestalt gewinne, ist der Glaubende beteiligt nicht als der Besitzende, Gesicherte, sondern in seiner eigenen ganzen Bedürftigkeit. Er, er zuerst, bedarf dieses Geistes – immer noch, nie genug. Und gerade darum wendet er den Blick von sich und seinem Bedarf ab, hin zu Gott: bittend, sehnend und doch mit dem Mut des schrankenlosen Zutrauens, daß Gottes Geist sich ihm unter Menschen erschließe. So findet er sich nicht ab mit den Unheilszuständen unserer Welt; er läßt sich von dem Geist der Wahrheit und der Liebe bewegen und inspirieren, diesen selbst in den Kräften neuschaffenden Lebens zu entdecken, und ist deshalb achtsam auf die Gunst der Stunde, mithin darauf, was im heute Wirklichen aufbricht als Chance des im Guten Möglichen.

Höchster Selbsteinsatz ist das und gelöstes Zutrauen in einem; denn im vertrauenden Offensein auf den verläßlichen Gott ist einer davon überzeugt, daß Liebe unter Menschen möglich ist

---

[13] Hier und in den beiden folgenden Abschnitten nehme ich teilweise wörtlich Gedanken auf, die H. IHMIG unter dem Titel: „Glaube als Macht" formuliert hat in: Radius. Zeitschrift des Evang. Akademikerverbandes 24. Jg., 1979, H. 1, S. 6f.

und jeder in seine Wahrheit gelangen *kann*, weil Wahrheit und Liebe immer schon – wie entstellt und verdreht auch immer – unter Menschen wirklich sind. Ihn trägt die Überzeugung, daß die Menschen *davon* leben, wenn sie wirklich als sie selbst leben. So im Glauben an Gott eins mit Gott, durchbrechen Menschen ihre Schwäche, ihre Kränkungen und Ohnmachtserfahrungen – und nehmen sie teil an Gottes Selbstverwirklichung unter Menschen. In solcher Beteiligung an Gott übertrifft einer sich selbst, manchmal ohne daß er weiß, wie ihm geschieht – und ist doch, zum eigenen Erstaunen, ganz er selbst. Beseligende Augenblicke: im Äußersten das zu sein, was man nur bejahen, für sich nur wollen kann.

Immer tendiert der Glaube zum Äußersten des möglichen Guten, trotz des Zerstörerischen – und doch weiß der an Gott Glaubende, daß das Gute durch menschliche Anstrengung allein nicht gelingt, sich vielmehr nur einstellt und entdecken läßt, wenn die Anstrengung eine gelöste, entspannt achtsame ist, ohne Zwang und ohne Erwartungsdruck. Denn Liebe und Menschenfreundlichkeit sind eine sanfte Macht, nicht Sache des festen Zugriffs. Das Aussein auf das Gute ist im Glauben gepaart mit der Fähigkeit, einhalten und innewerden zu können. Der Glaubende ist der, der sich überraschen läßt; denn er setzt geradezu auf die Überraschung des Guten. So wird einer alles daran setzen und gespannt daran bleiben, einen Ausweg aus dem Verhängnis zu finden – den er doch nur findet, wenn er sich auftut. Dem Glauben an Gott ist das vorbehaltlose, sich riskierende Engagement gegen den Augenschein und jenseits jedes Kalküls für ein gelingendes Leben eigen, über das verfestigte Schicksal hinaus. Aber gerade solcher Selbsteinsatz für Gott und das Gute bleibt ungesichert und in seinem Erfolg ungarantiert – und eben das läßt sich der an Gott sich Haltende gefallen: daß sein Selbsteinsatz dem Sprung schrankenlosen Zutrauens gleichkommt.

Wer in dieser offenen, unverzweckten Weise in seinem Denken und Tun das gute Werk weitertreibt und -trägt, das Gott unter uns immer schon angefangen hat, der ist im Einvernehmen mit Gott beteiligt an dem, was Gott ist, und der wird sich das Gute gewiß nicht selbst zugute halten. Derjenige glaubt an Gott, der in dieser Weise sein Denken und Tun als Fortsetzung des schon unter Menschen wirklichen, auch ihm schon zuteil gewordenen Guten versteht – und also Erfolg und Gelingen Gott überläßt. An der „Vollbringung" des Guten *„können"* wir *„nur dann ... arbeiten, wenn wir der Sorge um seine Vollbringung zugleich enthoben sind"* (B. Liebrucks).[14]

Die Macht solchen Glaubens, die mitten in der eigenen Ohnmacht angesichts eines niederdrückenden Schicksals oder einer verhängnisvoll verfahrenen Situation aufkommen kann, ist nach Jesu Überzeugung die Macht Gottes selbst. „Alle Dinge sind möglich dem, der da glaubt" (Mk. 9,23), „denn alle Dinge sind möglich bei Gott" (Mk. 10,27). Das wird mir, das wird einem Glaubenden in einer sein Innerstes zerreißenden Situation gesagt – wie also sollte ich nicht erschrecken: „Ich glaube, hilf meinem Unglauben!" (Mk 9,24) Dennoch, und trotz meiner immer wieder aufkommenden Schwäche, gilt, daß der Glaube, auch mein Glaube, wenn er nur reiner Glaube an Gott ist, die Gegenmacht gegen das zerstörerische, lebentötende Unheil, letztendlich gegen den Tod ist. Der Glaube selbst, geeint mit Gott, ist absolut und hat teil an Gottes Übermacht des Guten über das sinnvernichtende Boshafte. Auf diese Übermacht des Guten vertraut der Glaube, ihr glaubt er, sie hält er als Glaube durch – gerade weil sie weltweit verborgen ist.

Genau diese Unbedingtheit des Glaubens, dieses Potential des Zutrauens zum Guten, will im Leben eines Menschen erlernt sein, will „eingelebt" werden: als Potential des Widerstehens gegen das Aufreibende der ständig sich aufdrängenden scheinbaren Not-

---

[14] Zur Formulierung am Anfang des Absatzes vgl. Phil. 1,6. – B. LIEBRUCKS, Imperativische Ethik, Wertethik und Sittlichkeit (in: DERS., Erkenntnis und Dialektik, Den Haag 1972, S. 362–381; Zitat: S. 368).

wendigkeiten, die zu erledigen sind und die doch nur erledigt, weggeschafft werden können; gegen die Resignation aus den Enttäuschungen und gegen den Mißmut aufgrund der angetanen Kränkungen; gegen die Gewalt des verheerenden Unheils – und nicht zuletzt auch gegen den eitlen Trübsinn, verliebt ins Negative, einzig dies immerzu zu betonen. Und gleicherweise ist das Potential des Glaubens nur, wenn er gelebt wird als tragfähige Kraft, sich nicht entmutigen zu lassen durch aufkommende Zweifel und also nicht aufzugeben, in den Infragestellungen des Glaubens und in den nicht ausbleibenden Niederlagen um ihn, den Glauben, zu kämpfen. Der Glaube hat jenes Potential des unbedingten Zutrauens zum Guten nur, wenn er, m. a. W., gelebt wird als Mut und Stärke, geduldig und beharrlich auszuhalten in der Erwartung des unvorhersehbar Guten. So wird der Gottesglaube nicht ablassen, noch im Verdorbenen und Entstellten den Schimmer des Guten, Liebenswerten, ausfindig zu machen. Seine Suche gilt dem Verlorenen und sein Interesse dem Körnchen Wahrheit, das, ist es nur aufgedeckt, das Sinnlos-Unsinnige aufzusprengen vermag. Der Glaube gibt kein Menschenleben preis, gerade das beschädigte, verstümmelte nicht – auf daß noch das Erstorbene auflebe.

Wie sollte ein Glaubender in solcher Macht des Glaubens, statt auf Gott, sich auf das eigene Glaubenkönnen verlassen – so als stünde der Glaube in seiner eigenen Macht und zur eigenen Verfügung? So abwegig das erscheint, so gefährlich nahe liegt diese Selbstverkennung des Ich, in der einer Gott auf sich reduziert, weil er Gott sicher zu besitzen vermeint, so daß ihn nichts mehr anfechten, nichts irritieren und verletzen kann. Nur zu rasch setzt einer das glaubende Einverständnis mit Gott mit dem gleich, was er von Gott verstanden hat, also mit seinem Wissen von Gott. Aber er hätte so nicht begriffen, was Gott als die unbedingte Wahrheit für alles und als die eindeutige Liebe für alle ist – und er hätte sich immer noch selbst verkannt. Denn *im Einvernehmen* mit Gott erkennt der Einzelne sich gerade *auch* in seinem Versagen, also in seiner Unwahrhaftigkeit und Unzuverlässigkeit. Eins mit Gott erkennt er sich in dem, was ihm eigen ist, als aufgedeckt. Wie vor der Liebe selbst oder vor der Wahrheit selbst, die man doch *lebt*, sich das eigene Lieben und das eigene Wahrsein immer wieder als schwächlich und unzulänglich, ja als verfälschend enthüllen. Und wie man doch, ist man nur mit ihnen verbunden, indem man sie *lebt*, auf die eigene Schwäche und Schuld nicht festgelegt ist – weil eben die Liebe selbst, die Gott ist, bleibt, andauert und weitergeht und weil die Wahrheit selbst, die Gott ist, größer als jeder Einzelne ist.

Nicht auszudenken schrecklich wäre, wenn Gott für einen Menschen, der den Glauben leben will, dann zu Ende wäre, wenn er mit seinem Leben des Glaubens zu Ende ist: wenn er an sich erfährt, daß er den Glauben vertan, das Gute zuschanden gebracht, Wahrheit zerredet und Liebe verraten hat – und daran schuldlos nicht ist. Wie um alles, wenn Gott aufhörte, wo Menschen an ihre Grenzen gelangen, jeder an die eigenen? Glaube wäre Verdeckung von Verzweiflung, vielleicht heroisch wie andere Formen „absurder Existenz". Aber *alles*, nicht zuletzt das Denken selbst, das auf Wahrheit nicht verzichten kann, wäre absurd.

Die Liebe *ist* nur, Gott ist nur, wenn die Liebe *bleibt*, auch wo ich in meinem Lieben versage, die Möglichkeiten zu lieben verkenne, sie also zunichte mache, mithin an der Liebe schuldig werde. Ja, noch mehr ist zu sagen: Ich lebe davon, daß die Liebe – Gott – nicht nur an sich bleibt, sondern *bei mir* bleibt, gerade auch in meiner Verschuldung. Glaubend setze ich darauf, daß die Liebe *selbst* in meinen Brüchen, in meinem Zerbrechen von Liebe, nicht zu Bruch geht, sondern mich weiter hält: mich gleichsam erträgt und so mich doch weiterführt.

„Mich gleichsam erträgt": damit meine ich, daß sie mich befähigt, meiner selbst in meinem Versagen und Verfehlen ansichtig zu werden; mich befähigt auszuhalten, daß ich es bin, der das getan hat, ich es mit verschuldet habe, wie immer die Umstände gewesen sein mögen; daß also die Liebe selbst mich befähigt, mich in meiner Schuld selbst zu erkennen und diese mir einzugestehen – so daß ich wohl über mich selbst erschrecke, aber nicht vor mir, vor meinen Taten und Untaten weglaufen muß.

„Und so mich doch weiterführt": daß Gott mich nicht aufgehen läßt in dem, was ich an mir feststelle, was ich getan habe, also an Schuldhaftem, Gemeinem zu tun fähig bin; daß die Liebe selbst mir zu verstehen gibt, daß ich trotz meines Versagens nicht mit der Liebe als meiner Möglichkeit zu Ende bin. Solche Wendung aus meiner Lieblosigkeit heraus geschieht wunderbarerweise, wenn mich die Liebe selbst – wer sonst? – eine Freundlichkeit entdecken läßt, die ein Anderer mir entgegenbringt, und mir aufgeht: Ich, ein Schuldiger, bin dennoch geliebt. So wird mir zu neuem Lieben aufgeholfen. – Und ich frage mich: War das nicht immer schon so? Hat das Gott, die Liebe selbst, nicht immer so an mir getan – oder wie anders bin ich zum Lieben gekommen?

Liebe ist nur so, geschieht und wird mir nur so zuteil, daß ich noch in meinem Versagen auf sie bauen kann, wenn ich glaube, daß Gott die Liebe ist – also glaube, daß sie größer ist als ich, nicht auf mir beruht und mich doch umfaßt. Ich kann über die Wahrnehmung meines unzulänglichen Lebens hinaus in der Liebe bleiben und neu zum Lieben kommen, wenn ich glauben kann, daß sie mich aufnimmt in sich und selbst da nicht allein und verloren sein läßt, wo ich sie schuldhaft verraten und verdorben habe. Ich stelle mich, mein Lieben und mein Versagen, Gott anheim, wenn ich darauf vertraue, daß mir jenseits meiner Schuld, aber ihrer eingedenk, die Freiheit zu neuem Lieben neu gewährt und eröffnet wird, damit in meinem fehlsamen Leben die Liebe in der Gemeinsamkeit mit Anderen Gestalt gewinne.

Und die Wahrheit? Nur das kann mir die ganze Wahrheit – also die Wahrheit für mich und mein Leben – sein, worin ein Mensch wie ich er selbst bleiben kann, noch wo er von ihr gewichen ist, sie preisgegeben und verdreht hat. Jeder, der in Übereinstimmung mit der Wahrheit ist, läßt gelten, daß Wahrheit nicht wahr wäre, wenn sie nicht wahr bliebe, selbst wenn einer von ihr abfällt und sie zu verdrehen sucht. Diese scheinbar so einfache Wahrheit über die Wahrheit bei sich realisieren, wirklich leben: das heißt an die Wahrheit glauben, glauben, daß Gott die Wahrheit ist, und damit im Einvernehmen sein. Und so ist einer dank seiner Wahrheit frei und er selbst; er kann frei bleiben, da die Wahrheit nicht mit seinem Unwahrwerden aufhört. Nur die *Wahrheit* macht frei, weil sie noch im Verrat hält, meinem Irrtum, meiner Verirrung standhält und überlegen ist, mich meiner Unwahrheit nicht überläßt, sondern neu mir Freiheit eröffnet, so daß ich aus meiner Verfehlung wieder herausgehen, neu frei für meine *Wahrheit* werden kann. Freiheit hat der Mensch nur in der Wahrheit, die Gott ist – und die es gut mit ihm meint, die Liebe ist, auch wenn er nicht liebt.

Wer sich an die Wahrheit hält, die nicht in ihm selbst gründet, der wird auch erkennen und glaubend sich daran halten, daß die Wahrheit seines Lebens ganz die seinige, eben seine individuelle ist – und doch bei ihm nur ist, wenn sie immer wieder ihm entgegenkommt, ihn neu belebend. Weil er so die Wahrheit nicht für sich vereinnahmt, sondern frei läßt, darum ist ihm selbstverständlich, daß für jeden Menschen Wahrheit in dieser individuellen – jeweils in seiner individuellen – Weise ist. Es gönnt ein Glaubender jedem seine eigene Wahrheit.

Das ist die Freiheit des Glaubens, die Gott frei läßt, also Gott sein läßt. Und das ist eine Freiheit, die hält und mir offensteht durch meine Unfreiheit, durch meine Verfehlung und Verstrickung hindurch – eine Freiheit, die mich nicht festlegt auf das, was ich bin, nicht aufgehen läßt in der Vorstellung, die ich und Andere von mir haben; vielmehr ist es eine Freiheit, die mir neue Chancen ihrer selbst, also solcher freilassenden Freiheit, eröffnet. Die Freiheit des Glaubens als Freiheit in Gott ist *die* Freiheit, in der ein Mensch, ein solcher wie ich, aufrichtig, ohne irgendeinen Selbstbetrug nötig zu haben, frei und wahr er selbst sein kann. Eine höhere, umfassendere Freiheit als diese „Gottesfreiheit des Ich" läßt sich nicht denken, ist jedenfalls bislang nicht gedacht worden.[15]

2. Abschnitt: Der Glaube an Gott als Mut zur eigenen Endlichkeit

Vieles sagt sich leicht und ist so schwer zu leben – weil man, wenn man es erlebt, es zugleich erleidet. Es fällt uns schwer, die Grenzen unseres Lebens, nicht nur unserer Lebenskraft, sondern auch unserer Verstehens- und Liebesfähigkeit, uns einzugestehen. Es sind ja auch Grenzen mitten im Leben. Nun wäre es freilich auch seltsam und in gewisser Weise sogar schlimm, wenn uns das nicht schwer fiele. Denn jede Erkenntnis unserer Grenze ist immer auch mit einer von uns zu verkraftenden Enttäuschung verbunden. Allemal liegt in ihr ein Abschied von einem für uns wesentlichen Wunsch und von einer uns wichtigen Hoffnung. Schmerzhaft schwer ist es, darauf verzichten zu müssen, einen Menschen zu haben, bei dem man daheim sein kann; den Beruf nicht gefunden oder erhalten zu haben, in dem man zeigen kann, was man kann. Folglich sind wir geneigt, auf die Grenze, an die wir stoßen, entweder mit Ärger und Verdruß, der sich nach einer Weile unmerklich tief einfressen kann, oder gleich mit Resignation und bloßem Sichabfinden zu reagieren. Schwer fällt es uns hingegen, eine solche Grenze – ahnend, was sie für das ganze weitere Leben bedeuten könnte – zu akzeptieren, also sie bewußt anzunehmen und sich mit ihr auseinanderzusetzen. Und doch könnte einer allein so, daß er sich ihr stellt und an ihr oder angesichts ihrer an seinem Leben arbeitet, ein gutes Stück wachsen und stärker wer-

---

[15] Den Ausdruck „Gottesfreiheit des Ich" übernehme ich, indem ich ihn aus dem Kontext löse, von THOMAS MANN, Joseph und seine Brüder, 4. Buch: „Joseph der Ernährer", 3. Hauptstück, 2. Abschnitt: „Das Kind der Höhle", in der Rede Josephs zu Pharao.

den. Dazu braucht es allerdings Mut: den Mut zur eigenen Begrenztheit, zur eigenen Endlichkeit. Da nun aber die Abschiede im Leben nie ein für allemal erbracht sind und folglich die Entbehrungen nicht aufhören, da vielmehr jeder Mensch zeitlebens bedürftig bleibt, braucht es jenen Mut wieder und wieder, also lebenslang.

Doch jenes Abschiednehmen willentlich selbst zu vollziehen, so daß es ein von mir erbrachter Verzicht ist und die darin eingeschlossene Entbehrung nicht länger mich kränkt, ist ja das ganze Problem. Dazu gehört Mut. Alles andere ist viel leichter. Viel leichter ist es natürlich, die mir bewußt gemachte, von einem Anderen mir markierte, eigene Begrenztheit zum Anlaß für ständige Vorwürfe gegen den Anderen, gegen die „Gesellschaft" oder auch gegen mich selbst zu nehmen. Jedoch vorwurfslos, ohne heimlichen Groll, zu verzichten, fällt schwer.

Ob es uns darum so hart ankommt, die Grenzen unserer selbst wirklich, also bewußt, anzunehmen? Es müßte einer an seiner bestimmten Grenze – die doch die seine nur ist, wenn sie ihn schmerzt und er an ihr arbeitet – sich eingestehen, daß er nicht alles ist und nie alles das sein wird, was er zu sein sich wünscht und für sich erhofft. Er müßte verzichten, ohne zu resignieren. Wie aber sollte er das können, wie sollte er sich loslassen können und sich zugestehen, daß sein Leben mehr ist, als er sich mit seiner Sorge ums Leben je verschaffen wird – ohne den Glauben an Gott? Wie anders sollte er fassen und nicht verdrängen, daß er das *ist*, was er jetzt in seiner manifest gewordenen Begrenztheit ist? Es wäre mitten im Erleben von Entbehrung und Enttäuschung das Begreifen, daß unsere Grenze nicht Gottes Grenze für uns ist, weil er mit jedem von uns immer noch etwas vorhat, etwas Gutes vorhat. Im Glauben an Gott ist das begriffen als Einwilligen in das eigene endliche, fehlsame und fragmentarisch bleibende Leben. Das wird nie ohne Schmerzen sein. Nur sagen, sagen läßt es sich leicht, wenn zu verzichten ist auf den sehnlichen Wunsch, etwa auf den, von *einem* Menschen geliebt zu werden.

Jedoch im Glauben an Gott hat der Verzicht eine eigentümliche Form, die ihn von der Resignation unterscheidet. Im Glauben an Gott stellt er nicht mein Ende dar. Vielmehr ist er ein Verzicht, bei dem deutlich ist, daß meine manifest gewordene Grenze nicht das definitive Ende meiner selbst, meiner Person ist; ich vielmehr überraschenderweise noch ich selbst bin, lebe – obschon ich meine und erfahre, am Ende zu sein. So kann einer das Verzichtenmüssen vollziehen, ohne bitter zu werden, den Schmerz aushalten, ohne von ihm erdrückt zu werden. Ja, es kann ihm gegeben werden, daß er das, wovon er Abschied nehmen muß, in guter Erinnerung *behält*. Es kann sein, daß einer Abschied nimmt unter Schmerzen, aber im Frieden weitergeht.

Im direkten Wortsinn merkwürdig und jedesmal neu überraschend ist es, die Erfahrung zu machen, daß dort, wo man meint und spürt, am Ende zu sein, und man nur noch die eigene Ohnmacht erlebt, auf einmal Kraft aufkommt, plötzlich neuer Mut da ist, eine nicht geahnte Stärke zuwächst, so daß man wieder aufstehen kann und erfährt: Das Leben geht weiter, gut weiter; wo nichts mehr zu gehen schien, beginnt es neu zu fließen. Plötzlich geht einem auf, daß selbst der Verzicht noch eine Chance enthält: die Chance, den eigenen Lebensauftrag, die Bestimmung des eigenen Lebens, zu finden. Der Abschied, so einschneidend schwer er ist, wird zum Anruf, in den gebliebenen oder neu eröffneten Lebensmöglichkeiten konzentrierter dem zu leben, was darin Gottes Wille des Guten ist. Durch *solches* Verzichten konturiert sich die göttliche Würde eines Menschenlebens.

Beides gehört untrennbar zusammen: der Glaube an Gott als das *gute* Ganze – auch meines Lebens – als das Ganze, das ich nicht selbst bin, *und* das bejahende Annehmen des eigenen endlichen Lebens. Das aber heißt akut immer wieder: einwilligen in die schmerzlich sich einstellende Grenze meiner selbst. Diese Annahme der eigenen Grenze und damit der eigenen Begrenztheit ist nur die Kehrseite des Glaubens an Gott. Denn wahr und in Übereinstimmung mit Gott als der Wahrheit selbst ist der

Mensch nur, wenn er wahrhaftig vor sich selbst ist und also seiner eigenen, oft schmählichen Unvollkommenheit, seiner Relativität und Fehlbarkeit nicht ausweicht. Es glaubt nur der an Gott, der seine eigene Unfertigkeit und Begrenztheit nicht überfliegt, sondern ihr standhält.

Solche Stärke, endlich zu sein, ohne sich im Endlichen zu verlieren, stellt sich dar als Ablassen-können von der Selbstverabsolutierung und vom Perfektionsanspruch an sich und an Andere. Es drängen sich nur zu oft, unheimlich mächtig, der Wunsch und der Anspruch auf, der geliebte Andere müsse mich völlig verstehen und ich müsse fähig sein, jedem entgegenzukommen. Darin steckt nicht nur der an sich unersättliche Wunsch, geliebt werden zu wollen. An solchem Vollkommenheitsanspruch hängt auch die ganze Moral. Aber im Glauben an Gott kann sich ein Mensch nicht nur zugestehen, daß er solchem Anspruch nie genügt; er kann einsehen, daß er auf solchen Anspruch sogar gänzlich verzichten soll und das auch kann – und er kann vor allem über sein Versagen und Verschulden *hinaus*, wenn auch nicht daran vorbei, erkennen und für sein Leben davon ausgehen, daß er trotz seines unentschuldbaren Schuldigwerdens nicht verloren ist. Im Sichhalten an Gott ist wie jedem Menschen so auch mir eingeräumt, daß ich noch in meiner, nur zu oft beschämenden Fehlerhaftigkeit ich selbst sein kann: diese bestimmte Person, von Gott gewollt.

So wird einer nicht aus seiner Enttäuschung heraus handeln, wenn ihm die Erfüllung seiner Wünsche und Erwartungen – oft gerade der gut gemeinten – versagt bleibt. Vielmehr wird er die Enttäuschung bestehen, indem er sich der verbliebenen Gemeinsamkeit erinnert und diese wiederzubeleben sucht. Er wird, so gut er kann, statt Vorwürfe gegen Andere zu erheben, aus dem Begreifen der eigenen Begrenztheit Nachsicht üben mit dem Anderen wie mit sich. Ja, er läßt Gott größer sein als sich selbst, wo er den Anderen in dessen Versagen nicht nur versteht, sondern wo es ihm vergönnt ist, dies sein Verstehen dem Anderen zuzuwenden und er darin mit dem Anderen verbunden ist. Nichts verbindet

Menschen stärker als das Verzeihen – als das gegenseitige Verstehen und gegenseitige Ertragen ihres Versagens.

Im Aussein auf das Gute den Anderen und sich selbst nicht zu überfordern und darin andererseits nicht zu erlahmen: diese Balance will immer wieder erst gewonnen sein. Doch so allein kommt Freude im Leben auf, weil man akzeptieren kann, daß alles Geglückte unter Menschen begrenzt ist. Es muß einer nicht das – vielleicht kleine – Gelungene aufrechnen gegen das als perfekt erwünschte Mögliche.

Der Glaube an Gott ist das Ende jeder Selbstverabsolutierung – und er ist zugleich das Ende jedes Sichabfindens mit der Beliebigkeit, wonach alles eben relativ ist. Wer an Gott glaubt, der läßt ab von der Anmaßung, wie Gott zu sein und mithin definitiv zu wissen – gar „allgemein" und also auch für den Anderen – zu wissen, was jeweils gut und böse ist. Im Glauben an den Gott, der die Wahrheit selbst und für alle ist, wird er die Relativität des Eigenen, die Irrtumsanfälligkeit seiner Wahrheitseinsicht und seiner Überzeugung von dem, was gut für ihn und für alle ist, zugeben und ausdrücklich einräumen, *ohne* doch die Unbedingtheit, wahr sein zu wollen, preiszugeben. Er wird von der Gewißheit getragen sein, hoffen zu dürfen, daß Gott, die Wahrheit selbst, in seiner Wahrheitseinsicht und in seiner Überzeugung vom Guten gegenwärtig sein *kann*, obschon sich das nicht feststellen, nicht ausmachen läßt. So *glaubt* er, daß die Wahrheit sich unvorhersehbar, also irgendwie, mithin frei, *selbst* erweisen wird und er mit seiner Wahrheitsüberzeugung sich darin – korrigiert, weitergeführt – wiederfinden kann. Er hält in geschärftem Gewissen an seiner Überzeugung vom Wahren und Guten fest: daran fest, daß diese nach seiner Einsicht die einzig richtige ist, das heißt, unbedingt verpflichtend für ihn selbst ist. *Und* er hält sich zugleich gesprächsbereit, offen für die Korrektur durch Andere. Er verbindet beides in seinem Gewissen, die Unbedingtheit *und* die Gesprächsfähigkeit – und vertraut sich in solcher Gewissenhaftigkeit, die der Irrtumsmöglichkeit eingedenk bleibt, Gott an:

Gott, der ihn wahrmachen kann. Lästig ist ihm allerdings das bequeme Mißverständnis, es habe eben jeder seine Meinung und seinen „Glauben", alles sei relativ und das habe man zu tolerieren – was so ja nichts anderes heißt, als es sich nicht weiter angehen zu lassen. In solch billiger Toleranz wird genaugenommen keiner in seiner Überzeugung als einer auch nur potentiell wahren geachtet.

Glauben an Gott in der Relativität des Menschlichen, das meint: Der Glaubende hält den Unterschied zwischen dem eigenen Erfassen des Absoluten und dem Absoluten selbst aufrecht – die Differenz zwischen meiner, für mich unbedingt geltenden Einsicht von Gott und Gott selbst, zwischen meinem Lieben und der Liebe selbst. Er hält diesen Unterschied offen in der Gott vertrauenden Gewißheit, daß Gott, das Absolute, selbst diese Differenz füllen kann, meine Worte von ihm wahrmachen kann bei einem Anderen, so daß dieser sein für ihn wahres Verstehen Gottes findet. So nur, im Bewußthalten dieser Differenz im Unbedingten, hält sich ein Mensch beweglich im Geist des Unbedingten.

Diese Differenz zeigt sich in besonderer Weise daran, daß ich meinen Glauben nur lebe in der Spannung zwischen meinem, an mir selbst wahrnehmbaren, unsteten Glauben-können und dem Glauben selbst als Einvernehmen mit Gott. Diese Spannung ist immer eine, die auch schmerzt; denn in ihr wird mir gerade auch mein Versagen bewußt. Und doch liegt die Stärke des Glaubens darin: Mut zu geben, trotz der eigenen Schwäche und den nicht wegzuredenden Verfehlungen sich die Verbundenheit mit Gott selbst zuzutrauen, mithin zu leben „unverzagt und ohne Grauen" (P. Gerhardt).[16]

So wird einer frei er selbst, weil frei zum eigenen Leben mit Gott. Der Glaube, der auf Gott sich gründet, hält den Blick auf die eigene Problematik offen, die jeder sich selbst ist. Weil einer

---

[16] P. Gerhardt, Warum sollt ich mich denn grämen (Evang. Kirchen-Gesangbuch 297), V. 7.

im Glauben an Gott von der Verengung auf sich loskommt, deshalb kann er sich sehen, so wie er ist, also auch mit dem Verfehlten und Vertanen der eigenen Lebensgeschichte. Der Glaube wäre nicht Glaube an Gott, enthielte er nicht die Bereitschaft, dem eigenen Versagen und Verschulden sich zu stellen, die damit verbundene Beschämung in sich einzulassen und solche Schuld aufrecht zu tragen. Der Glaube an Gott bekundet sich mithin im Mut zur äußersten Aufrichtigkeit im Blick auf sich selbst: im Mut, das eigene Verschulden und Mitverschulden zuzugeben. Im mich tragenden Zutrauen zu Gott kann ich die Last des Selbstseins auf mich nehmen, die ich in der Schuld erfahre, etwas Unentschuldbares unabänderlich getan zu haben. Daß einer wie ich sich eingestehen kann: „Ich bin's, der das getan hat", und so an sich selbst wahrnimmt, wie böse er sein kann – diese erschreckende Wahrheit kann, weil sie Wahrheit ist, zugleich befreiend sein. – Bei einem bestehenden Unheilszusammenhang eröffnet sich ja auch nur dann eine Chance zur Wandlung, zur Besserung, wenn einer seinen eigenen Anteil daran erkennt, erkennen kann. Sonst bleibt alle „Veränderung" sinnlos.

Der Freiheit zur Schuld als der Fähigkeit, Schuld auf sich zu nehmen, wird der gewahr, der nicht in der Schuld verhaftet ist, sondern sie zu ertragen vermag: der *sich* ihr stellen kann. Eben dies ist die Freiheit, die im Glauben an Gott liegt: Subjekt, ein Selbst, sein zu können noch in der eigenen Verfehlung und mithin *selbst* fähig zur Schuld zu sein, sich zu seinem Schuldigsein *selbst* verhalten zu können.

Begriffen ist diese Freiheit, wenn einer erfaßt hat, daß wir als endliche, fehlsame Menschen immer schon von der Vergebung leben. Vergeben ist die Schuld, wenn einer nicht länger auf sie festgelegt ist und sie doch nicht vergißt oder verdrängt, sondern – vorsichtig im Blick auf sich selbst geworden – sie bewußt trägt. Sie wird dann eine Beziehung nicht länger vergiften und lähmen; denn ihre zerstörerische, trennende Wirkung ist außer Kraft gesetzt. Kein menschliches Leben könnte angesichts seiner Verfehlungen wahrhaft gelebt werden, wäre solche Vergebung nicht immer schon. Doch unsere Aufgabe ist, dies zu erkennen und also aus eigener Bejahung dem zu leben, wovon wir leben. Das aber heißt nichts anderes, als solche Vergebung in unserer Praxis, dem Anderen zu vergeben, wirklich werden zu lassen.

Mut zur Endlichkeit aus Freiheit in Gott. Das gilt auch in einem weiteren Sinne. Es gilt als Einräumung, sich zum eigenen Herkommen und Sosein und insofern zu sich selbst verhalten zu können. Alles Belastende in meinem Leben drängt ja an sich dahin, mir diesen Abstand von mir selbst zu nehmen. Der Glaube an Gott gibt nicht nur die Fähigkeit, ein Verhältnis zu sich selbst zu haben. Er erlaubt, zu einem Einverständnis mit sich selbst, mit dem eigenen, so nun mal seienden Leben zu gelangen, so daß die Gefährdung, in Selbsthaß und Lebensgroll zu fallen, zu bestehen ist. Denn im Glauben an Gott lebt einer sein Leben nicht in der Furcht, im Leben zu kurz zu kommen. Stark ist, wer sich selbst auch in den Brüchen und Widersprüchen seines Lebens anzunehmen vermag.

Solche entschlossene Offenheit, sich selbst zu sehen, so wie man ist, hat ihre Schärfe und ihren letzten Ernst in der Bereitschaft, die beiden Urbedingtheiten seiner selbst zu billigen: nämlich die Zufälligkeit seiner Geburt und die Unausweichlichkeit seines Todes. Zur Freiheit in Gott gehört die Fähigkeit zu akzeptieren, zufälligerweise so und nicht anders und von diesen bestimmten Eltern, in diesem Land und in dieser Sprachwelt geboren zu sein. Und es ist die höchste Form des Mutes in der Bejahung der eigenen Endlichkeit: im Glauben an Gott einzuwilligen in die eigene Vergänglichkeit. Darin, in diesen beiden Hinsichten, zeigt sich letztentscheidend, ob einer darauf verzichten kann, sein zu wollen wie Gott.

Hat ein Mensch seine Freiheit darin, daß er sein fehlsames, endliches Leben *Gott* anvertraut, der als die Wahrheit und die Liebe selbst größer, bedeutungsreicher ist als er sich selbst, so kann er im Leben selbst, nicht etwa erst am Ende, seine Vergänglichkeit zulassen. Er kann zulassen, daß fragmentarisch bleibt, was wir sind und tun. Es bleibt ja vieles, was möglicherweise in uns angelegt ist, unentwickelt; nur weniges von unseren Vorhaben bringen wir bei aller Mühe zustande; letztlich wird alles unvollständig sein. Wir werden nichts vollenden. – Doch daran, ob einer an dieser Vergänglichkeit resigniert, oder aber sie als seine endliche Unvollkommenheit zuversichtlich annimmt, zeigt sich der Glaube an Gott oder eben der Unglaube.

Nach sieben Jahren Arbeit in einem chilenischen Slum schreibt eine Frau in einem Brief: „Was wir tun können, ist doch immer nur: das, was das Leben von uns verlangt, ganz einfach (im Sinne von klar, durchschaubar, ohne System, unverstellt) anpacken. Das stellt sich für mich so dar, als würde ein Mosaik konstruiert, zu dem wir Steinchen sind oder welche liefern, ohne zu wissen, wie das Ganze eines Tages sein wird. Und meine Hoffnung ist, daß Gott das auch so gedacht hat, daß er das letztlich will und mir das eine gewisse Ruhe gibt ... Liegt nicht gerade in dem einfachen, in keinen Bezugsrahmen eingepackten Handeln unsere Freiheit als Christen? Auch die Möglichkeit, unvoreingenommen zuzuhören zum Beispiel – weil wir nicht schon wieder auf etwas aus sind oder ein Ideal retten müssen?"[17]

Gerade auch dasjenige, was im Guten und an Wahrem uns gelungen ist, geben wir unvermeidlich aus der Hand; es wird eingehen in die Unabsehbarkeit unserer Taten und sich vermengen mit dem Leben nicht wißbar vieler Menschen. Die glaubenentscheidende Frage ist nur, ob ich das bereitwillig, weil im Vertrauen darauf tue, daß das, was im Guten getan ist, nicht verlorengeht, gerade wenn es nicht mehr in meiner Verfügung steht.

Allein in der Ausrichtung auf das Unbedingte – auf Gott, die eine alles erhellende Wahrheit – und auf dessen Konkretisierung in meiner bedingten Lebenswelt, also unter uns Menschen, begreife ich wirklich die Relativität alles Menschlichen, Endlichen.

---

[17] S. Becker in einem Privatbrief vom 19. Aug. 1979.

Denn ich erfahre beides: das Überglück des Gelingens von Wahrheit und Liebe im Endlichen, Relativen – so daß mithin gerade das Relative, das Begrenzte ganz gerechtfertigt ist; und ich erfahre schmerzlich, daß jede solche Konkretion Gottes unter Menschen und bei mir eine beschränkte, bedingte ist. So unbedingt und erfüllend sie im Erleben ist, als endliche und begrenzte muß sie doch – und zurecht – vergehen, damit sie nicht mit dem Unbedingten verwechselt wird. Ich erfahre, daß ich das mit Gott Gelungene, eine Liebe etwa, nur dann habe, daß es nur dann bei mir bleibt, wenn ich es loslassen, also zu seiner, nicht von mir bestimmbaren Zeit auch „hergeben" kann. Jedoch wie stechend schwer wird das durchlebt, wenn der Tod des Geliebten und damit das Vergehen einer liebevollen, also göttlichen Gemeinschaft unter Menschen erlitten werden muß.

Aus der Kraft der Erinnerungen daran, daß Gott nicht zu Ende war, wo man mit der eigenen Kraft und dem eigenen Können am Ende war – daß sich über das erfahrene Nichts hinaus Leben auftun kann, Leben wie ein Geschenk sich einstellte – nährt sich der Mut zum Verzichten, der Mut zur eigenen Endlichkeit und hoffentlich auch zum letzten, bittersten Abschied, zum Abschied vom geliebten Anderen.

3. Abschnitt: Die Spannweite im Empfinden des Glaubens

Der Glaube an Gott *ist* nur, wenn er das Leben eines Menschen bestimmt. Gänzlich mißverstanden wäre jedoch der Glaube, nähme einer an, er sei nur und nichts anderes als das, was er, der Einzelne, in seiner Selbstbeobachtung bei sich selbst wahrnehmen kann. Das eigene Empfinden des Glaubens wird nämlich immer schwankend sein: mal stärker, mal schwächer, je nach den Phasen des Lebens und Befindens. Mal ist sich einer seines Glaubens wie sicher und also ist er guten Mutes; mal trägt der Glaube eine ganze Zeit lang, und dann ist er wieder wie weg, wie vergessen. Vor mir selbst kann ich nicht verschweigen, daß ich immer wieder im Glauben unsicher werde. Alle diese wechselnden Empfindungen des Glaubens sind aber solche meines *Glaubens*, der doch als er *selbst* die Zuwendung zu Gott, ja das Einvernehmen mit Gott ist. Er, der Glaube selbst, bleibt, was er ist, auch wenn er so, wie ich ihn bei mir empfinde und erlebe, nicht gleich bleibt, sowenig wie das Meer in Ebbe und Flut, das doch das Meer bleibt.

Also ist zu unterscheiden – wenn auch gewiß nicht zu trennen – zwischen dem, was der *Glaube an sich* selbst ist, und dem, wie er *bei mir* ist; anders gesagt, zwischen dem Begriff des Glaubens und der eigenen Wahrnehmung des Glaubens. Wer diesen Unterschied sich deutlich macht, der begreift darin, daß der Glaube selbst größer, mehr ist, als je einer ihn bei sich spürt. Mit dem Glauben ist es nicht anders als mit der Liebe und der Wahrheit: Sie gehen nicht auf in dem, was ich von ihnen bei mir wahrnehme und fühle. Dies sich bewußt halten und immer wieder bei sich üben, darin besteht die einzige Vorbereitung auf die Stunde des Zweifels und der Ungewißheit, wenn mir der Glaube abhanden kommt, Gott mir zu entschwinden scheint. Wird mir auch dann – gerade dann – neu erfahrbar einsichtig werden, daß Gott ist, was er ist, und daß der Glaube mir mithin an sich offensteht, selbst und gerade, wenn ich ihn entbehre? Das hieße – und das steht zu hoffen –, *im* Schwanken des eigenen Glaubens sich samt dem eigenen Glauben-können Gott anvertrauen, noch das eigene Glauben-können Gott anheimstellen. Ich muß auch das, mein Glauben-können, nicht selbst machen, nur aufrichtig und aufmerksam soll ich sein.

Gerade *im* Glauben wird der Einzelne nach besten Kräften sich daran zu halten suchen, daß der Glaube selbst nicht von ihm, nicht von den Regungen seines Innern abhängt. Denn anders wäre er noch im Glauben, wider allen Sinn des Glaubens, letztlich allein auf sich gestellt. *Im* Glauben weiß er, daß – gleich wie eine halbe Wahrheit keine ist – der Glaube an sich selbst entweder ganz oder gar nicht ist. Denn Gott, an den er sich hält, ist untrüglich, in sich eindeutig und also gewiß: anders wäre *alles* schwankend und nichts Verläßliches. Und Glauben *ist* ja eben dies Sichhalten an Gott. Aber bei mir, bei einem individuellen Menschen? Bei mir kann der Glaube an den eindeutigen Gott nur in der Zweideutigkeit meines Lebens sein – anders wäre er nicht bei mir, wäre er nicht *mein Glaube*. Ja, die Höhepunkte, in denen *seine* Gewißheit mich fraglos trägt, sind selten; nur zu häufig erlebe ich Tiefzeiten, in denen ich ihn nicht empfinde, ihn bitterlich entbehre. Über mich selbst kann ich nicht anders urteilen als eingestehen, daß die Problematik meiner selbst auch meinem Glauben anhängt. Ich lebe unterschiedlich dicht im Glauben; unterschiedlich eins mit Gott. Lange Zeit kann die Unzulänglichkeit des eigenen Glaubens einen Menschen geradezu verfolgen.

In der Spannung zwischen dem Wahrnehmen des Glaubens bei sich selbst und dem glaubenden Sichausrichten auf Gott lebt ein Mensch *seinen* Glauben – ist er im Glauben er selbst, nämlich dieser unvollkommene, unfertige Mensch. Aber darin ist er gerade der, der sich bei seiner Zweideutigkeit nicht beruhigt, mit ihr sich nicht abfinden *kann*, sondern sich ausstreckt nach dem, was in sich eindeutig, also gewiß ist und so auch für ihn gewiß sein kann. Wird mir die Dürftigkeit des eigenen Glaubens, die mich bedrückt, zum Anlaß einer neuen sehnenden Zuwendung zu Gott, so ist noch sie mir zu einer angemessenen Situation des Glaubens *an Gott* geworden.

Doch das eigene Glauben-können kann einem Menschen, vielleicht aufgrund einer Erschütterung seines ganzen Lebens, zu einem zerreißenden Zwiespalt werden: Es möchte einer glauben und kann es nicht; es möchte einer beten, und die Sammlung auf Gott hin gelingt ihm einfach nicht. Er kommt sich vor, wie einer, den undurchdringliche Wände einschließen, so daß kein Laut nach außen dringt – und Gott ihm nicht lebendig, nicht gegenwärtig, sondern unwirklich ist. Zurückgeworfen auf sich, bezugslos, wird ihm alles schemenhaft und verliert er den Glauben – ist es *ihm*, als löse der Glaube sich auf.

Was, um alles, könnte einem solchen Menschen helfen, damit er *selbst* wieder zu sich, zur Wirklichkeit seines Lebens und zu Gott findet? Gewiß läßt sich das nicht von außen durch eine noch so große „Hilfe" bewerkstelligen; nur ihm selbst kann sich das auftun. Doch es könnte, denke ich, helfen, wenn ein *Anderer* dem Menschen, dem die Wirklichkeit seiner Bezüge, in denen er lebt, entschwindet und der ohnmächtig sich als zerrissen erfährt, nahebleibt, Nähe gibt und unbeirrt von Gott überzeugt ist. Ein Anderer könnte helfen, wenn er nahebleibt und unverzagt daran festhält, daß Gott auch für diesen Verzweifelten die beständige Wirklichkeit ist, die sich ihm neu erschließen und die er neu entdecken kann. Wenn es einem Anderen gelingt, dem mutlos in sich Versinkenden zu verstehen zu geben, daß er *daran* glaubt, dann wäre, über sein Tun und seine Möglichkeiten hinaus, die Hilfe am Ziel. Glaubt er, der Andere, nur wirklich an *Gott*, so wird er gar nicht anders können und wollen, als diesen Glauben *dem* zu wünschen, *dem* gleichsam zuzudenken, der für sich nicht mehr glauben zu können meint, der den Glauben nur schmerzlich entbehrt. Indem ein Anderer unverbrüchlich glaubt, daß der, der sich schon für verloren hält, selbst wieder glauben *kann*, tritt er für dessen Glauben ein.

Und wo einer nicht mehr beten zu können meint, kann ein Anderer für ihn beten: also *seine* Hilflosigkeit und Ohnmacht angesichts der Verzweiflung, die er miterlebt, aushalten und doch die leeren Hände ausstrecken und ausdauernd darauf warten, welche Chance neuen Lebens sich auftun könnte. So betend, lebt er in seiner Schwäche die Stärke des Glaubens.

So kann einem aufgehen, was man früher die Seligkeit des Glaubens nannte: daß ein Mensch neu gewürdigt ist, zu glauben und in der Zuwendung zu Gott sein Leben selbst anzunehmen – und wie gänzlich *nicht* selbstverständlich das ist. Das Äußerste an Erfüllung ist es zu erfahren: in der eigenen Unbeständigkeit neu von Gottes Beständigkeit ergriffen zu sein. Und der Andere, der daran teilnimmt, gewinnt daraus selbst Mut, Mut zu glauben.

Immer ist es so, daß aus dem Durchstehen einer Niederlage dem Glauben Stärke erwächst – und eine ihm eigene Art von Geduld, die im genauen Wortsinn Langmut ist.

Im Rückblick wagt vielleicht sogar der, der neu den Glauben faßte, vorsichtig – und streng nur für sich – zu denken, daß er vermutlich durch den Punkt aussichtsloser Glaubensverlassenheit hindurchmußte, um zu begreifen, was Gott ist und daß der Glaube nicht auf ihm, dem Menschen, beruht. Hätte er anders verstanden und für sein Leben begriffen, daß keine Wahrheit für einen Menschen ist, angesichts derer er nicht über sein Versagen, über seine eigene Unzulänglichkeit erschräke? Wäre ihm anders unverlierbar deutlich, daß er jedenfalls an Gott nur glaubt, wenn ihn zugleich auch sein Schuldigbleiben des Glaubens umtreibt? – Aber: welche Gnade ist es zu wissen, daß man von der Gnade lebt (nach E. Hirsch).[18]

Stark ist der Glaube, in dem einer im Blick auf sich selbst gelassen und doch zugleich beunruhigt ist: „Du, o du mein Gott, ... du weißt, ob ich dich lieb habe. Du weißt es, und ich weiß es nicht, denn mir ist der Grund meines Herzens verborgen. Aber ich will dich lieben; ich fürchte, dich nicht genug zu lieben, und ich bitte dich um Fülle der Liebe" (F. Fénelon).[19]

4. Abschnitt: Glaube und Zweifel

Zu zweifeln: das halten wir in jeder unvoreingenommenen Orientierungssuche für die – zuerst und zunächst einmal – nötige und einzig angemessene Haltung gegenüber allem, was von außen uns beanspruchen und unsere Zustimmung will. Vor allem gegenüber allen großen Worten, für die ausdrücklich Wahrheit

---

[18] E. HIRSCH, Zwiesprache [wie oben zu I. 1., S. 31], S.165.
[19] F. FÉNELON/M. Claudius, Allgemeine Anleitung [wie oben zu II. 1. C., S. 83], S. 63.

behauptet wird, erscheint uns besondere Vorsicht angebracht zu sein. Solches vorgängige Bezweifeln muß keine Weise der Abwehr sein, sondern es ist zunächst einmal eine Distanzierung, die Abstand gewinnen will, um zu prüfen und näher zuzusehen – um nicht gleich „Feuer und Flamme" zu sein, um sich nicht überwältigen zu lassen. Zur Würde des Menschen, zur Autonomie seines Denkens, gehört dieser Zweifel.

Anders ließe sich ja auch gar nicht zwischen Wahrheit und dem bloß behaupteten Schein, zwischen Wahrheit und dem zeitmodisch Üblichen, zwischen Wirklichkeit und Trug unterscheiden. Was sich von vornherein jedem Zweifel verschließt, das läßt sich nicht frei, also nicht wirklich selbst aneignen, das bleibt mir im Grunde fremd. Und es bliebe mir im Grunde gerade auch dann fremd, wenn es mich übermächtigt oder ich es einfach gehorsam hinnehme. Wem der christliche Glaube wirklich *die* Wahrheit ist, der fürchtet das Selbstdenken nicht und der läßt darum alle Anfragen und Bezweiflungen zu. Denn er will durch den Zweifel hindurch zur Wahrheit vordringen; er will, daß *diese* so ins Innerste seiner dringe und ihn ganz ergreife.

Der Zweifel kann sich am Inhalt einer Aussage entzünden: Schlicht weil mir nicht einleuchtet, warum es so sein soll, wie da behauptet wird. Solcher thematische Zweifel ist sachbezogen: Es bezweifelt einer eine vorgetragene Behauptung, gerade weil er an der Sache selbst interessiert ist. Folglich wird er versuchen, zur Klarheit in dieser Sache zu gelangen – und dies um so intensiver, je wichtiger und bedeutsamer ihm die Sache ist. Dieses im Zweifel Suchen nach der Wahrheit einer Sache kann oft schwierig werden und den Betreffenden in große innere Unruhe versetzen. Aber wirklich gefährlich wird für ihn ein solches Ringen mit dem Zweifel nur und erst, wenn ihm dabei die Zuversicht entschwindet, die Wahrheit dieser Sache werde sich ihm doch noch erschließen – wenn ihm also das Zutrauen zur Wahrheit und zu deren Sichzeigen vergeht.

Ebenso verhält es sich in der Gottesbeziehung: Auch im Blick auf Gott kann mir vieles von dem, was da behauptet wird, zweifelhaft werden; auch Aussagen und Vorstellungen, an denen ich hing, können sich mir als nicht tragfähig auflösen. Manches kann da offen und zumindest zeitweise in der Schwebe bleiben, weil ich es nicht recht verstehe. Auch Zeiten langanhaltender Unruhe gehören dazu, wenn mir ein Gedanke, den ich ahne, nicht deutlich werden will. Entscheidend jedoch ist, ob sich die Verbundenheit mit Gott durchhält – durch die Bezweiflung hindurch.

Der thematische Zweifel an inhaltlich Bestimmtem läßt sich methodisch so ausformen, daß von jeglicher Betroffenheit abgesehen wird und sich das Interesse rein auf das Objektive, auf die gegenständliche Sache, richtet. Das ist das übliche Vorgehen der „Wissenschaft". Der methodisch ausgebildete, wissenschaftliche Zweifel zielt auf die „objektiv" sichere Feststellung von „Fakten". Das gibt dem Subjekt wiederum Sicherheit, denn es kann sich bei der Erkenntnis oder Feststellung solcher ausgemachten Tatsachen beruhigen. Weil dieser methodische Zweifel bezogen ist auf die unbetroffene Beschäftigung mit Objektivem, stellt er, auch in der wissenschaftlichen Theologie, die harmloseste Form von Zweifel dar – weit entfernt von einem Glaubenszweifel.

Jedoch, in einem anderen Sinne noch wird der Zweifel gelebt: Er gehört nämlich zur Lebendigkeit des wirklich bewußt Gelebten und also auch des Glaubens. Alles Lebendige ist ja nicht fertig, nicht abgeschlossen, sondern offen. Was sich aber wandelt und in einem Menschen als Wandlung bewußt wird, das muß durch eine Krise, eine Infragestellung, hindurch. Der Zweifel vertreibt das scheinbar Selbstverständliche. So kann er Antrieb zum Weiterfragen über alles resultathaft Fertige und Feststehende hinaus sein: Anzeichen also eines Aufbruchs und Neubeginnens.

Gerade der Glaube, wie er bei mir und für mich ist, ist nie fertig. Es kann sich ein Glaubender nicht bei sich selbst beruhigen; er wird immer wieder genug Anlaß haben, an sich selbst zu zweifeln. Und das gerade, *weil* er glaubt. So trägt der Glaube die Unruhe in sich, das Sich-nicht-abfinden bei dem, was nun mal so ist. Nur wer es zuwege bringen sollte, mit sich und seiner Lebensüberzeugung fertig zu sein, weil er jeder Infragestellung auszuweichen weiß, der zweifelt nicht. Doch solcher Haltung gebührt einzig als Abgeklärtheit des Alters Achtung und Bewunderung.

Es kann ein Zweifel aufstören aus einer Phase, in der einer unmerklich sich vom Leben mit Gott entfernt hat – vielleicht weil die Arbeitswelt oder die Suche nach Kontakten alles Interesse beanspruchten. So mag er eine Zeitlang relativ fraglos in der neu sich auftuenden Welt gelebt und allein mit ihr seine Probleme, seine Sorgen und sein Glück gehabt haben. Doch irgendwann einmal spürt er ein hartnäckiges Ungenügen, erscheint ihm *das* Leben als schal, in welchem er sich nur schemenhaft vorkommt und das er nicht als er selbst, verbunden mit Gott, mit der Wahrheit und in der Liebe, lebt.

Und der Zweifel kann sehr wohl einer des Glaubens sein. Denn der Glaube erwartet immer noch etwas von Gott, ja erwartet Gott selbst anders und neu. Nicht in einem schwankenden, in einem gefestigten Glauben setzt einer unbeirrt darauf, daß der Glaube immerwährend, aber immer wieder verwandelt und hoffentlich weiterführend im Leben gegenwärtig ist. Ausgerichtet auf die Unbedingtheit Gottes ist er davon bewegt, daß Gott und der Glaube wohl erfahrbare Erfüllung sind, doch in keiner Erfahrung aufgehen. Je intensiver einer mit Gott verbunden ist, desto mehr wird er darauf warten, wie Gottes Liebe neu sich zeigen, doch nicht ausbleiben wird. So sucht einer im zweifelhaft Gewordenen nach der Wahrheit, die neu trägt und erfüllend auf-regt, indem er die Unbedingtheit der Wahrheit aufrechthält, an ihr sich hält, und mithin die Ausrichtung auf Gott und also auch auf die Überwindung seiner Zweifel durchhält.

Er weiß, nein, er *glaubt* beharrlich, daß der Zweifel, in dem ihm Gott fraglich geworden ist und er mit sich selbst nicht zurechtkommt, bestehbar ist: Gott neu sich zeigen, und er erneut zur Klarheit kommen wird. Im Mut des Glaubens nimmt einer den Zweifel, wenn er kommt, auf sich. Ja, er kann im Glauben frei den

Zweifel – zwar gewiß nicht mutwillig suchen, aber – riskieren. Denn er wagt zu hoffen, daß sich in der Krise, in der Erschütterung, gerade die Stärke, ja die Eigenart des Glaubens herausstellen wird: daß sich Gottes Gnade gerade in der Schwachheit mächtig erweisen wird (2. Kor. 12,9). Der Beweis für die Eigenart des Glaubens, für seine Unbedingtheit und Geltung über jede Erfahrung hinaus, liegt nämlich gerade im Bestehen seiner Infragestellung.

Jedoch, wer wartet, der kann auch unsicher und unwillig werden. Es geht keiner in den Zweifel, der nicht auch in ihn hineingezogen wird. Jede tiefere Infragestellung erschüttert und kann den ganzen Sinn, kann die Grundlage eines ganzen Lebens gefährden. Es zweifelt keiner selbstbetroffen, der nicht das Schwankendwerden, die Unsicherheit aufgrund der Zwiespältigkeit erfährt, die zum Zweifel gehört. In jedem Zweifel, in dem mir die Wahrheit unklar geworden ist, kann mir die Ausrichtung des Glaubens auf das Unbedingte, das doch zugleich das noch Unausgekannte, Offene ist, selbst zweifelhaft werden. Wer sich auf den Zweifel einläßt, der kann – möglicherweise – im Zweifel versinken.

Bereits im Alltäglichen kennen wir einen Zweifel, bei dem es nie sein Bewenden haben kann, der immer durchgestanden und auf *gewisse* Weise zum Abschluß gebracht werden muß – weil er eben näher am eigenen Selbst und daher näher an einer Krise des eigenen Selbst ist. Ich meine den Zweifel an einem anderen Menschen, mit dem ich nicht nur äußerlich verbunden bin. Bei diesem Zweifel kann ich vom eigenen Betroffensein gar nicht absehen. Und vor allem kann ich diesen Zweifel nicht dahingestellt sein lassen, nicht in der Schwebe lassen. Denn je problematischer mir der Andere, etwa in seiner Liebe oder in seiner Wahrhaftigkeit, wird, desto stärker schwindet mir das Vertrauen zu ihm – und desto mehr entgleitet er mir. Der personenbezogene Zweifel löst tendenziell die Verbundenheit auf. Ich kann nicht lange im Ungewissen lassen, was der Andere für mich ist, wenn er mir wichtig ist. Denn der Zweifel an ihm verunsichert mich, bringt mich in einen schwer erträglichen inneren Zwiespalt. Er muß in jedem Fall, so oder so, zu Ende kommen.

In der gelebten Gottesbeziehung kommen wohl immer der thematische Zweifel, von dem eingangs die Rede war, und der personenbezogene zusammen. Darum ist eine ernsthafte Anzweiflung Gottes selbst vermutlich für das Subjekt immer gefährlich nahe an einer Krise.

Doch noch mitten in Zweifel und Unglaube, wenn der Glaube an Gott erschöpft zu nichts als einer schmerzenden Sehnsucht geronnen ist, kann ein Mensch am Glauben festhalten und selbst so noch dessen Sinn bezeugen. In einem Brief aus der Zeit seiner Verbannung schreibt F. Dostojewski von sich: „... aus eigenem Erleben und eigener Erfahrung möchte ich Ihnen sagen, daß man in solchen Momenten [wenn man die ganze Vergangenheit mit ihrem Leid noch einmal in der Erinnerung durchleben muß] nach Glauben dürstet wie ‚verdorrtes Gras' und ihn findet, eigentlich deshalb, weil im Unglück die Wahrheit deutlicher wird. Von mir will ich Ihnen sagen, ich bin ein Kind des Jahrhunderts, ein Kind des Unglaubens und Zweifels, bis zu diesem Moment und (ich weiß es) bis an mein Grab. Welch ungeheure Qual bereitete und bereitet mir mein Durst nach Glauben, der in meiner Seele desto größer wird, je mehr Gegenargumente ich in mir finde."[20]

In eine abgründige Krise aber gerät ein Mensch, wenn der Zweifel – der dann immer seiner Art nach eine Bezweiflung Gottes ist – den Grund seiner selbst erschüttert, den ihn tragenden Sinn raubt. Dann ist die äußerste Form des Zweifels, der Absturz in die Verzweiflung, erreicht. Jeder Zweifel, der das Zutrauen zur Wahrheit verloren hat, ist derart. Denn wenn einer nicht mehr weiß, ob er in der Wahrheit ist, wenn ihn nur noch der Eindruck plagt, er stehe sich und seiner Wahrheit selbst im Wege, und Gott ihm in der Finsternis entschwunden ist, dann schwankt ihm der

---

[20] F.M. Dostojewski, Briefe, hg. R. Schröder, Leipzig 1984, 1. Bd., S. 111 (geschrieben nach dem 20. Febr. 1854).

Boden unter den Füßen, dann ist ihm, als träte er mit dem nächsten Schritt ins Leere. – Es gibt dann kein Zurück. Hat der Zweifel, der zur Verzweiflung treibt, einen Menschen gepackt, so entfaltet *er* seine Macht. Und die besteht darin, wie in einem Sog *alles* in Zweifel zu ziehen und endlich als verläßlich zu verneinen. – In aller unseligen Verwirrung ahnt ein Betroffener höchstenfalls, daß er der nicht bleiben kann und bleiben wird, der er bislang war: daß er durch diese verzweifelte Situation, zu der ihm der Zweifel geworden ist, hindurch muß – *selbst* da durch muß, er, der doch nicht mehr ein noch aus weiß und vor allem nicht *weiter* weiß.

Der Zweifel, und besonders der lebens- und sinnbedrohende Zweifel, ist ein extrem zweideutiger, zwiespältiger Prozeß, denn er kann lösend oder sinnzerstörend-auflösend sein. Doch was er jeweils ist, das eine oder das andere, das entscheidet sich allemal erst im Ausgang. Immer entscheidet es sich daran, welcher Art der Ausgang sein wird: Wird es wirklich ein *Aus*gang, ein neuer Aufbruch sein – oder ein Untergehen in Verzweiflung und Resignation? Wird der Zweifel somit selbst ein tödlicher, zerstörerischer gewesen sein, einer der Abtrennung von Gott, des Gottesverlustes, also der Sünde – oder einer der Umwandlung, der Umkehr, in der Altes, aber Eigenes vergehen mußte, damit Neues, tiefer in Gott Gegründetes, entstehen konnte? Solange der Zweifel währt, ist das nicht ausgemacht. In dieser Ungeklärtheit liegt die unheimliche Zweideutigkeit jedes ernst werdenden Zweifels.

Mitten in dem Zweifel, in welchem Entscheidendes fraglich geworden ist, ist es nämlich bereits zum Verzweifeln. Zweifeln heißt ja, daß mir unklar wird, was wahr ist und was wirklich trägt. Wie in einer Schlinge kann man sich in ihm verfangen und immer aussichtsloser verstricken. Wenn solch ein Zweifel seine Macht, *alles* zweifelhaft zu machen, entfaltet und kein anderer Gehalt dagegen ansteht, dann bricht die Nacht der Verzweiflung, der völligen Mut- und Ratlosigkeit, bereits an. Manch einer in dieser Lage möchte wohl gerne glauben – und kann es doch nicht. Denn was er empfindet, ist einzig das Unerträgliche. Es ist, als blockiere er sich ständig selbst und komme er daraus nicht heraus. Wie angepflockt starrt er ins Trübe, ins Nichts – und weiß doch selbst, wie widersinnig das ist. Er will gewiß nicht sein, wo er ist. Er möchte heraus, sich der Liebe öffnen, frei für den Geist größerer Gemeinsamkeit sein – und fällt doch sogleich wieder auf sich selbst, auf die eigene Erbärmlichkeit, zurück. Diese Unfähigkeit, wirklich zu wollen, macht vollends mutlos. Er findet sich nicht zurecht, verwirrt sich nur immer mehr.

Wenn nicht *ein* Zweifel ihn beschäftigt, wenn ihn der Zweifel an Grund und Sinn von allem gefangen nimmt und umtreibt, dann weiß einer nicht mehr, was wirklich verläßlich ist – und das ist es, was zur Verzweiflung treibt. In solchem Zweifeln und Verzweifeln versteht einer nicht mehr, Sinn und Widersinn zu unterscheiden; die Liebe, die Andere ihm entgegenbringen, geht ihm in ihrer anhängenden Zweideutigkeit unter. Nur noch allein gelassen sieht er *sich*, seiner Ratlosigkeit, seiner Verwirrung ausgeliefert: „Es hilft ja doch keiner!" – und darin ist er doch seiner selbst überdrüssig.

Aber wenn nichts mehr klar ist, mitten also im Sog, der alles Zutrauen verschlingt – wenn einem nur noch schwindelt –, was ist dann noch zu erhoffen? Wie kann dann der Betroffene selbst dahin kommen, die Hoffnung zu fassen, daran zu *glauben*, daß er solchen Zweifel bestehen, aus ihm wieder auferstehen werde?

Von ferne mag er sich an Gott erinnern. Aber es wird ihm, so jedenfalls scheint es, wenig helfen. Denn Gott ist ihm gänzlich undeutlich geworden und zu einem Schatten verblaßt. Vielleicht, höchst „vielleicht" – denn, so scheint es, wer weiß da schon was? – ist die ganze Verbundenheit mit Gott nichts als eine verklärende Illusion, „gut" und angebracht für so einen wie ihn in dieser ohnmächtig desolaten Situation. Aber dazu, zu solchen Tricks der Selbsttäuschung mittels einer Gottesprojektion, einer Gotteseinbildung, ist er sich nun doch zu schade. „Liebe", ach ja, er erinnert sich, ein „schönes Gefühl" – wann gab's die schon? Aber jetzt und hier in dieser Lage? Wie fern das doch alles ist, wie blaß, wie kraftlos, nur ein „schön wär's". Vielleicht, auch dieser Gedanke wird ihn umtreiben, rührt die ganze Misere einfach daher, daß man das Leben der Menschen, gar nicht in erster Linie das eigene, ernst nahm, zu ernst nahm: Man sollte das Nachdenken einfach abschütteln können. Ob es nicht viel leichter ohne Gott geht? Doch noch nicht einmal diesen Gedanken kriegt er los. So macht die Erinnerung an Gott alles nur unerträglicher. – Jedoch, vielleicht, wiederum nur vielleicht, ist jene Erinnerung, daß da etwas war, was bedeutsam für das Leben war, auch ein Stachel in ihm, der nicht zuläßt, *die* Frage zum Verstummen zu bringen, die so lästig geworden ist – die Frage: Was ist Gott? Was soll „das Ganze"? Wozu das, was mir jetzt geschieht?

Auch gegen den derart abgründig zerstörerischen Zweifel ist der Glaube eines Menschen nicht gefeit. Kein Glaubender ist davor geschützt, bis in seinen Grund hinein erschüttert zu werden. Man muß das gewiß nicht selbst erfahren, erlitten haben. Aber wissen sollte es ein jeder, damit er nicht gänzlich überrascht ist, wenn es dazu kommen sollte. Freilich, der Gedanke allein schon ist schauerlich: daß Gott mir rätselhaft dunkel, zum leblosen Schatten werden könnte. Unvorstellbar ist das immer, daß für einen Menschen überhaupt kein Sinn mehr sein könnte: nichts. Bis ins Innerste kann der Zwiespalt gehen, den ein Zweifel an Gott einem Menschen bereitet. Mitten in ihm scheint es kein Entrinnen aus der Verwirrung heraus zu geben.

Kein Lichtblick: Noch einmal sei die Situation beschrieben. Gefangen im eigenen Schwanken vermag einer, der *nur* noch zweifelt, an gar nichts ein Interesse zu fassen; alles ist ihm so unsäglich egal. Er dreht sich nur noch um sich selbst – und zerquält sich dadurch nur endlos. Nicht nur scheint ihm alles vergeblich; er kommt sich selbst als verfehlt und verloren vor. Was Andere ihm zuwenden, das scheint ihm als nichtssagend, nur wie aufgesetzt und als nicht ehrlich. Die Tiefe seines Widerwillens und Grams ist sein Mißmut, seine Mutlosigkeit – herrührend aus seinem Mißtrauen, seinem Vertrauensverlust. Denn faßte er Mut und wäre er mithin fähig, sich von sich weg- und einem Eindruck, einem Anderen, zuzuwenden, so hätte er damit sein resignatives Sich-verloren-geben schon hinter sich. – Die Katastrophe ist jedoch total, wenn der Betroffene sich auch noch in seiner Lage selbst gefällt und es liebt, sich immerzu in haltlosen Einwänden zu ergehen. Der Eigendünkel, der vermutlich nur seine Ohnmacht verdeckt, bringt ihn vollends um die Wahrheit.

Der Lichtblick kann wohl nur durch einen Anblick von außen kommen: also mit einem Nächsten, der dem Verzweifelten ausdauernd Vertrauen entgegenbringt und sich darin von dessen Mißtrauen nicht enttäuschen läßt. Dessen Mißtrauen gilt ja gar nicht ihm, sondern recht besehen einzig Gott. Mut aus Glauben hat der Nächste, der Andere selbst, wenn er bei dem Verzweifelnden ausharrt, wartet und bittet um den günstigen Augenblick, der doch nie anders als unversehens, zufällig kommt: um den Augenblick, in dem die Selbstverschlossenheit eines Mutlosen aufgeht und *er* den Kopf hebt, aufblickt – weil ihm neu einzuleuchten beginnt, daß das eben noch Unfaßliche, Vertrauen und Wahrheit unter Menschen, *wirklich* ist.

Jedes noch so vorsichtige Sicheinlassen darauf mag da genügen. „Vielleicht ist es wahr, sagte der Chassid zum Zweifler, und dieses Vielleicht wog schwerer als all die Zweifel" (F. Stier nach M. Buber).[21] Das freilich ist nun ein anderes Vielleicht, nicht eines, das alles in Frage stellt, sondern ein „vielleicht doch", also eines des tastenden Aufbruchs, den einer wagt, weil er wieder Vertrauen faßt. Am Nächsten erfährt einer, nicht selten ohne recht zu merken, wie ihm geschieht, daß überhaupt Verläßliches, Vertrauens-

---

[21] F. STIER, An den Wurzeln der Berge. Aufzeichnungen II, Freiburg/Basel/Wien 1984, S. 234: nach M. BUBER, Die Erzählungen der Chassidim.

würdiges ist – gewiß nicht nur und nicht zuerst bei ihm. Wo ihm dies einleuchtet, nicht nur für hier und jetzt, sondern für immer und überhaupt, da hat einer herausgefunden aus dem Irrewerden im Zweifel. Wenn er wieder – für ihn selbst überraschend – Zutrauen zu sich selbst und zu Anderen faßt, Wahrheit gelten läßt, und wenn er im Gedächtnis behält, daß er dies Zutrauen, diese neue Stärke, nicht aus sich, nicht allein aus seinem Innern hat, ist er durch diese ihm neu evident gewordene Einsicht gerettet. Denn es suchte der Zweifel gerade dies Vertrauen zu untergraben.

Wer den Zweifel – gar bis zur Neige der Verzweiflung – durchgestanden hat, der hat eine tragende Einsicht gewonnen: daß durch die Erschütterung hindurch neue, bestärkte Gewißheit werden kann. Er hat erlitten und so nicht leicht mehr verlierbar begriffen, daß man um die entscheidende Stärke des Glaubens, hineinzureichen noch in das Dunkel, bitten kann. *Solcher* bitter erfahrene und doch so gerade seiner „Sache" – Gottes – gewisse Glaube weiß, wie gefährdet er ist, daß er bedroht ist von einem zweifelnden Unglauben, der alles mit Sinnlosigkeit zu überziehen sucht. Diese Gefahr des Selbstverlustes begleitet von nun an den Glauben wie ein Schatten. Aber in solchem Glauben ist zugleich eingesehen, daß dennoch kein Grund zum Verzagen ist – ja, daß vielmehr Grund zu wacher Gelassenheit besteht. Denn solch ein Glaubender hat erlebt, daß nicht nur ein heimtückischer Zweifel, sondern sogar die Katastrophe der Verzweiflung sich wieder lösen kann; er kann also glauben, daß man darauf *warten* kann. Er ahnt wohl auch, daß jeder nur einmal durch den tiefsten Punkt seiner selbst hindurch muß. – Und dies alles, weil sich ihm, hoffentlich unverlierbar, eingeprägt hat, daß Gott ihn nicht verlassen hat, selbst als er ihn nicht sah, nicht erfuhr. Die bestärkte, neu in ihm gefestigte Gewißheit, daß Leben lebenswert ist, wenn es aus dem Vertrauen – nicht einfach zu anderen Menschen, sondern darüber hinaus zur Unbedingtheit verläßlicher Wahrheit – gelebt wird, läßt ihn zuversichtlich sein. Sie trägt ihn als seine Bitte und Hoffnung, sie werde ihm bleiben, wenn er erneut ins Zweifeln gerät.

Und kühner geworden verläßt er sich wieder darauf, daß der Zweifel dazu dient, das Unwahre, Trügerische vom vertrauenswürdig Wahren zu scheiden.

5. Abschnitt: Enttäuschung im Glauben und Verlust des Glaubens

Es fällt uns schwer, von den Wandlungen zu sprechen, in denen ein Mensch zu etwas wirklich Bejahbarem und ihn ganz Erfüllendem gefunden hat. Das läßt sich nämlich nicht wie eine feststellbare Tatsache vorzeigen; das bezieht den Betreffenden ganz mit ein und läßt sich nicht so, wie es ist, direkt verallgemeinern. Das liegt vor allem ganz und gar nicht auf der Hand. Im Gegenteil, gegenüber dem Üblichen nimmt es sich wie etwas Unwahrscheinliches aus. Und also werden wir verlegen, wenn wir davon reden wollen, nicht nur um Worte verlegen; wir wissen, wir werden es mit unserem ganzen Leben nicht völlig einholen. Hinter den Worten, die davon Kunde geben wollen, bleibt jeder mit seinem beobachtbaren Leben immer auch zurück: und das wird als peinlich empfunden. Es ist, als seien Worte wie „Gott" zu groß für den, der vor sich selbst ehrlich sein will. – Ungleich leichter ist es und wir sind alle viel beredter, wenn vom Sinnlosen und Verkehrten, vom alltäglichen Verrat und vom Versagen, von dem Unheil und dem Negativen die Rede sein soll; denn das Böse liegt anscheinend am Tage, es ist nicht zu übersehen. So unbezweifelbar sicher scheint es uns zu sein wie der Tod, den es verbreitet. Aber Gott und der Glaube – das letzthin Bejahbare – sie *sind* uns nur, wenn wir davon überzeugt sind, wenn wir für den Glauben erschlossen sind. Sie sind uns nur in dem Prozeß, in dem wir uns wandeln und sie gewinnen.

Schwer ist davon zu sprechen; das „Mißtrauen ist immer rege, es könne jemand, der Ja sagt, das Nein überhaupt nicht erfahren haben" (K. Ihlenfeld).[22] Eilfertig werden die Sätze, die dem Ausdruck geben, daß einer zur Wahrheit vorgedrungen ist, als fertige Resultate, als beliebig verwendbare Rezepte, genommen. Und so geraten sie nur zu rasch in den Anschein, sie seien Sätze, die man unbeteiligt äußerlich mit anderen vergleichen könne. Harmlos scheinen solche Sätze zu sein, hat man sie nur aus dem Zusammenhang, aus dem Prozeß, gelöst, in dem sie einzig zur Erfahrung kommen – und dies nicht, ohne auch erlitten zu sein. Isoliert für sich wirken sie allzu perfekt. So wird verkannt, daß sie gewonnen nur sind, indem sie, im genauen Wortsinn, erstanden sind. Mithin haben sie Bedeutung wohl nur für den, der den Worten entnimmt, daß sie geschenkt sind wie das Morgenlicht nach der Nacht – daß sie dem Dunklen, dem Negativen abgerungen und so von Schwerem durchdrängt sind.

Weil sich das Sinnwidrige derart vordrängt, deshalb ist es um des Lebens willen notwendig, gegen die Tendenz anzudenken, die vom heillos Negativen ausgeht. Weil es uns leichter fällt, von unserem Versagen und unseren Enttäuschungen zu sprechen, darum sollte unser Bemühen sein, so von ihnen zu sprechen, daß

---

[22] K. IHLENFELD, Huldigung für Paul Gerhardt (Siebenstern-TB Nr. 5), München/Hamburg 1964, S. 128.
Daß das Notvolle faktisch eindrücklicher ist als das Erfreuliche, ist oft gesagt; z. B. bei J.P. Hebel: „... hättet ihr noch nie gesehen, noch nicht an euch selber bemerkt, wie gerne und leicht sich das menschliche Herz von der schönen und erfreulichen Seite seines Schicksals zur traurigen wendet, wie gleichgültig der Mensch gegen das werden kann, was er hat, nur weil ihm noch etwas fehlt; wie kalt gegen das bessere, das ihm bleibt, nur weil ihm etwas entbehrliches entrissen wurde?" (J.P. HEBEL, Sämtliche Werke, 6. Bd. = Predigten II, Karlsruhe 1832, S. 46). – Oder bei J. GOTTHELF: „Nur da, wo der Gesichtskreis sich verengert, so daß man das Gute nicht mehr sieht, sondern nur das Böse, wo das Gefühl sich schärft für das Unbeliebige [= Unliebsame] und in gleichem Maße der Sinn abnimmt für das Dankenswerte, nur da ist das Unglück fertig und der Abgrund öffnet sich, ..." (J. GOTTHELF, Geld und Geist oder Die Versöhnung, Diogenes-TB 170/5, 1978, S. 12).

deutlich wird: Sie sind nicht alles und sie sind nicht das Dringlichste; viel entscheidender ist, was sie bestehen, überstehen läßt. So, in diesem Sinne, möchte das Folgende verstanden sein.

Im Glauben enttäuscht – wie kann das sein? Manche behaupten sogar, der Glaube sei nichts als eine Selbsttäuschung. Kann diese Ansicht auf Erfahrung beruhen? Nun, Menschen können bekanntlich sich und Anderen viel vormachen, Großes sich einbilden, besonders was die eigenen Fähigkeiten betrifft. Man kann sich über vieles täuschen, aber über nichts so tief wie über sich selbst. Mancher lebt jahrelang in der Lage, die er sich selbst einredet, nur um der Wahrheit seiner selbst nicht ins Auge sehen zu müssen. Jedoch, solches Sichtäuschen ist immer auch ein Getäuschtwerden, immer auch ein Zwang, unter dem der Betroffene steht. Der Illusion, die man sich vormacht, verfällt man; man betrügt sich selbst und wird doch betrogen. Wird aber einer sich der Täuschung bewußt, so ist er bereits einen ersten Schritt über sie hinaus – vorausgesetzt, er hat die Kraft, diese Enttäuschung wirklich zu vollziehen. Doch die Täuschung als solche kann ein Mensch nicht bewußt selbst wollen, nicht von sich aus anfangen – wohl aber kann er, ist er ihr nur erst erlegen, sich zwanghaft an sie klammern und sie festzuhalten suchen, um sich nicht ändern zu müssen.

Allemal ist die Enttäuschung schwer zu akzeptieren; die Entlarvung einer Illusion schmerzt und beschämt. Der Trug löst sich auf, und mit ihm entgeht etwas, was einem lieb und wert war. So mit der eigenen Wahrheit konfrontiert, erfährt man: daß die Wahrheit unbeugsam streng ist, sich unseren Wünschen nicht anbequemt. Man kann ihr ausweichen, sie niederhalten und vielfältig umgehen; aber man kann sie, ist sie uns nur zuinnerst zuteil geworden, nicht mehr ungeschehen machen; noch als verdrängte stößt sie hin und wieder auf.

In jeder gelebten Beziehung kommt die Stunde der Wahrheit, in der sich noch jeder verrät und in der sich herausstellt, ob jemand wirklich so ist, wie er sich äußert, oder ob er das nur vermeint, vielleicht zu sein sich wünscht und zuweilen sogar ehrlich erhofft, aber es so sich doch nur vormacht: sich also täuscht. In der Geschichte jeder intensiven Beziehung kommt eines Tages die Wahrheit dieser Beziehung heraus. Zu seinem Erschrecken kann da einer erleben, daß er sich über sein Lieben und Geliebtwerden getäuscht hatte. Denn es stellt sich ihm nun heraus, daß es gar nicht wirklich Liebe, starke, tragfähige, gegenseitige Verbundenheit war, was diese Beziehung ausmachte; ganz andere Wünsche und Gefühle waren da vorherrschend. Er hatte sich im Blick auf die „Liebe" dieser Beziehung getäuscht und ist nun enttäuscht. Doch wird er begreifen können, daß er damit von der Liebe *selbst* einer Täuschung entnommen ist, unbarmherzig und beschämend zwar, aber zu seiner Wahrheit? Oder wird er nur *seine* Enttäuschung an der Liebe empfinden, also am liebsten mit ihr nichts zu tun haben wollen und sich gekränkt auf sich zurückziehen? Die Frage ist mithin die, ob einer seiner Kränkung, die ihm die Enttäuschung bereitet, nachgibt – oder ob er sich von sich wegzuwenden vermag und begreifen kann, daß es die strenge Wahrheit der Liebe war, die ihm eine Illusion zerstörte.

Jedoch, gerade in einer beständigen Liebe bleiben verletzende Enttäuschungen nicht aus. Gerade da, wo Menschen Unbedingtes, wie Wahrheit und Liebe, realisieren, drängt sich immer wieder die eigene Bedingtheit und Unzulänglichkeit mit hinein – es wäre ansonsten gar nicht wirklich von Menschen realisiert und gelebt. Wir sind uns deshalb einander immer wieder *auch* ein Anlaß, in unserer Liebe vom Anderen enttäuscht zu sein. Leicht kommt da der Schluß auf, der in unserer Gegenwart üblich geworden ist: Unbedingtes „gibt" es gar nicht. Unbedingte Liebe etwa, Liebe, die nicht aufgibt, kann ja tatsächlich an den Enttäuschungen, die sich Menschen gegenseitig bereiten, zugrunde gehen – für die Betroffenen jedenfalls. Nur wenn sich ihre Liebe durch die Enttäuschung *hindurch* erhält, erweist sich ihre Unbedingtheit. Nur wenn die Beteiligten sich ihre Fehler, Unzulänglichkeiten und Verschuldungen nachsehen – vergeben – können, hält sich ihre *Liebe* beständig. Nur wenn diese das nicht ausbleibend Leidvolle, Schmerzliche einer Beziehung auszuhalten, ja noch mehr: auszutragen vermag, hält sie. Im Bestehen seiner Infragestellung zeigt sich die Unbedingtheit des Wahren, zeigt sich dessen Illusionslosigkeit. Vermutlich stimmt es für jeden Menschen: Man wird vom Unbedingten, von der Wahrheit und der Liebe, unweigerlich *ent*-täuscht, wenn man sich in ihm getäuscht hat. Nur: Wie verkraftet man dieses Enttäuschtsein?

Man kann mithin „falsch", unwahr glauben; es kann einem passieren, daß man sich über den Gott, den man hat, und also über seinen Glauben täuscht. Doch man wird *ent*-täuscht werden; die Stunde der Prüfung kommt über den Glauben jedes Einzelnen. Es bleibt im gelebten Leben keinem verborgen, ob er an den wahren Gott glaubt oder ob er sich täuscht und selbst betrügt. Der Glaube bleibt ja nur, wenn einer achtsam auf ihn ist: achtsam darauf aus ist und so selbst das will, Gott, den Unbedingten, in allem Bedingten seiner alltäglichen Erfahrungen wiederzufinden. Den wahren Glauben lebt derjenige, dem es notwendig ist, *alle* seine Erfahrungen – die der Freude, des Vorankommens *und* die der Trauer, der Bestürzung über das unabsehbare Unheil, aber auch die seiner Resignation – mit Gott zusammenzubringen. Der Glaube bleibt beständig nur dem, der glauben *will*: der für alle Zeiten seines Lebens an ihn sich halten will – und doch *in ihm* sein Leben in Gott bewahrt weiß und daher um sich und sein Ergehen wahrhaft sorglos sein kann.

Nachlässig und unachtsam aber verlernt man den Glauben, vergißt einer Gott und erlischt sein Glaube. Wie er verkümmert und abstirbt, wenn einer nicht loskommt von der Sorge um sich, gar wenn einer nur ums eigene Glaubenkönnen kreist. – Zuweilen merkt einer noch nicht einmal, wie ihm sein Glaube entgleitet. Es kann der Glaube bei einem Menschen erstarren und vergehen: wenn er nicht mehr erregt und nichts mehr bewegt. Manch einer lebt so eine Weile neben seinem Glauben dahin, verliert ihn, kaum merklich, immer mehr aus dem Sinn, bis er ihn irgendwann ganz fallen läßt und vielleicht nur noch als eine belächelte oder als eine wehmütige Kindheitserinnerung kennt. Oder es stürmt in einer Phase des Lebens das Neue so aufregend auf einen Menschen ein, daß er im Gefühl, über sein gewohntes Leben hinausgetragen zu sein, einfach aufhört, auch dies Erleben mit Gott zu vereinen. Oder es läßt einer zu, weil es gesellschaftlich so üblich ist, daß ihn die Alltagssorgen völlig beherrschen und alles andere ihm darum nebensächlich wird. So vertut mancher den Glauben; so zerrinnt manche Liebe.

Viele und verschiedenartige Gründe mögen es sein, die zum Verlöschen eines Glaubens führen. Doch hinter ihnen verbirgt sich wohl immer eine nicht bestandene Enttäuschung. Doch gesetzt, er sei vergangen: läßt er sich wiederentdecken, neu beleben? So wie er war, so wenig widerstandsfähig, so wenig selbstbewußt, sicherlich nicht. Es hatte ja der Betroffene nicht gelernt und nicht geübt, den Glauben im Ringen um ihn mutig, vertrauensstark zu leben. Doch nun in seiner Enttäuschung, wird er nicht sagen, ihm sei Schlimmes geschehen, er sei vom Glauben enttäuscht? Wäre dann aber die Antwort zu umgehen, daß es so billig im Glauben nicht gehe? Und wenn ihm diese Antwort erst in die wirkliche Not des Nicht-glauben-könnens und Nicht-glauben-wollens stürzte, wäre er in solcher Krise nicht einem möglichen Neuentstehen des Glaubens näher? Jedoch – was aber wäre, wenn das sich nicht einstellt?

Kann man im Glauben müde werden: so müde und verdrossen wie einem zumute ist, wenn das Leben zu nichts als einer Last geworden ist? Solche innere Traurigkeit ist nahe der Schwermut und der trostlosen Unwilligkeit, die von innen heraus ein Menschenleben zersetzen und um sich nur Freudlosigkeit verbreiten kann – obschon doch selbst der Schwermut eine, vermutlich nur nicht eingestandene, Sehnsucht zugrunde liegen wird. Eine schleichende Verzweiflung ist solche Müdigkeit. Sie kann nicht mit dem Glauben zusammen bestehen, auch wenn der Betroffene sich zu dieser Erkenntnis gar nicht mehr aufrafft. Aber nicht selten entstammt solche Düsternis einem Verlust des Glaubens – vielleicht, weil einer träge geworden ist.

In welchen Weisen des Lebens sich der Verlust des Glaubens auch darstellen mag, in allen Fällen ist dies geschehen, daß der Glaube aufgehört hat, das Leben eines Menschen zu formen. Immer ist dabei Gott aus dem Leben verloren; und bemerkt der Betreffende den Verlust, so fühlt er sich „gottverloren allein". Im Gottesverlust erfährt sich der Einzelne immer zurückgeworfen auf sich: ob nun in Schwäche oder in gesellschaftlich anerkannter Ichstärke, in der einer selbst und soweit als möglich allein aus seinem Leben zu „machen" sucht, was „zu machen ist". Nie jedoch geschieht solches Hinfälligwerden des Glaubens – solche „Gottverlorenheit" – gegen den eigenen Willen des Betroffenen; nie wird einem solcher Verlust nur angetan, nie nur passiv zugefügt. Und nie bleibt die Stelle Gottes leer; wir besetzen sie rasch mit dem Üblichen, insbesondere mit uns selbst.

Doch es kennt der gelebte Glaube in seinem innersten Kern selbst die Irritation der Enttäuschung; er kennt selbst die Phasen des Unsicherwerdens. Denn er besteht ja eben darin, Gott unaufhörlich, immer wieder neu, im Leben der Menschen zu entdecken. Wie sollte da den Glaubenden nicht nur zu oft das Erschrecken über den Gottesverlust und über die eigene Gottferne packen! Der Glaube wäre nicht lebendig, wenn er sich nicht veränderte, wenn er sich nicht mit der Lebensgeschichte wandelte. Das vielmehr ist gerade das Identische, das Gleichbleibende des Gottesglaubens, daß er sich immer wieder anders, immer wieder als erst zu entdecken – auch in seinem inneren Zusammenhang erst zu entdecken –, einstellt. Wo er sich neu aufschließt, da zeigt er sich zugleich als der, der im Wandel identisch mit sich ist. Denn der Gott, an den der wahre Glaube glaubt, ist der eine Gott als der unablässig sich erneuernde. Er ist größer, anders, als wir denken und empfinden. Unerschöpflich ist er, nie kennen wir ihn genug. Jedoch, die Veränderung – daß es anders kommt, als erwartet, daß man sich im Glauben an Gott neu aufmachen muß, um ihn allererst zu entdecken – bedeutet *auch* einen Abschied, ein Zurücklassen des Vertrauten; einen Abschied, der schmerzt, weil man ein Stück seiner selbst hergeben muß. Und das bedeutet auch eine Enttäuschung: eine Enttäuschung des bisherigen Glaubens. Denn man muß einen Wunsch, eine Sehnsucht, eine Hoffnung aufgeben, eine Überzeugung loslassen, in die man wahrscheinlich viel von sich hineingelegt hat. Zuweilen ist es, als treibe Gott selbst uns von den Vorstellungen und Bildern weg, die wir uns von ihm machen. Doch wohin? Immer auch durch Nichthaben, durch Situationen leerer Hände hindurch. Wie nun, wenn einer in dieser Verletzung des Abschieds steckenbleibt, sie nicht verkraftet und nicht weiterkommt?

Gerade dem wachen, *wahren* Glauben bleibt die Probe nicht erspart, die Probe seiner Unbedingtheit. *Sie* ist da, wo einer dem nachgibt, daß das Alltägliche ihn gefangennimmt und ihm keine Zeit zu dankbarem Nachdenken mehr läßt. Und *sie* ist nicht weniger *alles* gefährdend da, wo einer mit seinem Wissen und Glauben Gottes am Ende ist, weil er Gott in dem zerstörerisch Widersinnigen, das er akut als seine Not erfährt, nicht mehr zu sehen vermag. Wenn das zum Ende seines Glaubens führt, so ist das ein Ende im Zerbrechen, dem kein Neuerstehen folgt: ein Karfreitag gleichsam ohne Ostern.

Es ist dem Glauben an Gott nicht garantiert, daß dies Untergehen ihm nicht geschehen wird; nicht ist ausgemacht, daß das Einvernehmen mit Gott in jedem Fall sich durchhalten wird. Auf dem Weg nach Gethsemane gibt Jesus dem allzu selbstgewissen Petrus die Zusage mit: „Ich aber habe für dich gebetet, daß dein Glaube nicht aufhöre." (Lk. 22,32) Das ist wohl das einzige, was man, solange man kann, zur Verhinderung der Katastrophe tun kann: den Glauben erhoffen und erbitten, jeder für sich selbst und einer für den Anderen. Vermutlich gewinnt der Glaube beim Einzelnen Kraft, zu beharren und zu widerstehen, nur aufgrund des Gebets.

In der Situation der Enttäuschung selbst ist offen, wie sie ausgehen wird. Doch am Ausgang entscheidet sich, was sie gewesen ist. Wird es dem, der in seinem Glauben verunsichert ist, gelingen, neu zu fassen, was Gott und der Glaube ist?

Immer ist die Auflösung einer Täuschung auch eine Kränkung, eine Verstörung, die in Unsicherheit und Verwirrung stürzt – wie also kann man sie bestehen? Sie kann heilsam – aber auch zum Untergang sein. Sie kann die Auflösung meines Gottesbildes, meiner vielleicht allzu sicheren Gottesvorstellung, meiner festgewordenen Erwartungen ans Leben sein – also die Enttäuschung eines falsch gewordenen Glaubens durch den wahren Gott. So ist sie der Durchbruch zum Wahrwerden im Glauben: zu einer neuen Freiheit in der Unbedingtheit Gottes, die das Bestimmte erfüllt – Verstehen unter Menschen gelingen läßt – und doch darin sich nicht erschöpft, sondern über das Erreichte hinausführt zu neuer Konkretion. Aber sie kann auch, schrecklicherweise, den Verlust, das Zerbrechen des Glaubens und damit die Absage an Gott zur Folge haben.

In äußerste Verunsicherung steigert sich die Zweideutigkeit jeder Enttäuschung im Glauben, wenn in ihrer Kränkung und im Zurückgeworfensein auf sich selbst auch das noch unsicher wird, *wer* es ist, der die Täuschung bewirkt: Bin ich es, ist es meine Verwirrung, die mich treibt – oder sollte Gott es sein, der mich in die Irre führt und täuscht, so daß er, Gott selbst, etwas Zweifelhaftes, also eine Enttäuschung ist? Es sieht einer den Sinn nicht mehr und also Gott nicht mehr.

Verstört, verunsichert – in Zweideutigkeiten kann verschwimmen, was bei klarer Besinnung deutlich ist: daß nämlich Gott selbst eindeutig ist, daß er nicht täuscht und nicht trügt – man also sich selbst getäuscht hat, wenn er unsere Erwartungen enttäuscht. Denn er ist der wahre Gott, dessen Strenge darin besteht, uns nicht in unserer Unwahrheit zu belassen. Von Gott enttäuscht: das kann nur bedeuten, von ihm der Täuschung entnommen zu sein. Nicht auszudenken, wenn es anders wäre! Meine Hoffnung ist, daß Gott meinen Glauben hält, selbst wenn ich mich im Glauben täusche. Denn Gott kann nicht unwahr sein. Anders wäre überhaupt keine Wahrheit; und ich wäre heillos meiner möglichen Unwahrheit ausgeliefert. Ein unwahrer Gott aber ist kein Gott.

Da die Phasen der Erschütterung nicht ausbleiben und im akuten Erleben von abgründiger Zweideutigkeit sind, ist der Glaubende nicht zuletzt deshalb zu allen Zeiten angewiesen auf die Gemeinschaft der Glaubenden um ihn und vor ihm. Nur wenn diese Gemeinschaft offen ist für das gegenseitige Eingeständnis der Problematik im Glauben – der Zweifel und Unsicherheiten, der zeitweisen Ratlosigkeit: nur dann wird einer für den Anderen, der in seinem Glauben verunsichert ist, einstehen können, indem er ihn in seiner Problematik nicht aufgibt, sondern selbst daran glaubt, daß dieser Andere in seiner Not dennoch den Glauben neu finden werde. So kann mir vom Anderen her verstehbar, vielleicht sogar an ihm wahrnehmbar werden, daß Gott und der Glaube *mehr* sind als mein Erleben und Begreifen, daß Gott nicht in mir aufgeht: ich also, aller Verlassenheit zum Trotz, nicht auf mich allein gestellt bin. Und eben dies kann mich davor bewahren, in die Bodenlosigkeit der Zweideutigkeit abzustürzen. Gerettet ist, wen die Einsicht neu ergreift, daß man den eigenen Glauben nie nur für sich – und nie aus sich allein hat: daß man lebt von dem, was man der Liebe und der Wahrheit Anderer und also der Liebe und der Wahrheit *selbst* verdankt; daß man davon lebt, selbst und gerade in der Not, in der man *das* nicht erlebt. – Wenn aber niemand, kein Nächster, bei mir da ist, wenn mir alles bricht und ich zu verzweifeln drohe: was sollte mich auffangen?

Es dürfte nur wenige Menschen geben, die aus erlittener Erfahrung zu dem Schluß gekommen sind, Gott, der Glaube, sei nichts als eine Täuschung und Enttäuschung. Der christliche Schriftsteller Edzard Schaper gab im Jahre 1950 als ein Dokument atheistischer Verzweiflung an Gott das Tagebuch des norwegischen Widerstandskämpfers Petter Moens heraus.[23] Liest man diese Auf-

---

[23] Der einsame Mensch. Petter Moens Tagebuch, hg. E. Schaper, München 1950.

zeichnungen, so kann man lange darüber nachdenken, was in ihnen besonders bestürzt und erschreckt: Unter schrecklichen Folterqualen ringt dieser Mann um Gott, fleht mit letzter Kraft nach Gott – und hämmert sich in jedem einigermaßen schmerzfreien Moment selbst ein, daß Gott doch, wissenschaftlich erwiesen, nicht sein könne, sondern sich nur einer Projektion der Schwachen verdanke, der er eben auch mal wieder unter Schmerzen verfallen sei und der er sich zu schämen habe.

Schwer vorstellbar, und doch wird es wirklich so sein, daß einer bis ins Innerste und Letzte mit sich und mit Gott zerfallen sein kann. Wenn einem Menschen alles sinnlos, öde und nichtssagend erscheint – wovon lebt er? *Er* weiß es wohl selbst nicht. Vermutlich ist sein ganzes Sosein ein einziger stummer Schrei – verborgen nach Gott; doch für ihn selbst ist, was um ihn ist, nur eine grenzenlose Wüste, in der jede Stimme verhallt. Begierig oder schon süchtig wird er sein nach Hilfe, nach Anwesenheit und Nähe Anderer – und wird erst recht alle ihm Nahekommenden zurückstoßen in dem ihm undurchdringlichen Wahn, es verstehe ihn keiner. Lebt einer nach solcher Gottesverzweiflung weiter – wovon wird sein Leben geprägt sein: von der nicht zuletzt sich selbst angetanen Kälte der Gleichgültigkeit; von der totalen Unfähigkeit und Unwilligkeit, irgend etwas zu lieben? Oder wird er verbittert und verschlossen sein Leben dahinleben, indem er sich in sein Elend einhaust und die erbärmliche Nichtswürdigkeit dieser Welt behauptet? – Doch könnte es nicht auch sein, daß er das behaupten *muß*, weil er sich vor neuer Enttäuschung schützen zu müssen vermeint? Welche gewaltsame Lebensverneinung wäre *das* aber!

Solche Sinn-Verlorenheit, in der ein Mensch keinen Zugang zu Gott mehr findet, ist für den Glaubenden ein unverständliches und unlösbares Rätsel, das ihn als seine eigene Grenze selbst in Frage stellt. Er weiß nur, daß ihm aufgegeben ist, will er sich nicht selbst verraten, dies Rätsel des Atheismus auszuhalten, unbedingt bei dem Betroffenen zu stehen, der eigenen Ohnmacht nicht auszuweichen und *so* die Verlassenheit des Anderen mitzutragen. Unbeirrt soll er dem verzweifelten oder resignierten Nächsten entgegenbringen, was dieser vielleicht selbst hartnäckig resigniert ablehnt: die Zuneigung des Verstehen-wollens. Und dennoch wird er, tief bestürzt, auf eine Grenze des Nichtverstehens stoßen. Unverständlich bleibt, wie es geschehen kann, daß ein Mensch in seiner Enttäuschung im Glauben an Gott – Gott selbst aufgibt. Nicht zu verstehen ist im Glauben, daß ein Mensch nicht anders zu können meint, als sich mit der Trostlosigkeit des Lebens abzufinden oder sie heroisch zu bestehen. Es ist die unaufhebbare Bekümmerung des Glaubens, hier, angesichts solcher Absage an Gott, hilflos zu sein: nicht helfen zu können, wo Hilfe am nötigsten ist; nicht helfen zu dürfen, weil zum Glauben nur jeder sich selbst helfen kann. Nachhaltig kann einem diese Anfechtung nachgehen; immer wieder wird man auf sie gestoßen.

Was der Glaubende für den Gott-Absagenden tun kann – über ein bleibendes Verstehen-wollen, selbst noch im Nichtverstehen, hinaus – ist einzig dies: auch und gerade für diesen den Glauben aufrechthalten, daß nicht alles, Gott und das Leben, zu Ende ist, wenn Menschen meinen, am Ende zu sein. Auch dem, der den Glauben von sich weist, kann man zuwünschen und zuerbitten, ohne ihm das aufzureden: er selbst möge *den* Glauben finden, daß nichts an Irrigem und Vertanem, nichts an Sinnlosem und nichts an schmerzlicher Entbehrung von Lebensnotwendigem – solange das Leben währt – unwiderruflich endgültig ist und es zu durchstehen gänzlich sinnlos ist. Für den Hoffnungslosen ist die Hoffnung durchzuhalten, daß er Liebe finden werde, wenn er sich wieder für die Liebe zu öffnen und den Schmerz, sie zu entbehren, zu ertragen vermag. – Wo es nun aber einem Verzweifelten gelingt – überraschend gerade für ihn selbst – Mut zu fassen und Gott neu für sich selbst zu entdecken, da ist darin der Andere, der Tröstende, selbst neu mit Gott beschenkt.

Der Glaube an Gott schließt in sich ein, für alle Menschen dies zu glauben: daß Gott *selbst* keinen, auch den Sich-verloren-gebenden, auch den Gott-Ablehnenden, verloren gibt und verläßt; daß er auf alle wartet und mit jedem dessen Besonderes vorhat. Wir freilich können Gottes Gegenwart zudecken, unter Trümmern verdecken – nur, auslöschen können wir sie nicht.

Ja noch mehr glaubt der an Gott Glaubende für alle: daß Gott selbst unserer Absage an Gott, unserer Lebensverneinung und Gottes-Zerstörung nicht ausweicht; sondern sich als Gott erweist, indem er diese erträgt und noch darin, noch in unserer Verstellung Gottes, von uns als lebenschaffender Gott entdeckt und erkannt sein will. Wer an Gott glaubt, der glaubt, daß unsere Verzweiflung und Gottesverkennung sehr wohl Gott zur Unkenntlichkeit verurteilt, ihn begräbt – daß er, Gott, aber lebendig noch da ist, wo wir ihn begraben. Ihm, Gott, ist nichts fremd, er setzt sich allem aus, gibt sich in alles hinein – und will so in allem, was zu unserem Menschsein gehört, von uns gefunden sein. Nichts, keine Verzweiflung und keine Not, soll uns an sich von Gott trennen, obschon sie es doch, zuweilen qualvoll, tun. Auch zwingt Gott nicht, erst recht und gewiß nicht zum Guten. – Also glaubt derjenige an Gott, der in der Sinnverlorenheit jedes Betroffenen den Schrei nach *dem* Sinn vernimmt; der in der Gottesverschlossenheit eines Menschen dessen unterdrückten Ruf nach Gott *und* Gottes eigenen Ruf nach *ihm* zu hören vermag.

Wenn einer nur den Glauben an Gott, an diesen, den wahren Gott, nicht verliert, wird er den Schmerz der Entbehrung aushalten können, wo *ihm* die Gott-Verbundenheit entschwunden ist. Im Nachhinein, nachdem einer seine Gottferne glücklich, selig, überstanden hat, leuchtet das Unwahrscheinliche ein, was andere Glaubende vor uns aus ihrer Erfahrung uns versprochen haben: daß nämlich der Schmerz – ausgehalten in Trauer, in Entbehrung und in der Not – eine eigene Weise, uns mit Gott zu einen, ist. Ein Prediger des letzten Jahrhunderts, Carl Schwarz, sagt das so: „Ist es nicht ein Zeichen des wahren Christen, den Schmerz ganz in der Tiefe, die Unendlichkeit des Schmerzes mit Freude zu empfinden?... Ich spreche von den wahrhaftigen, den bis in die Seele gehenden Schmerzen. Von der zehrenden, unerbittlichen Krankheit der Liebsten, die wir anschauend und teilnehmend und doch so ohnmächtig miterleiden. Von dem Abschiednehmen für das Leben, von dem Sturmwind, der das ganze Glück des Hauses zertrümmert. Ich spreche auch von den Schmerzen der Sünde in der eigenen Brust, ihren Verheerungen in unserer nächsten Nähe, ... Und dieser Schmerz, wie er in seiner ganzen Tiefe nur von einem gläubigen Gemüt empfunden, wird auch nur in einem solchen überwunden. Nur wer die Unendlichkeit des Schmerzes erfährt, gewinnt auch den vollen Sieg über ihn. Denn ein jeder wahrhaftige Schmerz ist ein Sterben und nur aus diesem Sterben kann das neue Leben erstehen. Ein jeder wahrhaftige löset die Seele ab von einem Stück der Endlichkeit und der Selbstsucht und versenket sie tiefer und tiefer in den unendlichen Gott. Das ist die Heiligkeit und die Heilkraft, die jeder tiefe und ernst durchlebte Schmerz in sich trägt."[24]

Und in unseren Tagen schreibt eine Frau: „Er, der Schmerz, der uns in eine vermeintliche Tiefe reißt, jedoch auf dem Höhepunkt der Qual uns von allem Nichtigen, was uns bislang so wichtig erschien, befreit – wenn er, der Schmerz, uns wieder freigibt, welch zaghafter, dann jubelnder Aufstieg der Empfindungen: Von allen kleinen Freuden, ja vom Glück ist durch den erlittenen Schmerz der Schleier der Gewohnheit gerissen; ein schwer zu erklärender Glanz liegt auf dem Alltäglichen. Darum sei Gott Dank für den Schmerz."

Durch das bewußt durchstandene Leiden bildet sich beim Einzelnen eine innere Freiheit und Selbständigkeit aus, in der er gestärkt, zuversichtlich für die Wechselfälle des Lebens, ihnen also überlegen ist. *Sie* können ihn letztlich nicht umwerfen; andere Menschen können ihm diese innere Stärke, solange *er* sie hält, nicht nehmen. Denn er hat erfahren, daß gerade auch da, wo ihm

---

[24] C. Schwarz, Predigten aus der Gegenwart. 5. Sammlung, Leipzig 1870, S. 209f.

zerbrach, was er als sein Eigenstes sah, *er* selbst doch in Gott bewahrt war. Wo er nun bei einem Anderen diese im Leiden geformte innere Freiheit wahrzunehmen meint, da erscheint sie ihm als eine gelassene, heimliche Freude. Es geht nämlich jeder, der aus der Erschütterung der Gottes-Verlorenheit herausgelangt, gestärkt hervor: seines Glaubens gewisser, also in sich gefestigter, zutrauender zu sich und furchtloser, gefaßter im Blick auf die kommenden Infragestellungen, die nicht ausbleiben werden. Doch diese wissend gewordene Zuversicht bei einem Anderen zu erahnen, ist für den Glaubenden übergroßes Glück.

Unversehens bricht die Verschlossenheit einer Verzweiflung auf. Der Betroffene weiß zumeist nicht, wie ihm geschehen ist; auch kann er wahrscheinlich das nicht nennen, was genau geholfen hat. Er nimmt nur, vermutlich verwundert, an sich wahr, daß eine Wendung geschehen ist. Eines Tages aber, im Rückblick, kann er sehr wohl wissen, daß er durch die Selbstverlorenheit hindurch gekommen ist, weil Gott ihm auf eine ungeahnt neue, intensive Weise deutlich und offenbar geworden ist. – Plötzlich, mitten in der Angst, mitten in der höchsten Not des Selbstverlustes, kann es geschehen, daß Gott sich zeigt und der Angst ein Ende macht. Es harrt einer aus in der Kälte, dort wo Gemeinheit herrscht: und auf einmal wandelt sich ein Anderer neben ihm und so kommt Hoffnung für den auf, der nahe daran war, im Ausharren zu verzweifeln. „Im Anblick der Absurdität findet" ein Mensch „wiederum Sinn, in seinem Versagen entdeckt er neu seine Verantwortung" (V. Havel).[25]

Wo Menschen durch Enttäuschung und Verstörung hindurch zu einer neuen Vergewisserung gelangen, erschließt sich ihnen ein gewandeltes Gottesverständnis: Gott wird dringlicher, näher – und weiter, überraschender erwartbar unter Menschen, vielgestaltiger und noch in Tränen vernehmbar unter dem vielen Leid.

---

[25] V. HAVEL, Briefe an Olga. Identität und Existenz. Betrachtungen aus dem Gefängnis. Aus dem Tschechischen von J. Bruss, bearbeitet von J. Gruša (rororo-aktuell 5340), Reinbek 1984, S. 310.

Gott wird dem Glaubenden „Christus-förmiger". Diese hoffende Erwartung auf das Ostern des Neuerstehens, der Neubelebung – die Erwartung vieler solcher „Ostern" – wird brennender dem, der weiß, daß vor jeder Auferstehung Abschied und Schmerz, Sterben und Sichloslassen liegen. Sie wird dem gerade brennender, der aus erlittener Erfahrung weiß, daß er in jeder bestimmten „Oster"-erwartung immer auch enttäuscht werden kann, daß also solche Abschiede nicht ausbleiben werden. – In einer seiner religiösen Reden spricht Tillich aus: „Nirgends gibt es unbedingte Gewißheit außer in dem Leben, das seinen Tod, und in der Wahrheit, die ihren Irrtum überwunden hat, in dem Ja jenseits von Ja und Nein."[26]

Und wie ist das bei einem selbst, wenn man Leid und Verzweiflung überstanden hat – angesichts des unsäglichen Leids? Ich denke, man wird verständnisvoller, sieht das Leiden Anderer deutlicher; aber man wird auch verletzlicher, bekümmerter angesichts der Entstellungen Gottes, die Menschen einander antun – und wohl auch unleidlicher gegenüber dem unaufhörlichen Gerede, mit dem man sich um die Wahrnehmung der Wirklichkeit herumdrückt; und schwerer lastet die eigene Hilflosigkeit angesichts der vielen stummen Verzweiflung am Leben.

Dennoch: es ist ein übergroßes, unfaßlich begeisterndes Glück, wenn man erfährt, in Übereinstimmung mit Gott zu sein – zu wissen, wovon man lebt, und daß man eben dafür zu leben von sich aus wollen kann. Aus eigener Erfahrung weiß nun einer, daß etwas da ist, das in den eigenen Brüchen nicht zu Bruch geht *und* dem er selbst doch zugehört. Erhebend ist, zu der Gewißheit gefunden zu haben, daß man nicht nur für sich alleine lebt, nicht nur sich zum Verwirklichen hat, sondern daß Gottes Geist das eigene Erkennen und Wollen durchdringen und ihm also Bedeutung auch für Andere geben kann. Solche Glückseligkeit kann

---

[26] P. Tillich, Das Neue Sein. Religiöse Reden 2. Folge, Stuttgart 1957, S. 102.

einen durchfluten, wenn unvermutet auffällt: Das Leben, dies alltägliche, oft verschattete Leben trägt – es ist wert, gelebt zu werden, denn Gott hat in ihm mit mir und mit jedem Menschen noch etwas vor, noch ist mir Zeit gegeben, dafür einzustehen, daß Wahrheit und Liebe unter den Menschen ist. So also kann das ganze Überglück der Gottverbundenheit mich ergreifen, wenn ich „nur" merke, daß ein Anderer mich *selbst* über alles inhaltliche Verstehen hinaus versteht – oder daß er mir wirklich vergibt. Welche Erfüllung, vom eigenen Leben, von der eigenen Lebensgeschichte sagen zu können: Es ist gut so, trotz nicht wenigem.

In seinem zitierten Selbstzeugnis fährt F. Dostojewski fort: „Und dennoch schenkt Gott mir zuweilen Minuten vollkommener Ruhe; dann liebe ich und fühle mich von anderen geliebt, und in solchen Momenten habe ich mir ein Glaubenssymbol errichtet, an dem mir alles klar und heilig ist": Christus.

In den Sieg des Glaubens über seine Niederlage geht die Erinnerung an die Niederlage mit ein. Es siegt nur der Glaube, der die Niederlage nicht scheut, – und er siegt nicht ohne Tränen. Doch wer im Glauben siegt, der siegt nie nur für sich; sondern siegt er, so siegt Gott in ihm und er für alle. Denn die Wahrheit, die einer erlangt, ist immer Wahrheit für alle. „Darum will der Geist niemals für sich selber siegen, sondern für alle – so wie der Christ einzig und allein dafür einzustehen hat, daß Christus siegt im andern und den andern freimacht und ihn rettet in unvernichtbares Leben" (R. Schneider).[27]

Und auch dies ist gewiß: „Die einmal erkannte Unabweisbarkeit" der Wahrheit „läßt sich ... nicht mehr abtun." Wir vermögen sie zu entstellen, sie zu verdrängen, zu verleugnen und unkenntlich zu machen. Aber noch so, indem wir sie entbehren, bezeugt sie sich in ihrer Gegenwärtigkeit unter uns. *Das* können wir verneinen, aber nicht ungeschehen machen: Wir bleiben *so*

---

[27] R. Schneider, Der Friede der Welt (suhrk. taschenb. 1048), Frankfurt a. M. 1983, S. 64.

von ihr gezeichnet. „Unfehlbar ist die Wirkung des einmal empfangenen Wortes" (R. Schneider).[28]

6. Abschnitt: Die Gewißheit des Glaubens im Ungesicherten des Lebens

Das Problem, wie der Einzelne des Glaubens gewiß sein oder werden kann, wird uns wohl nur dann zureichend deutlich, wenn wir begreifen, daß der Glaube *selbst* unabdingbar Gewißheit in sich schließt. Dies soll uns im folgenden beschäftigen. Nicht also ist es die Frage – das gilt es noch einmal bewußt zu unterscheiden –, wie wir diese Gewißheit des Glaubens bei uns wahrnehmen, sondern was diese Gewißheit als unerläßlich für das Verständnis des Glaubens selber ist und bedeutet. Weil aber die Gewißheit den innersten Kern des Glaubens ausmacht, darum ist sie schwer zu begreifen.

Sagen wir zunächst, was nicht gemeint sein kann. Die Gewißheit des Glaubens, „Gott ist gut, auch zu mir" (W. Kramp)[29] – das unbedingte Zutrauen zu Gott, „du kannst's nicht böse meinen" (L. Helmbold)[30] – besagt nicht, es werde alles gut gehen im Leben, oder es werde sich alles irgendwie schon zusammenreimen und aufs Gute hinauslaufen. Kein Optimismus im Blick auf den Weltlauf ist angenommen, so als habe alles im Leben von selbst seinen befriedigenden Sinn. Nicht ist auch nur vermutungsweise vorausgesetzt, die Zukunft bringe aus sich schon das Bessere, das Lebensförderliche. Es ist nicht behauptet, es könne mir nichts

---

[28] R. SCHNEIDER, Macht und Gnade. Gestalten, Bilder und Werte in der Weltgeschichte (suhrk. taschenb. 423), Frankfurt a.M. 1977, S. 198 u. 199.

[29] W. KRAMP, Ich rufe. Erfahrungen und Begegnungen in sowjetrussischer Kriegsgefangenschaft. Eine Rede, Gütersloh o. J. (ca. 1950/51), S. 5 (vgl. S. 6–11).

[30] L. HELMBOLD, Nun laßt uns Gott dem Herren (Evang. Kirchengesangbuch 227), V. 7.

Übles, nichts Grauenhaftes geschehen. Nein, nichts an Schmerzlichem, Quälendem ist von vornherein ausgeschlossen, so daß ich annehmen könnte, ich werde ihm entrinnen, mir könne das nicht passieren. Nein, auf alles unvorstellbar Schreckliche muß ich vielmehr gefaßt sein, bis in das Persönlichste hinein: daß der Mensch, an dem meine ganze Liebe hängt, stirbt, daß mein Kind sich verliert, daß mein Verstand mich verläßt. Wir entgehen – gerade auch im Glauben – der Unerbittlichkeit des Todes nicht; sie löst sich nicht auf durch die Gewißheit, die einer für sich und für sein Leben in Gott hat. Als ob ausgerechnet der Glaubende nicht wüßte, daß der Lebensweg jedes Menschen ein Dahingehen des Sterbens ist: „Wir gehn dahin und wandern von einem Jahr zum andern, ... durch soviel Angst und Plagen, durch Zittern und durch Zagen, durch Krieg und große Schrecken, die alle Welt bedecken" (P. Gerhardt).[31] Die Not der Welt wird dem Glaubenden nicht abgenommen, eher vermehrt, denn er ist erschrockener, sehender, wenn er teilhat an Gottes Leiden an der Welt. Von keiner Lebenserfahrung ist ausgemacht, daß sie uns sicher erspart bleibe; nichts an bestimmten Erfahrungen der Lebensgeschichte ist uns garantiert. – Ich sagte, selbst auf das Schrecklichste muß ich gefaßt sein. Aber *kann* ich das – kann ich gefaßt sein? *Das* ist die Frage, die in den Blick bringt, was das heißt: Gewißheit des Glaubens.

In keinem Sinn kann, wie gesagt, eine Sicherheit für das eigene Selbst und für die eigene Lebensführung gemeint sein. Es ist uns keine geradlinige Kontinuität unserer Lebensgeschichte zugesichert, auch keine unwankbare Stetigkeit des eigenen Glaubens, des eigenen Vermögens zu glauben. Die leeren Stunden bleiben vermutlich nicht aus. Das Vertane und Verquere, das Versäumte und Verschuldete, die ganze Last des Lebens, die jeder mit sich schleppt, sie vergehen dem nicht und der entgeht ihnen nicht, der

---

[31] P. Gerhardt, Nun laßt uns gehn und treten (Evang. Kirchengesangbuch 42), V. 2f.

seine Gewißheit – die Gewißheit, weshalb er überhaupt lebt – in Gott hat. Mein Leben wird, so sehr ich mich auch bemühe, nicht fehlerlos sein. Auch wenn ich mich nicht mit meinen Fehlern abfinden will – die Niederlagen im Kampf gegen sie kommen, mache ich mir nur nichts vor. Jedoch wie soll ich – kann ich! – mit diesen Niederlagen *leben*, wirklich als ich selbst leben: aufrecht, unverzagt? *Das* ist die Frage.

Der Glaube löscht nicht aus, daß ich immer wieder mit meinen Zwiespältigkeiten und Halbheiten konfrontiert werde. Unvollkommen ist unser Leben und voll trügerischer Sehnsucht, daß es anders sein könnte. Schwer ist die Härte zu ertragen – wie hält einer sie aus? –, daß er oft nicht weiß, ob letztlich richtig ist, was er tut, wo er doch vermutlich nie seiner Motive sicher sein kann. Und was – wenn ihn der Eindruck überfällt, es sei alles vergeblich und sein Leben komme, trotz aller Anstrengung, doch nicht über gute, aber steckengebliebene Vorsätze hinaus; es bedeute Anderen offensichtlich nichts, ihm sei es also nicht vergönnt, das Gute auszubreiten und zu bewahren, das Andere ihm zuteil werden ließen. Wer kennte das nicht, daß manchmal alles verschwimmt, kein Land mehr zu sehen ist? Mithin ist *das* die Frage, was dagegen *leben* läßt: was das für eine Kraft ist, die einen Menschen, einen Menschen wie mich, aufstehen läßt, dennoch aufstehen und darin sein Leben gewinnen läßt.

Alles ist in seinem Gegebensein unsicher. Die Ungewißheit im Leben hört nicht auf. Keiner weiß, wie es morgen ist; gerade das, was einem wichtig und wert ist, kommt oft so anders als erhofft. Diese Unsicherheit irritiert, manchmal bis ins Innerste. Wäre ich ihr allein ausgesetzt, so bliebe mir nichts Verläßliches und ich wüßte nicht, woran ich bin und was ich soll. Mit Erschrecken sehe ich, daß ich in solcher Lage gar nicht *selbst* lebe, sondern mich treiben lasse. Doch völlige Ungewißheit in dem, was für mich belangvoll und bedeutsam ist, läßt sich auf Dauer gar nicht ertragen; sie stürzt in unaufhörliche Selbstzweifel, untergräbt jedes Selbstvertrauen. Furchtbar, wenn einem einzig der Tod sicher ist:

Wer will sich das eingestehen? Doch wenn Gott nicht gewiß ist, was soll dann gewiß sein? – Viel zu oft erfahre ich, daß ich meiner selbst nicht sicher sein kann. Aber daß ich Gottes gewiß sein kann, der meine Unsicherheit, mein Schwanken verzeiht, darauf will ich vertrauen.

Die Gewißheit, „Gott ist gut, auch zu mir" – diese Gewißheit, die mich am Leben hält, kann also keine handfeste, ausgemachte sein. Sie ist keine Absicherung. Nicht ist sie durch irgendwelche Gründe erwiesen oder an irgendwelchen Erfahrungsdaten ablesbar, also „objektiv" festzustellen. Wer sie begreift, dem wird man vorhalten, sie sei bloß „subjektiv". – Es ist auch ganz sicher nicht die Selbstgewißheit aus eigener Ichstärke gemeint, die derjenige sich zuschreibt, der selbstbewußt sicher ist, er werde es „schon schaffen". Nein, auf Gott gründen *die* Menschen ihre Gewißheit, die sich nicht abschirmen, die sich vielmehr angreifen lassen von dem, was geschieht; solche Menschen sind das, die davon angefochten, umgetrieben sind. Sie ruhen nicht in sich allein, gründen sich nicht isoliert nur auf sich. Und sie müssen sich folglich auch nicht immerzu gegen Andere sichern. Keine selbstmächtige, keine machthabende Gewißheit ist gemeint.

Doch andererseits: Wenn alles ungewiß wäre – wie könnte ich mich je des Guten freuen? Wo immer Gutes mir zuteil wird oder mir gar gelingen sollte – eine Freundlichkeit, unvermutet mir gegönnt; ein Mensch, der seine Krankheit, seine Schwermut übersteht; eine Wahrheit, die ein Stück Klarheit bringt; ein ganz absichtsloser Liebeserweis –, ich verlasse mich einfach darauf, daß das gut ist. Ja, noch mehr: Ich verlasse mich darauf, daß derart Gutes aus sich selbst *verläßlich* ist, daß es Bestand hat, auch ohne daß ich mich darum sorge, auch ohne daß ich es bewerkstellige. Ich könnte, genau besehen, gar nicht leben, gar nicht als ich *selbst* leben, wenn das Gute nur auf mir stünde, einzig und allein mit meinem Tun und Erfahren stehen oder fallen würde. Ich müßte in Furcht untergehen, denn die Angst triebe mich, ich könnte es jeden Moment verlieren. Gerade das Gute müßte mich dann in ausweglose Angst und in maßlose Sorge stürzen; schlechthin alles für mich hinge ja dann an mir allein. In höchster Sorge müßte ich, soweit ich nur irgend kann, das Gute zu sichern suchen – und in solch angstvollem Festhalten zerrönne es mir zwischen den Fingern. Jedoch, so *wäre* es nicht nur und so ist das nicht nur als Möglichkeit vorstellbar: So *ist* es tatsächlich immer, wenn ich in der Hektik meiner Sorge um mich meine, es sei so, es sei *nur* meine Sache.

In Wirklichkeit lebt jeder Mensch, auch wenn er das nicht selbst begreift und glaubt, davon, daß das Gute in sich verläßlich ist und er sich darauf verlassen kann. In vielen Kontakten mit Anderen unterstellt das jeder ganz selbstverständlich – lebt er also solche Gewißheit, und zwar über das unmittelbare Erfahren hinaus. Und zuweilen wird er *darin* schmerzlich enttäuscht. Doch auch so liegt solche vertrauende Gewißheit gleichsam *vor* dem bestimmt Erfahrenen, vor den Enttäuschungen und Zweifeln. – Jedoch, der Einzelne selbst und allein für sich ist gefragt, ob er diese Gewißheit sich selbst, also für sein Leben, zueigen machen will. Daß das Gute gut *bleibt*: dies *selbst* zu erfassen, darin den Grund des eigenen Lebens zu haben, das ist die wahre Gewißheit für ein Menschenleben. Und dies zu glauben, wo es doch *anders* gar nicht erkannt wird: das ist die Gewißheit des Glaubens.

Sie ist im Blick auf die nicht endenden Verunsicherungen des Lebens gemeint. Nur darauf *bezogen* ist sie zu verstehen. In sich jedoch meint sie das unbedingte Zutrauen zum Guten, in das hinein man glaubend aufgenommen ist – ein Zutrauen, das, gründet es nur in Gott, zuweilen zwar von anderem zugedeckt, aber nie unwiderruflich endgültig von außen zerstört werden kann. Wohl verschwinden die Unruhe, die Unvollkommenheit des Lebens nicht. Aber Höchstes ist, im Glauben gewiß, zugesagt *für* alle Erfahrungen des Lebens: nämlich *in* der eigenen Ungewißheit dieser nicht ausgeliefert zu sein; sondern unbedingt, was immer auch kommt, gefaßt sein zu können, weil Gottes Gutsein von Gottes Seite aus jedem *bleibt*. Kein harmloser Optimismus, kein

Glaube nur für „gute Tage" ist das. Wirkliche Gewißheit für sein Leben hat, wer an den wahren Gott glaubt, einzig in *ihm*, in Gott. Wahrer Glaube an Gott ist der, der „auch im Elend noch Gott meint"; ja „alles andere ist kein Glaube" (W. Kramp).[32] An den wahren, unbedingten Gott glaubend und ihm verbunden kann ein Mensch, jeder Mensch, ins Unbekannte, Ungesicherte gehen, aufrecht, bangend zwar, und doch unverzagt.

Denn in Gott ist gewiß: Nichts, was die Zukunft auferlegen mag, selbst das Grauenhafte nicht, wird den, der glaubt, gänzlich verderben, bis ins Innerste aufreiben. Nichts, was kommt, muß mir, *hält* nur der Glaube, den letzten, lebensentscheidenden Sinn meiner selbst rauben und mich dem leeren Nichts, dem Tod, ausliefern. Nichts muß uns „scheiden" von Gott – ja, noch mehr – nichts „kann uns scheiden von der Liebe Gottes" (Röm. 8,39), wenn wir es nicht, uns selbst verkennend, zum Trennungsgrund geraten lassen.

Die Gewißheit in Gott zeigt sich als Kraft, die Ungewißheit des Lebens auszuhalten. Eine Stärke ist das, die den Einzelnen herauskommen läßt aus der Angst um sich selbst, in der wir meinen, wir wären verloren, wenn wir uns nicht selbst behaupten und sichern. Wer die Sorge lassen kann, ein künftiges Ereignis könne ihm das Letzte, das, wovon er lebt, nehmen, der hat es nicht länger nötig, die Erfüllung seiner lebenswichtigen Erwartungen vom Leben und von der Zukunft einzufordern. Eine andere Art der Erwartung wird ihn auszeichnen. Er wird das Gute, wenn es kommt, aufnehmen und nicht versäumen wollen. Unbeirrt und ungeängstigt will er aufgeschlossen sein für das, was kommt, immer unbekannterweise kommt. So also kann ein Mensch Hoffnung fassen: Hoffnung darauf, daß Gutes kommen wird. Solche Hoffnung zu haben, versteht sich ja gewiß nicht von selbst. Eine offene und insofern auch unsichere Hoffnung ist das, denn was das bestimmte Gute sein wird, das bleibt in der Schwebe. Aber solche Hoffnung

---

[32] W. KRAMP, Die Prophezeiung. Erzählung. Göttingen 1951, S. 55.

auf das Gute überhaupt ist die einzige Haltung, die zu Recht „Hoffnung" genannt wird; denn sie allein ist das Gegenteil von Resignation. *So* aufgeschlossen, also frei, so hoffend und so gefaßt im Blick auf die ungewisse Zukunft – das ist die Gewißheit des Glaubens.

Im Letzten, Entscheidenden bedeutet sie die Bereitschaft loszulassen: fähig und willens zu sein, das Eigene nicht festzuhalten, sondern es machtlos, furchtlos freizulassen, den Anderen zu überlassen. Unfreiwillig geschieht das jedem, der redet oder handelt; denn seine Tat geht ein in das Handlungsgeflecht Anderer und die mögliche Wirkung seiner Worte bei Anderen ist unabsehbar. Doch wenn einer das Loslassen von sich aus und willentlich tut und dabei loskommt von der Angst unterzugehen und mithin abläßt von dem Zwang, sich des Anderen zu bemächtigen, so gelangt er über sich hinaus und hat er die offene Chance, hineinzugelangen in eine unausdenkbar größere Gemeinsamkeit. Freilich ist durch nichts ausgemacht, daß ihm diese zuteil wird; der Andere kann ihn ja leider auch fallenlassen. Vielleicht ist das die am schwersten zu ertragende Ungewißheit des Lebens; sie ist die Ungewißheit im Lieben. Und jene Gemeinsamkeit mag ihm in ihrer Ausdehnung und Wirkung sogar weithin unbekannt bleiben. Aber sie kommt nicht zustande, *kann* nicht zustande kommen, ohne daß einer dies Risiko von sich aus, willentlich eingeht und sich hinauswagt über das Eigene: über das hinaus, was einer von sich kennt und weiß. Es ist, als bewegte sich einer bewußt über sein eigenes Ende hinaus.

Die Chance zur Gemeinsamkeit und so zum Weiterkommen ist die Würde, die Freiheit des Anderen. Aber diese ist immer auch meine Ohnmacht. Also muß ein Mensch, um wirklich den Anderen zu erreichen, ablassen von sich und durch eine Zone des Ungewissen, Ungekannten, des Dunklen hindurch – und dies in ungeteilter Geistesgegenwart: nämlich achtsam darauf, daß ihm der Andere – was ja nicht ausgemacht ist – selbst entgegenkommt. Wir begegnen dem Anderen nur, wenn wir wirklich „unsere

Hände ausstrecken" und uns der Chance, daß der Andere uns entgegenkommt und sie ergreift, ganz überlassen. „Wollen wir dem anderen wirklich begegnen, so müssen wir unsere letzten Vertäuungen kappen und über Bord werfen." Sonst bleiben wir „auf unserem eigenen Ufer und haben den anderen" nur „zu uns herangewinkt. Er wird aber nicht kommen" (V. Gollancz).[33]

Doch dies Sichloslassen und Hineinbegeben ins Unbekannte – über das Eigene, über die eigene Grenze, und also über das eigene Ende hinaus – geschieht, wenn es wach geschieht, in ganzer Selbstgegenwart. So nämlich geschieht es in einem gespannten und doch freilassenden Warten auf das, was kommt, was Liebe bewirkt. Und so geschieht es in einem grenzenlosen Vertrauen, daß das Ende meines Eigenen, des mir Bekannten, doch nicht das Verlorengehen im leeren Nichts, doch nicht mein Tod ist. Diese Selbstgegenwart, diese Geistesgegenwart, diese Stärke des Zutrauens *im* Loslassen: das ist die Gewißheit des Glaubens im Ungewissen, in der Ohnmacht noch des Liebens.

Es ist eine letzte, äußerste Gefaßtheit im Wagen des Unbekannten, durch Dunkles hindurch. Und als solches Sichlösen und Sichhinausbewegen ist es eine Einübung ins Sterben. – Aber, noch einmal sei es gesagt, ohne solches Zutrauen über sich selbst hinaus und ins Offene, Ungekannte hinein ist keine freie Gemeinschaft, keine Gemeinsamkeit unter Menschen.

Immer wieder im Leben bedarf es solcher Gefaßtheit. Alles Weitergehen ist immer auch ein Abschiednehmen von erhofften Möglichkeiten, die sich nicht realisierten, und zuweilen von dem, was einem wichtig und bedeutsam ist, etwa von einer Freundschaft, die man zurücklassen muß. Ungewiß bleibt, wie das hoffentlich begonnene Gute, das man selbst ja nie genau kennt, weitergetragen wird. Immer wieder kommen Zeiten, in denen man hergeben muß, worauf man seine Sorgfalt und sein ganzes

---

[33] V. GOLLANCZ, Stimme aus dem Chaos. Eine Auswahl der Schriften Victor Gollancz, hg. v. J. Braunthal, Frankfurt a. M. ²1960, S. 304.

Die Gewißheit des Glaubens 143

Interesse gerichtet hat: wenn man herausgerissen wird aus einem Beruf, den man als seine ureigene Aufgabe erkannt hat; wenn ein geliebter Mensch einem genommen wird. Es tut weh, das aufgeben zu müssen, was man so gerne viel besser noch gemacht haben möchte. Unwahrscheinlich schwer und doch wahrhaftig groß ist es, wenn einer in diesem Schmerz des Abschiedes Kraft gewinnt, sich gleichsam selbst übertrifft, selbst überwindet – und unter Tränen sachte ein Ja findet zu dem, was ihm geschieht: von sich aus akzeptiert und also gefaßt loslassen kann. Solche Kraft, in der einer seine innere Fassung gewinnt, rührt aus der Gewißheit, im Guten gelebtes Leben Gott überlassen zu können.

Dieser Gewißheit teilhaftig und mithin fähig zum Abschied ist der, der in ungeteilter Verantwortung und in wacher Aufmerksamkeit sein Leben führt und es so gerade im Letzten Gott überläßt: dem Gott des Guten überläßt, für das er selbst mit seinem Tun und Leben einzustehen sucht. Meine Hoffnung ist, dies Zutrauen zu Gott und zum Sinn des eigenen Lebens möge unbeirrt mir halten, möge meine Sorgen vor der Zukunft und meine Furcht vor der Situation des Abschieds, vor dem Tod, durchdringen – was an Schmerz und Ohnmacht auch immer kommen mag.

Die Gewißheit des Glaubens zeigt sich, so gesehen, als Leidensbereitschaft. Doch ist es zugleich die Gewißheit, die einer in Gott hat, die ihrerseits das Bereitsein zum Leiden formt. Denn in der Gottesgewißheit meint das Bereitsein zum Leiden die Fähigkeit – die doch nur ist als Geschenk –, den Schmerz gerade in der Liebe auszutragen, wenn ich Abschied nehmen muß von dem anderen Menschen, an dem mein Herz hängt. Als meine Gewißheit erbitte ich für mich, daß es mir gegeben sein möge, wenn die Stunde kommt, im Schmerz die Liebe zu behalten, ja noch im Schmerz, noch in der Entbehrung die Sehnsucht nach Liebe wahrzunehmen und *so* den Schmerz ertragen zu können.

Hätte ich diese Zuversicht gar nicht und verliefe mithin mein Leben im Ungefähren, im Grundlosen, so käme ich von der

Furcht nicht los, nicht bestehen zu können vor dem Schmerz des Verlustes, von ihm zerstört zu werden, weil er mir meine Liebe zerbricht. Woran sollte ich mich denn halten, in all dem Jammer und Leid, wenn nicht an Gott und an das Gewißsein der Liebe? Wo ein Mensch die Gewißheit für sein Leben auf Gott setzt und darauf vertraut, Gott werde ihn halten und also werde ihn der Glaube an Gott davor bewahren, von den Schrecknissen des Lebens zernichtet zu werden – da gerade ist er fähig, Leid in sich einzulassen und sich dem Leiden zu stellen. So verwundet, doch ohne vom Leiden vernichtet zu werden, sondern fähig, es hineinzunehmen in seine Verbundenheit mit Gott – so bezeugt einer *selbst* mit seinem durchzitterten Leben die Unvollkommenheit, das Zwiespältige dieses vom Tod betroffenen Lebens, *ohne* zu resignieren: also ungebrochen. Alles Erlittene, Ausgestandene ist nicht vertan und nicht verloren.

Die Gewißheit, die bei Gott ist, gibt Hoffnung und wird gelebt als Hoffnung: daß mein Leben über alles Versäumte und Veruntreute, über das ungelebte Leere und Dunkle hinaus nicht im Leeren auslaufen, nicht im Nichts enden wird – und mithin von nichts, von keinem Widerfahrnis, auch vom Tode nicht, zernichtet werden muß. Das meint, noch einmal sei es gesagt, gewiß nicht, daß alles „schon gut" werden, sich alles irgendwie zusammenfügen wird. Aber wer Gottes gewiß ist, der ist gewiß, daß sein Leben nicht gänzlich vergeblich sein kann. Nichts im Leben und im Sterben gibt es, in dem ich unrettbar verloren und verdorben bin. Diese Zuversicht, meine ich, befähigt allererst, *selbst* zu leben: das eigene Leben, in dem Ratlosigkeit und Zweifel und die Schrecken des Todes nicht ausbleiben werden, anzunehmen und bejahend selbst zu führen.

Doch wenn ein Mensch im Glauben an Gott in die unbekannte und nicht zu enträtselnde Zukunft hinein erhofft, daß die Gottverbundenheit des Glaubenden bleibt und nicht zuschanden werde, so ist er dessen nicht nur für sich hoffend gewiß, sondern für alle Menschen; ja er ist der Gottverbundenheit alles Lebens, alles dessen, was ist, gewiß. Denn seine Gewißheit, daß Gott auch in der uns unbekannten Zukunft Gott sein wird, bezieht sich eben auf *Gott*, der als Gott nie nur für mich, sondern Gott aller ist. Freilich, wie das in jeweiliger Zukunft sein wird, das bleibt gleich allem Zukünftigen unvorstellbar.

Die Gewißheit, daß Gott gut ist auch zu mir, gilt gerade auch für mein Handeln. Wer handelt, der sieht sich der Zweideutigkeit alles Gegebenen und seiner selbst ausgesetzt; er kann seiner Motive nie sicher sein; unabsehbar sind die Folgen seiner Taten, seiner Worte; nicht auszudenken ist der Zusammenhang, in dem sein Handeln steht; oft bleibt dem Betreffenden ungewiß, ob richtig ist, was er tut; und – was am schwersten zu verkraften ist – er macht sich als Handelnder immer auch schuldig, nimmt er doch unvermeidlich Anderen Chancen. Zu bestehen, denke ich, ist diese rätselhafte Ungewißheit allein in der furcht-überwindenden Zuversicht, daß Gott auch mit einem verqueren, entstellten und in Halbheiten verworrenen Leben noch etwas „anfangen" kann. Gott kann noch mit dem Vertanen und Verschuldeten etwas Neues beginnen, indem er es umwendet und Gutes daraus macht. Wie das sein wird, das weiß ich nicht; ich muß es nicht wissen, „nur" darauf vertrauen und es dem Leben mit seinen noch unausgemachten Möglichkeiten überlassen. Das gerade habe ich nicht mehr zu besorgen. Es ist genug – übergenug –, daß ich mich aus meiner angstvollen Unsicherheit lösen und darauf mich einlassen kann, daß mein Leben, mir verborgen, an seinem Ort dem Guten dient, mein Leben, dank Gottes, nicht unfruchtbar ist.

Nichts an Verkehrtem und Entstelltem wird da weggeredet, wenn einer seine in Gott gewisse Zuversicht auf Gott setzt und im Blick auf seine Taten dessen gewiß ist, daß er bitten kann: „den Anfang, Mitt' und Ende, ach Herr, zum besten wende" (P. Gerhardt).[34] Sie gibt den Mut, das als gut Erkannte zu tun, wohlwis-

---

[34] P. GERHARDT, Wach auf, mein Herz, und singe (Evang. Kirchengesangbuch 348), V. 8.

send, wie irrtumsanfällig man ist. Sie schafft die Freiheit zu einem verantwortlichen Handeln, das die Problematik allen Handelns, ja überhaupt jeder Lebensäußerung nicht überspielt. So riskiert einer zu handeln ins Ungewisse hinein – ohne Garantie, daß das erhoffte Gute tatsächlich gut wird. Er selbst wird wollen, daß es von Anderen verändert und abgewandelt wird. Nicht nur unbesorgt, zuversichtlich wird er einwilligen, daß Handeln immer heißt „sich loslassen, sich selbst und seine Intentionen aus der Hand geben" und daß es „insofern ... immer zugleich eine Einübung des Sterbens" ist (R. Spaemann).[35] Und so gerade ist er frei – frei zu einem illusionslosen Handeln. Er ist nicht zuletzt darum zum Handeln frei, weil er aufmerksam warten kann auf die Gunst der Stunde, in der ungeahnt eine neue Möglichkeit zu leben, aufzuleben, und also eine Chance zum Tun des Guten aufbrechen kann. Zu einem freien Handeln aus eigener Gewißheit gehört, daß einer nicht auf Erfolg spekuliert, sondern unbeirrt damit rechnet, daß noch im Bruchstück das Ganze aufscheinen, unmöglich Scheinendes möglich werden kann. Freiheit zum Handeln ist so gesehen: „Lebendigwerden im Möglichen" (Ch. Blumhardt).[36]

Es meint die Gewißheit des Glaubens, nimmt man sie genau, etwas ganz Einfaches: nämlich sich freuen zu können, darüber sich freuen zu können, daß überhaupt – trotz grauenhaft vielem – Liebe wirklich ist; daß sie *die* Wirklichkeit ist, die letztendlich von Gott für alle gemeint ist und die wir Menschen nur in schrecklicher Selbstverkennung immer wieder schänden und verkehren, und doch letztendlich selbst wollen. Wo einem Menschen dies aufgeht und er dabei erkennt, wie ungeschickt „nur" wir Menschen uns anstellen, indem wir uns die Liebe gegenseitig verstellen, da wird er des Lebens dennoch froh. Denn er erkennt, daß

---

[35] R. Spaemann, Moralische Grundbegriffe (Beck'sche Schwarze Reihe Bd. 256), München 1982, S. 101.
[36] Ch. Blumhardt, Eine Auswahl [wie oben zu II. 1. C., S. 81].

wirklich gelebt ist, was in der Liebe gelebt ist. Wahre Freude ist das, denn *sie* gibt dem Leben den Ernst. Erfahren kann sie werden, wo immer Liebe, Freundlichkeit, Aufmerksamkeit für den Anderen unter Menschen nicht nur geschieht, sondern von ihnen bewußt bejaht und ungeteilt gewollt wird. Mag auch das Gute schmal gesät sein – wer will das wissen? –, Grund zur Freude hat der, der das wenige nicht übersieht und dessen Freude sich doch letztlich auf der *Wahrheit* dieser Freude gründet, die über allem endlich Erfahrbaren auch hinaus ist. Die ganze Gewißheit, die ein Mensch für sein Leben und für das Leben aller Menschen haben kann, stellt sich ihm dar als diese verhaltene, aber standhafte Freude darüber, daß untrüglich, ja unversieglich Gutes ist und auch ihm immerfort gegönnt ist. Findet einer zu solcher Freude, dann ist er Gottes und seines Glaubens froh.

Weit also ist die Gewißheit des Glaubens gespannt. Sie beruht nicht auf „objektiv" erweisbaren Gründen; sie steht nicht irgendwo zur Verfügung; sie ist nicht sicher zu besitzen. Eine überschwengliche, alle gewohnte Erfahrung überraschende Freiheit ist sie – gegenwärtig dem, der sich von ihr erfassen und begeistern läßt. Unbezwingbar von außen; und doch leicht zu begraben von dem, der sie in sich hat. Unwiderlegbar an sich; aber enttäuschend für den, der sich täuscht. Eine, um die man in der eigenen Unsicherheit nur bitten kann: „Herr, laß mich nur nicht wanken, gib mir Beständigkeit" (N. Selnecker).[37] Also eine, die immer noch im Werden ist. Und über dem allen ist sie ein mich unendlich würdigendes Versprechen – mich, einen immer wieder schwankenden, ungewiß werdenden Menschen. Ein Versprechen, das mir unverbrüchlich bleibt und einen neuen Zugang gestattet, auch wenn ich aus ihm falle.

Die Evidenz dieser Gewißheit leuchtet da ein, wo sich Gottes Unbedingtheit im erfüllten Augenblick erschließt und eindrück-

---

[37] N. Selnecker, Laß mich dein sein und bleiben (Evang. Kirchengesangbuch 140).

lich bleibt über das Erlebnis hinaus. Hinweise dafür, so verstanden, finden sich wie Leuchtzeichen immer wieder einmal: wenn in einem verdüsterten Leben, kaum mehr erwartet, Hoffnung aufkommt, wie ein Funke unter der Asche hervor; wenn einer, der aufgeben will, Mut zu vertrauen faßt. Wie der Anbruch eines neuen Morgens nach einer langen Nacht ist solches Aufkommen neuer Lebenszuversicht. Oder wo nichts mehr zu gehen, alles erstorben zu sein scheint, leuchtet plötzlich eine Freundlichkeit ein. Einer hat lange vor einer Lebensentscheidung gestanden und kam nicht weiter, doch auf einmal, unversehens, kommt ihm eine Einsicht, die sein Leben klärt. – Vieles ist im Leben eines Menschen; entscheidend ist, was er aufnimmt, sich zueignen macht und für sein Leben entscheidend sein läßt. Es trifft wohl zu, daß unsere „Bemühung um Einklang... vergeblich" ist; „eine Unzahl von Linien, die sich erst im Unendlichen treffen, aber die eine oder andere leuchtet doch und schwingt sich so frei, daß man ihr wohl mit Freuden zu folgen vermag" (M.L. Kaschnitz).[38]

Die Gewißheit des Glaubens ist dann beim Einzelnen stark, wenn er erfahren und eingesehen hat, daß *sie* sich ihm aufgetan hat, daß sie ihm gewiß geworden ist. Sie beruht auf Gott – ich brauche sie nur zu bejahen, nur für mich gelten zu lassen, sie nur selbst zu wollen. „Gott ist gut. Auch zu mir. Darin liegt alles. Das ist die neue, die einzige Wirklichkeit, die Bestand haben wird" (W. Kramp).[39]

---

[38] M.L. Kaschnitz, Engelsbrücke. Römische Betrachtungen; in: Dies., Gesammelte Werke, Bd. 2: Die autobiographische Prosa I, Frankfurt a.M. 1981, S. 269.
[39] W. Kramp, Ich rufe (a.a.O.), S. 11.

III. Kapitel: Was „Geist" ist – und was das heißt: „Gott ist Geist"

„Gott ist Geist": Höheres, an Sinn Reicheres kann von Gott nicht gesagt werden. Wenn wir verstehen, was das heißt und bedeutet, daß Gott „Geist" ist, dann ist wohl alles verständlich, was über Gott und den Glauben zu sagen ist. Aber was ist das: „Geist"; was ist da zu verstehen, wenn wir dieses Wort hören? Ob wir nicht aus lauter „Idealismus"-verdacht und „Metaphysik"-furcht dabei sind, das Wort „Geist" aus unserem Sprachgebrauch zu verlieren? Dann aber, fürchte ich, wird das Christentum überhaupt nicht mehr zu verstehen sein.

Denn Gott und alles, was aus Gott ist, ist nichts Gegenständliches, nichts Konstatierbares, nichts, worüber sich unbetroffen „objektiv" überprüfbare Aussagen machen ließen. In dem Verstand, der auf „Tatsachen" aus ist, „gibt es" Gott nicht. Vielmehr ist Gott nur „da", indem er sich einem Menschen erschließt und dieser sich in solcher Eröffnung Gottes selbst versteht – indem er Gott in sich einläßt und sich auf Gott einläßt. So allerdings ist Gott wirklich da, ist er gegenwärtig, mir gegenwärtig. Eben dies ist nun zu verstehen: Was so, und *nur* so, einem Menschen gegenwärtig ist, das ist Geist. „Geist" und „Gegenständlichkeit" in objektivistischem Verstande schließen sich aus – „Geist" und „Gegenwärtigkeit" im angedeuteten Sinne gehören gedanklich zusammen. Was aber als Geistiges *so* für mich da ist, daß ich es mir selbst zu eigen mache, dessen bin ich zugleich „gewärtig".

Jedoch, wenn Geist und Geistiges nicht „objektiv" feststellbar sind, wie können diese Worte überhaupt etwas allgemein Verstehbares bedeuten? Nimmt man es genau, ist dann nicht doch alles Sprechen vom „Geist" und von „Geistigem" rein „subjektiv" und also bloß beliebig und von illusionärer Einbildung nicht zu unterscheiden? – An einer kleinen Geschichte sei das veranschaulicht: Eine ältere Frau in einem Seniorenstift wickelt das Geschenkpaket ihrer Tochter aus. Lauter schöne und teure Sachen stellt sie auf den Tisch: Konfekt, eine Vase, einen Porzellanteller, einen Zinnleuchter, eine Flasche Wein und anderes mehr. Als sie alles ausgepackt hat, sagt sie: „Aber Liebe war nicht drin." – Was meint die Frau, wenn sie dies sagt? Sie trifft ja keine objektive Feststellung, die jedermann nachprüfen könnte. Aber sind darum ihre Worte nichts als ihre „subjektive Meinung", also bloß beliebig und für einen Anderen letztlich nicht verstehbar? Für die Frau selbst sind sie das sicherlich nicht; sie wäre vermutlich gekränkt, wenn ein Anderer ihr dies unterstellte. Sie spricht aus, was nach ihrer Wahrnehmung, nach ihrer Erfahrung und Überzeugung wirklich „da" und zu bemerken ist, an dem ganzen Paket ersichtlich wird – auch wenn es an den einzelnen Dingen des Pakets nicht abzulesen, nicht festzustellen ist. Für einen Anderen kann sich das ganz anders darstellen; vielleicht hört er nur die Undankbarkeit der Frau heraus. Aber gerade auch dann hat er verstanden, was die Frau sagte – ihm waren also ihre Worte durchaus „intersubjektiv" verständlich. Die Frau spricht ja auch nicht zuletzt darum zu einem Anderen, damit dieser ihr zustimmt oder widerspricht und also selber sich ein Urteil bildet. – Die fehlende Liebe, das Geistige in dieser Geschichte, ist an den einzelnen Inhalten des Pakets nicht zu konstatieren; man erkennt es nicht, wenn man jedes einzelne Stück für sich untersucht – und doch drückt es sich nach dem Urteil der Frau in allen einzelnen Inhalten des Pakets aus und gibt ihnen überhaupt erst ihre entscheidende Bedeutung.

Oder, um ein anderes Beispiel zu nennen, was meinen wir, wenn wir – selten zwar, aber aus dem alltagssprachlichen Gebrauch noch nicht völlig verschwunden – vom „Geist eines Hauses" sprechen? Vermutlich denken wir zunächst an die Atmosphäre, die dort herrscht, an das Fluidum, das dieses Haus prägt – dann aber auch an den Stil des Hauses, wie die Räume eingerichtet sind, ob sie kalt, abweisend oder einladend erscheinen; aber auch an die Art und den Ton des Umgangs untereinander, also wie man dort miteinander spricht, Frau und Mann untereinander, die Eltern mit den Kindern; und nicht zuletzt zeigt sich der „Geist eines Hauses" darin, wie man dort empfangen wird, gastfrei etwa oder steif. Spätestens beim Abschied, wenn man sich selber fragt, ob man gerne da war oder gerne wiederkäme, weil man sich dort frei fühlte, wird einem der „Geist eines Hauses" bewußt.

Was also ist nun der „Geist eines Hauses", vielleicht sogar der „gute Geist", der in einem Hause herrscht? Ist es die Freundlichkeit, die Herzlichkeit, die man dort empfindet? Sicherlich ist es das auch, aber keineswegs allein: Es ist nicht eine bloße Empfindung, nicht nur ein Gefühl. Der Geist des Hauses ist das Ganze, was sich dort in allem ausdrückt; er ist das, *was* man dort spürt, worüber man sich ein Urteil bilden kann und was so zu erkennen ist. Er ist das Prägende dieses Hauses – und insofern durchaus „objektiv", nicht nur eine subjektive Empfindung, die als solche von einer fiktiven Einbildung nicht zu unterscheiden wäre. Und doch ist er nichts, was „objektiv" an Bestimmtem festzustellen und somit auszumachen wäre. Er ist, was in diesem Hause ist und geschieht, „alles zusammen" – und so gerade ist er *in* allem: als das, was alles in sich stimmig und zusammenstimmend sein läßt. Fiele etwas „aus dem Rahmen", so wäre es störend; und wäre vieles störend, so wäre kein „Geist" in diesem Haus. Der Geist ist das „einigende Band", von dem alles, jedes einzelne, durchdrungen ist.

Hört man Berichte von Mitarbeitern aus Einrichtungen, „Anstalten", evangelischer Diakonie oder hält man sich dort eine gewisse Zeit auf, dann bedrängt einen zuweilen der Eindruck, aus der betreffenden Einrichtung, diesem oder jenem „Haus" der Diakonie, sei der christliche Geist gewichen. War dieser Geist zuvor etwa die Liebe Jesu, die man weitergeben wollte, vielleicht manchmal allzu fromm naiv, so ist heute Derartiges kaum mehr zu spüren, trotz unverkennbar vielen, nicht nachlassenden Bemühens um die Patienten und zu Pflegenden. Wenn jedoch nicht mehr *ein* Geist – nicht ein gelebter, von allen oder den meisten geteilter Sinn des Ganzen – alle Mitarbeiter verbindet und ihre Arbeit trägt, was bleibt dann anderes übrig als privates Sichverstehen einzelner Mitarbeiter und viel organisatorische Regelung?

Können wir das denken – denken und nicht etwa nur uns ausdenken –, daß Sinn, ein Gehalt, der „Geist" beispielsweise eines Hauses erkennbar wahrzunehmen und doch nicht augenscheinlich, nicht empirisch festzustellen ist, vielmehr alles sinnlich Wahrnehmbare, das doch höchst unterschiedlich ist, durchdringt und so in einer inneren Stimmigkeit eint? Der Geist ist also nichts einzelnes, kein Objekt neben anderen Gegenständen, kein einzelner Tatbestand; er ist etwas Durchdringendes, Formendes. Er wirkt, daß Verschiedenes „gleichsinnig" gestaltet ist, sich zueinander und so zusammenfügt. Und eben dadurch haben die unterschiedlichen Dinge und Sachverhalte überhaupt erst eine solche Bedeutung, daß sie für einen Menschen in ihrem Sinn – oder Unsinn – verständlich sind. Allemal ist diese *Sinn*-Bedeutung eine über die unmittelbar feststellbare, über die empirische Bedeutung der einzelnen Dinge und „Tatbestände" hinaus. In diesem Sinn, in diesem „Geist", sind sie beispielsweise ein Indiz für den „Geist eines Hauses". Aber diese Bedeutung haben die Dinge selbst und an sich nur, wenn man sie nicht aus ihrem Zusammenhang löst. So ist der Geist nicht etwas, das über dem real Wahrnehmbaren schwebt, er ist nichts Abgehobenes für sich; er ist vielmehr die „Substanz" – besser gesagt: der Fundus, der das, was ist, durchformt und ihm so *seine* Bedeutung, also einen spezifischen, verstehbaren Sinn verleiht. „Der Geist", so könnte man geradezu mit O. Clément sagen, „ist die Erde", der Mutterboden, „der Lebendigen".[1]

---

[1] O. CLÉMENT, Das Meer in der Muschel. Zeugnis eines unkonventionellen Christen, Freiburg/Basel/Wien 1977, S. 89.

– und was „Gott als Geist" ist 153

Er als das verbindende Sinngebende ist das Wesentliche *in* dem, was jeweils ist. Und das Wesentliche ist immer unsichtbar und doch wirklich.

Wenn wir das zu denken bereit sind, dann ist sehr viel verstanden. Verstanden ist dann die berechtigte Kritik an einer separiert, gesondert vorgestellten Transzendenz, so als „gäbe" es „zwei" getrennte „Wirklichkeiten", eine hier „unten" und eine dort „oben". Verstanden ist also die ganze Kritik an dem viel gescholtenen „Theismus" und am sogenannten „metaphysischen Gottesbegriff". Eingesehen ist dann aber auch, daß die berechtigte Kritik an der Vorstellung einer für sich bestehenden „zweiten" Wirklichkeit sich im Gedankenlosen, Geistlosen, verliert, wo sie die Wirklichkeit aufs bloß Empirische, etwa auf irgendwelche „materiellen Gegebenheiten", reduziert: so als ließe sich Theologie auf Anthropologie, der Geist auf den sichtbaren, konstatierbaren Menschen reduzieren, obschon doch der Mensch gar nicht aus sich allein zu verstehen ist – und also eine separatistische Lehre vom Menschen, eine Anthropologie ohne Theologie, nur eine Erfindung des Verstandes ist.

Ein letztes Beispiel, um zu verstehen, was „Geist" ist und besagt. Erwachsene reden über die Erziehung ihrer heranwachsenden Kinder. Sie alle meinen, nichts als gute Ratschläge zu erteilen, und doch wird ihnen durch das Gespräch nichts klarer, verstehen sie einander nicht. Nach einer Weile wird einem der Teilnehmer, und vielleicht nicht nur ihm allein, deutlich: Der Andere will *im Grunde* etwas ganz anderes als ich. Und wenn er sich nun nicht verleiten läßt, lediglich nach den geheimen Motiven und Interessen des Anderen zu suchen, wenn er vielmehr seine Beobachtung ernstnimmt, so kann es ihm geschehen, daß sich ihm auf einmal die Äußerungen des Anderen vom innersten Kern her erschließen. Auf einmal wird ihm klar, vielleicht an einer Kleinigkeit, die dann „aufschlußreich" ist, was der Andere im Sinn hat, worauf er hinaus will: also welchem „Geist" er das Wort redet. Er erkennt, über den Wortlaut hinaus, den Geist – den leitenden Sinn – in den

Äußerungen des Anderen, wodurch diese überhaupt erst verständlich werden. Und vielleicht geht dies Erkennen sogar noch weiter: Er erkennt an den Äußerungen des Anderen, die ihm nun verständlich sind, was der Andere als Person *selbst*, in seinem innersten Kern, ist und will. Er merkt, so hätte man früher wohl gesagt, „wes Geistes Kind" der Andere ist.

Was so erkannt wird, das kann der Geist der Gemeinsamkeit sein, in welchem Menschen sich im Miteinander verstehen und gegenseitig am Leben Anteil geben; das kann aber auch der Geist, oder genauer: der Ungeist, der *nur*-eigenen Selbstverwirklichung, also der Gedanken- und Rücksichtslosigkeit sein. So oder so – wer nach dem Geist etwa jener Erziehungsratschläge fragt, der fragt zwar über das, was unmittelbar gesagt wird, hinaus, aber doch nach dem, was die Äußerungen *selbst* erkennen lassen, was die Worte selbst „verlauten". Er fragt nicht nach etwas abstrakt „Jenseitigem", sondern nach etwas, das den Äußerungen immanent ist, diese bestimmt und formt, ihnen ihren Sinn gibt – und dennoch darin nicht aufgeht, vielmehr *noch* etwas darüber hinaus ist: *selbst* etwas ist, etwas Eigenes und Eigenständiges ist.

In jedem Gespräch, in dem einer den Anderen zu verstehen sucht, setzen wir eine Gemeinsamkeit, die geistig ist, voraus. Denn wir setzen als notwendig voraus, was doch nicht gegeben ist: daß eine Brücke zum Anderen sich *ergibt*, so daß meine Worte sein Gehör finden und wir uns verstehen. Mit dem ersten Worte schon ist vorausgesetzt, daß sich solch eine Gemeinsamkeit des Verstehens auftun kann, die das miteinander Reden überhaupt erst sinnvoll macht – obschon doch keiner vorweg weiß, worin des näheren sie bestehen wird. Doch stellt sie sich ein, hat auch nur ein Beteiligter sie gefunden, so haben sich *mit ihr* die Beteiligten selbst im Verstehen gefunden. Das sie verbindende „Dritte", ihr gemeinsamer Geist, ist nur zusammen mit dem Verstehen des jeweils Anderen – und ist doch *selbst* etwas, nämlich das Grundlegende allen Verstehens.

Keine längerfristige Gemeinsamkeit unter Menschen, sei es eine des Rechts oder der Liebe, erschöpft sich in dem, was die Beteiligten von sich aus und alleine schon sind. Sondern die Beziehung, die Gemeinsamkeit, selbst bestimmt auch die Bezogenen: Die Liebe macht sie zu Liebenden – und ihr Verlust zu untergründig Sichverachtenden. Immer „färbt" eine Beziehung auf die Beteiligten „ab". In einer wahren, selbstgewollten Verbundenheit werden die Verbundenen miteinander einiger *und* zugleich mehr sie selbst, also eigener.

„Nur" aufmerksam auf diesen Geist, auf die sie verbindende Gemeinsamkeit, müssen sie sein. Denn er, dieser Geist, stellt sich *von selbst* ein. Anders könnte er sich gar nicht einstellen; er ist durch kein Training und keine Methode zu beschaffen. Es ist ein Geist, der *sich* gibt, der nicht anders ist und nicht anders sein will als sich schenkend.

Er, dieser Geist der Gemeinsamkeit, ist *das* Verbindende, das Gemeinsame unter den Menschen. – Eine Gemeinsamkeit des einen mit dem Anderen ist nämlich eine wahrhaft *menschliche* nur, wenn sie nicht auf irgendwelchen zufälligen Gegebenheiten der Natur oder der Geschichte beruht. Solche mögen zu ihr hingeführt haben; aber eine Gemeinschaft, die zum Personsein – zum Ich-selbst-sein – hinzugehört, kann sie nur dann sein, wenn sie eine *unbedingte* Verbundenheit ist. Als eine solche gründet sie nicht darauf, wie einer den Anderen wahrnimmt; gründet sie weder auf dem einen noch auf dem Anderen, so wie jeder nun mal ist. Denn sonst wäre einer dem Anderen unbedingt und also notwendig ausgeliefert. Die unbedingte Gemeinschaft unter Menschen gründet vielmehr auf *dem* Geist, der als mein Geist zugleich der Geist des Anderen ist. In ihm allein sind Menschen wahrhaft – im Innersten, als sie selbst – verbunden. Menschen, die zusammenleben, können für ihr Zusammenleben nichts Besseres tun, als dies wissen – und danach leben.

Der Geist, der gemeinschaftlich *ist*, schafft unter Menschen überhaupt erst gelebte Gemeinschaften als Verbundenheit und Einheit *dieser* bestimmten und unterschiedlichen Menschen. Er leuchtet, wenn er diese Menschen bestimmt, als das Gemeinsame jedem Einzelnen ein: jedem Einzelnen „als dessen eigenster Wille"; denn so nur sind sie *selbst* „eines Geistes". „Jeder trägt dazu bei, indem er sich und seine Eigenart in das Geschehen einbringt. Das Gemeinsame steht nicht gegen die Eigenarten, sondern basiert auf ihnen." Jeder erfährt sich darin als er selbst, neu gegründet und neu sich gefunden. „Jeder erhält" gleichsam „seine Eigenart neu und schärfer" aus dem Gemeinsamen des einen Geistes „zurück" – aber befreit von den „Selbstsüchtigkeiten und Blindheiten" (H. Rombach).[2] Das Christentum enthält in seinem Kern das ungeheure Versprechen, daß solche Gemeinschaft unter Menschen nicht nur real möglich, sondern auch für den wirklich ist, der sie sucht und sich auf sie einläßt. Die christliche Tradition nennt eine solche Gemeinschaft des Geistes „Kirche" – und diese kann auch in einem Haus, in einer Wohnung, sein.

Zuweilen fühlt man sich im Glauben, unverstanden von Anderen, sehr allein. Doch wenn man begreift, daß es der Geist, der Geist Gottes, ist, der Menschen wahrhaft verbindet, dann kann man auch einsehen, daß man in ihm und also im Glauben an Gott mit vielen Anderen, nur jeweils dem Einzelnen bekannten Menschen, auch anderer Zeiten und ferner Orte, „unsichtbar" zwar, aber von innen heraus und folglich intensiv – geistig – verbunden ist. Und zuweilen erfährt ein Glaubender das als ein höchstes Glück, als eine „Glückseligkeit", daß Andere den Glauben mit ihm teilen, daß Andere mit ihm im Ringen um den Glauben und so in der Gemeinschaft des Glaubens verbunden sind. „Ja, verbinde in der Wahrheit, die du [sc. Christus] selbst im Wesen bist, alles, was von deiner Klarheit in der Tat erleuchtet ist" (N.L. Graf v. Zinzendorf).[3]

---

[2] H. Rombach, Leben des Geistes. Ein Buch der Bilder zur Fundamentalgeschichte der Menschheit, Freiburg/Basel/Wien 1977, S. 296.

[3] N.L. Graf von Zinzendorf, Herz und Herz vereint zusammen (Evang. Kirchengesangbuch 217), V. 5.

Doch es hat jeder immer auch einen eigenen Geist, seinen „subjektiven" Geist. Das ist hier noch eigens zu bedenken. – In jedem einzelnen Menschen ist ein Geist, sein Geist wirksam: als das, worauf dieser mit dem, was er ist, tut und spricht, ausgerichtet ist; als das, was ihn letztlich bewegt und beschäftigt und was den Sinn ausmacht, dem er in seinem Leben Ausdruck zu geben sucht. Sein Geist ist, was er letztlich und genaugenommen im Sinn hat, wie er also gesinnt ist. *Sein* Sinn, *sein* Endziel, der Geist *seines* Lebens ist das – und ist doch zugleich und zuallererst der *Fundus*, die Grundidee seines Lebens: das, was ihn bewegt, belebt und wovon er lebt. Denn was einer im Sinn hat und worauf er hinaus will, ist schon der Ausgangspunkt aller seiner Worte – und ist zugleich immer *mehr*, als er in Worten aussagen kann. Das besitzt und beherrscht er nicht, *das* vielmehr erfüllt und bewegt *ihn*. Für ihn selbst jedoch, für seine eigene Wahrnehmung, ist der Geist als Fundus seines Lebens nur da, wenn ihm seine Leidenschaft gilt. Anders spürte er ihn gar nicht. In der Leidenschaft hat ein Mensch, wie Hegel sagt, sein „ganze(s) lebendige(s) Interesse... in *einen* Inhalt gelegt". Ohne sie aber „ist nichts Großes... vollbracht worden" und kann es gar nicht „vollbracht werden".[4] Nur für den, der *selbst* vom Geist bewegt und begeistert ist, dessen „Verlangen" auf ihn, den Geist, gerichtet ist, nur für den *selbst* ist der Geist wirksam. Es ist der Geist, von dem einer lebt, nur dem lebendig, der das selbst will. Das Wirken des Geistes besteht eben darin, einen Menschen *so* zu erfüllen und solches Verlangen nach ihm zu erwecken, daß dieser selbst, nach eigenem Wollen und also leidenschaftlich dafür, für den ihn erfüllenden Geist, lebt. Eine derart starke, intensive Verbundenheit kann das sein, daß einer in seiner individuellen Besonderheit ganz erfüllt und durchdrungen ist von diesem seinem Geist: er als diese Person gar nicht

---

[4] G. W. F. HEGEL, Enzyklopädie der philosophischen Wissenschaften (1830) [Phil. Bibl. 33, Hamburg 1959] § 474 Anm.

mehr zu denken ist ohne diesen Geist – auch dann, wenn er wieder von ihm abweicht und auf sich *allein* zurückfällt.

So, denke ich, ist der Glaube an Gott im Leben eines Menschen da: als die Leidenschaft des Lebens, so daß er ihn nicht aus dem Sinn lassen will. Er, Gott, ist im Glauben da als mein Geist, der mich innerlich belebt, mein Leben durchdringen will – und so da ist als das, wofür Menschen sinnvoll leben können, ja was sie „eigentlich" und letztlich allein selbst wollen *können*. Er ist für mich da als der nicht auszuschöpfende, nicht zu besitzende, nicht handhabbare, sondern nur beharrlich zu erahnende und aufzuspürende, untrügliche Geist, der alles in mir und um mich, was in Geistlosigkeit erstarren will, verwandeln und in seinem Sinn erfüllen will.

Wo ein Mensch sich in einem solchen Geist findet – also findet, wovon und worin er selbst leben will und im Sinn hat zu leben – findet er sich als Person: ist er er selbst. Denn das, was einer in seinem Innersten, also als Person ist, das hat er ja nicht von Natur und das ist nichts Vorhandenes: Es ist Aufgabe und Geschenk zugleich, lebenslang und immer neu zu vergegenwärtigen. Worin also ein Einzelner sich selbst – sich als Person – gewinnt und was er in seinem Leben bei sich ausbildet, wofür er persönlich steht und was er vertritt, das ist sein Geist. Und *der* ist das, was ihn zu dem macht, was er *selbst* ist. Sein Geist macht ihn zu dieser Person, die er ist. Derjenige nun, der das für sich erkennt, daß er darin, in seinem Geist, sein Selbst hat, darin er selbst als diese Person ist, der ist in dieser Erkenntnis, die doch ein Glaube ist, *frei*; er ist frei, der zu sein, der er ist, denn er kann sich zu sich selbst verhalten. Wo der Geist eines Lebens mir zu dem wird, was ich persönlich bin, wo ich im Geist ich selbst, dieser Einzelne, sein kann – da ist Freiheit, der Geist der Freiheit. Und nur dieser Geist, der mich diese Person sein läßt, ist der wahre schöpferische Geist, der lebendig macht und nichts Lebenswertes unterdrückt. So kann Gott als mein Geist mein Innerstes, das Zentrum meiner Person sein – wenn ich nicht ihn und mich selbst verkenne.

– und was „Gott als Geist" ist

Der wahre Geist, der Geist der Wahrheit, ist richtend und sich schenkend zugleich. Vor ihm und in der Freiheit, die er dem Einzelnen eröffnet, ist alles Trübe, Unwahre im eigenen Leben aufgedeckt, unausweichlich gestellt. Denn daß da nichts zu verheimlichen ist, daran hängt meine Freiheit mir selbst gegenüber. Doch wie peinlich kann aufgedeckte Unwahrheit sein. Aber die Wahrheit meines Lebens, meiner als Person, hängt daran, daß ich mein Unwahrsein mir nicht verberge. Wahrheit *als* Wahrheit ist eindeutig und also schneidend scharf – ich könnte sonst nie erkennen, daß ich sie nur in meiner Zweideutigkeit habe. Der Geist, der *frei* lebendig macht, ist auch ein brennender, den Einzelnen läuternder Geist, er wäre sonst nicht klärend. Wie die Liebe als eine brennende eine unverfälschte ist.

Und der wahre Geist ist ein frei, umsonst, von selbst sich schenkender. Er ist reine Gnade: *die* Gnade. Denn er schließt nicht nur keinen Menschen aus – er schließt nichts Menschliches aus. Alles will er verwandelnd erfüllen und zur Gestalt seines Bei-uns-seins machen, so wie es ihm gefällt: die Ferne und die Nähe zu anderen Menschen, den Jubel und die Tränen, das Hohe und das Niedrige, die Stunde gefundener Anerkennung und die des Alleingelassenseins, das Leben und das Sterben. Er will, noch einmal sei es gesagt, wirklich *mein* Geist sein, der Geist eines jeden – ganz.

Es ist kein aufrichtiges, kein lebendiges Leben eines Menschen denkbar ohne diesen Geist. Aber mein Geist – ich selbst –: nie *bin* ich das einfach. Ich stehe mir immer wieder selbst im Wege – ich stehe „eigentlich" in Wahrheit immer noch aus. Zu „mir", zu dem, was ich in meinem Innersten selbst oder als Person bin, bin ich immer noch unterwegs. Zu vieles in meinem Leben bleibt fragmentarisch; zuviel hat sich im Finstern verloren, Zerstörtes, Ungelöstes ist darin. Wie, wenn ich *nur* mich hätte? Wie, wenn die Wirksamkeit des Geistes – von dem ich hoffe, daß er mich nicht verläßt – nicht größer wäre als ich allein: nicht die Kraft hätte, das Fragmentarische zu vollenden, das Verkehrte zurechtzubringen, das Zerbrochene zu versöhnen? Das Wunder des Geistes ist es, daß ich dennoch ich selbst sein kann, daß ich als dieser Mensch – eben als ich selbst – *lebe*: jeden Tag in der Kraft des Geistes neu.

Das ist schwer zu verstehen: Mein Innerstes, das doch nicht *bloß* innerlich bleibt, das vielmehr das Leben prägt und es in den Bezügen und Handlungen formt – dies Innerste als das Zentrum meiner selbst ist größer als ich, größer als alles, was ich an mir wahrnehme und empfinde; und eben das bin ich zugleich wahrhaft *selbst*. Es ist größer als ich – und gerade so mein Innerstes *als* mein *Geist*. Und wie er nicht einfach ich, sondern meine Wahrheit ist, so ist er von sich aus gemeint und von jedem, der in der Wahrheit ist, gewollt als die Wahrheit eines jeden, als der Geist aller.

Schwer ist das zu verstehen. Doch es ist das ganze Geheimnis des christlichen Glaubens, die Grundidee der christlichen Religion: zu leben aus einer Wirklichkeit, die außerhalb meiner gründet und die doch zutiefst, zuinnerst, zu mir – zu mir selbst – gehört.

Was der Glaube an Gott im Leben eines Menschen ist? Nichts anderes als dies: daß Gott, der Geist, für ihn zum Zentrum, zu seinem Innersten wird – immer mehr zu dem wird, worin er ganz er selbst sein kann. Und so auch bei mir wie bei jedem: daß er meine Einheit, meine Mitte in all dem Verschiedenartigen und Bruchstückhaften sei – meine Einheit, die mich mit Anderen verbindet und mich nicht mir allein überläßt; daß er mir zum schaffenden, belebenden Geist wird, der mich umbildet aus meinem Verqueren und Verfehlten heraus – und damit doch nichts anderes wirkt, als mich selbst aufleben zu lassen; daß Gott und seine ahnungsvolle Erfahrung mir das ist, was mir mein Leben lebenswert macht, jeden Tag. Ich kann um dies Leben im Geist nur bitten.

IV. Kapitel: Wie Gott im Leben eines Menschen ist

1. Abschnitt: Gott ist nicht ferne, sondern bei uns da

Gott sei, so behaupten sogar Theologen, in der modernen Welt „abwesend"; eine „Gottesverfinsterung" habe um sich gegriffen, das „Schweigen Gottes" charakterisiere unsere Zeit. Gott, so haben wir demnach anzunehmen, sei uns „entschwunden", sei ferne von uns, er verberge, entziehe sich; nur im „Kreuz", im Schmerz der Entbehrung sei er da und also, wie es heißt, nur „abwesend anwesend". Er ist demnach nicht gegenwärtig da, sondern er „komme" erst noch: in seiner eigenen, sich selbst vorbehaltenen Zukunft oder irgendwie in „der Zukunft" – oder je und je in der Predigt, in seinem „Wort". Doch für die Gegenwart „stehe" er „aus", sie kennzeichne ein „Gottesverlust". So oder so – nicht wird ausgesagt, daß Gott *da* ist, *gegenwärtig* ist. Oder wir hören: „Gott ist tot", „Gott selbst stirbt". Nehmen wir aber solche Sätze ernst und befragen wir sie auf ihren Wahrheitsgehalt, dann bleiben wir ratlos. Wie ist das gemeint – „Tötung" Gottes: als seine Vernichtung? oder als seine Selbsttötung? Und sollte das bedeuten: Bei soviel Totem um uns noch einen Toten mehr? Ist denn nicht alles aus, also nur noch Tod und Schluß – Ende, wenn auch Gott noch tot ist? Und wenn es mit ihm zu Ende ist, weshalb dann von ihm noch eigens reden?

Ein Stück weit ist freilich solche Rede vom „fehlenden", vom „fernen Gott" wohl verständlich. Gott ist ja, wie ausgeführt, unmittelbar nicht sichtbar. Zudem stellt in unserer Zeit die Abhängigkeit des Menschen von der Natur nicht mehr die selbstverständliche Analogie zur Gottesbeziehung dar. Gott, so wurde hier betont gesagt, ist keine feststellbare Tatsache; er läßt sich nicht an irgendwelchen Daten oder Fakten „ablesen". Er ist auch kein „Sinnkonstrukt", etwa „der" Gesellschaft oder von Meinungsmachern; denn „Sinn" läßt sich gar nicht konstruieren, läßt sich nicht herstellen und beschaffen, auch nicht verordnen oder anordnen. Hat man nämlich den „Modus der ‚Beschaffung'" durchschaut, so ist der vermeintliche Sinn als eine Einbildung durchschaut und als Selbstillusionierung entlarvt (J. Habermas).[1] Soweit also mag jene Rede vom „fernen", entschwundenen „Gott" verständlich sein.

Und doch: Jede Aussage über Gott, die voraussetzt, er sei „unbekannt", unerkennbar, „abwesend", verfehlt ihr Thema, verfehlt Gott. Die Philosophin Jeanne Hersch schreibt: „Ich glaube, daß das grundsätzliche und bleibende Gottesproblem in der Unfähigkeit des Menschen liegt, dieses Problem wirklich zu stellen: Entweder ist [nämlich] Gott immer schon da, bevor die Frage gestellt wird, oder er ist in der Frage gar nicht da", in ihr, so wie sie gestellt ist, gar nicht im Blick. Mithin verkennt der in üblicher Weise Fragende, „daß Gott in der Frage da ist." Mit J. Hersch sei diese Alternative erläutert: Es kann einer, wie er meint, nach Gott fragen, und weiß doch gar nicht, wonach er fragt, weil er nach etwas fragt, von dem er annimmt, es sei ein Ding, ein Tatbestand unter anderen. Seine Fragestellung ist der Form und ihrer „Logik" nach derart, daß sie gar nicht mit „Gott" beantwortet werden *kann*. M.a.W., seine Fragestellung, eine in der üblichen Art, schließt die Antwort „Gott" gerade aus. In bezug auf Gott bedarf die Fragestellung selbst der Korrektur. Weiß einer wirklich, wonach er fragt, wenn er nach Gott fragt, so muß ihm klar sein, daß Gott kein Produkt, kein Konstrukt des Menschen sein kann, sondern daß er als Gott *aus sich* und immer schon ist. Die Frage des Menschen richtet sich nur dann auf Gott,

---

[1] J. HABERMAS, Legitimationsprobleme im Spätkapitalismus (ed. suhrk. 623), Frankfurt a.M. 1973, S. 99.

wenn Gott anders gedacht wird, als die Fragestellung nahelegt: nämlich als das „Letzte", was gar nicht mehr in Frage gestellt werden *kann*, es wäre sonst die Frage *selbst* sinnlos.

Anders gesagt: Wer in seiner Fragestellung wie selbstverständlich als eine alternative Möglichkeit annimmt, Gott sei eine Einbildung des Menschen, der fragt gar nicht nach „Gott", sondern der hat, durch seine *Fragestellung* bereits, „Gott" zu einem bloß *vermeintlichen* „Gott" herabgesetzt, der sein oder auch nicht sein kann. Doch was sein oder auch nicht sein kann, das ist eben endlich. Seine Fragestellung ist folglich – einsehbar – irrig. Nur wer die Annahme, Gott könne sein oder auch nicht sein, er könne Wahrheit oder bloß illusionäre Einbildung sein, gedanklich überwindet, also denkt, daß Gott so „etwas", etwas bloß Mögliches, nicht sein kann, so nicht zu denken ist, der nur fragt nach Gott. Das heißt, zieht man daraus einen Schluß, einzusehen ist, und zwar gerade *das* ist einzusehen: Gott kann nicht fraglich sein, obschon doch die Frage, als Frage unvermeidlich, dies unterstellt. Wer sich in bezug auf Gott diese Korrektur seiner Fragestellung gefallen läßt, indem er sie *selbst* denkt, der denkt und erkennt Gott.

Zusammenfassend gesagt: Wer erkennt, daß man Gott als Gott nicht in Frage stellen kann, er wäre sonst nicht Gott, der erkennt *Gott*. – Wie ja auch umgekehrt keiner nach Gott wirklich fragend sucht, der zu wissen meint und also voraussetzt, daß Gott nur eine Einbildung des Menschen ist. Wer das meint, der ist mit Gott „fertig" und fragt nicht, für den ist die menschliche Projektions- und Einbildungskraft das Übergeordnete über die durchschaute Gottes-„Illusion" – für den ist der vermeintliche „Gott" gar nicht das Absolute, gar nicht wirklich *Gott*.

Was, mit anderen Worten, bei der Frage nach Gott einzusehen ist, das ist dies: daß in jeder wirklichen Frage nach ihm, gerade auch wenn er schmerzlich entbehrt wird, Gott schon vorausgesetzt und insofern schon da ist. Wenn man nur genau bedenkt, wer oder was da erfragt ist, *dann* erfaßt man überrascht und erstaunt, daß dasjenige, wonach da gefragt wird, schon sein muß, bevor gefragt wurde, sonst wäre die Frage *danach* gar nicht sinnvoll. Oder noch anders gesagt: Zu begreifen ist, daß bereits die Frage – die Frage nach Gott – Gott bejaht. Sie hat immer schon die Antwort: eben das und nichts anderes ist zu begreifen. Dies selbst zu denken, dies nachzuvollziehen – ist die ganze Antwort auf jede ernsthafte Frage nach Gott.

J. Hersch formuliert das so: „Ich habe es immer als unmöglich empfunden, die Frage nach Gott zu stellen – nicht etwa weil Gott nicht da wäre, sondern weil er so ungemein gegenwärtig ist, daß er vom ersten Wort an bereits anwesend ist. Man kann sich ihm nicht entziehen." Und sie führt des näheren aus, *inwiefern* Gott – eben weil er Gott ist – so ungewöhnlich gegenwärtig ist, daß er in jeder Frage nach ihm immer schon bejaht, also als Gott „bereits da ist": „Ich kann mir keinen einzigen sinnvollen Gedanken vorstellen, der nicht bereits die Dimension des Sinns als solchen enthielte. Diese Dimension findet sich nie in den Tatsachen, ... und ich sehe auch nicht, wie der logische Verstand sie hervorbringen könnte. Er befindet sich [immer schon] in dieser Dimension, aber er bringt sie nicht hervor. So sehr, daß ich fast sagen möchte, ich denke und überlege eigentlich nur in Gott. Deshalb kann ich das ‚Problem' [sc. Gott als etwas Problematisches, Fragliches] gar nicht stellen."

Fragt einer wirklich nach Gott und nicht nach dem „Gespinst" seiner Wünsche, so muß er bereits begriffen haben: Gott kann nicht in *dem* Sinne fraglich sein, daß dabei „offen" bleibt, ob er sein oder ebensogut auch nicht sein kann. In *diesem* Sinne „fraglich" kann in der Frage nach Gott nur die eigene Beziehung des Fragenden zu Gott sein – diese allerdings. Aber Gott *selbst*, läßt man sich auf die Frage nach ihm ein, ist nicht zu verneinen. „Vielmehr", hören wir J. Hersch, „sage ich, daß Gott in dem Maße, in dem sich der menschliche Geist betätigt, in dem [Maße, wie] er lebt und denkt, immer schon da ist." Denn ohne jene „Dimension des Sinns" wären die Menschen gar nicht; „ohne einen gemeinsamen Glauben an die Möglichkeit der Aussprache" (J. Hersch) und an das Sinnvolle dieses Sich-aussprechens würden sie gar nicht miteinander sprechen und sich verständigen. Ja, genauer noch: Sie könnten das nicht, wir Menschen könnten menschlich nicht leben, ohne den Glauben an die *Wirklichkeit* der Gemeinsamkeit, die in jedem Sprechen unabdingbar liegt, insofern jede Sprache eine mit Anderen gemeinsame und jedes Sprechen immer auch ein Sprechen mit den Worten Anderer ist. Von dieser „Dimension des Sinns" und der Gemeinsamkeit leben wir immer schon. Wir setzen sie mit jedem Satz, den wir sprechen, voraus und nehmen sie mit jedem zugleich in Anspruch und Gebrauch. Diese Gemeinsamkeit, ohne die Sprache nicht wäre und Sprechen sinnlos wäre, ist der Boden, auf dem wir immer schon stehen – weit vor jedem Tun unsererseits, vor jeder Frage, die wir stellen. Wie ja auch keiner von uns ein „Ich" – dies „Ich" – wäre, hätte nicht jemand ihn so angesprochen und also erweckt, was schon in ihm war. Solche Gemeinsamkeit, die Menschen verbindet, wenn sie sich gegenseitig verstehen, ist in der Sprache und doch mehr als alle Worte einer Sprache: Sie ist der Geist der Sprache; und wer an ihn glaubt, der entdeckt solche Gemeinsamkeit des Sichverstehens für sich.

„Und deshalb", heißt es bei J. Hersch, „sprechen alle Menschen, deshalb sprechen sie in unzähligen Sprachen und haben die Möglichkeit, die Sprachen der anderen zu erlernen: Sie glauben an den Sinn des Sagens. An einen Sinn des Sagens glauben heißt, sich diesseits und jenseits aller Erfahrungen und aller Vernunftgemäßheit stellen – in etwas, das ich Gott nennen könnte, denn es scheint diesen Namen zu verdienen." – „Und so verbinde ich den Gottesbegriff... mit der Wahrheit. Wenn Gott die Worte ‚ich bin die Wahrheit' in den Mund gelegt werden, so scheint mir das so fraglos richtig, daß jede weitere Auslegung dürftig wirkt."[2]

---

[2] J. HERSCH, Die Philosophie und die Frage nach Gott; in: DIES., Die Hoffnung Mensch zu sein. Essays, Zürich/Köln 1976, S. 152ff.; Zitate: 152–4 [z.T. umgestellt; Zusätze in eckigen Klammern von mir].

Alles andere als selbstverständlich ist freilich dieser Geist des Sprechens, dieser Geist der Gemeinsamkeit. In jedem Gespräch ist er neu zu finden; – wie jedes intensive Gespräch begonnen wird in der gewissen Hoffnung, er werde sich neu erschließen, so daß es zu einer Verständigung, zur Versöhnung kommt. Aber, wie jeder weiß, wir können ihn auch verfehlen. „In einer Welt unabsehbarer Antinomien", in die nichts, kein Gedanke, auch nicht mein oder dein Gedanke Gottes, *nicht* „hineingezogen sich findet, ist gelingende Kommunikation", so schreibt H. Biesel, „für mich ein Wunder, nicht voraussehbar und nicht geringer als das Wunder der Totenerweckung. Der Grad an Skepsis und Vertrauen muß wohl, nach solcher Voraussetzung, unendlich sein."[3]

Geben wir die irrige Vorstellung auf, als sei Gott etwas abgetrennt für sich Bestehendes, abgelöst und fern von der Welt der Menschen – und lassen wir ab von dem Irrtum, als ließe sich die Welt rein immanent aus sich selbst verstehen, als sei der Mensch nur das, was er feststellbar ist, wo er doch nicht zu denken ist, ohne Bezug zu einer überlegenen Wahrheit, zu einem ihn fundierenden Sinn – wenn wir von diesen Täuschungen freikommen, so denken wir und werden wir uns und unsere Welt verstehen unter der einen Überschrift: Gott ist *gegenwärtig*, er ist bei uns *da*, mitten unter uns und um uns. Er ist der Boden, auf dem wir Menschen stehen: auf dem jeder selbst bewußt steht, wenn er sich recht versteht. Er, Gott, ist die Gemeinsamkeit, in der Menschen sich gegenseitig verstehen. Er ist der Fundus, aus dem einer schöpft, wenn er wach und sein Leben bejahend lebt. Er ist der Elan, der Mut gibt, und stark macht, aufrecht zu gehen und *selbst* zu leben. „... fürwahr, er ist nicht ferne von einem jeden unter uns" (Apg. 17,27). Gott ist da: wie das Lebenswasser, das uns lebendig hält, indem es uns unablässig erneuert – wie das Wasser, das weiterträgt, indem es Erstarrtes erweckt, neu erfrischt. Er ist da wie die „Luft, die alles füllet, drin wir immer schweben, aller Dinge

---

[3] H. Biesel in einem Privatbrief vom 2.9.1987.

Grund und Leben" (G. Tersteegen).[4] Wie könnte da einer trotzig fragen wie ein Kind: „Luft, was ist das, gibt's das? Zeig' sie mir mal – warum kann man sie nicht anfassen?" Gott ist da als der Geist, der bewegt und inspiriert und einen Menschen erfüllt. Er ist die stärkende Mitte einer Person für alles, was diese will und erfährt: das Zentrum eines Menschen. Und er, Gott, ist die einende und erweckende Liebe: *die* Liebe, die mit ihrem Blick das Liebenswerte hervorruft, die ein Leben erhellt, wesentlich und fruchtbar auch für Andere macht. Er ist die untrügliche Wahrheit, angesichts derer man sein Leben ohne Selbstbeschwichtigung selbst führen kann; denn er ist *die* Wahrheit, die unser Versagen nicht nur aufdeckt, sondern auch verzeiht.

Aus all dem ist deutlich: Gott wird man nicht finden, wenn man ihn sucht, als wäre er nicht da. Gott läßt sich überhaupt nicht suchen, er läßt sich nur finden (um G. Tersteegens Formulierung noch einmal aufzunehmen).[5] Er ist da, gegenwärtig und um mich, auch wenn ich es nicht bemerke. Aber er ist nur wirklich für einen Menschen da, wenn dieser ihn für sich entdeckt: wenn er sich einläßt auf Gott, sich Gott auftut und Gott bei sich einläßt. Wie die Luft uns nur belebt, weil sie in uns eindringt, wenn wir selbst atmen. Wie das Wasser uns nur trägt, wenn wir uns in ihm bewegen. Wie Musik für uns nur ist, wenn sie uns von innen heraus ergreift. So ist auch Gott nicht nur um uns, sondern *in* jedem von uns, dem sich Gott erschließt, weil er sich nicht Gott verschließt.

Gott ist unter uns Menschen – und doch kann es dem Einzelnen scheinen, er sei nicht wirklich da, nicht bei ihm und in ihm. Denn wie man sich für Gott öffnen, so kann man sich ihm auch verschließen; und wer von uns täte nicht auch dies? Gott ist immer schon da, er kommt uns gleichsam immer entgegen; aber er kommt nicht ungebeten; er geht, so scheint es, unweigerlich, an

---

[4] G. TERSTEEGEN, Gott ist gegenwärtig (Evang. Kirchengesangbuch 128), V. 5.
[5] G. TERSTEEGEN, Aus G. Tersteegens Briefen [wie oben zu I. 1., S. 36].

mir vorüber, wenn ich ihn nicht anspreche, ihn nicht mit Namen nenne. Wer jedoch nicht herausgeht aus sich, sich Gott nicht öffnet und anvertraut, für den ist schrecklicherweise Gott nicht nur nicht da: für den ist Gott gar nicht. Der wird sagen, Gott sei ein leeres Wort, Gott „gebe" es nicht. So ist Gott unter uns – und doch manchem verdeckt, wie hinter Wolken ferne gerückt.

Wie kann das sein? Das ist das Rätsel des Unglaubens und das Geheimnis des Glaubens zugleich. Wir werden weder das eine lösen noch das andere enthüllen, aber beidem auf die Spur kommen und so uns selbst ein Stück weit verstehen, wenn wir verstehen, *wie* Gott unter uns da und gegenwärtig ist. Er ist nämlich *vor* allem da in den Worten, in dem Gesicht jedes anderen Menschen, an dem mir aufgeht: daß überhaupt Freundlichkeit, Verständnis unter Menschen *ist*. Wo sich mir dies erschließt und ich das in mich, als meine Wahrheit, einlasse: da entdecke ich Gott, da ist Gott für mich da. „Doch wer, der von Tag zu Tag überlebt, tut's nicht durch Nachsicht und Freundlichkeit" (Ch. Busta)?[6] Freilich kann man auch noch daran achtlos vorübergehen. M. Claudius spricht vom „heimliche(n) Wort, das von Gott in jedwedem Menschen redet".[7] Doch weil Gott so unter uns da ist – in jedem Nächsten, den ich *so* sehen kann, wie Gott ihn meint – deshalb ist Gott gegenwärtig, indem er zugleich *von sich aus* zutiefst verborgen ist. Gottes Liebe zu uns Menschen ist so stark, daß sie vollbringt, was höchste Liebe will: ganz im Anderen sein. Und Gott tut das und ist das noch und gerade in dem, der als Gottes geliebter Anderer, als Mensch, Gott nicht selten auch verstellt. *Darin* besteht die alles Endliche überragende, die unendliche Liebe Gottes. „Das also", schreibt P. Lippert, „ist die stärkste Kraft, die göttlichste, die es gibt: die Kraft, etwas anderes, als man selbst ist, bejahen, wollen, hervorbringen zu können, etwas tragen, gelten

---

[6] CH. BUSTA, Wenn du das Wappen der Liebe malst..., Gedichte, Salzburg 1981, S. 117.

[7] M. CLAUDIUS, Sämtl. Werke [wie oben zu II. 1. A., S. 70], S. 693.

lassen und zur Geltung bringen zu können – und also selbst zurückzutreten hinter einem andern, während man doch mit der ganzen Wesenskraft in ihm gegenwärtig ist; sichtbar werden in einem andern und so selbst unsichtbar bleiben. Gerade darum bist Du ja so unsichtbar in der Welt."[8]

Gottes Gegenwart erkennen wir nicht, wenn wir nicht zugleich die zu ihr gehörende Verborgenheit begreifen – und doch ist sie es, an der wir uns wieder und wieder stoßen. Oft erscheint es uns als Ärgernis und als Zeichen gegen Gott, daß der eindeutige Gott, in dem keine Finsternis ist, sich nicht augenfällig zu erkennen gibt. Aber Gott will ja von uns entdeckt und gefunden sein: und von jedem von uns genau dort, wo er gerade steht. Deshalb ist er unmittelbar gar nicht sichtbar. Er ist nicht an einem – und also nur an einem – bestimmten Ort; er ist überall und also leibhaftig nahe einem jeden von uns: nämlich verborgen da – und also als zu entdecken – in jedem Anderen, der mir zu meinem Anderen, zu meinem Nächsten wird, der mir so oder so, als Last oder Glück, nahe ist. Anders als so unheimlich verborgen kann Gott gar nicht als Gott da sein. Denn wäre er eindeutig sichtbar, so ließe er mir keine Freiheit, liebte mich nicht, ich müßte vor ihm vergehen. Es ist gut für uns, daß er so heimlich da ist, so sanft uns erwecken will. Aber weil er verborgen unter uns gegenwärtig ist, setzt er sich der Verwechslung mit irgendeinem Menschen aus – mit dem Menschen nämlich, dem ich ein Nächster, der Nächste, werde. Er ist so verhüllt da, daß er übersehen werden kann und nur zu oft übersehen wird. – Doch damit wir nicht vergessen, daß Gott *so* da ist, leibhaftig als *dieser* Mensch, deshalb erinnern sich die Christen an die „unendliche Geschichte", nach der Gott ganz da und erkenntlich ist in dem *einen* Menschen, Jesus von Nazareth – wenn wir diesen Menschen nicht isoliert für sich betrachten, sondern erkennen in dem Geist, der in seiner Geschichte wirksam ist.

---

[8] P. LIPPERT, S.J., Der Mensch Job redet mit Gott, München 1934, S. 212.

Furchtbar aber ist es, daß wir Gott, diesen daseienden Gott, in unserer Achtlosigkeit verkennen. Es ist ja jeder dem Andern ein Weg – eine Weise, wie man lebt. Es wäre nicht so viel Hoffnungslosigkeit, so viel Elend aus Bitterkeit und Resignation, nicht so viel Unverständnis für Gott und also nicht so viel Unglaube, wenn wir, die wir von Gott zu wissen meinen, nicht in unserer Engherzigkeit und in Kleinmut Gott – den Geist der Wahrheit und der Liebe – Anderen verdeckten. Wie aber soll unter dem Schutt unserer Freudlosigkeit der Andere seine Freude zum Leben entdecken? Das ist unser Versagen, mein Verschulden. Nur zu oft lassen wir Gott nicht aufkommen, sondern verstellen, ja entstellen wir ihn. Wir sperren Gott aus unserem Leben aus, verlassen das, was Gott ist, und beharren – jeder besorgt um sich – auf uns: sichern uns ab gegen Gott, der doch das innerst Belebende – unser wahres Selbst – und das verbindend Gemeinsame ist, das Versöhnende für alle sein will. Daß wir mit unserer engen, müden Art zu leben Gott zur Unkenntlichkeit reduzieren, daß wir so tun, als sei er nicht, ihn totschweigen und ihm damit seine Lebendigkeit unter den Menschen nehmen, ihn so zuschütten und töten: das ist unsere Schuld, und ist doch nichts als unsere Verblendung. Denn in Wirklichkeit ‚tut es', wie Jean Paul sagt, uns, den Tätern, ‚wohl', „daß wir an allen Neben-Menschen, auch unscheinbaren, das zu achten haben, was Gott allein kennt".[9]

Wo ein Mensch Gott einläßt in sein Leben, da ist Gott da und wirksam in diesem Lebensvollzug als das, was Gott selbst ist: die nicht verzweckende, nicht vereinnahmende, sondern frei sich gebende Liebe; Leben jenseits der Selbstsorge und des Verfügens. Gott ist im Leben eines Menschen in *dem* da, was dieser selbst und als Person ist – wenn er nur *selbst* davon bewegt ist, nichts anderes selbst will als letztlich eben dies: diese Liebe lieben, ihr sich öffnen, sie selbst leben – und sie so, ohne irgendwelche zusätzlichen

---

[9] JEAN PAUL, Selina; in: JEAN PAUL, Sämtliche Werke, hg. N. Miller, Bd. 6, München ³1967, S. 1190.

Absichten, in seinem Tun und Lassen unter Menschen Gestalt gewinnen lassen. Ein solcher Mensch, in dessen Lebensführung Gott da ist, wird inständig darauf hoffen, daß Gott, diese Quelle allen Lebens, ihm deutlich bleibe bis zu seinem letzten Atemzug – aber auch allen Anderen deutlich sei und werde als die untrügliche, nie zu Ende zu denkende Wahrheit hinter allem, selbst hinter dem Zerstörten und Zugrundegerichteten, hinter aller Gottesverkennung. Er wird leben und wünschen, daß den Anderen wie ihm dieser Glaube gewiß werde, in dem das Leben lebenswert ist und fruchtbar sein kann.

Gott ist da – frei, umsonst. Deshalb wird sich der Glaubende selbstkritisch prüfen, ob er nicht mit *seiner* Art des Glaubens Gott für die eigenen Absichten und Wünsche zu verzwecken unternimmt. Denn durch nichts mehr als durch solche Verwendung Gottes für die eigene Selbstsicherung wird Gott verhindert und um seine Lebendigkeit unter Menschen gebracht. Noch mein Lieben des Anderen kann mir mißraten zur Ich-Ausdehnung und zur Vereinnahmung des Anderen. Gefährlich nahe liegt immer der Rückfall auf sich, in welchem einer sich isoliert und seine Vorstellung vom Lieben zum Maßstab der Liebe erhebt – statt den Anderen in dessen unaufhebbarer und oft auch störenden Verschiedenheit in der Liebe und also in dessen Liebesfähigkeit zu sehen. Sogar die Gottesliebe sind wir zu pervertieren fähig: sie zu verfälschen zur Absicherung vor den Wechselfällen des Lebens und mithin gegen die Betroffenheit durch leidvolles Unheil. Unbefriedigt in seinem Liebesverlangen verlangt manch einer nicht mehr als „bewahrend umhüllende Geborgenheit". Frei von solcher Verkehrung Gottes ins eigene Selbstbesorgen wird der, der seine Gottesansicht beweglich und also für eine neue, erweiterte Gottesanschauung veränderlich hält. Im Glauben frei für Gott ist der, dessen Glauben gerade nicht abgeschlossen ist: dessen Neugier auf Gottes Dasein – nach Ausdruck von Wahrheit und Liebe – größer ist als sein bislang erworbenes Wissen von Gott. Frei ist vor Gott, wer noch neue Zeichen und Wunder für möglich hält und sich darum mit seinem Gottesbild nicht begnügt. Dessen Liebe ist stärker, größer, nach Wahrheit verlangender als sein eigenes Kennen, Meinen und Fühlen: und nur der liebt wahrhaft nicht nur sich selbst. Wer jedoch keinen Mangel kennt, dem „fehlt alles" (M. Noel). Der kennt Gott nicht, der sich auszukennen meint. „Die Liebe: eine Quelle, die Durst hat" (M. Noel).[10] Den unerschöpflichen Gott kennt und liebt nur der, dem nicht genügt, was er von Gott erkannt hat: der vielmehr mit Gott noch lange nicht zu Ende ist und darum seine Gegenwart sucht. So hat ja auch die Liebe ihr Kriterium darin, daß sie den geliebten Anderen freiläßt und wartend offen ist für neue, unbekannte Züge seines Liebens.

Großes, unwahrscheinlich erhebendes Glück ist es – die Alten nannten es „Glückseligkeit" –, wenn sich im Augenblick des Einverständnisses Gott, *der* Sinn von allem, neu erschließt. Was ich dabei konkret erfahre und selbst verstehe, das wird immer mitbestimmen, was mir Gott ist. Doch solch ein erfüllter Augenblick vergeht, und es kommt die Probe, in der sich erweisen muß, ob ich an den Sinn, der mir einleuchtet, *glaube*, so daß er mir eindrücklich bleibt über die unmittelbare Erfahrung hinaus. Ich glaube nicht an Gott, sondern gäbe Gott auf, wenn er mir *nur* das wäre, was ich von ihm erfahre. Glaube hätte bei mir keine Kraft, ja wäre nicht, wenn ich Gott und die Menschen, an denen ich ihn kennenlernte, nicht zu unterscheiden verstünde. Wo ich Gott und die Menschen einfach identifiziere, da muß ich Andere maßlos überfordern, den von mir geliebten – aber auch den von mir *so* gefürchteten – Menschen zu meinem „Gott" machen, indem ich von ihm erwarte, daß er mein „ein und alles" sei, er mich in allem verstehe oder mein Richter sei, vor dem ich zu bestehen habe. Wo ich aber unterscheiden kann und auf Gott selbst setze, Gott mir im Glauben unerschöpflich mehr ist, als ich real erfahren habe und verstehe, da kann ich den Schmerz zulassen und *ertragen*, daß

---

[10] M. Noel, Erfahrungen [wie oben zu II. 1. B., S. 79], S. 74 u. S. 247.

Menschen nur unvollkommen lieben. Ja, da geht mir sogar auf, daß ein Mensch „Gott... in Wahrheit allein lieben" kann, „wenn er ihn liebt gemäß seiner Unvollkommenheit" (S. Kierkegaard).[11] So ist ja auch für den Liebenden der Andere in seinem Geheimnis um so liebenswerter, je mehr von ihm selbst sich mir erschließt: je besser ich ihn kenne, desto kennenswerter ist er. Hingegen hat sich eine Liebe erschöpft, wenn der Andere für mich fertig ist, ich also mit ihm fertig bin.

Doch weil es mit der Gottesliebe so ist – warum denn soviel Gottesverleugnung? Das ist das unlösliche Rätsel des Unglaubens, das jeder Glaubende von sich selbst kennt. In welchem Geist oder Ungeist wir leben und sprechen, das hat unabsehbare Folgen und kann vielen Gott verschatten – wenn, wie gesagt, einer dem Anderen ein Weg oder ein Abweg ist. „Wir Erdenkinder sind einer des andern Engel, einer des andern Teufel, mancher sein eigener" (J. P. Hebel).[12] Gott ist unter Menschen nicht kenntlich ohne den Einsatz von uns, von jedem von uns. Doch wie will einer – wie ich in meinem Versagen – diese Verantwortung für Gott tragen? Vermutlich kann das nur, wer gewiß glauben kann, daß er immer schon begnadet ist: daß sein – mein – Versagen und Verschulden jeden Tag mit der Neueröffnung von Leben verziehen ist. Selig ist, wem dies nach der Nacht der Schuld neu einleuchtet.

Doch wem Gott so deutlich wird, daß er ihn zu seiner Lebensmitte gewinnt, der hat darin erfaßt, daß Gott immer schon da ist, *bevor* ich ihn kannte und an ihn glaubte. Gott wird mir kenntlich und zum Fundus meines Lebens als der, der *immer* da ist, der immer *schon* unter den Menschen und so auch bei mir gegenwärtig ist: Wie sollten sonst Menschen je menschlich leben? Gott ist da, auch unbemerkt – also längst bevor mir das bewußt wurde. Er

---

[11] S. Kierkegaard, Alle gute und vollkommene Gabe; in: Zwei erbauliche Reden (1843), Ges. Werke, hg. u. übers. v. E. Hirsch u. H. Gerdes, 2. u. 3. Abt. (=GTB 603), Gütersloh 1980, S. 421f.

[12] „Ne freudig Stündli", isch's nit e Fündli" – Ein Johann Peter Hebel-Brevier, Karlsruhe 1976, S. 50.

kommt mir immer schon zuvor, und das heißt: entgegen. – Wie ja auch die Liebe nicht erst durch mich entsteht; und wie jeder Anfang im Lieben kein Schaffen der Liebe, sondern ein von *ihr* Entflammtwerden ist. Das ist *die* Umkehr der gewöhnlichen Art zu denken und zugleich ein Neuverständnis des Lebens, so grundlegend wie eine Neugeburt: diese Erkenntnis des Glaubens, daß Liebe immer schon unter uns da ist, immer schon auch mir gegolten hat – daß sie gleichsam nur darauf wartet, in ihrer Gelegenheit von mir erkannt und bei mir zugelassen zu werden. Doch in solcher Erkenntnis wird Gott einem Menschen wahr: „Wenn du erwachst aus dem Urteilstraum und – einen Augenblick – weißt: hinter allem Lärm, hinter allem Getue, das einzig Wirkliche: die kühle, gerade Flamme der Liebe im Dunkel zeitiger Dämmerung" (D. Hammerskjöld).[13]

Gott ist da – auch unbemerkt. Er ist gegenwärtig – selbst wenn ich mich in meinem Unglauben gegen Gott abschließe. So bin ich im Glauben überzeugt, daß er auch bei denen da und am Werke ist, die ihn nicht kennen oder verkennen, weil sie in ihrer Verbitterung und Resignation meinen, Gott sei ihnen ferne, und im Unverständnis für Gott sich ihm verschließen. Dieser Glaube an das Dasein Gottes für alle – auch für die Menschen, die ihn in ihrer Blindheit und Verblendung ausschließen – gewährt mir eine Verbundenheit mit jedem Menschen, der mir begegnet, die tiefer gegründet gar nicht sein könnte. Denn selbst wenn er mir widerspricht – was mich schmerzt und also gewiß nicht unbetroffen läßt: Ich möchte und will ihn verstehen. Und selbst wo noch dies zu Ende ist und mir ein Anderer in seinem Unglauben gänzlich fremd ist, da wird mich sein Nichtglauben, gerade weil ich dieses nicht verstehe, bedrücken; weiß ich doch, glaube ich doch, daß sein Leben, wie sehr er das auch bestreiten mag, mit Gott zu tun und daß noch sein Bestreiten Gott bezeugt. Jedoch, noch in diesem Schmerz des Nichtverstehens kann ich dem Anderen verbun-

---

[13] D. Hammerskjöld, Zeichen am Weg (Knaur TB 136), München/Zürich 1965, S. 90.

den sein. Die Not seiner Entbehrung aber – wie sollte ich die nicht von mir selber kennen?

Daß Gott im Leben jedes Menschen gleichsam „eingemischt" ist, davon ist der Glaubende überzeugt – wohl wissend, daß der Nichtglaubende das, aus seiner Sicht verständlich, von sich weist. Hüten aber wird sich der Glaubende, seine Überzeugung dem Anderen als Forderung vorzuhalten oder sie ihm gar aufzureden; denn so verhinderte er das Entscheidende: daß nämlich der Andere *selbst* zu erkennen gibt, was Gott für ihn ist. Gott ist nämlich für ihn nur *wahr*, wenn er selbst ihn entdeckt.

Wer bedenkt, was Gott ist, was kann er anderes sagen als dies: Es ist gut, daß du da bist.

2. Abschnitt: Der Durchbruch zum Offenwerden für Gott

Frei für den gegenwärtigen Gott – das sind wir in der uns zur Gewohnheit gewordenen Lebensweise nicht. Denn in ihr leben wir, gegebenenfalls sehr entschlossen, nach der Devise, daß jeder sich selbst behaupten müsse. Drängt uns nicht das Leben tagaus, tagein die Ansicht geradezu auf, daß jeder, der sich nicht selbst durchsetzt, verliere: daß eben jeder sehe, wo er bleibe, selber darauf aus sein müsse, wie er das „Beste" – das ist: das Meiste – aus dem Leben „mache"? So also ist jeder besorgt um sich und darauf konzentriert, seine Bedürfnisse zu befriedigen und die eigenen Fähigkeiten zu entwickeln. In diesem Selbstverständnis muß ihm der Andere als Konkurrent seiner Freiheit, als Hindernis seiner Selbstverwirklichung, also als Gegner erscheinen. Besorgt um sich schließt er sich gegen den Anderen ab, verschließt er sich seiner Verbundenheit mit dem Anderen.

Offen für Gott im Leben: das wird einer *nur* dann, wenn diese Verschlossenheit aufbricht. Aber nicht wenig steht dem entgegen: Offen zu sein für Gott, das mag verlockend sein für einen Menschen, der sich hinaussehnt aus der Isolation ich-bezogener Selbstverengung; und doch schreckt das, was ihn so anzieht, in gleichem Maße ab. Denn wir fürchten uns vor dem, was mit uns geschehen könnte, wenn wir uns loslassen und aus uns herausgehen. Vor dieser Unsicherheit haben wir Angst. Und also versuchen wir uns selbst zu bewahren; sichern wir uns ab.

Immer hat dies Beharren auf dem eigenen Ich diese Struktur der Selbstsicherung – aus Angst vor dem Unvorhersehbaren des Anderen und vor dieser Angst. Man haust sich in sich ein, *um* sich nicht zu riskieren. Man schirmt sich ab gegen alles Nichteigene, gegen das Anderssein des Anderen und so dagegen, auf anderes und Andere verwiesen, angewiesen zu sein. Daß man nicht leben kann ohne die Anderen – das zuzugeben, ist schwer; offen, freilassend zu bleiben, das erscheint zu riskant. Deshalb drängt es einen geradezu, diese Bezogenheit „in den Griff zu bekommen", darüber zu verfügen: und damit meint man, ihrem Unbekannten sich nicht aussetzen zu müssen. Wenn ich schon auf den Anderen angewiesen bin, so soll er sein, wie ich ihn mir wünsche – und wenn er sich anders gibt, also im Konfliktfall, dann bin ich nur zu sehr geneigt, ihn nicht an mich heran zu lassen.

Immer äußert sich diese Verengung aufs vorfindliche eigene Ich in einer doppelten Weise. Indem der Mensch das, was er an sich selber zu haben meint, zum Zentrum seiner selbst macht, also letztendlich um sich kreist, sucht er notwendigerweise sich gegen den Anderen selbst durchzusetzen und bei sich selbst seine Bezogenheit auf den Anderen zu beherrschen, diese gleichsam zu „dosieren". Allemal zielt diese selbstische, selbstfixierte Selbstbehauptung auf eine Verzweckung des Anderen fürs Eigene. Aber zugleich ist das, angetrieben von der Sorge um sich, ein Ausweichen vor dem Anderen und also ein Sichzurückziehen auf sich. Denn nur so scheint einer seiner selbst sicher zu sein.

Viele Formen kann das Verfügen über den Anderen haben – bis ins vermeintliche Lieben hinein. Doch wer die Liebe an der eigenen Befriedigung mißt, der hat sie schon verraten; denn sie ist nur, wo einer sie nicht kalkuliert, sie ohne weiteren Zweck tut, gibt und empfängt, ja wo sie von einem dem Anderen geschenkt wird. Wer Gutes tut mit dem Wissen, es vor allem für den Anderen zu tun, wer es also tut im Bewußtsein, sich zu opfern, der will das Gute nicht um des Guten willen, der verpflichtet den Anderen *sich*, macht ihn der Dankbarkeit schuldig. Oder die Hilfsbedürftigkeit eines Schwachen: Sie ist an sich gierig und grenzenlos; sie sucht den Anderen sich gefügig zu machen, ganz an sich zu binden, um so der eigenen Schwäche zu entgehen. Keine Verhaltensweise des Menschen ist von vornherein vor solcher untergründig angetriebenen Vereinnahmung des Anderen fürs Eigene geschützt. Und vermutlich sind alle Formen des Selbstischen an sich süchtig: Nie findet man sich durch sie genügend befriedigt. Das Begehren des Anderen aus der drängenden eigenen Liebesbedürftigkeit heraus ist dafür nur der besonders typische Fall. Alle diese Formen der Durchsetzung des bezugslos Eigenen treiben hin auf eine Bemächtigung des Anderen oder, tiefer gesehen, auf das Beherrschenwollen der eigenen Bezogenheit zum Anderen. Und sie alle haben ihre Rechtfertigung in der herrschenden, tief in uns sitzenden Meinung, auf diese Weise unabhängig und also frei zu sein oder zu werden.

Die einfachste Weise, sicher zu sein, erst gar nicht mit sich selbst konfrontiert zu werden, ist die, aufzugehen im Üblichen, tun, was „alle" tun. Es hat da jeder seine „Bezugsperson", der er folgt. Im gesellschaftlich Gebilligten und „allgemein" Praktizierten hat man seine Selbstbestätigung „sicher", gleichsam schon vorweg. Unpersönlich sein ist bequem. Und sollte die Einbindung in die Gruppe brechen – nun, so hat man doppelten Grund, sich zurückzuziehen auf sich.

Das also ist unsere Verschlossenheit. In ihr lassen wir uns nach unseren alltäglichen Erfahrungen so leicht nicht „beirren". – Und doch ist das „nur" unsere eingefleischte Gedankenlosigkeit und die Trägheit des Herzens, in denen wir, im Grunde recht mißmutig, dahinleben – uns treiben lassen von dem, was halt kommt, und so unsere eigenen Antreiber sind, weil ja unser Mangel immer größer ist als das, was wir haben. Es ist die bequeme und doch so klägliche Mittelmäßigkeit, die nicht auffallen will und mit Vorliebe sich ergeht in endlosem (auch wissenschaftlichem) Gerede, das alles Selbstbewußte erstickt. Und es ist die eitle Gleichgültigkeit allem Ernsthaften gegenüber, die sich selbstzufrieden gibt, weil sie sich klug dünkt und Anderen gegenüber für überlegen hält. Es ist das Sich-veräußerlichen, in dem man sich mit Sachen und Leuten füllt, die einen alle doch nichts angehen. Es ist der alte Trott, es sind die eingefahrenen Gleise und das Vielerlei der Zerstreuung durch die alltäglichen Anforderungen, die nicht zur Besinnung kommen lassen – die vielleicht, wer weiß, eigens dazu erfunden sind. Es ist die lässige Beliebigkeit, in der einer nur seine eigene Befriedigung sucht – unwillig, je zu sich selbst zu stehen. Es ist die unsäglich billige Anklagerei der Anderen, „der Gesellschaft". – Und dieses Sich-einhausen ins Eigene, um „sicher zu gehen", ist in all dem doch nur das ganz Übliche, Gängige, überall Praktizierte. Immer hat darin jeder *sich* zum Höchsten und entscheidend Letzten: sich zum Gott, zum Abgott.

Natürlich stellt sich diese Verschlossenheit, in der nur das Eigene zählt, auch in viel feineren Formen dar. Unbedacht, weil nur mit uns selbst beschäftigt, merken wir zuweilen gar nicht, wie sehr wir die Anderen verletzen. Wir meinen es gut, nur *zu* gut, sind uns gar keines Unrechts bewußt – und doch versuchen wir verschwiegen uns abzusichern, den Anderen an uns zu binden, seine Liebe uns zu verpflichten: aus Angst, den Anderen zu verlieren. Statt unbefangen zuzuhören, ja „ganz Ohr" für den Anderen zu sein, schweifen wir ab oder beginnen wir noch mitten im Gespräch, den Anderen auf seine verschwiegenen Wünsche und Antriebe abzuhören, ohne zu bedenken, daß es unsere eigenen sein könnten, die wir unterstellen. Immer wieder, fast jeden Tag, unterläuft es uns, daß wir unachtsam oder schlicht vergeßlich alles Gute, Freundliche, das uns begegnet, als selbstverständlich hinnehmen; und dabei vergessen wir, daß keiner allein Täter seiner Lebensgeschichte ist.

Die Sorge um unser Leben – jeder besorgt um sich – sie durchzieht unser ganzes Leben. Ob nicht *ein* Beweggrund unserer Hektik, in der wir freudlos unser Leben „nun halt mal" leben, in der übergroßen Befürchtung liegt, wir könnten im Leben zu kurz kommen, eine entscheidende Chance könnte uns entgehen? Und ein anderer in der „allgemein" gebilligten, überall praktizierten Anpassung, sich der Gewalt des Alltäglichen und dessen Anforderungen zu überlassen – einzig darum besorgt, wie wir den Tag „mal wieder" überstehen? Das Leben, solch ein Leben sicher, läßt zum Danken keine Zeit. Wie auch sollte einer offen sein für das, was der neue Tag ihm bringt, wenn er nicht aufmerksam geworden ist, weil er für das Geschenk jedes neuen Tages zu danken versteht! Welch ein Leben jedoch leben wir üblicherweise, wenn wir zulassen, daß wir uns in den Sorgen und Belastungen des Alltäglichen erschöpfen; wenn wir den Augenblick der Besinnung fürchten, weil wir vermuten, dann hilflos zu sein?

Zweifellos bleiben die Augenblicke nicht aus, in denen jedem Einzelnen die eigene Problematik, die Angst um sich selbst angesichts der Zweideutigkeit seines Lebens, bewußt wird. Ab und an spüren wir, wie tief diese Zwiespältigkeit alles bestimmt, was wir sind und tun, so daß keiner seiner selbst wirklich sicher sein kann und jeder vor sich selbst erschrecken muß. Doch selbst dann sind wir nur zu entschlossen, bei uns selbst zu verharren. Um diese unabwendbare Zweideutigkeit nicht aushalten zu müssen, sie uns nicht einzugestehen, überziehen wir uns und die Anderen, also unser ganzes Leben, mit totalen, mithin maßlosen moralischen Forderungen. Um der eigenen Problematik zu entgehen, verschreiben wir uns dem Programm, für bessere Verhältnisse einzutreten. Die Eindeutigkeit, die wir bei uns selbst entbehren – in der Moral meinen wir sie zu haben. Maßlos ist das allemal; denn dabei wird unterstellt, wir müßten das Gute schaffen, es sei bislang noch gar nicht da, nur durch unsere Anstrengung komme es in die Welt. Und ungeheuer ist die selbstverständliche Anmaßung, der Andere habe das gleiche zu tun, was ich für richtig halte, habe sich ebenso für das einzusetzen, wofür ich Zeit und Kraft „opfere". Zudem erlaubt mir die Moral, wo sie mir das Höchste – meine Eindeutigkeit – ist, die zögernden Anderen wegen mangelnder Anstrengung oder, noch schlimmer, fehlender Einsicht und mangelnder Moral anzuklagen. Wie sicher doch Menschen in solcher Anklage sein können – und wie sehr doch solche angemaßte Anklage das Leben, gerade auch des Anklagenden, verdüstert!

Weil wir es nicht zugeben wollen – ja, mit uns selbst allein, nicht zugeben *können*, daß wir unserer selbst nicht sicher sind, nie sicher sein können, deshalb verfestigen wir uns in uns selbst: Jeder nur gerichtet auf das, was er an sich, am eigenen Ich und an der eigenen Aktivität zu haben meint. Angst liegt dem zugrunde: Angst, sich der eigenen Zweideutigkeit zu stellen und insofern seiner *nicht* sicher zu sein und folglich Angst, verloren zu sein, wenn man sich selbst losläßt ins unausgemacht Offene hinein, wenn man sich also aussetzt dem Anderssein des Anderen. Darum wohl muß man sich so viel vormachen. – So aber bringen wir uns um das Entscheidende und Beste: *selbst frei* zu leben.

Unsere ganze Selbstbehauptung und Selbstsicherung hat eine einzige Wurzel: nämlich nicht *wahr* haben zu wollen und *zu können*, daß man vor sich selbst höchst zweideutig ist und aus sich seiner selbst nicht sicher sein kann. Die Wurzel unserer Unfreiheit ist unsere Unwahrhaftigkeit uns selbst gegenüber. Daß wir uns unsere *eigene* Gefährdung nicht eingestehen und vor allem nicht gegenseitig zugestehen können, ohne an ihr zu resignieren: das schneidet uns vom offenen Leben ab und zerstört unsere Gemeinsamkeit mit dem Anderen. Unsere Unwahrhaftigkeit läßt Liebe nicht zu.

Dem Anderen Vertrauen entgegenzubringen, Gott und also dem Leben Gutes, noch ungekannt Gutes, zuzutrauen: das fällt uns in der Sorge um uns, in der Verschlossenheit des eigenen Ich, unglaublich schwer. Das nicht zu können und nicht zu tun, ist die härteste Form dessen, was man „Egoismus" nennt. Wiederum schreckt die Unsicherheit: nun die, des Anderen nicht sicher zu sein. Es trifft ja zu, daß wir uns des Anderen noch nicht einmal in der Liebe – ja gerade in der Liebe nicht – sicher sein können. Nie sind wir verwundbarer, als wenn wir lieben. Jedes Sichloslassen, jedes Sichgeben, ohne das Liebe nicht ist, geht in eine Zone des Ungesicherten hinein und ist darum dem Tod, dem bereiten Sterben verwandt. Das ängstigt – deshalb halten wir uns zurück. Wir wagen es nicht, uns gleichsam „aus der Hand zu geben", dem Anderen uns anzuvertrauen, deshalb verschließen wir uns – und nur zu viele Enttäuschungen und Kränkungen meinen wir zu kennen, die uns darin bestärken. Wahrscheinlich kann es gar nicht anders sein, solange wir fürchten – meinen fürchten zu *müssen* –, wir könnten verlorengehen.

Ja, wir können auch des Anderen nicht sicher sein. Doch das nehmen wir als unsere *eigene* Gefährdung wahr. Ihr nachzugeben, von ihr nicht wegzukommen: das bringt uns um die Wahrheit und die Liebe, verschließt uns also Gott.

Die Verschlossenheit des eigenen Ich, dieses Sichverengen aufs Eigene und bezuglose Beharren auf sich, in allen Formen der Selbstbehauptung gerade auch in der banalen Alltäglichkeit: das ist es, was in der christlichen Tradition als „Sünde" benannt wird. In ihr sondert sich der Mensch von Gott ab, schließt er Gott aus seinem Leben aus und macht ihn so zu einem Fernen, abgerückt Jenseitigen. Indem er sich selbst zu behaupten sucht, gegen den Geist des wahren Miteinanders, setzt er Gott von sich ab: So verdrängt *er* Gott in ein „Außerhalb" seiner. In dieser Gottverschlossenheit macht er sein Ich zum Höchsten, zum Lebensentscheidenden – und damit gerade bestimmt er sich zur Verkehrung seines Besten: nämlich seiner Fähigkeit zu lieben. Er erhebt sich zum Höchsten an die Stelle Gottes, also gegen Gott – und reduziert sich damit auf das isoliert Eigene: auf das, was er *allein* an sich hat. Er versteht – nein verkennt – sein Ich als *nur* sein eigen, macht es zu etwas, das gegen Gott steht: und verengt sich doch so nur auf sein Ich, auf das, was er an sich selbst hat. In allen Formen ist dieses selbstische Hängen am eigenen Ich Selbstverkehrung und Gottentfremdung zugleich. „Es sind nicht die ständigen Versehen, die unaufhörlichen Verdrehungen, denen der Prozeß gilt – obwohl Gott weiß, daß da Grund genug läge für Unruhe und Selbstverachtung –, sondern es ist die große Versündigung, die Verfälschung dessen in mir, was mehr ist, [als] was ich bin" (D. Hammerskjöld).[14]

Doch der Gedanke wäre mißverstanden, wollte man jedes Beziehen auf sich, jede Selbstliebe gott-feindlich und also Sünde nennen. Nicht ist es so, als wäre die Selbstlosigkeit das christliche Ziel und mithin jedes Insichsein bereits ein verschlossenes Beharren auf sich, in dem einer *nur* sich selber will. Der Satz von Georges Batailles: „Das Ich ist nur befreit, wenn es außer sich ist", ist der Leitspruch ekstatisch begieriger Todessehnsucht und Untergangslust, und also gar nicht christlich. Vielmehr besteht die ganze Problematik des Menschen darin, wie er *in Wahrheit* zu sich selbst finden und in seiner Zweideutigkeit identisch mit sich – eben *er* selbst – sein kann.

Daß er das nicht allein aus sich selbst vermag und *darum* sich verhärtet – und daß er sich aus diesem Bann nicht selbst lösen kann: das ist des Menschen Elend, in dem er sich um sein Bestes, ja um sich selber bringt. Wo er seine Selbstisolation als Entbehrung fühlt, da sucht er entweder die Ekstase, den Rausch, oder die Selbstvergessenheit in der Hektik, in der Karriere, in der Routine – jedenfalls die Flucht aus dem *eigenen* Leben, um dessen Leere zu entgehen. Vielleicht wird ihn seine Liebesbedürftigkeit plagen; doch je mehr er *sich* die Liebe zu verschaffen sucht, desto mehr fühlt er sich von ihr unbefriedigt, enttäuscht. Wie auch anders? Wo er *so* sich ihr doch verschließt! Denn die Liebe ist nur, wo einer frei beim Anderen ist – ohne isoliert-eigene Absichten zu verfolgen.

Jedoch, wie sollten wir fähig sein, Liebe zu begehren, ohne uns den Anderen zu sichern, ohne ihn an uns zu binden, ohne ihn für

---

[14] D. HAMMERSKJÖLD [wie oben zu IV. 1., S. 174], S. 33.

die eigene Befriedigung zu verwenden? Wir können doch gar nicht anders – wenn wir nur auf uns selbst blicken, jeder auf sich. Immer ist es, so gesehen, ein eigenes Bedürfnis, das uns drängt und nur zu leicht den Anderen dafür „braucht", benutzt. Doch so verfangen wir uns in uns selbst: und vereiteln wir die Liebe, verhindern wir die Freiheit in der offenen Gegenseitigkeit. Das ist unser Dilemma – das Dilemma unserer Sünde. Es kommt keiner allein aus sich aus dem Zirkel der Fixierung auf sich heraus. Und jeder fällt, nur zu oft, wieder und wieder in ihn zurück. Selbst Gott noch gerät so aus dem Blick: Er wird von dem Einzelnen zugedeckt durch dessen Wunschphantasien und verschmilzt mit dessen heimlichem Verlangen, nicht der zu sein, der er ist, nicht er selbst zu sein. Immer ist das so, wenn einer unfähig ist, Gott zuerst und immer auch den Gott des Anderen sein zu lassen.

Der Geist, der mich der Freiheit öffnet, kann mir nur von außen, vom Anderen her, zukommen. Wer ihn aber darum einfordert, der verweigert sich ihm. Ich kann nur um ihn bitten und auf ihn warten. Jedoch, er bleibt gewiß nicht aus. Denn er ist uns immer schon zuteil geworden, wenn uns je Liebe geschah. Es bedarf nur eines Wenigen, nur der Umwendung des Blicks weg von sich und der eigenen Entbehrung – hin zu dem, was uns an Gutem zuteil ward. Nur dieses Wenigen bedarf es – doch es wirklich zu vollziehen, ist das unwahrscheinliche Wunder der Umkehr.

Gelegenheiten dazu stellen sich ein: Vielleicht trifft es sich, daß ein Anderer mich als diesen Menschen bemerkt, mich also achtet und mir ganz absichtslos die Freude bereitet, erkannt und verstanden zu sein. Oder es öffnet sich einer dem Anderen, bringt ihm unbefangen Vertrauen entgegen, und der Andere beginnt tatsächlich, sich für ihn zu interessieren. Beim Lesen eines Buches oder eines Gedichtes kann mir aufgehen, daß noch ein anderes, gutes Leben ist jenseits dessen, was ich lebe: ein nicht von den Zwängen der Selbstbehauptung entstelltes Leben. In den Geschichten von Jesus überrascht mich, je länger ich lese, die Freiheit dieses fessellosen, ungeschützt weiten Lebens. Auch eine kleine Freundlichkeit kann Großes in mir auslösen, wenn ich sie in mich einlasse: wenn *sie* meinen Zirkel aufbricht, indem ich erfasse, der Liebe würdig und selbst zum Lieben fähig zu sein. Wo dieses *Sich*-öffnen geschieht, da lebt einer auf. Solche lebensentscheidende Erfahrung wird mir von außen, vom Anderen her, zuteil – und geht doch weit über das Vermögen auch des Anderen hinaus. Sie wäre jedoch kein Aufbrechen meiner Verschlossenheit, kein Öffnen meiner, wenn nicht dank ihr etwas in mir, in meinem Innern, sich auftäte: nämlich ein unbedingter, verläßlicher Sinn, Gott also und damit mein Gutes. Nichts geschieht, was mein Leben ins Gute verwandelt, ohne daß ich darin meine Wahrheit – und also auch die Wahrheit meiner selbst – erkenne.

Der Durchbruch durch die Selbstverfestigung ist immer zugleich der ureigene Aufbruch des Einzelnen selbst, in welchem einer aufsteht und sich hineinbewegt in diese umfassende Liebe, die Gott ist. „Dann ist diese Liebe unser eigenstes Leben, ... und wir spüren in den Dingen heraus, was mit ihr zusammenfließt" (H. Ihmig).[15]

Eine radikale Umkehr ist das, eine gründliche Umwandlung der bisherigen Weise zu leben. Gerade das, was ich in meiner Selbstbeschränkung von mir ausgeschlossen, was ich zu einem „Außerhalb" meiner gemacht habe – Gott und damit mein Gutes, den Geist wahrer, freier Gemeinsamkeit: das muß von außen meine eigensinnige Selbstverfangenheit lösen, in mich kommen und mich verwandeln. Gott, meine Wahrheit – das, was ich ersehne und dem ich mich doch verweigere – kommt „von außerhalb" auf mich zu, um mein „Außerhalb-von-Gott-Sein" aufzuschmelzen und mein Innerstes zu erfüllen.

Was mich also rettet, indem es mich auferweckt – was mir

---

[15] H. Ihmig, Leid und Leidenschaft, in: Diakon. Zeitschrift der Deutschen Diakonenschaft, 64. Jg., 1984, H. 3, S. 8f.; Zitat: S. 8. (Hier zitiert nach dem Typoskript der vorausgegangenen Andacht.)

Freiheit zum Leben gibt, wo ich mir kein Leben erschließen konnte, das kann nicht weniger sein als dies: daß sich mir das offenbart, was ich verdrängt und von mir ausgesperrt habe – *meine* Wahrheit in der Liebe. Dies Göttliche ist es, das den Menschen befreit. Das, was ihm im Durchbruch als seine Wahrheit entgegenkommt und ihn von innen heraus wahr macht, ist das von ihm verdrängte, abgespaltene Ureigene, das er in seiner Selbstverengung doch immer auch irrend suchte. In solchem umwandelnden Durchbruch, ihm zugebracht oder geradezu zugestoßen von außen, von anderen Menschen, findet der Mensch zu sich selbst, indem er in sich einläßt, was in unbedingter Eindeutigkeit alles menschliche Vermögen weit überragt: indem er Gott bei sich zuläßt.

In diesem Sinne lebensentscheidend ist einzig dies, daß einer der Wahrheit seiner selbst begegnet. Wo immer dies geschieht, da wird dem Menschen *die* Wahrheit zuteil, die ihn frei und wahrhaftig macht – *und* vor der er sein eigenes, sich selbst verschafftes Unwahrsein erkennt. Es wäre nicht meine Wahrheit, ginge mir nicht *an ihr* die Unwahrheit meiner Selbstverkehrung, meiner fixierten Selbstisolation, auf. Und das geht mir auf, weil ich es mir eingestehen kann.

Mein Unwahrsein wird mir mithin dann bewußt, wenn ich darüber hinaus bin. Denn es ist die Kraft der Wahrheit, daß sie mir meine Unwahrheit aufdeckt. Sie deckt sie auf – und so bin ich nicht länger mit ihr allein, also nicht länger ihr ausgeliefert. Aber damit ist meine Unwahrheit gerade für *mich* da, also nicht etwa vergessen und vorbei. Sie wird mir ja überhaupt erst deutlich, wenn ich mich zu ihr in ihrem verheerenden Gewicht verhalten kann. Derjenige also erfaßt seine Wahrheit, den der Schrecken über seine Gottes-Verschlossenheit – über diese seine Unwahrheit – erfaßt. „Denn die Wahrheit ist immer das Ganze", sie ist „ein absoluter, kein relativer Wert. Sie kann zum Tode sein, diese Wahrheit, sie sagt ‚was ist' und sagt es gnadenlos, alle Illusionen wie Spinnweb zerfetzend, alle schäbigen Hoffnungen niederreißend, allen Ausflüchten den Weg abschneidend, jede Lüge, die sich eine ‚fromme' nennt, in ihrer nackten Erbärmlichkeit zeigend, jeden Rausch in jene Ernüchterung wendend, die vor Schmerzen schreiend macht. Darum geht der Wahrheit der Schrecken voran, und was ihr folgen, sind Scham und Schuld, doch sie alle sind Ingredienzen der Würde" (F. Fühmann).[16]

Im Aufgehen der Wahrheit wird einem die eigene Unwahrheit bewußt; bestürzt erkennt einer, wie unwürdig der Leerlauf des alten, ich-verschlossenen Lebens ist. Der Schmerz und die Scham über dies Verfehlte ist die Reue. In ihr allererst ist einer unverhüllt seiner Zwiespältigkeit ansichtig geworden und also wahrhaft mit sich selbst konfrontiert. Der Kern der Reue nun besteht in der Einsicht, schuldig am Anderen, ja am Geist der Liebe selbst zu sein. Doch wo sie im Aufgehen der Wahrheit entsteht, da hat sie die Kraft, die Schuld und mit ihr das Wissen um die eigene Gefährdetheit auszuhalten.

Ja, noch mehr: da ist sie selbst ein Ausdruck der Wahrheit, eine Weise der Verbundenheit mit der Wahrheit. Denn es überkäme einen Menschen diese Beschämung nicht, hätte er nicht neu erfahren, daß die Wahrheit wie die Liebe in sich unbedingt und stark ist, den Verschuldeten gleichsam aufzufangen und wieder in sich aufzunehmen. Doch dies erkennen heißt begreifen, daß in der Reue – ja gerade in ihr – die Liebe, das Verlangen nach dem Anderen, nach dem Wahrsein, nach Gott, stark ist. Nahe, innig nahe möchte man dem sein, den man verletzt hat. „Die Reue ist die Liebe in der Schuld" (R. Guardini).[17] S. Kierkegaard hat die Liebe der Reue „schöner, treuer, inniger" genannt als alle sonst.[18]

---

[16] F. FÜHMANN, Wahrheit und Würde, Scham und Schuld [wie oben zu I. 2., S. 43], S. 267f.

[17] R. GUARDINI, Das Gebet des Herrn (Topos-Taschenb. Bd. 75), Mainz [11]1982, S. 66.

[18] S. KIERKEGAARD, Alle gute und vollkommene Gabe [wie oben zu IV. 1., S. 173], S. 422. E. HIRSCH schreibt: „Reue wird in dem sich schuldig Wissenden Liebe zu Gott über alle Dinge. Als solche Liebe zu

Im Dank für den Aufbruch neuen Lebens ist einer frei zum Leben: frei auch, die Beschämung über sich selbst einzugestehen und zu verkraften. Und er wird fähig, sein Unsichersein über den Anderen umzuwenden in eine Offenheit für ihn: also fähig, seine Verwundung riskieren zu *können*. Einen ganz neuen Sinn hat dann die Erkenntnis, daß wir deshalb so verwundbar sind, weil wir lieben. Sie wird zum erhellenden Ruf, neu sich in der Liebe zu verstehen und also zu neuem Lieben sich aufzumachen.

Aufrichtig seines Lebens froh wird der Mensch, der sich im Durchbruch zu Gott wie neu geschenkt erfährt. Selig, wer glauben kann, daß er selbst trotz seines Versagens frei leben darf.

3. Abschnitt: Gegenwärtig und offen im Leben sein

Das Thema des vorhergehenden Abschnittes sei noch einmal – abgewandelt – aufgenommen. Weithin leben wir nämlich gar nicht wirklich *im* Leben, leben wir nicht *das* Leben, wie es wirklich ist und jeden Tag sich auftut, leben wir es nicht *selbst*, nicht wach und jeder seiner selbst bewußt, sondern bewegen wir uns in einer Welt der Vorstellungen. Statt wirklich zu *leben*, verbleiben wir in einem Gehäuse von Vorstellungen, die wir von uns selbst, von den Anderen und vom Leben haben, leben wir diesen unseren Vorstellungen *nach*. So bringen wir uns um konkrete, also neue Erfahrungen, verharrt jeder bei dem, was er an sich selbst zu haben meint: jeder bei seinem verengten Ich. Manch einer merkt das überhaupt nicht. Er redet, wie er meint, vom „Leben", sagt, daß es so oder so sei, und drückt doch gar nichts Erfahrenes und Erlittenes aus, redet nur Schablonen, gängigen Vorstellungen

---

Gott aber ist sie die Seele, das Wesentliche des Schuldgefühls. Ohne sie wäre es nicht wahr und nicht echt,..." – und: „Göttlich ist Reue selber Gnade" (Zwiesprache auf dem Wege zu Gott [wie oben zu I. 1., S. 31], S. 172. 173).

nach. Vor allem unsere übliche Moral braucht offensichtlich solche Schemata. Trefflich läßt sich das unbestreitbare Elend in Lateinamerika oder in Südafrika ins Feld führen, wenn gesagt werden soll, was Menschsein, was erfahrbare Freude und was Elend für einen Menschen ist und bedeutet. Nicht wenigen Menschen begegnen wir, die, so geben sie uns zu vermuten, den Schritt über die Welt der Vorstellungen hinaus gar nicht wollen. Es ist ja auch ein Schritt, den man nie endgültig hinter sich hat, den vielmehr jeder Einzelne sein ganzes Leben lang immer neu zu vollziehen hat. – Aber lebenswichtig ist es, daß dieser Ring unserer Vorstellung, den wir um uns aufbauen und der uns wie selbstverständlich einschließt, aufbricht und wir aus dieser erfahrungs- und geistverhindernden Ummantelung herauskommen.

Erhebliches ist bereits gewonnen, wenn einer überhaupt darauf aufmerksam wird, wie achtlos wir das Leben mit Vorstellungen vom Leben, wie es sein sollte und sein müßte, mit idealisierenden oder abwertenden Bildern von uns selbst und von den Anderen überziehen; wie gewohnheitsmäßig wir es überlagern mit Projektionen, mit Wunschprojekten und Zukunftsphantasien, mal katastrophalen, mal optimistischen. Und dies doch nur, um uns der Wirklichkeit, der herausfordernden Gegenwärtigkeit des Lebens, nicht aussetzen zu müssen. – Sicherlich sind unsere Erfahrungen von unseren Vorstellungen vorbestimmt, und sicherlich gehen die Erfahrungen über in Bilder und Vorstellungen, ohne die sie nicht zu erinnern und nicht auszusprechen wären. Aber gemeinhin setzen wir diese gedankliche Welt der Einbildungen nicht der Auseinandersetzungen mit dem wirklich Gegenwärtigen aus. Wir verhalten uns so, als sei vorweg schon klar, was uns begegnet.

Entschlossen verfolgt einer das, was er sich vorgenommen hat, was er sein und werden will; – und er läuft so sich selbst, seinem eigenen Leben, gleichsam immer hinterher. Denn fortwährend kommt ihm, entgegen seiner Vorsorge, etwas „dazwischen"; gegenwärtig ist er nur im Ärger darüber und in der Absicht noch besserer Lebensplanung. Sein Leben besteht, sieht man es nur genau an, aus seiner Absicht, also aus seiner in die Zukunft gehenden Vorstellung, und aus den „Stücken", die ihm dazwischenkommen und die er gerade für fremd und ungewollt hält. – Vermutlich ist das immer so, wenn einer das Entscheidende, für ihn Lebenswerte nur in der Zukunft sucht. So sehr auf das aus, was kommen soll, was wir uns vorgenommen haben, wofür wir arbeiten, übergehen wir das Gute, das zufällig aufkommt oder uns unerwartet entgegengebracht wird. Wir nehmen es erst gar nicht wahr, denn wir rechnen es vorweg unter das Störende. Wie auch sollte einer, der so nur auf seine Vorstellungen von der Zukunft setzt, zu sich selbst finden und Zutrauen gewinnen zu dem, was ihm im wirklichen, im gegenwärtigen Leben entgegenkommt? Seine imaginierten, vorgestellten Möglichkeiten übersteigen weit seine Wirklichkeit, und sein Bedürfnis nach Selbstverwirklichung ist unstillbar. Treiben aber diese Wunschprojekte vorwärts – und keiner kann ja seine Vorstellungen und seine Lebensvorsorge einfach ablegen und loswerden –, bestimmen *sie* ein Menschenleben, so wird es nicht anders sein, als daß der Betreffende immer mal wieder resigniert feststellen muß, das Leben zerrinne ihm unter den Fingern; ehe er den Tag gelebt habe, sei er schon vorbei. Und so erscheint ihm alles, was geschieht – wiederum in der Vorstellung – als eine Welt der Abläufe: Alles, das Leben vorweg, läuft ab. Fremd nicht nur, einem selbst feindlich ist diese Welt: „Nie kommt man zu sich." Jedoch – es ist die Welt nach unserer Vorstellung, in die wir uns selbstrechtfertigend einhausen.

Welche Unfähigkeit zu danken, *gerne* zu leben, treibt uns dazu an! Doch nicht nur sie – gerade im Blick auf die Zukunft: Welche unheimliche Angst vor dem noch nicht Bestandenen, vor den unabsehbaren Herausforderungen treibt uns dazu an? Welche Sorge um uns, wir könnten versagen und darum scheitern? Welch argwöhnisches Mißtrauen gegenüber dem Leben ist das: so als müßten wir ständig auf der Hut sein, damit uns nichts Entscheidendes entgeht oder vorenthalten wird. Eine Angst um uns selbst ist das angesichts des noch Unbekannten, Unsicheren – und darin viel Furcht aufgrund unserer Vorstellungen von dem, was kommen und an Schlimmem uns zustoßen könnte.

Ohne einen Durchbruch jedoch aus der Welt der selbstgefertigten Bilder und Vorstellungen – ohne diese Umwendung zum Leben – wird es nicht dahin kommen, daß einer von seinen Vorstellungen, die er vom Anderen hat, abläßt – zuläßt, daß der Andere sie in Frage stellt. Er wird sonst nicht begreifen und leben, daß der Andere mehr – unendlich mehr – ist als seine Vorstellung von ihm. Er wird sonst nicht aufhören, im Anderen sein Bild von ihm zu lieben. Und er wird sonst den Kampf nicht beenden, daß einer dem Anderen seine Vorstellung von einem befriedigenden Zusammenleben bewußt und unbewußt aufzuzwingen sucht.

Vor allem mit unseren moralischen Vorstellungen von der Welt, wie sie sein sollte, lähmen wir uns in unserer Lebendigkeit selbst, machen wir uns ausdrucksarm, grau. In ihnen ist nämlich Handeln und die Vorstellung von Handeln bedeutungsgleich. Beides gilt da unterschiedslos gleich; das, was wirklich zu tun ist jetzt und hier, wofür einer tatsächlich Verantwortung trägt und wo einer folglich auch schuldig werden kann – und alles übrige, was nur vorstellbar ist und wofür einer auch nur in seinen Vorstellungen verantwortlich sein kann. Wo dieser entscheidende Unterschied getilgt wird, besonders unter dem moralischen Diktat der Entrüstung und der Anklage, da wird alles Schreckliche als totale Zumutung eingesetzt: „Wie kannst du dich an deinen Kindern freuen, wenn anderswo Kinder ausgebeutet und um ihre Entwicklungsfähigkeit gebracht werden?" „Wie kannst du dich an den gedeckten Tisch setzen, wenn nebenan Menschen verhungern?" Freude, so wird einem angesonnen, darf nicht mehr sein, weil auf dieser Erde – wie es unzweifelhaft ist – unermeßliches Elend herrscht. „Wie kann man Gott loben, wenn Auschwitz geschehen konnte?" Empörung ist allemal das Ergebnis solcher moralischen Totalvorstellungen. Könnte es jedoch nicht sein, daß man dadurch gerade von dem ablenkt, was wirklich zu tun ist, gegenwärtig, hier und jetzt? Verhindert wird, daß einer seinen unterschiedlichen Empfindungen und der Verschiedenheit seiner Wahrnehmungen bei sich Raum gibt – also beispielsweise den Schmerz des Unvermögens aushält, an seinem Ort nur wenig verändern zu können.

Wir können uns dieses Verfangensein in unseren Vorstellungen immer wieder vorhalten. Allein, durch die moralische Anstrengung, es besser, anders machen zu wollen, kommen wir nicht darüber hinaus. Aus der Entfremdung vom wirklichen Leben gelangt einer nur heraus, wenn er die Herausforderung annimmt, die ihm im Grunde in jeder gelebten Beziehung zugetragen wird: die Herausforderung, wahrhaftig gegenüber sich selbst zu sein. Wenn einer nämlich das vermag, weil er darin den Bezug zur Wahrheit gefunden hat, so ist er auch fähig, die Sicherheit seiner Vorstellungen aufzugeben und sich einzulassen auf das, was gegenwärtig ist und auf ihn zukommt. Wie aber kann sich das ereignen, daß ein Mensch fähig wird, jene Herausforderung anzunehmen, die doch immer auch eine Infragestellung seines bisherigen Lebens ist? Es müßte ihm wohl etwas begegnen, das ihn zu sich selbst bringt und zugleich öffnet für das gegenwärtige Leben, so wie es jetzt und hier ist. Dieses umwandelnde „Etwas" kann, denke ich, nichts anders sein als Vertrauen, das ihm entgegengebracht wird. Denn nur wenn wir irgendwann einmal Vertrauen empfangen haben, schöpfen wir selbst Vertrauen und eigenes Zutrauen zum Leben – und nur dadurch kann einer von seinen Angst- und Wunschphantasien ablassen. – Doch wenn eben formuliert wurde, es „müßte" einem Menschen „etwas", Vertrauen, entgegengebracht werden, so war das „müßte" falsch. Die Umwandlung liegt vielmehr in der Gnade der Einsicht, wenn sie uns aus irgendeinem Vertrauenserweis wirklich zuteil geworden ist, daß es immer schon so *ist*: daß uns immer schon Vertrauen geschenkt *ist* – und sei es auch nur in einem Augenblick, flüchtig oder ganz unscheinbar. Wer darin, im Mut des Glaubens, weit über das direkt Erfahrene hinaus *seine* Wahrheit, die Wahrheit für sich und für alle erfaßt hat, der hat sich gewandelt und Zutrauen zum Leben gewonnen, so daß er seine Angst um sich selbst bestehen kann. Dem ist Gnade widerfahren, die ihm bleibt, wenn er achtsam auf sie ist.

Gelebt wird solche Umwandlung darin, daß einer Abstand zu sich selbst gewinnt und so gerade sich zu den eigenen Vorstellungen und Wünschen verhalten kann. Einer solchen Distanz im Verhalten zu sich selbst bedarf es besonders gegenüber den vielfältigen Möglichkeiten, die uns angeboten werden und die alle ja auch eigene Möglichkeiten, eigene Wünsche sind: Wünsche dessen, was man auch gerne einmal gesehen oder erlebt hätte, was man auch sein oder haben möchte. Attraktiv sind diese Möglichkeiten, eben weil sie den Wünschen unserer Einbildungskraft entsprechen und sie uns, zumindest zum Teil, ja auch ganz berechtigt erscheinen. Aber so gerade sind sie darauf angelegt, uns zu zerstreuen. Abstand ihnen gegenüber findet wohl nur der, der sich in seiner Einsamkeit, also so wie er ist, aushalten kann. In ihr nur kann auch die immer wieder nötige Erneuerung geschehen, daß einer wieder zu sich findet und aus sich heraus lebt – gerade weil er nicht nur sich zum Leben hat. In dieser Freiheit gegenüber sich selbst geht einem auf, wie befreiend es ist, wenn man sich nicht mehr so viel über sich selbst vormachen, sich aber andererseits auch nicht verstecken muß, sondern ruhig wagen darf, sich in der ganzen eigenen Problematik dem Anderen zuzumuten. Was in einem solchen Leben gut tut, das sind die Augenblicke gelungener Wahrhaftigkeit; in ihnen spürt man seine Freiheit selbst.

Wer davon überzeugt ist und daran glaubt, daß er vor der Wahrheit, die Gott selber ist, offenbar ist – daß er erkannt ist in der ganzen klaren Unerbittlichkeit der Wahrheit – und darum für sich selbst Wahrhaftigkeit will, der wird aber auch ablassen von dem heillosen Versuch, sich selbst völlig durchsichtig zu werden, sich in allem selbst zu kennen. Er wird vielmehr sich selbst gegenüber zwar nicht nachlässig, aber gelassen. Er muß sich nicht selbst definieren. Er kann in der Gewißheit leben, daß jeder in jeder

Sekunde mehr ist, als er von sich weiß, und anders ist, als er sein möchte. Und er kann glauben, daß diese letzte Ungekanntheit seiner selbst auch ihr Gutes hat – wie für sich, so für die Anderen. Denn in ihr tritt das Neue, Stärkende und Verwandelnde an den Tag. Wo wir dieses Geheimnis aushalten, es nicht verdrängen und nicht aufzulösen suchen, da wächst Vertrauen unter den Menschen. Wo nun Vertrauen gegenseitig vorausgesetzt werden kann, da bildet sich eine gemeinsame, weil verläßliche Welt des Gewohnten, Vertrauten aus: Die Ereignisse ordnen sich. Jeder Mensch, nicht etwa nur ein Kind, braucht eine solche „eingespielte", gewöhnliche Lebenswelt, um in ihr wahrzunehmen, daß er selbst etwas ist und unverzichtbar bedeutet. Denn nur wenn einer sich in einer gewissen Regelmäßigkeit als Person angesprochen erfährt, wird er begreifen, daß er nicht „irgendeiner" in einer anonymen Gesellschaft ist. Jedoch seinerseits, also von sich aus, offen für eine verläßliche Gemeinsamkeit – etwa des Rechts – ist allein der, der nicht nur von ihr zehrt, sondern selbst sie will und das heißt, der sich selbst verläßlich zu machen sich müht, indem er zu seinen Worten und Taten steht. Ohne solche Gewissenhaftigkeit und ohne solches selbstgewollte Unterhalten der Gemeinsamkeit gedeiht kein verläßlicher Lebensraum, sondern löst er sich auf. Das Beständige ist keine vorgegebene „Ordnung"; es ist die Ordnung unserer Welt nur dann, wenn es von uns gewollt und unterhalten wird. Wo jedoch die Ausbildung einer solchen gemeinsamen Welt gegenseitigen Sichansprechens unterbunden wird, da müssen die Betroffenen, um zu überleben, sich gegeneinander verschließen und sich selbst behaupten.

Offensein für den Anderen und für die Gemeinsamkeit mit Anderen ist insbesondere im Handeln nötig. Denn gerade im Handeln sind wir geneigt, ausschließlich zu sein: allein die eigene Absicht zu verfolgen, das als gut Erkannte zu verwirklichen. Richtiges, freigebendes Handeln ist hingegen ein solches, in welchem einer *im* Tun einhalten, mitten in der Verfolgung seiner Absicht warten und dem sich aussetzen kann, was Andere beitragen und was von ihnen her auf ihn zukommt. Wahrnehmungsfähig für das, was ihm zugebracht wird, also offen fürs Leben ist, wer bereit und fähig ist, sich zu sich selbst zu verhalten, sich dem zu stellen, was er ist und was er getan hat, also sich mit sich selbst zu identifizieren. Im Zutrauen zu sich selbst kann er sich auf das Gegenwärtige einlassen, ohne von ihm überwältigt zu werden. Er schafft gleichsam Raum um sich, gibt dem, was ihm wichtig ist, Raum. In sich gefestigt, kann er Enttäuschungen verwinden und setzt er immer wieder darauf, daß es Sinn hat, Vertrauen vorzuziehen. Er ist der, der sich vom Leben – vom offenen Leben – immer noch etwas verspricht.

So gelingt einem Menschen das ganz Ungewöhnliche: Es findet einer zu einer freien Bejahung des Lebens. Und das heißt zunächst und vor allem, daß einer mit seinem Leben, so wie es nun mal ist, mit seiner Lebensgeschichte und seinem Herkommen ins reine kommt; daß er das Leben, das er hat, anzunehmen fähig wird und es also aufrichtig als sein Leben selbst lebt. Es muß einer dieses Ja zu seinem Leben selbst finden, anders erreicht er es nie. Aber er wird es nicht finden können und es vor allem nicht leben, wenn er nicht zugleich das Gute seines Lebens – wie klein und verborgen es auch sein mag – als *in* seinem Leben enthalten entdeckt. Wem das jedoch bewußt geworden ist, dem kann darin auch die weiterreichende Einsicht zuteil werden, daß das Leben, wird es nur nicht bloß benutzt und verbraucht und so um seine Lebendigkeit gebracht, als Leben in jedem Atemzug an sich gut ist. Und es ist dann für den Einzelnen gut, wenn es ihm wert ist, von ihm selbst gelebt zu werden. Jedes Menschen Leben, auch jedes neu entstehende Leben, ist gut gewollt, von Gott gut gewollt, und also als unentbehrlich einmaliges gewürdigt. Wir, die Anderen, müssen es nur annehmen und das gottgewollte Gute in ihm entdecken.

Im Ja zum Leben geht einem Menschen auf, daß sein Leben, jeden Tag, grundsätzlich geschenkt, ihm übergeben ist, damit er in es einwillige und es bewußt gestalte. Dies Gegebensein des

Lebens trifft nicht nur für die Stunde der Geburt zu, sondern von dieser Stunde an für jeden Tag, der mir aufgeht. Nie bin ich nur das, was ich aus mir mache. Alle Chancen meines Lebens – und gerade auch die guten, förderlichen, wahrmachenden – haben sich mir irgendwann aufgetan, wurden mir von Anderen zugebracht: eingeräumt, angesonnen, zugemutet und auch vergönnt. Und zeitlebens liegt in dem sich wandelnden, aber jeweils bestimmten Gegebensein des Lebens die Herausforderung, dafür zu seinem Teil die Verantwortung zu übernehmen und so es sich zu eigen zu machen.

Mit dem ihm Eigenen findet der Einzelne sich immer in einer sozialen Lebenswelt vor. Je mehr er nun seines Eigenen gewahr wird, desto klarer wird ihm, daß er das Eigene gar nicht gefunden und geformt hätte, wenn es sich nicht an anderem gebildet und geformt hätte: an der Zustimmung, am Widerspruch und am Kontrast der Anderen. Nur dadurch, daß jemand mit mir spricht und mich anspricht, verstehe ich mich – also gerade nicht, wenn ich mich allein von mir her verstehen will. Im Teilgeben der Anderen an dem Ihrigen findet der Einzelne zu sich selbst und zu dem Seinen. Nie ist das eigene Leben nur das, wofür er es hält. Und wie man das Eigene nur zusammen mit dem Verbindenden entdeckt, so erkennt man umgekehrt, an den eigenen Erfahrungen des Lebens, – nicht an den Vorstellungen und Projektionen –, was Menschsein und Lebendigsein im Leben ist und bedeutet.

Wenn diese Offenheit über das, was ich an mir habe, hinaus meine Wahrnehmung des Lebens prägt, dann zeigt sich das Leben, als warte es darauf, in seiner Fruchtbarkeit entdeckt und von mir selbst bewußt gelebt zu werden. Es enthält weit mehr Möglichkeiten für mich, auch des Guten, als ich aufnehmen und realisieren kann. An mir liegt es nur, das Lebenswerte herauszuhören, herauszufinden – und zu begreifen, daß das Gute auch da sein kann, wo ich es mir nicht einfach nehmen kann, wo ich verzichten muß; daß aber gerade der Verzicht die Intensität erhöhen kann. Aber immer noch, solange ich lebe und Leben um mich herum und in mir entsteht und sich erneuert, ist es nicht ausgeschöpft und nicht ausgemacht: kann noch Gutes in mein Leben hineinkommen. Jeden Tag kann eine Freundlichkeit auf mich warten.

Diese ins Offene, Unbekannte stellende Gewißheit macht ausdauernd und geduldig; und sie vertreibt den aufkommenden Verdruß. Sie weckt dagegen die Aufmerksamkeit, die den guten, lebenswerten Möglichkeiten nachspürt, die noch im Zerstörten und Vertanen nach dem Schimmer des Guten sucht. In ihr ist Leben, Aufleben, Ins-Leben-Kommen, Frei-Leben, nichts, was sich von selbst versteht. Aufgeschlossen fürs Gegenwärtige läßt sie gespannt sein auf das, was kommt; ihr ist das Sicheinrichten in der alles nivellierenden Gewohnheit zuwider. Ihr entspricht ein nicht nachlassendes Interesse an den vielfältigen Formen des Lebens, in denen Menschen einander Anteil geben am Leben – und ein Lebenswille, in dem einer darauf aus ist, daß Liebe und Verstehen, Formen gegenseitiger Zuwendung, unter uns Menschen wachsen. Derjenige lebt in dieser aufgeschlossenen Gewißheit, der seines Lebens froh und darum, ganz absichtslos, Anderen wert ist.

Nie jedoch gelingt uns die Bejahung des Lebens völlig; wir leben unser Leben nie ganz genügend. Vieles an den realen Verhältnissen und an uns selbst stößt uns ab, weil es sich uns in seinem Sinn nicht erschließt. Immerzu findet man sich in Bedingungen vor, an denen man kaum etwas ändern kann und von denen man doch abhängig ist: nicht nur äußere, gesellschaftliche Umstände, die vorgegeben sind; auch der eigene Leib mit seinen Bedürfnissen, mit seiner Schwäche und Hinfälligkeit; und nicht zuletzt düstere Stimmungen wie die abgründige Traurigkeit, deren man kaum mächtig wird. Besonders belastend kann diese abständige Fremdheit von Momenten des eigenen Lebens für den sein, der im Blick auf seine Herkunft und seine bisherige Lebensgeschichte zur Klarheit über sich selbst gelangen möchte und über dunkle Punkte der eigenen Lebensgeschichte, die er sich und Anderen nicht verzeihen kann, nicht hinwegkommt; immer wieder reibt er sich an ihnen, belasten sie ihn. Und auch gegenwärtig ist nicht weniges, in dem wir uns selbst ein Rätsel sind. Lebenslang sind wir gefährdet und anfällig, selbst noch für den Verrat des als gut Erkannten. Nie holen wir im Tatsächlichen des gelebten Lebens ganz ein, was wir im Denken begriffen zu haben meinen. Leidige, quälende Differenzen bleiben.

Ob einer diese Ungelöstheiten seines Lebens zu ertragen vermag? Ob einer sich zu seinen Abhängigkeiten verhalten kann, sogar sich dazu durchringt, sie als nötig, möglicherweise sinnvoll, ja vielleicht sogar als notwendig zu bejahen? Und ob einer zu seinen unwiderruflichen Fehlern und Verschuldungen steht – schweren Herzens wohl, doch ohne sie zu verkleinern und halbwegs zu entschuldigen, aber auch ohne von ihnen erdrückt zu werden? Schließlich und endlich ob einer mutig ist, der äußersten Härte und Dunkelheit des Lebens sich auszusetzen: daß nämlich alles menschliche Leben in den Tod geht – also ob einer sich seiner Sterblichkeit stellt? Er bedenke, daß ein Mensch nur in der Anerkennung seiner Begrenztheit, seiner immer auch schuldbeladenen Begrenztheit, zuinnerst offen werden kann für die Grenzenlosigkeit Gottes. Und er möge *so* zu sich finden, trotz aller Dunkelheit des Lebens und trotz seiner eigenen Fehlbarkeit und Verschuldung. Er wird dann aus eigener Überzeugung nachsprechen können, was R. Schneider schreibt: „Es wurde mir wieder klar, daß die Stärke des Glaubens und des Lebenswillens einander entsprechen" – und was dieser, wohl als Summe seiner Lebenserkenntnis, ausspricht: „Das Ja zum Leben ist vielleicht die eigentliche Gnade."[19]

---

[19] R. SCHNEIDER, Winter in Wien. Aus meinen Notizbüchern 1957/58, Freiburg ⁴1959, S. 197 u. 73.

4. Abschnitt: Den eigenen Auftrag fürs Leben finden

Wer offen und klaren Blicks lebt, wird gerade auch auf sich selbst aufmerksam sein, um in den wechselnden Lebenssituationen seinen, ganz ihm selbst eigenen Auftrag für sein Leben zu entdecken und zu gestalten. Er wird in den verschiedenen Lebensumständen, in denen er sich vorfindet, und besonders an den Schnittpunkten seiner Lebensgeschichte, immer wieder sich selbst fragen: „Was soll ich?" – „Was ist meine besondere Aufgabe und die besondere Chance für meine Fähigkeiten, jetzt, hier, in dieser Lage?" – „Wozu werde ich, gerade ich, an dem Platz, an dem ich nun mal stehe, gebraucht?" – „Was hat Gott mit mir vor?" Eine ältere Frau sagte mir, sie bete jeden Morgen: „Herr, nimm mir meine Last und laß mich die Menschen sehen, die mich brauchen." Wer so fragt, der wird langsam, ist er nur geduldig und ausdauernd, erahnen und immer mehr begreifen, daß seinem Leben selbst von Anfang an ein besonderer, nur ihm zugeeigneter Auftrag mitgegeben ist. Seinem Leben wie dem eines jeden Menschen ist ein Gedanke Gottes eingegeben, eine ganz einmalige Bedeutung, in der Gott das Leben dieses individuellen Menschen will. Darin ist er wie jeder Mensch die unaustauschbare und unentbehrliche Person, die er ist.

Diesen Gedanken Gottes als den eigenen Auftrag selbst zu finden und so sein Leben selbst zu führen und zu gestalten, so daß es eine Folgerichtigkeit gewinnt, ein „Weg" werde: das ist die Berufung eines jeden Menschen. Je mehr ein Mensch *so* lebt, desto mehr *ist* er diese individuelle Person.

Wer nun diesen seinen Auftrag als *die* verborgene „Begabung" seiner selbst aus den vielfältigen Bezügen und Bindungen seines Lebens heraushört, dem leuchtet zugleich ein, daß solch eine Mitgabe, solch ein Auftrag, nicht nur ihm allein zukommen kann. Er erkennt, daß jedem Menschenleben eine solche Aufgabe als seine besondere Auszeichnung mitgegeben ist. Und er erkennt das, wenn er den Anderen neben ihm mit anderen als den gewöhnlichen Augen sieht: nämlich so sieht, wie Gott ihn gemeint und gewollt hat – so sieht, wie der Andere selbst in diesen ihm eigenen Lebensauftrag sein könnte. Dieses Sehen des Nächsten, wie Gott ihn sieht und meint, kann nichts mehr und anderes sein als eine beharrliche, aber offene, änderungswillige Vermutung, zugewandt dem Anderen in dessen Anderssein. Denn wir Menschen können uns täuschen und ändern uns nur, wenn wir den Anderen hören können.

Jeder Einzelne kann nur für sich selbst seinen Auftrag herausfinden, den er gleichsam wie einen Begleitbrief auf den Weg seines Lebens mitbekommen hat; kein Anderer kann das für ihn wissen. Und auch nur dessen kann jeder Einzelne für sich selbst *gewiß* sein, *daß* eine solche Gabe auch in seinem Leben enthalten ist. Wie sie aber beschaffen ist, das ist erst und immer noch in den Lebensumständen zu entdecken und zu gestalten; das bleibt veränderlich, ist nie ausdefiniert und ausgemacht. Ein ganzes Leben lang bleibt die Frage: „Bin ich so, wie Gott mich gemeint hat?"

So ist diese Gottesbestimmung, die jeder individuell als *die* Gabe mitbekommen hat, mit seinem Leben zu etwas Sinnvollem berufen zu sein, nur, wenn sie von dem Einzelnen für sich entdeckt wird; und sie wird nur entdeckt, wenn er ihr ein Leben lang nachspürt. Gerade aber in diesem Entdecken gestaltet *er* diese Bestimmung seines Lebens selbst – und so gestaltet sich andererseits die Geschichte seines Lebens.

Dieser eigene Auftrag und Sinn läßt sich nur finden, wenn man sich dem Gegenwärtigen nicht durch irgendwelche Vorstellungen vom eigenen Leben entzieht. Und das heißt nicht zuletzt: wenn man vor dem Gegenwärtigen nicht in eine Vorstellung von der eigenen „Selbstverwirklichung" flieht – also immerzu für sich nach etwas anderem sucht, was so doch niemals ein wirklich anderes sein wird. Nein, der eigene Auftrag wird sich nur finden, das eigene Leben läßt sich nur verwirklichen, wo ein Mensch sich auseinandersetzt: wo er sich dem Gegebenen nicht verschließt, vielmehr sich einläßt auf die tatsächlichen Verpflichtungen, die

Beziehungen und Bindungen, in denen er steht, also auf das, was ihm als Umstände und Bedingungen seines Lebens vorgegeben und mithin aufgegeben ist. Nur dem, der sich daran müht, wird das Eigene deutlich. Keiner verwirklicht sich selbst, der sich von seiner Vorstellung von Selbstverwirklichung leiten läßt.

Nur wer das Leben annimmt, so wie es ist – nur wer es so annehmen *kann*: nur der wird das Geheimnis seines Lebens, eben seine Bestimmung – das, was *er* mit seinem Leben soll – erspüren. Er wird hier und jetzt das Seinige – das, was gegenwärtig nötig und geboten ist – wirklich *tun* und alles übrige, Folgende, Unabsehbare gelassen Gott und den Anderen überlassen – wissend, daß das Kleinste der Anfang des Größten sein kann. So, denke ich, entdeckt einer über dem, was ist, sich selbst und lebt er *selbst* sein Leben.

Jedoch in aller Regel stimmt die tatsächliche Lebensgeschichte eines Menschen – außer in herausragenden Augenblicken – nicht einfach mit seiner Lebensbestimmung überein. Zu viele unbestandene Unsicherheiten und Abbrüche, viel Mißlungenes und Ungelebtes ist in jedem Leben; Schicksalsschläge und Enttäuschungen gehören dazu; zu viel an Verwirrung ist darin. Doch auch dies mir Nicht-eigene, ja Fremde in meinem Leben – und darin meine ganze Unvollkommenheit – das bin ich immer auch; auch das gehört zu meinem Leben hinzu. Schwer ist dieses Eingeständnis – diese Bejahung des Schicksalhaften und Verschuldeten im eigenen Leben. Doch aufrichtig er selbst wird der Mensch, der sein Schicksal für sich selber anzunehmen vermag und es so entmachtet. „Glaube ist das Verwandeln von Schicksal in Bestimmung" (R. Ehrenburg).[20]

Ein Mensch, der gegenwärtig auf der Spur nach dem eigenen Auftrag lebt, wird nicht vergessen, daß er nicht nur für sich ist, und nicht verkennen, daß *er* nicht ausmachen kann, was er für die

---

[20] R. Ehrenburg, Der Lebenslauf. Eine biologisch-metabiologische Vorlesung, Heidelberg 1946, S. 265.

Anderen bedeutet. In jedem Moment unseres Lebens ist jeder mehr und anderes, als er von sich vermeint. „Was sind wir allesamt anders als Boten, die versiegelte Gaben zu unbekannten Leuten tragen?" (W. Raabe)[21] Auch und gerade dies: unser Auftrag.

Doch auch so kommt es nicht zur Harmonie in der äußeren Lebensgeschichte; es bleibt eine Unstimmigkeit zwischen dem selbst im guten Gewollten und dem tatsächlichen Ergehen; und es bleibt der Schmerz des Nichtgelungenen und Verkannten. „Mancher trägt ein großes Feuer in seiner Seele, und nie kommt jemand, um sich daran zu wärmen; die Vorübergehenden bemerken nichts weiter als ein kleines bißchen Rauch... Was soll man da tun? Das Feuer im Innern erhalten, das Salz der Erde in sich tragen, geduldig – und doch wie ungeduldig! – warten, warten auf die Stunde, da irgendwer kommt und sich niederläßt – dableibt, was weiß ich? Möge jeder, der an Gott glaubt, die Stunde abwarten, die früher oder später kommen wird..." (V. van Gogh).[22]

Fatal wäre es, wenn der Auftrag jedes Menschenlebens nur eine Aufgabe oder gar eine bloße Forderung wäre – wenn er nicht zugleich eine zugesagte Aussicht mit einschlösse. *Die* Zusage nämlich ist im Auftrag mitenthalten: daß kein Leben aussichtslos, gänzlich verfehlt und bedeutungslos, unwert, länger gelebt zu werden, ist. Über jedem Leben steht die unbedingte Zusicherung – oder besser: jedes Leben steht *in* dieser unbedingten Zusicherung, daß es an keinem erreichten Punkt definitiv zu Ende ist, daß es noch nicht erschöpft und noch nicht ausdefiniert ist: daß ihm vielmehr trotz allem Verqueren und Vertanen noch Gutes, Förderliches, Weiterbringendes – mich näher, intensiver zu mir

---

[21] W. RAABE, Abu Telfan oder die Heimkehr vom Mondgebirge, 1. Teil, 9. Kap. (letzter Abschnitt); in: Raabes Werke in 5 Bdn. (Bibl. dtsch. Klassiker), 3. Bd., Berlin u. Weimar, ²1976, S. 95.

[22] Als Mensch unter Menschen. VINCENT VAN GOGH in seinen Briefen an den Bruder Theo, hg. F. Erpel, München–Wien 1980, Bd. 1, S. 84f.

selbst und zu Gott Bringendes – bevorstehen kann. Ganz individuell ist jedem Menschen für sein Leben diese Gewißheit gegeben: Gott hat immer noch etwas mit mir und den Anderen – wie mit jedem – vor.

5. Abschnitt: Wie sich zeigen kann, daß Gott in den Ereignissen des Lebens da ist

Gott ist keine Welterklärung. Gott ist nicht einzusetzen als Ursache von diesem oder jenem; weder das Glückliche noch das Schreckliche hat er verursacht und gemacht. Gott hat man nicht verstanden, wenn man ihn in Konkurrenz mit endlichen Ursachen und faktischen Umständen vorstellt und etwa gar anfängt, sich auszurechnen, wieviel beispielsweise an einer Krankheit Menschen verschuldet haben und wieviel daran „Schicksal" oder, wie man sagt, „gottgewollt" ist. Nein, eine solche Denkweise verstellt jeden Sinn des Wortes „Gott". Es läßt sich nicht alles, was ist und geschieht, und auch nicht irgend etwas Besonderes einfach so auf Gottes Willen „zurückführen", als hätte Gott notwendigerweise alles oder genau dieses so gewollt, wie es ist. Nichts läßt sich mit „Gott" *so* erklären, wie diejenigen Wissenschaften erklären, die ein Ding oder Ereignis in einen berechenbaren Zusammenhang einordnen, es analysieren und auf seine Entstehungsbedingungen zurückführen. Gott ist, wie gesagt, keine „objektiv" feststellbare Tatsache.

Wer die Welt, in der wir leben, in *der* Weise ansieht, wie wir es heute gewohnt sind, der wird darin Gott nicht finden: wird nichts erkennen, was auf Gott auch nur hinweist. Zumindest ist alles, was ist, höchst zweideutig und ambivalent; nichts ist unmittelbar aus sich und unbestreitbar in seinem Sinn evident; und grauenhaft Böses, zerstörerisch Unheilvolles, ist mehr als genug.

Wie also kann es dazu kommen, daß Ereignisse sprechend werden von Gott? Wie kann es geschehen, daß Gottes Gegenwart sich in ihnen kundtut? Sie geben das ja von sich aus nicht an; das läßt sich nicht an ihnen ablesen. Daß sie das Dasein Gottes *kundtun*, das setzt voraus, daß sie *anders* verstanden und in einem anderen Lichte gesehen werden als üblich. Nicht was sie augenscheinlich, meßbar, registrierbar sind, interessiert dann – sondern was sie in ihrem Sinn und in ihrer Bedeutung sind: in ihrer Bedeutung für das letzthin Wirkliche und Lebenswerte. Das gedankliche Recht zu solch anderer Sichtweise liegt darin, daß der gewöhnliche Verstand gar nicht wahrnimmt, was die Phänomene und Ereignisse in *sich* sind und an sich selber bedeuten, daß er die Dinge und Prozesse nur einordnet, mittels einer „Wenn-dann"-Gesetzlichkeit erklärt und somit „objektiv" distanziert. Doch nur dem, der die Sinnfrage stellt und die Ereignisse in ihrer Bedeutung zu erfragen willens ist, erschließen sie sich. Und im gelebten Leben ist es gerade das Böse, das Sinnwidrige, was die Sinnfrage nach Gott herausfordert – einfach deshalb, weil es unserer gewöhnlichen Annahme, das Leben verlaufe störungsfrei, widerspricht.

Die Ereignisse unserer Lebenswelt werden bedeutsam, wenn sie im Blickfeld Gottes gesehen werden. Ihr Sinn in sich und somit für mich, für meinen Lebenssinn, bewegt mich und wird erkennbar, wenn sie in ihrer Bezogenheit auf Gott, den *einen* Sinn, erkannt werden. So wird mir im Lichte der Wahrheit, in der Beziehung auf Gott, meine Lebenswelt verstehbar: lerne ich begreifen, was vor sich geht und was wichtig ist. Nicht zuletzt wird mir klar, wieviel Alltägliches und Übliches im Grunde belanglos und des Aufhebens nicht wert ist.

Freilich, solche Einsicht in seine Welt wird nur dem zuteil, der *selbst* auf Gott als *seinen* einen Sinn hin lebt. Ohne daß der Redende davon betroffen ist, redet er an Gott und an dem Sinn ständig vorbei. Nur wer sich in Gott versteht, nur dem wird auch seine Lebenswelt in Gottes Licht verstehbar. – Menschen unterscheiden sich bekanntlich nicht zuletzt dadurch voneinander, wofür der eine und der Andere ein Auge hat. Unsere Wahrnehmungsfähigkeit bestimmt nicht nur, was wir sehen und was wir übersehen. „Aus der Stärke unserer Wahrnehmungsfähigkeit ergibt sich" andererseits „der Grad der Betroffenheit, die uns befällt" (G. Meistermann).[23]

Doch gerade so erschließt sich mir ein Sinn, der aus den Ereignissen selbst herauszuhören ist, der zu ihnen gehört und *sie* sinnvoll sein läßt.

Erst im Nachdenken über den Augenschein hinaus, erst im Hindurchsehen auf Gott hin, erschließt sich der Sinn eines Ereignisses. Nur so kann deutlich werden, *wie* Gott in ihm da ist: was es mir also von Gott zu sagen hat. Die Erfahrungen des Lebens zeugen – freilich in sehr unterschiedlicher Weise – von Gott, wenn ich sie in ihrer Bedeutung für mein Gottesverhältnis befrage, wenn ich sie auf die Mitte meines Lebens, das Zentrum meiner selbst, beziehe.

Es muß also einer den Glauben an Gott in sich tragen, wenn die Geschehnisse seiner Welt ihm von Gott reden sollen. Und doch gewinnt er den Glauben an Gott nur dank einer solchen Erfahrung. Aber wenn ihm eine Wahrheit zur „Schlüsselerfahrung" wurde, so wird er das, was ihm so zum Zentrum seiner selbst wurde, in allem zu entdecken suchen. Bricht das Licht an einer Stelle durch das Trübe, Zweideutige – so kann es alles erleuchten. Nichts ist von vornherein davon auszunehmen; alles ist mit Gott zusammenzubringen und zusammenzudenken – gerade auch *die* Geschehnisse, die sinnlos, gottlos gegen Gott stehen. Nur in solcher Stärke, Gott in allem, selbst noch im Widergöttlichen zu erkunden, lebt der Glaube seine Unbedingtheit, ist er gottförmig. Durch die Bestärkungen, die ihm so zuteil werden, und durch das Ausstehen der Enttäuschungen, die ihm widerfahren, wächst der Glaube.

---

[23] G. Meistermann, Die Botschaft des Künstlers. Rede zur Verleihung des Romano-Guardini-Preises 1984; in: Südd. Zeitung Nr. 155, Sa./So. 7./8. Juli 1984 (SZ am Wochenende), S. II.

Allein in einer vorbehaltlosen Offenheit für den immer wieder neu sich erschließenden Gott als die Wahrheit *von allem* wird solcher Aufschluß der Ereignisse erfahrbar. Zu ihm aber dringt man nicht durch ohne ein leidenschaftliches Verlangen nach Wahrheit, das noch das sinnlos Entsetzliche, Gottvernichtende durchdringt. „Im Blickfeld Gottes sehen" heißt furchtlos unvoreingenommen sich dem aussetzen, was um uns ist und geschieht. Nichts muß da beschwichtigt, beschönigt oder ausgesperrt werden, weder die Übel noch das – und sei es auch seltene – Gute. Der Glaube an die überlegene, bleibende Wahrheit bekundet sich vielmehr in der Fähigkeit, Ereignisse und Menschen *so* zu sehen, wie sie wirklich sind. Er hat es nicht nötig, sie für irgendeine Weltanschauung zu verzwecken; denn er gründet nicht auf dem guten oder schlechten Lauf der Welt, auf Glück oder Mißgeschick des eigenen Ergehens. Der Mensch „ohne Glauben" jedoch hat an sich „überhaupt keinen Grund sich zu mühen, bis zur Wirklichkeit vorzudringen und sie zu begreifen" (V. Havel). Er wird sich zurückhalten und zu sichern suchen. „Wirklich deutlich kann die Schrecken der Welt nur derjenige sehen, der Hoffnung und Glauben nicht verloren hat" (V. Havel).[24]

Das Interesse des Glaubens, die Vorgänge des Lebens im Lichte Gottes zu sehen, widersteht der Tendenz zu Verallgemeinerungen, in denen die guten und die schrecklichen Ereignisse nivelliert und zusammengezogen werden. Dieser Tendenz reden letztlich alle die das Wort, die sich auf den Zustand der Welt berufen. Unvermeidlich treibt deren Ansicht entweder zur Totalitätszumutung, die *alles* geändert haben will, die nichts Gutes gelten lassen kann – oder zur Resignation. Aber nur dann, wenn wir den Erfahrungen ihre spezifische Kontur lassen, gewinnt auch unser Leben, unser Selbstverstehen, Kontur.

Furchtlos offen für das, was kommt, und ohne Furcht vor der Wiederkehr des Alten wird nur der sein, der nicht zu befürchten

---

[24] V. HAVEL, Briefe an Olga [wie oben zu II, 5., S. 132], S. 99 u. S. 89.

braucht, sich selbst zu verlieren oder von dem, was kommt, zernichtet zu werden. Unverzagt wird allein der sein, der Gottes gewiß und von dieser unbedingten Gewißheit bewegt ist. Doch gerade sie erweckt den Willen, immer wieder neu herauszuhören, was die Ereignisse des Lebens für Gottes Gegenwart besagen und also für den Glaubenden selbst, für sein Werden im Geist, bedeuten. Gefaßt ist der Glaube an Gott und offen zugleich. Denn das ist sein Lebenstrieb, wartend aus zu sein auf eine neue Erfahrung von Gott.

Nie ist Offenheit ohne innere Gefaßtheit. Denn wie sollte sonst ein Mensch widerstandsfähig sein gegenüber dem Vielerlei und Diffusen? Nur gefestigt in sich ist er nicht ausgeliefert dem Zerstreuenden und Zerstückelnden – ist er nicht ahnungs- und willenlos ausgesetzt dem zufälligen und unstrukturierten Ansturm der Ereignisse, läßt er sich den Blick nicht nehmen durch die Staubwolke des alltäglich Banalen.

Aber um Gottes und des Glaubens willen übergeht der Gott Verbundene das Welthafte nicht; er zöge sich ja sonst auf sich selbst zurück, isolierte sich: als ob ihn seine Weltbezüge an sich und immer von Gott trennten. Nein, Gott hat zu tun mit meinem Verständnis eines Ereignisses, mit meiner Erfahrung und meinem Betroffensein von Leid und Freude – und mit den Erfahrungen *jedes* Menschen. Er wäre sonst gar nicht Gott, gar nicht die Wahrheit von allem und die Liebe für alle. Mithin will der Glaube alles im Blick auf Gott sehen.

Doch in manchem wird er, bedrückt und verstört, Gott nicht sehen – was er aber nur wissen kann, wenn er ausdauernd und nicht nachlassend danach sucht, eine Spur von Gott auch darin noch zu finden. In solchem beharrlichen Nachspüren nach Gott wird dem Glaubenden das Leben in der Welt zum Spannungsfeld: *Wie* wird Gott mir sein? Erhoffen wird dabei der Glaubende, wenn immer er glaubt, daß Gott seine Lebenswelt erhellt, aufhellt, indem er Gutes sehen läßt. Nicht beim Augenscheinlichen bleibt der Glaube hängen in seiner Sinnerkundung – in seinem verlangenden Hinsehen auf die göttliche Bedeutung der Vorkommnisse. Denn *alles*, was wir erfahren, ist in seinem Sinngehalt nie nur das, was es nach dem unmittelbaren Augenschein ist. „Es ist nicht einfach – nur so – und – ohne weiteres –" (V. Havel).[25] Folglich beruhigt sich der Glaube nicht dabei, daß alles zweideutig ist und zwei Seiten hat. Vielmehr geht er über solch Vordergründiges hinaus und will er dahin durchdringen zu erfassen, was das jeweilige Ereignis *selbst* von Gott zu bedeuten hat. Er beruhigt sich nicht so schnell bei einer Feststellung; er verkennt nämlich nicht, daß Gott verborgen nur da ist in dem, was uns geschieht – und daß er zuweilen darin verschüttet und entstellt ist. Er weiß, daß Gott von uns aufgespürt und noch unter seinem Gegenteil, mit diesem ringend, gefunden sein will. Er vergißt nicht, daß Gott sich nur dem zeigt, der auf Gott aufmerksam ist. Nie liegt mithin auf der Hand, was die Erfahrungen unseres Lebens für Gott und den Glauben bedeuten. Das ist allemal erst zu erkunden und aufzudecken. Gott ist nicht unmittelbar evident. Vielmehr sogar: „Unmittelbarkeit ist Trug" (D. Bonhoeffer).[26]

Weil Gott in keinem Ereignis, weder im guten noch im leidvollen, unmittelbar da ist, und weil er nie ausgemacht, sondern immer auch noch zu erwarten ist, deshalb ist er nur vom *Einzelnen* zu erspüren und zu entdecken. Und deshalb ist er auch nur vom Einzelnen in dessen ganz *individueller* Weise in den Geschichten seines Lebens zu finden. Das Durchsehen der Lebenserfahrungen auf Gott hin – daraufhin, was sie mir wirklich und entscheidend zu besagen haben – ist ein persönlicher Akt, der sich immer individuell und von Anderen verschieden darstellt. Äußerlich ist es ein und dasselbe Ereignis – etwa der Erfolg im Beruf oder eine Krankheit – und doch kann es in seiner Bedeutung ganz verschieden erlebt und verstanden werden. Entscheidend ist nämlich

---

[25] V. Havel, Briefe an Olga, S. 293.
[26] D. Bonhoeffer, Nachfolge, Nachdruck Genf o.J. [ca. 1947], S. 49 = München [15]1985, S. 73.

immer, wie einer – in welcher inneren, geistigen Verfassung einer – ein Ereignis, das ihn trifft, in sich aufnimmt und verarbeitet. Also ist nicht ausgemacht, ob ein bestimmtes Geschehen dem Betreffenden zum Heil wird, also für das Wahrwerden seines Lebens gut ist – oder ob es ihm zum Unheil gerät. Keine irgendwie feststellbaren Merkmale erlauben, darüber vorweg ein für allemal oder für den Anderen Bescheid zu wissen. Noch nicht einmal das kann ich vorweg, von mir aus, wissen, ob das von mir gut Gewollte für den Anderen gut ist. Ich kann das nur annehmen, wenn es geschehen ist und der Andere mir das aufgrund *seiner* Erfahrung sagt.

Nichts, was einer erlebt, *muß* so und nur so sein. Selbst ein schweres Leiden kann verwandeln und Liebe wecken – und *muß* das doch wahrlich nicht. Auch in der Trauer kann Sinn liegen, sie kann einmünden in eine Bedeutung, die das Leben in einer ungeahnten Weise vertieft. Manche lebensentscheidende Einsicht faßt einer nur, wenn er sie dem Erlittenen abgewonnen hat. Aus dem bestandenen Schmerz über das eigene Scheitern kann die Fähigkeit zum Verstehen Anderer geboren werden. Damit ist gewiß nichts „gerechtfertigt", kein Schmerz und kein Leid. Es ist nur eingestanden, daß selbst Schmerz und Leid *verstanden* und angenommen werden können. Noch die Verzweiflung kann die Wahrheit eines Lebens an den Tag bringen, so daß einer, wenn er diese begreift, über die Verzweiflung hinaus ist. Unter Tränen bricht die Wahrheit ein. Und die Zeit des Sterbens kann die einzig ehrliche, die eine Stunde der Wahrheit in einem ganzen Menschenleben gewesen sein (L.N. Tolstoi).[27]

Im Aufsuchen Gottes in den Erfahrungen des Lebens wird sich das, was uns beschäftigt, in einem bestimmten Sinne ordnen; denn

---

[27] L.N. TOLSTOI, Der Tod des Iwan Iljitsch: „,Ja, es war alles nicht das Wahre', sagte er zu sich, ,doch das macht nichts. Man kann ja, noch kann man es erreichen, das ,Wahre'. Doch was ist das ,Wahre'?', fragte er sich und wurde plötzlich ganz still." (Aus dem Russ. übertr. v. J.v.Guenther [Reclam UB 8980], Stuttgart 1977, S. 91)

es wird geschehen, worum einer bittet: „Daß uns werde klein das Kleine und das Große groß erscheine."[28] Jeder Funke von Liebe und gegenseitigem Sichverstehen ist dann wichtiger als alles Reden „darüber" und als alle Vorstellungen von dem, was werden soll. Das scheinbar Unbedeutende, am Rande Liegende achten – in einem eben noch verschlossenen Gesicht die zaghafte Andeutung eines freudigen Erwiderns wahrnehmen – ist ungleich bedeutsamer, fördert das Leben ungleich mehr als alle weit gespannte Aktivität. Solchem Aufmerken widerfährt die Umwertung der augenscheinlichen Werte. „Wer ... in der Gesellschaft Gottes lebt, er lebt ja mit dem zusammen, dessen Gegenwart selbst dem Unbedeutendsten unendliche Bedeutung verleiht" (S. Kierkegaard).[29] Von einem flüchtigen Anblick, von einem freundlichen Wort kann man lange zehren.

Nur der Einzelne in seiner individuellen Wahrnehmung wird solche Entdeckungen machen. Was für einen Menschen „wirklich" ist, das entscheidet sich eben auch daran, wofür er Sinn hat, worauf er sein Augenmerk richtet. Was einer nicht achten kann, das sieht er gar nicht recht. Wer nicht achtsam mit der Liebe umgeht, die ihm zuteil wurde, dem zerrinnt sie, der wird sie über kurz oder lang nicht mehr finden. Und zuweilen erschließt sich eine Erfahrung in ihrer Bedeutung erst nach längerer Zeit – also nur, wenn sie ausgestanden, ja ausgetragen ist. Dann kann es zuweilen überraschend gelingen, daß Verworrenes sich löst und Leidvolles sich wandelt in neue Stärke der Zuversicht, in neue Bejahung des Lebens.

Das individuell-persönliche Erlebte geht in die Welt des Ge-

---

[28] M. Schmalenbach, Brich herein, süßer Schein, selge Ewigkeit. V. 4: „Ewigkeit, in die Zeit leuchte hell hinein, daß uns werde klein das Kleine und das Große groß erscheine, selge Ewigkeit." (Evang. Kirchengesangbuch, Ausgabe für die Nordelbische Evang.-Luther. Kirche, Nr. 485)

[29] S. Kierkegaard, Drei Reden bei gedachten Gelegenheiten (1845); Ges. Werke, hg. u. übers. v. E. Hirsch u. H. Gerdes [wie oben zu Einleitung 3., S. 15], S. 180.

meinsamen über, wenn einer ganz einfach von seiner Erkenntnis dem Anderen erzählt. Er tut das, weil er – in aller Regel ganz selbstverständlich – davon ausgeht, daß auch für den Anderen wichtig und wahr sein könnte, was ihm wahr und wirklich wurde. Indem einer so von seiner Wahrnehmung Gottes im Leben erzählt, kann es – wenn es gut geht – geschehen, daß dadurch im Anderen das Verlangen geweckt wird, Spuren von Gott auf *seine* Weise zu entdecken. Es lernt so einer sein Eigenes zu finden am individuell Anderen. Und in solchem Werden des Eigenen am Anderen finden sie sich *zusammen*.

Wahrlich nie leicht läßt Gottes Sinn sich finden in dem, was ist und um uns vor sich geht. Denn jedes Leben ist durchzogen von beidem, vom Hellen, Erfreulichen und vom Dunklen, Leid- und Unheilvollen. Und nur zu oft ist beides untrennbar ineinander vermischt. Jedoch der Glaube will in beidem – und also im ganzen Leben – geübt, Gott in allem gefunden sein. Nichts ist da auszulassen. Selbst noch im Leben Vernichtenden, auch noch im Tod, *kann* mir Gott sein, *wenn* ich ihn darin finde. Aber er ist in allem auf sehr unterschiedliche Weise: in manchem nur – aber unendlich viel wäre es doch! – im Aushalten und Überstehen. Nichts geschieht ohne Gottes Willen – aber sehr vieles gegen ihn: indem der Wille Gottes verdreht und bis zur Unkenntlichkeit entstellt wird.

Also wird der Glaube an die unbedingte Wahrheit von großer Kraft sein müssen, um dem Sog des Widersinnigen ins Totale zu widerstehen: um nicht, von all dem Sinnlosen, kaum Erträglichen überwältigt, einzustimmen in die Resignation, nach der „alles halt doch sinnlos", das Leben nichts als eine ungeheure Last ist. Stark ist der Glaube, der befähigt zu unterscheiden, der beides, das im Guten Gelungene, den Aufschein von Wahrheit, und das Zerstörerische, Leben Schädigende wahrnehmen kann. Solcher Glaube steht gegen die Mächte des Verderbens für das Gute, Lebenswerte ein; er wehrt sich dagegen, Schlechtes gegen Gutes aufzubieten und mithin alles zu vereinheitlichen in ein düsteres

Grau in Grau. „Ich bin für das Licht, das den Schlamm austrocknet", bekennt G. Meistermann.[30]

Doch vermutlich muß man einmal selbst erfahren haben – vielleicht nach einer Zeit schmerzlicher Zweifel und Mutlosigkeit –, daß Unheilvolles umgewendet werden kann in Gutes. Sonst bringt man die Kraft nicht auf, wagt nicht, dennoch an Gott zu glauben angesichts des vielen, was an Widersinnigem dagegen steht. Aber ohne diesen Glauben erfährt einer auch nicht, daß Kraft gewinnt, ungeahnte Kraft gewinnen kann, wer sich dem stellt, was belastet und kaum erträglich zu sein scheint. Der Glaube, der Notvolles auszuhalten vermag, der hat auch die Kraft zu verändern, Böses zu wenden. Wer flieht, hat jemand gesagt, verläßt das Feld, wo Wunder geschehen können. Die Stärke, der Mut des Glaubens, durch das Zweideutige und Böse hindurch an das Gute zu glauben und darum das Gelingen nicht aufzugeben, ist *die* Lebenskraft, die befähigt, noch im Elend frei zu bleiben, nicht überwältigt zu werden und unterzugehen.

Aber gerade auch darin ist der Glaube stark, seine Ohnmacht vielem gegenüber, seine Ratlosigkeit, die ihn zuweilen befällt, einzugestehen – auch in dieser Hinsicht nichts zu verschleiern. Zeiten bleiben nicht aus, in denen uns eine schwermütige Traurigkeit überfällt, das Leben öde, das Herz so leer, alles wie verlassen erscheint; man friert geradezu. Es ist, als wäre kein Funken Liebe und Glaube in uns.

Zuweilen schiebt sich etwas zwischen Gott und einen selbst, das die Zuversicht des Glaubens erdrückt. „Das Heil, mit Not gefunden, liegt uns auf einmal fern" (K.J.Ph. Spitta).[31] – Ob einer in solchem Trübsinn sich erinnern kann an Jesus, den Anfänger und Vollender des Glaubens, und an dessen Kampf im Ölberggarten?

---

[30] G. Meistermann, Interview: Kunst, Weltbild und Kirche; in: Herder Korrespondenz 34. Jg., 1980, S. 437–443; Zitat: S. 438.
[31] K.J.Ph. Spitta, Psalter und Harfe. Sammlung christlicher Lieder, Stuttgart o.J. [ca. 1920], S. 138. Das Lied trägt die Überschrift: „Die dürre Zeit".

Ob einer in solch trister Lage mit sich selbst Geduld haben kann – bis er sich wieder aufraffen kann zu warten auf den Lichtblick an Freundlichkeit, den Gott längst schon für ihn bereitet hat? Zuweilen hilft es, wenn einer sich die Mahnung vorsagt: „Halte nicht Unglück für Gott. Gott ist gut. Sag es! Vielleicht wirst du es glauben" (M. Noel).[32] Die Ohnmacht des Glaubens kann sich auch noch anders zeigen: Sinn will und will sich nicht erschließen. Blockaden meines Verstehens sind da, die wollen sich nicht lösen; ob es für mich unüberwindliche Grenzen sind? Dunkelheiten drückender Schuld, die mir unbegreiflich bleibt. Werde ich die Kraft haben, davon mein Leben nicht verfinstern zu lassen, sondern stehen zu lassen, was nicht zu ändern ist?

Doch obschon wir wissen, daß nichts, was ist, an sich fraglos gut sein muß, soll und darf jeder Mensch im Erfreulichen, Lebensförderlichen, das ihm zuteil wird, ein Zeichen der nicht aufhörenden Freundlichkeit Gottes sehen. Wo immer wir spüren, daß Gottes Sinn, seine befreiende Wahrheit und unverfälschte Liebe aufscheinen, da ist Grund zu Freude und Zuversicht. Ein solches Zeichen kann mir entstehen im unvermuteten Wohlwollen eines Anderen, der mich anhört und zu verstehen sucht. In scheinbar alltäglichem Entgegenkommen kann mir auf einmal der Geist der Gemeinsamkeit evident werden, ohne den wir menschlich gar nicht leben könnten. Oder es kann die Lektüre eines Buches, eines Gedichtes sein, bei der mir plötzlich bewußt wird: „Das ist wahr, so ist das Leben, und das ist gut so." Das kann der Einfall sein, der mir den Mut zum Leben zurückbringt. Es kann die Weite einer Landschaft sein oder das frische Wasser nach langem Durst. Erfahrungen tiefer Sorglosigkeit sind das und solche, die etwas vom Wunder des Lebens erahnen lassen: „Gott ist gut, auch mit mir."[33] Und immer wieder begegnet auch dies, daß ein Eindruck – eine

---

[32] M. Noel, Erfahrungen mit Gott [wie oben zu II. 1.B., S. 79], S. 76.
[33] „Gott ist gut, auch zu mir": W. Kramp, zitiert oben in II. 6., S. 135.

ganz ungewöhnliche Stille oder ein fremdes Gesicht – mich anrührt und die Frage erweckt: „Wer bin ich denn?" – „Und was ist es um das menschliche Leben?"

Alle Ereignisse, die mir so zu Andeutungen Gottes werden, erhalten dadurch einen außergewöhnlichen Glanz, fast möchte man sagen, einen Charme. Sie werden dadurch wertvoll und bedeutsam, erinnernswert. Weil sie den Glauben bestärken, neu beleben, das Leben erneuern, deshalb sind sie ein Segen – und Grund zum Dank. Genauer noch: „gesegnet" sind sie dann, *wenn* sie mir Grund zum Dank sind. Denn solches Danken erinnert das Gute im Leben und bewahrt es vor dem Verschleiß und vor dem Vergessen. Und wo solche Erinnerung zum Deutungshorizont für die Gegenwart wird, da deckt das Danken Gegenwärtiges allererst und neu auf und bringt es den Einzelnen dahin, für sich selbst Gegenwärtigkeit zu gewinnen. Das Gute in der Menschenwelt, und sei es noch so spärlich, aufrechtzuhalten, Gründe zum Danken und zum Erinnern zu haben, das ist es, wonach der Glaube verlangt.

Aber grenzt das Dargelegte nicht peinlich nahe an Verklärungssucht? Das Schöne: wer anderes nimmt es wahr als der allein, der vor ihm schweigt? Als ob das Grauenhafte auch nur eine Sekunde lang vergessen werden dürfte? Sicher so und unbestritten – und dennoch: Gerade wer das Schreckliche und Zerstörerische nicht wegredet, gerade der hat allen Anlaß, achtsam zu sein und sich staunend dessen zu erinnern, was dem Unheil entnommen und überlegen ist. Ist es nicht so: Nur wer sich freuen kann, der leidet auch? Wer weiß, wie selten Glück und Segen der Freude sind, der wird sich hüten, Anderen das Sichfreuen auszureden. Im Gegenteil, es gilt vielmehr den „Bann" des erdrückenden „Negativen" aufzusprengen!

Das heißt gewiß nicht, daß hier behauptet würde, alles sei sinnvoll, selbst das Schändlichste, Qualvolle habe „letztlich doch auch einen Sinn und Zweck". Ganz gewiß, so nicht. Mehr sogar: Nichts, überhaupt nichts, hat in einem bloß beobachtenden und konstatierenden Verständnis einen guten, göttlichen Sinn. Nie läßt sich das einfachhin und unbestreitbar sicher von irgendeinem Ereignis behaupten. Man lasse solche Behauptungen, sie fruchten nichts. Jedoch eine gänzlich *andere* Frage ist es – die aber eine wirkliche Frage nur für den ist, den sie bewegt –, wie er das Erfahrene *versteht* und in sich aufnimmt, also wie er noch mit dem Bösen zu Rande kommen kann, das Unheil auszuhalten und zu bestehen vermag. Zu denken ist, wie es menschenmöglich sein kann – und käme das real auch nur ein einziges Mal vor –, daß einer in der Vernichtung, die ihm angetan wird, nicht *selbst* zunichte wird. Wer so, um Verstehen ringend, nach dem Sinn von allem fragt, der fragt nach Gott, der sucht Gottes Sinn. Aufhören wird ein solcher, an irgendwelchen Fakten „Sinn" und „Sinnloses" konstatieren zu wollen. Ungleich erregender ist für ihn, daß immer wieder er es ist, der das Gute nicht sieht, weil sein Blick verschlossen ist.

Wer auf der Suche nach dem Sinn der Ereignisse ist, dem liegt das Bescheidwissen fern, mit dem einige sich für berechtigt halten zu behaupten, dies oder jenes sei gänzlich sinnlos und von Gott verlassen. Solch eine vernichtende Behauptung schändet nämlich gerade die Opfer, die noch „Auschwitz" bestanden, weil sie den Anderen neben sich sahen; weil sie imstande waren, selbst in der grausamsten Tortur die Liebe nicht zu verraten. Unvergängliches haben sie neu ans Licht gebracht: daß selbst in der Hölle der Sinnlosigkeit dann Sinn sein kann, wenn *einer* noch darin den Glauben an den unbedingten Sinn durchhält und kraft dieses Glaubens die Sinnlosigkeit aushält, ihr nicht zum Opfer fällt. Für den könnte sogar – wer weiß es? – noch eine Spur von Menschlichkeit mitten in aller unmenschlichen Sinnzerstörung erkennbar gewesen sein; oder vielleicht war *er* für Andere solch ein Leuchtzeichen dafür, daß nicht alles gottverlassen und gottverloren war. Als Nicht-Betroffener den Gequälten und zu Tode Geschundenen die Gottverbundenheit – diese überragende Größe eines Menschen – absprechen, was wäre das anderes als maßlos anmaßender

Zynismus? Schändlich aber wäre es auch, schlösse einer aus solch erinnernder Ehrung, sie bezwecke die „Rechtfertigung" auch nur einer Schandtat.

Umgekehrt jedoch: Wer „die Hoffnung und den Glauben an das Leben ... verliert, ist selbst verloren, auch wenn ihn wer weiß was für ein Glück trifft" (V. Havel).[34]

Nie sind Gott und die Lebenswelt deckungsgleich. Wohl können gute Erfahrungen – solche etwa, in denen einer seine Not bestanden hat und hinter sich lassen kann – zu Anzeichen für Gottes Gegenwart werden. Aber in keinem Menschenleben bleiben die Taten und Widerfahrnisse gänzlich aus, die in ihrem kaum durchdringlichen Dunkel Gott in Frage stellen. Vor dem Einbruch des Widersinnigen, des quälend Schweren, ist keiner gefeit. Eine schlimme Krankheit, ein einschneidender Verlust: selten läßt sich solch ein „Schicksalsschlag" eingrenzen. Er erschüttert zumeist den ganzen Boden, auf dem einer steht. Dann wird alles zweifelhaft und der Betroffene selbst sich fraglich. Ist der Lebenssinn in einem Punkt getroffen, so droht alles in Sinnlosigkeit zu versinken.

Unsäglich viel Leid und viel Elend ist in der Welt, vieles, in dem man Gott nicht sehen kann, das Gott verdunkelt, begräbt und zerstört. Keiner, der wach lebt, kann die Ungerechtigkeit übersehen, die Menschen angetan wird von Menschen – die gemeine Selbstverständlichkeit, mit der einer dem Anderen, eine gesellschaftliche Gruppe der anderen, Leben nimmt. Verstört fragt man sich: Was soll's, endlos immer dies Gleiche? – Doch vieles ist auch, das Gott einfach vergessen läßt, ihn untergehen läßt in der Routine und in der Hektik unserer Geschäfte. Häufig merkt man gar nicht, was das Leben auslaugt und zermürbt. Manch einer bleibt lange im Widerwillen gegen sein Leben stecken. – Jedoch nichts belastet wohl schwerer als die Verstrickung in

---

[34] V. Havel, Briefe an Olga [wie oben zu II. 5., S. 132], S. 89.

eine untilgbare Schuld. Sie kann ein ganzes Leben verdunkeln, mir die Gewißheit für mich selbst zersetzen.

Und dennoch: Solange einer wirklich glaubt und auf der Suche ist nach dem Sinn von allem, solange wird er nicht ablassen, nach dem Sinn noch des augenscheinlich Sinnlosen, noch des Sinnzerstörenden zu suchen. Selbst im Leiden wird er, solange er kann, darum ringen zu verstehen, was es ihm zu sagen hat. Und solange er derart glaubt, ist ihm – allem Elend, aller Gottesentbehrung zum Trotz – Gott, sein Heil, nicht fern, sondern in seinem Verlangen nahe.

Wenn sich ihm nun zuweilen doch, vielleicht erst viel später und vielleicht zu seiner eigenen Überraschung, ein Sinn erschließt, so kann das etwas ihm Bedeutsames sein, das *jenseits* des Unheilvollen, diesem überlegen ist und es *so* verwandelt. Es muß der Sinn eines Ereignisses nicht *in* diesem beschlossen sein, nicht in ihm liegen. Das lebenerneuernde Gute kann auch darin bestehen, daß einer erfährt: die Tragfähigkeit meines Glaubens, die Gewißheit für mich selbst, ist durch das ausgestandene Erleiden des Unheilvollen gewachsen; mein Vertrauen zum Leben, zum dennoch guten Leben, ist stärker geworden, standhafter. Solcher heilvollen Erfahrung liegt der Sinn, das Gute, in der Umkehrung des Sinnzerstörenden, in seiner Umwendung in eine neue Vergewisserung und Bestärkung meines Lebenssinns. *Nur* in solcher Umwandlung, also gegen seinen Eigensinn, hat das Verhängnisvolle, das Böse, einen Sinn.

Keine Erfahrung des Glaubens ist intensiver, prägender, als eine solche. In ihr erlebt einer, daß tragfähige, widerstandsfähige Wahrheit erst dann wirklich in einem Leben verwurzelt ist, wenn sie auch im Leiden erfahren und in diesem Sinne er-litten ist. Mitten im Leiden geht einem das Unwahrscheinliche auf, daß noch unter Schmerzen sich die Fessel lähmender Traurigkeit, Lebensunwilligkeit löst. Gerade in der eigenen Entbehrung kann der Sinn, das Gespür für den Funken Menschlichkeit wachsen, von dem man hoffen kann, ihn werde auch die unmenschliche Tortur nicht auslöschen. Von nun an weiß der Betreffende, was im Leben zählt, was es wesentlich und fruchtbar macht. Oder bei einem Anderen weicht der heimliche, aber tiefsitzende Groll gegen das Leben, und er lebt, wie wiederbelebt, auf. Immer ist es wohl so: Wenn die niederdrückende Traurigkeit vergeht, dann leuchtet neu, eindrücklicher ein, was an Sinn im Leben, was an Gutem in jedem Leben, auch im eigenen, ist. Und gewonnen im Leiden, dem Leiden zum Trotz, hat nicht zuletzt der, der fähig war – dem also die Kraft vergönnt war – im Gott-verdeckenden Unheil an Gott festzuhalten. Ihm, dem so mit Gott Verbundenen, ist Gott offenbar – mitten im Unheil und doch darüber hinaus. Das, was Gott ist: Gerade im Überstehen des Leidens am Gottwidrigen wird es – wird Gott – evident.

Solche Lichtblicke des Glaubens mögen erst im Rückblick klar werden. Im nachhinein sieht einer, daß da, wo nur Leere ihn zu umgeben schien, ein neues Verständnis für Wahrheit erwuchs, das er doch nie erreicht hätte, hätte er die Entbehrung nicht durchgehalten.

Und doch: Es kann auch ganz anders sein. Selbst in einer intensiven Suche nach Sinn kann es *auch* geschehen, daß der Sinn eines Ereignisses verschlossen bleibt; Gott ist und ist darin nicht zu erkennen. Zuweilen geschieht sogar das Furchtbare, daß Gott durch das, was da einem zugestoßen und auferlegt ist, rätselhaft geworden ist. Wie kann so verhängnisvolles „Unglück" – nein, Unheil – einen Menschen gänzlich unvorbereitet treffen? Warum – warum? Nichts bleibt einem da, als zu klagen, zu schweigen und teilnehmend auszuharren bei dem, der derartig getroffen zu verzagen droht. Wenn man ansieht, wirklich hinsieht, wie Andere neben mir von Mißgeschick, von Krankheit und Unfällen überschüttet werden: Wie unsäglich schwer ist es – oder vielmehr welche Gnade ist es –, nicht selbst der Sinnlosigkeit zu verfallen, sondern beim Anderen zu bleiben, mit ihm oder zumeist für ihn zu versuchen, dem Sog des Negativen zu widerstehen. Manchmal ist es kaum mehr zu fassen, wie vieles geschieht, das mir die

Gewißheit rauben will, daß das Leben jedes Menschen, wie meines auch, gut gewollt und zum Guten, Liebenswerten bestimmt ist.

Ob es einem Menschen gegeben sein wird, den Glauben an Gott durch die Gottesverfinsterung durchzuhalten, durchzutragen? „Selig sind, die nicht sehen und doch glauben" (Joh. 20,29): *doch* an den Sieg des Lebens über den Tod glauben, gegen alle gegenteilige Erfahrung. „Der Glaube ans Leben ist im Tod zu üben", sagt M. Luther.[35] Jedoch, wie schwer ist das; unter wie vielen Tränen will das gelebt sein! Mitten im Schmerz und im Verlangen, wenn man schon unsicher zu werden beginnt, wie kann man das fassen, daß Gott den „Hunger und Durst seiner armseligen schmerzensreichen Kreatur nicht" hat „trügen wollen" (G. Bernanos)?[36] Wenn die Entbehrung brennt und einem die Sinne nimmt, wie da glauben, daß selig sind, die hungern und dürsten nach Gott?

Es gehört zum Geheimnis des Glaubens an Gott, daß er wahrscheinlich nur dann im Leben eines Menschen verwurzelt ist, wenn er durch das Nichtsehen Gottes, durch die Gottes-Ferne, hindurchgelebt und insofern hindurch-gelitten, unter Verwundung erkämpft ist. Großes, Erhebendes geschieht – und *frei* ist, wem solches geschieht –, wenn einem aufgeht: „Das Auge des Glaubens sieht... auch unter Tränen" (F. Stier).[37] Wem es aber vergönnt war, in den Dunkelheiten des Lebens Glauben zu halten – wer dies zu lernen vermag –, der ist vorbereitet für die äußerste Angst und fürs Schwerste: für das Dunkel des Todes.

Vielleicht ist die einzig angemessene Antwort auf den ganzen Jammer dieser Welt ein Gebet gegen die eigene Leere: „In des

---

[35] M. Luther, De servo arbitrio: „fides vitae in morte exercetur" in: Luthers Werke in Auswahl, hg. O. Clemen, Bd. 3, S. 124, Z. 36.

[36] G. Bernanos, Vorhut der Christenheit [wie oben zu Einleitung 3., S. 15], S. 159.

[37] F. Stier, An den Wurzeln der Berge [wie oben zu II. 4., S. 116], S. 215.

Herzens Wüste / laß die heilende Quelle entspringen, / in seiner Tage Gefängnis / lehr den Freien, wie er lobe" (W.H. Auden).[38]

6. Abschnitt: *Frei, seine Angst zu bestehen*

Viel ist gegenwärtig von Angst die Rede; „Ängste" gehen geradezu, wie man sagt, um: vor der Zukunft überhaupt, vor einer Zerstörung der Welt, vor einer Menschheitskatastrophe. Doch wenn wir es genauer nehmen und zwischen Angst und Furcht unterscheiden, dann mag in solch übergroßen Befürchtungen auch viel Angst mit eingegangen sein – aber Angst selber ist das nicht, was sich da äußert. Angst ist von einer anderen Dimension der Unsicherheit. Angst überfällt einen, erschüttert mich; sie droht, jede innere Fassung aufzulösen – ganz anders als die Gefährdungen, denen man sich durch eine vorgestellte Zukunft ausgesetzt sieht. Denn diesen gegenüber kann man sich immer noch so oder so verhalten. Angst hingegen ist hautnah; wer sie erfährt, der erlebt sie an *sich selbst* und nicht außerhalb seiner. Angst wird erlitten. Sie bedroht den Einzelnen *so*, daß sie ihm gerade die Möglichkeit nimmt, sich zu sich zu verhalten. – Und immer ängstigt in der Angst etwas abgründig Unbekanntes, undurchschaubar Unheimliches, das mich zu vernichten, mich mir selbst zu entreißen droht. Sie hat keine augenfälligen, klar feststellbaren Gründe. Sie drückt den, den sie erfaßt hat, nieder. Deshalb ist sie stumm und nicht beredt. Freilich, in allen Äußerungen von Furcht und Besorgnis kann Angst als Bedrohung meiner selbst mit eingemischt sein.

Angst selbst wird ganz unterschiedlich erlebt. Die vielleicht

---

[38] W.H. AUDEN, Poems-Gedichte. Englisch und deutsch (Sonderreihe dtv 5436), München 1976, S. 40: „In the deserts of the heart / Let the healing fountain start, / In the prison of his days / Teach the free man how to praise." Das Gedicht beginnt: With the farming of a verse..."

auffälligste Gestalt nimmt man nur am Anderen wahr. An einem Anderen erkennt man, wie bewußtseinsfern und doch für diesen Menschen bestimmend Angst sein kann. Wie in sich eingeschnürt – verängstigt – unterliegt einer seiner Unfähigkeit, aus sich herauszugehen, eine Beziehung zu leben, sich einzulassen auf einen anderen Menschen, auf einen Gedanken, ein Buch aufmerksam zu lesen oder eine fordernde Tätigkeit wirklich zu Ende zu führen; – mithin sich zuzutrauen, daß er etwas ist und kann, und also sich zu erproben, damit er es weiß, was er ist und kann. Vielleicht hat ein solcher Mensch nie erfahren und begriffen, was eine verläßliche Beziehung ist, wie sie entstehen kann und wie achtsam sie zu pflegen ist. Deshalb wagt er von sich aus nichts, ist er voll Mißtrauen und Argwohn, Andere könnten ihm eine Enttäuschung bereiten. Er verzehrt sich darin, sich zu schützen, indem er sich „einigelt" und zurückhält. Er ist, ohne es selbst zu wissen, immer in der Angst, sich selbst zu verlieren, als sei alles ihm feindlich, ihn bedrohend, also für ihn angsterregend. Er *kann* einfach nicht wagen, sich aus sich heraus zu bewegen: aus Angst, ins Leere, ins Nichts zu fallen. Das Vertrackte seiner Lage besteht darin, daß er die Angst, in der er sich verfängt, nicht kennt – genauer noch: nicht kennen *darf*, weil ihm aus Angst verwehrt ist, die Angst, die ihn treibt, sich bewußt werden zu lassen. Wie er unfähig ist, aus sich herauszugehen, so ist er unfähig, sich selbst zu sehen und sich auszuhalten. In solch unbegriffener, blockierender Angst um sich selbst erlebt sich der Betreffende *selbst* nur im Selbstmitleid resignativer Traurigkeit, in zielloser Aufgeregtheit oder auch in blinder Wut.

Aber nicht nur in dieser individuell besonderen Form treibt Angst die Menschen an, „geht" sie „um". In ihrer gängigen, ja alltäglichen Form ist sie ungleich verschwiegener noch, aber nicht weniger hartnäckig und bestimmend. Der ganz üblichen Lebensweise liegt sie letztlich zugrunde. Denn in der Fixierung der Sorge um sich und das Eigene wirkt sich im Einzelnen die Angst aus, Andere könnten ihm zur Bedrohung werden und er könne verloren sein. Aus Angst, aus Sorge, er könne im Leben zu kurz kommen, Entscheidendes könne ihm vorenthalten werden, schneidet er sich von einem offenen, einander teilgebenden Leben ab. – Angst und Sorge um sich gehören, wie man sieht, zusammen; beide sind an sich und üblicherweise geprägt vom Festgelegtsein des Einzelnen auf sich. Und beiden erscheint die Welt um uns als feindlich, allgegenwärtig ist ihnen die Bedrohung, ins Nichts, in ein dunkles Loch, also in solch einen Tod zu fallen – ums Leben gebracht zu werden.

Wer so von der Angst um sich und um sein Ergehen bestimmt ist – und wer wäre das nie? –, der wird nicht zu sich selbst kommen *können*. Denn wo die Angst der geheime Antrieb eines Lebens ist, da kann Wahrheit nicht sein.

Uneingestandene Angst ist hingegen permanent auf Bestätigung aus. Darum auch ist einer, der derart Angst hat, mit Vorliebe damit beschäftigt, Anderen ebenfalls Angst zu machen. In der Regel „schafft" er das nur allzu leicht. Denn die Anderen sind ja von gleicher Angst getrieben. Es muß sie also einer nur auf die Angst, die in ihnen ist, ansprechen, und er wird sie aufgrund ihrer Angst forttragen, wohin er, mit welchem Versprechen auch immer, will. Auf nichts sind Menschen derart leicht „ansprechbar" wie auf ihre geheime Angst – mittels irgendeines Versprechens von Stärke. Unbegriffene Angst ist, wie vielleicht nichts sonst, manipulierbar. Und sollte sich einer dem Angstmachen verweigern, so gilt er als „komischer Vogel", als rückständig, wenn nicht gar als böswillig. Angstmachen ist allemal opportun.

Welch eine Freiheit, welch ein Aufbruch demgegenüber, wenn einer die Angst selbst – die Angst vor dem Selbstverlust – *zu*lassen, sie in die Bewußtheit, ins eigene Innere einlassen kann! Wenn aus der unbegriffenen, verzehrend verschwiegenen Angst eine eingestandene und so wahrgenommene Angst wird! So von der Angst aufgeschreckt, nimmt einer sich, vielleicht zum ersten Mal, selbst wahr. Er nimmt sich selbst wahr und erschrickt: nicht nur in Angst *um* sich selbst, was aus ihm werden mag, wo ihm nun vielleicht sein Leben erst recht wie verloren erscheint; sondern er erschrickt vor allem auch vor sich selbst: „Wer bin ich, wie kann ich so verblendet am Leben, am Anderen vorbeileben, mir immerzu nur selbst etwas vormachen?" Wenn einer an sich selbst zweifelt und solchen Zweifel sich eingestehen kann, dann erst ist ihm die Angst gegenwärtig, drängend da – aber sie ist ihm nun bewußt und folglich für ihn bestehbar. Nicht mehr die stumme, heimliche Angst, die den Menschen unwahrhaftig macht, treibt an; sondern diese selbe Angst ist nun da als Angst im Verhältnis zur Wahrheit. Auch darin jedoch, auch im Wahrheitsverhältnis, ist Angst – doch nun als offene, zugelassene Angst, zu der man sich verhalten kann. „Die Wahrheit erzeugt auch immer Angst... Es ist die Angst, sich so zu sehen, wie man ist" (P. Tournier).[39] Wo diese Angst zugelassen wird, führt sie in größte Einsamkeit. Jeder Einzelne kann sie nur mit sich selbst abmachen.

Nur so kann selbst Angst heilsam sein. Denn es kommt vermutlich keiner zu sich selbst – es weiß vermutlich keiner, wer er selbst ist, oder was das überhaupt ist, ein „Selbst" zu sein, ohne hindurchgegangen zu sein durch die ängstigende Einsamkeit, in der er mit sich allein ist. Wer sie aber erlitten hat, dem ist unfragliche Sicherheit vergangen, die Sicherheit im Leben und die vor sich selbst. Aber derart Angst zulassen können, sich ihr nicht verschließen, die sich anbietenden Sicherheiten aufgeben: das ist der Anfang, die Geburt der Freiheit bei einem Menschen. Und zeitlebens bleibt das so, daß für den Menschen keine Freiheit – auch und gerade keine Freiheit in seinen Beziehungen – ist ohne Angst, ohne Verzicht auf Sicherheiten. Freiheit ist immer unsicher; sie läßt sich nicht absichern und einbinden.

Anlässe und Anhaltspunkte für solche eingestandene, den Einzelnen bis ins Innerste erschütternde Angst gibt es viele im Leben. Angst entsteht, wenn ein Lebensabschnitt, eine Liebe, zu Ende ist

---

[39] P. Tournier, Die Chance des Alters (Herderbücherei 670), Freiburg ²1981, S. 158 u. 159.

und nichts mehr zu folgen scheint. Sie überfällt einen, wenn die Endlichkeiten des Lebens sich aufdrängen, weil man so viel dem Anderen und sich selbst schuldig bleibt; nichts schöpft man aus. Oder sie erschreckt den, dem zweifelhaft geworden ist, ob er wirklich liebt, wirklich glaubt, ob er dazu überhaupt fähig ist – oder sich nur selbst betrügt. Zuweilen scheint es, als sei alles Gute vergeblich, wie in den Wind gesät und komme nicht einmal bei einem selber an; nichts gelingt. Angst umfängt einen, wenn man das notorische Unrecht, den Jammer des Anderen und die ganze übliche Selbsttäuschung ansieht und sich dabei vorkommt als einer, der ohnmächtig dieser Not und damit dem abgründig Unzulässigen des Menschen und nicht zuletzt seiner selbst ausgesetzt ist, dem niemals gewachsen sein kann. Manchmal auch erfaßt einen ein Schwindel, weil alles, womit man zu tun hat, als bodenlos oder ein anderes Mal als unsäglich stumpfsinnig erscheint.

Es kann einen sehr wohl das Erschrecken darüber verfolgen, was man alles mit Menschen machen kann, hat man sie nur erst auf die nackte Angst und den Trieb zum bloßen Überleben reduziert.

„Mit dem Wissen um das Böse" ist nach M. Susmann „unzertrennlich" eine „große und furchtbare Angst" verbunden.[40] Unvermeidlich bedrängt dann die Frage: Worauf an Furchtbarem muß man noch gefaßt sein? – und beklemmender die andere zugleich: Wer kann seiner selbst sicher sein, also dessen sicher sein, daß *er* der Versuchung nicht erliegt? Doch es genügt auch schon wahrzunehmen, wie leicht man in der alltäglichen Routine untergeht und wie rasch sie jede Liebe ersticken kann, um von Angst umgetrieben zu sein.

Nicht isoliert im Einzelnen allein bricht die zugelassene Angst auf, sondern in seinen Erfahrungen der Lebenswelt. Gerade weil er nicht bei sich selber bleibt, nicht sich verschließt, sondern sich

---

[40] M. SUSMANN, Ich habe viele Leben gelebt. Erinnerungen (Veröffentlichungen des Leo Baeck Instituts), Stuttgart 1964, S. 22.

aussetzt und *darin* am Gelingen des Lebens festhält, gerät er ins Stocken, stößt er an Grenzen und Abbrüche, hinter denen sich nur noch Dunkelheiten auftun. So ausgesetzt, geängstigt, sieht er sich in allem, was er ist und wovon er lebt, bedroht. Allemal sind das Erfahrungen von Tod mitten im Leben. Deshalb das Grauen und die Bestürzung in der Angst, denn in ihr ist kein Ausweg erkennbar.

Doch wie kann es geschehen, daß ein Mensch diese Angst aushält? Das ist die entscheidende Frage. Denn nur, wenn einer sie aushält, kann er sie wirklich bei sich zulassen, in sich einlassen. Nur wenn er sich zu ihr, zu seiner eigenen Bedrohung, verhalten kann, kann er die Angst für sich annehmen. *Dann* jedoch ist er in der Angst frei. Und er ist durch solche eingestandene Angst überhaupt erst erwachsen geworden.

Zunächst jedoch sei noch bedacht, daß Angst und Unsicherheit sich immer gegenseitig bedingen, daß das eine das andere hervorbringt und verstärkt. Ist einer aber mit seiner Angst allein, so ist er ihr ausgeliefert und alles wird schwankend. Kein Halten und kein Entrinnen ist dann in Sicht. Also kommt es einzig darauf an, in der Angst ihr nicht preisgegeben zu sein, der Unsicherheit, die immer bei einem ist, sich nicht zu überlassen, sondern vielmehr *sich* der Angst auszusetzen, die Unsicherheit bewußt auf sich zu nehmen: Mut *zur* Angst zu haben. Freiheit in der Angst wäre das.

Wie also wird einer Angst-fähig: Hält er sie aus, erträgt er seine Unsicherheit? Das kann nur, wer *in* der Angst ihrer Tendenz, um jeden inneren Halt zu bringen, standzuhalten vermag. Und wie kann das sein? Schwerlich wohl, wenn einer völlig auf sich allein gestellt ist – wenn er nicht in der Angst sich einbehalten weiß in einem Lebensbezug zu dem, was allem Ängstigenden überlegen ist. Ein Lebensbezug ist das, der einen Menschen deshalb trägt, weil er nicht von ihm allein her ist, in dem er also nicht alleingelassen und seiner Unsicherheit ausgeliefert ist. Gewiß hat ihn der Mensch nicht wie einen Besitz zu eigen, der ihm zur Verfügung steht – aber er kann sich auf ihn verlassen, weil er in dem gründet, was einzig beständig ist und sich zeigt, wie es ist: weil er gründet in Gott. In diesem Lebensbezug wird die Angst vor dem Dunklen, Undurchdringlichen, Bedrohlichen die innere Fassung erschüttern, aber nicht zu zerbrechen, nicht aufzulösen vermögen. In solchem Gottesglauben als dem Bezug seines Lebens ist einer vor nichts geschützt, aber in allem gehalten.

Im Gottesglauben lebt also ein Mensch mitten in den Unsicherheiten des Lebens aufgrund einer letzten, tiefsten Gewißheit, die aber selbst und zugleich eine Unsicherheit einschließt. Oder anders gesagt: Darin lebt einer in einer letzten, aber *gefaßten* Unsicherheit. Es ist nämlich die in Gott *gewisse* Verbundenheit mit Gott für den Glaubenden, auf ihn und sein Leben gesehen immer auch eine nicht ausgemachte und insofern unsichere. Er hat sie nie bei sich zum Besitz, so daß er auf sie bestehen, gelegentlich, mithin nach Belieben, auf sie zurückkommen könnte oder sie sich selbst zu besorgen vermöchte. Sondern er ist gerade *in* dieser Verbundenheit, sich loslassend, zuinnerst angewiesen auf Gott, der ihn in der Angst frei sein läßt, der also über seine, des Glaubenden, Angst und Unsicherheit mächtig ist.

An *Gott* unbedingt gewiesen sein und sich nicht auf sich selbst verlassen: das ist die letzte, jedoch gefaßte, ja bewahrte Unsicherheit, die eben *im Glauben* zugleich Gewißheit ist, und ohne die zu „glauben" gar nicht wäre, weil alles sicher wäre. Auch diese Unsicherheit *in* der Gottverbundenheit kann ängstigen; – aber der Glaube an Gott ist er selbst und nur er selbst, wo er diese Unsicherheit aushält und die damit verbundene Angst erträgt. Und also gehört zum Glauben der Mut, mit dem einer an Gott sich hält, selbst wenn er die Verbundenheit mit Gott akut nicht erfährt. Diese Hinwendung zu Gott – die doch ein Sich-Gott-Aussetzen ist – dieser auf Gott sich richtende Mut erlaubt zu erfahren, daß man mitten in Unsicherheit und Angst *leben, selbst* leben kann. – Das ist die Entdeckung des Glaubens für alles im Leben, nicht zuletzt für unser Lieben des Anderen. Die Erfahrung aber, Unsicherheit und Angst des Lebens ausgehalten und darin

Gott und sich selbst nicht preisgegeben zu haben, ist *die* Erfahrung von Freiheit. Nicht anders als im Ringen um sie, im Sichdurchringen zu ihr durch Angst und Unsicherheit hindurch, wird sie erfaßt: wird *die* Freiheit erfaßt, die stark ist im Widerstehen gegen das Zerstörerische, auch der Angst.

So ist wohl einzig der Gottesglaube fähig, die ganze Angst und Unsicherheit des Lebens und des eigenen Selbst zu riskieren. Nur die im Glauben *gefaßte* Angst ist wahrhaft eingestandene Angst. Und die so zugelassene Angst ist *im* Zulassen bestanden.

Noch einmal sei gesagt, daß gerade das freie, sich nicht verschließende Leben im Glauben von der Unsicherheit und Angst des Lebens betroffen ist. Doch die Kraft des Glaubens besteht eben darin, daß einer diese Unsicherheit in Freiheit annehmen kann. Und er tut das, wenn er aus seiner Unsicherheit heraus einen starken eigenen Willen, Gott zu lieben, gewinnt: einen Willen, der Gott gerade dann nicht aufgibt, wenn er unerkennbar ist.

Im wahren, wirklich gelebten Glauben ist die Angst um sich selbst bestanden. Denn in ihm kommt ein Mensch los von der Fixierung auf sich. Und folglich wandelt sich im Gottesglauben die Angst. Sie wird zum einen zu einer besonderen Weise der Angst vor sich selbst: zu einer Angst in der eigenen Infragestellung, die man im Glauben nur einen Augenblick wahrnehmen kann, um sogleich sich Gott zuzuwenden. Ich meine die Angst ums eigene Glaubenkönnen. Sie kommt über den Glaubenden, dem fraglich wird und der sich darin selbst fraglich ist, ob er den Glauben an Gott in den Versuchungen und Ängsten des Lebens durchhalten werde, oder ob ihm vielleicht das Leben in der Wahrheit und in der Liebe gänzlich entgleiten, er die Freiheit in Gott um seines Schutzbedürfnisses willen verraten werde. Ich denke, jeder, der glaubt, kennt diese äußerste, schlechterdings furchtbare Angst – aber er kennt sie, um sie sogleich zu lassen. Es steht ja der Glaube entscheidend nicht auf einem selbst. Man muß sich darauf nur immer wieder besinnen.

Zum anderen ist die im Gottesglauben verwandelte Angst

wesentlich anderer Art als die Angst um sich selbst und das eigene Ergehen. Statt Angst, die verschließt, ist sie offene, dem Anderen zugewandte Angst. Sie stammt aus der Besorgnis um die Kenntlichkeit Gottes in der Menschenwelt: um das Gelingen aufrichtigen Lebens in all den Unsicherheiten des Lebens, um das Starkwerden des Guten unter uns Menschen. Gerade wenn einer sich des Anderen nicht zu versichern sucht, wenn er ihn in der Verbundenheit frei läßt und mithin die damit gegebene Unsicherheit aushält, wird er Sorge um den Anderen tragen, wird ihm *dessen* Ergehen nahegehen und unter Umständen Angst bereiten. „Das Anvertraute ist immer zugleich das Umbangte" (R. Schottlaender).[41] Keine Ängstlichkeit um den Anderen ist das, sondern eine gefaßte, ganz verinnerlichte und doch dem Anderen zugewandte Angst um ihn. Die ihr verschwisterte Sorge ist nicht auf etwas Äußerliches an ihm bezogen, sondern auf ihn in *seinem* Innersten selbst. Nicht umsorgen will sie ihn, sondern sie will, daß er in der Gemeinsamkeit *sein* Gutes, seine Gott gegebene Bestimmung finde.

Je mehr einer von sich, von seinem Ergehen absehen kann, desto ersichtlicher und dringlicher wird ihm diese andere, zugewandte Angst. Letztendlich ist sie immer eine Angst um Gottes Dasein unter uns. Den Glaubenden ängstigt, daß das Gute, die Freiheit im Miteinander, zerstört wird, wenn Menschen zurückfallen in die alte Haltung der Selbstsicherung. Ihn erschreckt, ja kann in Schrecken versetzen, daß Gott, der bei uns da ist, von uns immer wieder auch entstellt und verschüttet wird.

Auch diese Angst des Glaubens will bestanden sein – und sie ist, wenn einer sie nur sich selbst bewußt macht, wirklich in sich einläßt, *im Glauben* immer schon bestanden. Wer um seinen Glauben nicht auch zittert, wer um Gottes Dasein nicht auch bekümmert ist, der faßt vermutlich die Stärke der Gewißheit des Glaubens nicht. Wer um Gott noch nie gerungen hat, der weiß ver-

---

[41] R. Schottlaender, Theorie des Vertrauens, Berlin 1957, S. 30.

mutlich nicht wirklich, was Gott ist. Ja, vielleicht glaubt keiner wahrhaft an Gott, der Gott noch nie verloren zu haben meint.

Das erst ist die eigentlich heilsame Angst: die, die Gottes *gewiß* macht. *Sie* ist die bestandene, ausgehaltene, verkraftete Angst. In ihr hält sich einer ganz an Gott, an *den* Gott, der das Leiden und die Schrecknisse des Lebens und selbst die Todesangst kennt, weil er, durch Leid und Tod hindurchgegangen, sie bestanden hat. – Man weiß nicht, wie man diese dem Glauben selbst zugehörige, aber bestandene Angst nennen soll: eine beherzte Angst oder einen beherzten Mut.

Im Blick auf das Leben macht sie jedenfalls mutig und vorsichtig zugleich, im Ungesicherten und Unausgemachten aufmerksam auf Gott im Leben zu sein. Jede Spur von Freundlichkeit, die nicht leichtfertig ist, hat dann Gewicht. Wo sich nun aber einem, vielleicht zusammen mit Anderen, ein solches Anzeichen von Gott auftut – wo ihm über das Erfahrene Gott neu gewiß wird –, da ist alle Angst vergessen, da lebt einer auf und wird er seines Lebens froh. Getrost und guten Muts kann er seinen Weg gehen.

Doch alles, was einer an Wahrheit und Freiheit entdeckt, das erfährt er wohl nie für sich allein: „Vielleicht hat ein Mensch, der die Tiefen der Angst erfahren hat und daran nicht zerbrochen ist, dieses nicht nur für sich selbst erlebt, nicht nur für sich die Angst erlitten und bestanden, vielleicht auch, weil in solchem Erleben ein Verstehen geboren werden kann – um das Menschsein und so um Gott –, das der Mensch gar nicht für sich selbst behalten kann" (A.-M. Kleinhempel).[42]

Hat ein Mensch bestanden, wo ihm alles ins Schwanken geriet, so kann er Höchstes, Lebensentscheidendes gewonnen haben: „Wo der von den äußersten Schrecknissen der Welt geängstigten Seele der Durchbruch zu dieser Bejahung" auch noch des verdun-

---

[42] A.-M. Kleinhempel, „Mut zum Sein" und die „Macht des Seins" nach Paul Tillich. Wissensch. Hausarbeit zur 1. theologischen Prüfung 1983, S. 44.

kelten, nicht mehr erkennbaren Gottes „gelingt, da ist der Ort des Triumphes, des Überwundenhabens. ‚Tod, wo ist dein Stachel? Hölle, wo ist dein Sieg?!'" (Ina Seidel)[43]

7. Abschnitt: *Vom Wachsen des Glaubens*

Gewisse Erfahrungen können den Menschen, wenn er sie erlebt, ganz erfüllen, ihn geradezu „ausmachen". Wer glücklich ist, der ist es ganz und gar, in seinem ganzen Fühlen und Wahrnehmen und in all seinen Äußerungen – weit über den unmittelbaren Anlaß hinaus.[44] In anderer und doch gleicher Weise in der Not: Derjenige, dem es schlecht geht, elend ergeht, etwa weil die ihm lebenswichtige Beziehung bricht und er sich, tief verletzt, aller Handlungsmöglichkeiten beraubt sieht, der ist in seinem Zustand gefangen und bis in seine Weltsicht und in sein Selbstbefinden hinein davon bestimmt. Wenn über einen Menschen undurchdringliche Trostlosigkeit hereingebrochen ist und der Widerwille gegen jede Lebensregung in ihm hochsteigt, dann ist ihm alles verdüstert und sind ihm alle Lebensbereiche wie verschlossen. Wo ein unheilvolles Ereignis das Selbstvertrauen des Betroffenen zu zerstören beginnt, wo es ihn aus seiner Lebenswelt herauslöst und vereinsamen läßt, da ist das Leid total.

Verhält es sich nun mit dem Glauben ebenso: Ist er ebenso umfassend, unteilbar und genau besehen nicht steigerbar? Ja, denke ich, der Glaube an Gott ist unbedingt, er ist ganz oder gar nicht; er *ist* mein Leben – so daß ich mich zwar zu ihm verhalten, aber mich nicht mehr als noch etwas Eigenes von ihm abtrennen

---

[43] I. Seidel, Nachwort zu A. Gryphius, Gedichte (Anker-Bücherei Bd. 36), Stuttgart 1949, S. 71 f.
[44] Zu diesem Abschnitt vgl. D. Henrich, Glück und Not; in: Ders., Selbstverhältnisse. Gedanken und Auslegungen zu den Grundlagen der klassischen deutschen Philosophie (Reclam UB 7852), Stuttgart 1982, S. 131–141.

kann. Gerade das evangelische Verständnis des Glaubens hängt an solcher „Ganzheit" und also Unbedingtheit des Glaubens. Zwischen Glaube und Unglaube gibt es keine Abstufungen, kein „mehr oder weniger". Eine „halbe" Wahrheit ist eben keine, sondern deren Verdrehung. „Glaubst du", heißt es bei Luther, „so hast du; glaubst du nicht, so hast du nicht."[45]

Aber im Glauben sein und dem Glauben *leben*, das ist nicht immer dasselbe. Das steht nicht ein für allemal fest. Der Glaube an Gott ist *in sich* selbst ein lebenslanger Prozeß. Er ist es, der einen Menschen hoffentlich lebenslang bewegt – und er könnte das nicht, wäre er nicht in sich selbst beweglich und wandlungsreich. Daß der Glaube selbst sich entwickelt, sich verwandelt und erneuert, und daß darum Menschen erfahrener, selbstbewußter werden, weil Gott sich neu und anders zeigt als gewohnt, gehört zu einem wachen Glauben selbst. Wirklich ist er nur, er wird nur gelebt gemäß dem, was er ist, wenn er sich so als in sich produktiv erweist. „Mir scheint", so formuliert M. Noel, „daß eine Wahrheit um so wahrer ist, je lebendiger sie ist, je mehr sie sich regt, sich entfaltet, zu jeder Zeit neue Früchte bringt; daß sie zumal um so göttlicher ist, je mehr sie unter einer Gestalt entschwindet, um ein wenig später in einem anderen Licht wieder zu erscheinen, um so ewiger, als sie für immer in uns unvollendet, begrenzt bleibt und sich in unseren Augen wandelt mit der Stunde des Tages, dem Lebensalter, dem Schritt der Jahrhunderte und im Grund für alle – Jahrhunderte und Menschen – immer die bleibt, die erleuchtet und ernährt."[46]

Bei anderen Menschen in ganz ungewohnten Lebensbereichen kann einem aufgehen, wie unterschiedlich Gott im Leben von Menschen gegenwärtig ist und welch unterschiedliche Bedeutung

---

[45] M. LUTHER, Von der Freiheit eines Christenmenschen (1520); in: Luthers Werke in Auswahl, hg. O. Clemen, Bd. 2, S. 14.

[46] M. NOEL, Erfahrungen mit Gott [wie oben zu II. 1. B., S. 79], S. 41.

er hat: Etwa im langsam wachsenden, aber ausdauernden Mut einer Frau, die ihre langjährige Krankheit besteht und dabei immer noch lächeln kann. Oder bei einem der Menschen im Widerstand, beispielsweise bei V. Havel. Im Einsatz für menschliche Verhältnisse erfährt ein Anderer, daß unwahrscheinlicherweise Güte schon ist, Menschen noch in bitterster Entbehrung ihrer Not standzuhalten vermögen und freie, miteinander freundliche Menschen sein können. Und wieder anders in der Musik A. Pärts. – Oder es wird einem auf einmal deutlich, wie Gott im Äußeren des Rechts ist, nämlich im selbstverständlichen Leben voneinander, in der geregelten Freiheit des Zusammenlebens. Lange kann einer der Natur gegenüber gleichgültig sein, doch, angestoßen durch irgendeine Zufälligkeit, entdeckt er, daß Gott auch da, in der Natur, gegenwärtig ist als der belebende Geist in der Vielfalt des Lebendigen. Aber alles, was derart für einen Glaubenden Gott bezeugt, und das kann ihm, der sich für die Lebensweise anderer Menschen interessiert, nicht verschieden genug sein: das alles bezieht er auf den *einen* Gott, den einen Geist der Wahrheit und der Liebe. Und dadurch wird ihm Gott inhaltlicher, an Sinngehalt reicher. Er lernt zu verstehen, wie vielfältig der Glaube gelebt wird – und dadurch wird er seines Glaubens bewußter, wächst er also im Glauben.

Der Glaube an Gott ist darin ungeteilt *ganz* Glaube an Gott, daß er in sich unbedingtes Ausgerichtetsein auf *die* Wahrheit und das Gute ist, die größer sind als wir selbst. Aber er ist diese Unbedingtheit und will sie bei jedem Einzelnen sein in den sich verändernden Bedingtheiten des jeweiligen Lebens. *Darin* ist er konkret und darin will er erprobt und gelebt sein. Der Glaube eines Menschen ist folglich lebendig, wenn er sich dadurch verändert, daß er in einem Menschen arbeitet, ihn lebendig hält und so selbst das Leben ändert, in das hinein er wächst. Er kennt keinen Stillstand, sondern ist nur als Bewegung, als Prozeß des nicht aufhörenden Suchens und Findens, der Aufgabe und der Erfüllung, wobei jede Erfüllung zum Zutrauen, zur Gewißheit für die kommende Aufgabe wird. Der Glaube beharrt nicht auf dem, was er hat, was er einmal – etwa durch eine „Bekehrung" – sich erworben hat. Er ist viel eher eine Leidenschaft der Hoffnung: verlangend und doch voll Vertrauen offen für das, was Gott noch mit mir vorhat, bereit für das Lebenswerte, das noch kommen mag und mich weiterbringen kann. Und er ist zugleich die Leidenschaft der Erinnerung, die das Gewordene – das mir in meinem Leben zuteil gewordene Gute – nicht dem Vergessen preisgibt, sondern im Inneren bewahrt, so daß es zum Horizont für das weitere Leben wird. So also kann der Glaube an Gott *die* Leidenschaft eines ganzen Lebens sein.

Er bleibt nur, indem er wächst und sich verändert. Er bleibt nämlich gerade durch das spannungsvolle Zusammenhalten von vertrauender Offenheit für das Kommende und wacher Erinnerung des Zuteilgewordenen. So lebt einer, der glaubt, in der Spannung, die darin liegt, daß eine erkannte Wahrheit, eine tragfähige Freundschaft – alles erfahrene Gute Gottes – nicht ausgeschöpft, sondern voll Versprechen ist für das, was noch daraus werden wird.

Gerade indem er sich wandelt, gewinnt der Glaube bei einem Menschen Dauer und dieser selbst eine eigene Identität im Glauben oder *des* Glaubens. Doch das ist eine Identität gerade im Unabgeschlossenen, nicht Festgelegtsein seiner Lebensgeschichte. Sie gründet auf der Gewißheit, daß Gott, selbst im Schwanken des eigenen Glaubens, einer und derselbe bleibt in allen Formen und Wandlungen seiner Gegenwärtigkeit unter Menschen. Und eine wachsende, inhaltlich reicher, gefüllter werdende Identität ist das, diese eigene Identität im Glauben, dieser eigene Charakter des Glaubens: nicht weil der Glaube bei einem Menschen kontinuierlich „anwüchse" oder stetig Fortschritte machte – sondern weil in einem lebendigen, gelebten Glauben Gott größer, weiter und konkreter wird.

Das Verlangen, Gott und das Leben zusammenzubringen, das mit der Entstehung des Glaubens in die Geschichte eines Menschen kam, wird stärker, je länger es währt und will alle Lebensbereiche durchdringen. Je intensiver sich einer in den Gottesglauben hineinlebt, desto eindrücklicher eignet er ihn *sich* an und desto gefestigter wird er in sich. So ist das zunehmende Einswerden von Glauben und Leben zugleich die wachsende Verinnerlichung des Glaubens und so das wachsende *Selbst*werden im Glauben.

In solchem Sichentwickeln gewinnt der Glaube in einem Menschen Wurzeln, gräbt er sich immer tiefer ein, verbindet er sich dichter mit der Lebensführung dieses Menschen. Kein Sichwegbewegen vom Ursprung ist das, sondern ein tiefer Sichhineinbilden. Gott wird diesem Menschen dringlicher – und gerade dadurch wird auch sein Leben weiter. Sein Interesse am Leben der Menschen nimmt zu; er verlernt das Verurteilen und lernt das stillschweigende Verzeihen schätzen. Denn je wichtiger einem Menschen Gott wird, mit desto größerer Ausdauer sucht er, Gott in allem zu entdecken und mit ihm im Einverständnis zu sein. Weil er Gott *gefunden* hat, darum hat er Sehnsucht nach ihm. Weil er ihm glaubt, deshalb will er ihn auch besser verstehen. Wie der, der liebt, den Geliebten immer besser, näher kennenlernen will. Also ist das kein unglückliches Sehnen nach dem Entbehrten, kein endloses, nie gelingendes, immer abständiges Streben; sondern es ist *in* der tragenden Verbundenheit ein Verlangen nach immer umfassenderem Einswerden, nach einem „Völlig-werden" der Liebe.

Der Glaube wurzelt sich ein und breitet sich so zugleich aus – bei jedem Menschen individuell anders. Denn das ist immer dessen unverwechselbar eigener Weg des Glaubens, worin er immer mehr selbst zu der Person wird, die er ist und als die er gemeint ist. Das Selbstwerden im Glauben ist die Geschichte der eigenen Lebensführung. Nicht von außen feststellbar ist das. Entscheidend für jenes Selbstwerden jedoch ist, daß der Einzelne nicht aufhört, das, was er in seiner Lebensgeschichte erfährt, sich als seine Glaubensgeschichte bewußt zu machen und im Bewußtsein zu halten. – Zuweilen kann es freilich geschehen, daß einer mit Anderen im

Glauben, selbst bei ganz verschiedenen Ausformungen des Glaubens, zusammenstimmt und diese zwei sich wortlos verstehen, zu ihrer für sie überraschenden Freude.

Die Kraft für das Wachsen des Glaubens im Leben schöpft der Glaubende aus der ständig neuen und hoffentlich doch nicht nachlassenden Zuwendung zu Gott, die jedoch sich nur erfüllt als beständige und immer neue Zuwendung *Gottes* zu uns. Aber der Glaubende wird das in *dem* Sinne selbst wollen müssen, daß ohne sein Wollen ein Wachsen im Glauben, das ja in gewisser Weise ein Zusammenwachsen mit Gott ist, gar nicht wäre. Denn das ist kein harmonisches Sichentwickeln und -entfalten; nein, das ist durch und durch Kampf: Kampf und lebenslange Auseinandersetzung mit dem, was sich dem Glauben widersetzt, besonders dem Bestehen auf dem bezugslos eigenen Ich, und mit dem, was wider Gott steht und von Gott abzutreiben sucht, das Unheil und sinnzerstörerische Böse in der Welt. Immer und zuerst ist das Kampf gegen sich selbst, gegen den eigenen Anteil am Unheilszusammenhang. Vor allem durch *die* Krise des Eigenen, die im Zweifel an sich selbst und am eigenen Glaubenkönnen liegt, muß der gelebte Glaube an Gott immer wieder hindurch.

Das Wachsen im Glauben ist Kampf, ist Überwindung, ist Arbeit an sich selbst – und Freude aufgrund nicht nachlassender Arbeit. An dem jedoch, der nicht selbst an sich arbeitet, kann Gott auch nicht arbeiten, denn der hält sich Gott fern. Also ist mit A. Bonus zu sagen: „Arbeitet daran, daß Gott in euch arbeitet."[47]

Bliebe der Glaube nicht in solcher Bewegung, er verkümmerte und erstarrte. Er wächst hingegen, und zwar gerade an dem, woran er sich abarbeitet. Durch das Sicheinsetzen wird er seiner selbst und seiner Kraft bewußter, wird ein Mensch sich seines Glaubens bewußter. Es duldet diese Arbeit am eigenen Leben und am eigenen Glauben keine absichtliche Eingrenzung; sie ist be-

---

[47] A. Bonus, Zur religiösen Krisis. 1. Bd.: Zur Germanisierung des Christentums, Jena 1911, S. 179.

stimmt nicht etwa nur auf das Innerliche beschränkt. Nicht zuletzt im Blick auf die Überwindung der eigenen Trägheit und Selbstgenügsamkeit würde sie sich selbst mißverstehen, wäre sie nicht auch und immer zugleich der Einsatz für solche gesellschaftlichen Verhältnisse, die den Glauben zulassen, ihm Raum lassen und ihn nicht zu verhindern suchen. Im Ringen des gelebten Glaubens um seinen Ausdruck und um seine Gestaltung steht ja der Einzelne für Gott und also für das ein, was nie nur sein Eigenes allein ist.

Es ist kein Wachsen ohne Schmerzen; und das gilt ganz besonders vom Sicheinleben in Gott. Daß ein Mensch zum Einswerden mit Gott gelangt, das ist nicht ohne Abschiede und Abbrüche, in denen Eigenes, oft auch gut Gewolltes aufgegeben werden muß. Es wächst der Glaube ins Persönliche, ins Leben nur hinein in einem Prozeß nicht endender Umwandlung. Denn alles bloß Eigene und Verschlossene, alles, was gegen Gott steht und ohne Gott sich gibt, was dem Lebendigwerden des Glaubens unter den Menschen und bei mir selbst sich verschließt: das bedarf der Verwandlung. Nur in der Umkehr aus dem Selbstverhaftetsein heraus in die Weite Gottes, der das Gute für alle und für alles ist, gelangt ein Mensch wahrhaft, bejahenswert weiter. Durch Krisen und Umbrüche des Eigenen – dessen, was ich an mir selbst bin und wahrnehme – hindurch prägt sich Gott und der Glaube in einer Lebensgeschichte ein. Wer die Verwandlung des Eigenen, die einschneidend sein kann, scheut, der erfährt den Aufbruch zum Weiterkommen im Geiste Gottes nicht. So ist wohl zu verstehen, wenn E. Hirsch schreibt: „Fortgang ist immer neuer Anfang."[48]

Es kommt ein Mensch im Glauben dann voran, wenn er Umwege und Zeiten des Stillstandes riskiert und darin – also im Ungewissen und Ungesicherten – vermag, sein Vertrauen auf Gott gleichsam vorzustrecken, ins Unvertraute und Unausgemachte hinein. Vielleicht ist es ihm vergönnt, von einer guten Erinnerung Gottes zehren zu können, wenn er so den Glauben

---

[48] E. Hirsch, Der Sinn des Gebets, Göttingen ²1928, S. 35.

über eine Strecke der Dürre und Mutlosigkeit hinweg durchzuhalten versucht. Doch alles, was er so erfährt, gehört zur Geschichte seines gelebten Glaubens. In der fortwährenden Auseinandersetzung mit den wechselnden Lebensumständen verändert sich seine Identität und hält sie sich – verwandelnd – doch hoffentlich durch. In jeder durchgestandenen Bedrängnis ist der Glaube beständiger geworden und also wohl auch gefaßter, sich dem zu stellen, was an Krisen und Infragestellungen noch auf ihn zukommen mag. „Wächst Glaube, dann kommt der Augenblick, da er sich selbst als die tiefer verankerte, überwindungsstärkere Wirklichkeit erfährt. Dann kann er gegen die Wirklichkeit der ‚Welt‘ aufkommen und den Sieg erringen, von dem Johannes spricht: ‚Das ist der Sieg, der die Welt überwindet, unser Glaube'" (R. Guardini).[49]

Nichts bestärkt vermutlich mehr, nichts gibt mehr Zuversicht für das Kommende als zu erfahren, daß man im Glauben an Gott *selber* weiterkommt. Es kommt ja im Leben oft sehr anders, als man meint und sich erwünscht; Möglichkeiten bleiben unrealisiert und in vagen Ansätzen stecken. Und doch kann man zuweilen merken oder eher noch ahnen, daß man gerade durch solche Korrekturen der eigenen Wünsche vorangekommen ist, näher zu sich, näher zum Einverständigwerden mit sich. Unmerklich zumeist geschieht dieses Zu-sich-kommen.

Selbst der ausgehaltene und ausgetragene Zweifel am eigenen Glaubenkönnen kann zu einem großen Schritt vorwärts im Wachsen und Bestärktwerden des Glaubens werden – vielleicht er ganz besonders. Im nachhinein weiß man auch, warum der Glaube durch die Krisen hindurch muß: damit er nämlich Glaube *an Gott* bleibt, keiner aufs nur Eigene baut und auf dem eigenen Bestand beharrt – sich vielmehr jeder Glaubende an Gottes nicht aussetzender Gnade „genügen" läßt (2. Kor. 12,9). Und auch dies

---

[49] R. Guardini, Vom Leben des Glaubens [wie oben zu Einleitung 1., S. 5], S. 30f.

will in der Krise gelernt sein: „Weil Er", Gott, „will, daß" die Menschen „selbständig gehen lernen, muß Er Seine Hand von ihnen abziehen. Und wenn nur der Wille zum Gehen wirklich da ist, so freut Er sich" über sie, auch wenn sie stolpern (C. S. Lewis).[50]

Rückblickend kann ein Mensch zu einem versöhnten Einverständnis mit dem von ihm zurückgelegten Lebensweg gelangen. Er spürt, daß das ganze Laufen und Sichmühen nicht vergeblich waren, daß er im besten Sinne seiner selbst bewußter geworden – zunehmend der geworden ist, der er als er selbst ist und sein soll. Es erfährt einer, daß er nicht stehen- und steckengeblieben ist, sondern mit sich selbst und mit dem identischer geworden ist, was er von Grund auf selbst bejaht und was ihm zum Leben wesentlich ist. Er ist weitergekommen und im Aufspüren der Wahrheit, die doch allemal größer ist als jeder selbst, bewußter zu einem Menschen geworden, der weiß, was er will und wofür er lebt. Und er ist das gewiß nicht aus sich allein, nur aus eigener Kraft oder eigenem Vermögen geworden. In der Dankbarkeit dafür hat sich darüber das Leben verändert, die Gewichtung verschoben, der Horizont gewandelt; und dessen kann derjenige nur froh sein.

Daß Gott einem Menschen konkreter, deutlicher und dieser standhafter und einiger mit sich selbst, weil mit dem ihm Wesentlichen werde, das sind nur zwei Seiten der einen Bejahung des eigenen Lebens, das doch keiner je für sich allein hat und lebt. Es ist *ein* Vollzug und *der* Vollzug des Glaubens: sich einleben in Gott und bejahend zu sich selber finden. Am klarsten wohl wird solches Einswerden mit Gott und also mit sich, wenn einem Menschen bewußt wird, daß er im Schmerz über die eigene Unzulänglichkeit verständnisvoller, Andere verstehender wird, also lernt zu verzeihen. Der hat dann wirklich begriffen, wie eindrücklich der Glaube an Gott – an Gott als die Wahrheit und das

---

[50] C. S. Lewis, Dienstanweisung für einen Unterteufel (Herderbücherei 545), Freiburg [15]1975, S. 40.

Gute für alle – das eigene Interesse noch für den fremdesten Menschen, der mir zufällig nahekommt, weckt. Und der ist wirklich weitergekommen.

Die Ausgangsfrage lautete, wie der Glaube unteilbar ganz und doch zugleich beweglich und wachsend sein kann. R. Schneider hat das so gesagt: „Wachstum im eigentlichen Sinne ist nur dort möglich, wo die Mitte der Verwandlung unverändert bleibt, so daß die Umgestaltungen in ihrer Gesamtheit einmal die Gestaltung des Einen und Endgültigen ergeben."[51] Wenn der Glaubende die Mitte für sich selbst in Gott hat und sucht, dann, denke ich, ist nichts Eigenes vom Verwandeltwerden im Wachsen ausgenommen – bis in den Tod, die letzte, totale Verwandlung zur Vollendung ins Endgültige, hinein.

8. Abschnitt: Gott in der Einheit der eigenen Lebensgeschichte

Wenn ein Mensch nicht nur dahinlebt, mit mehr oder weniger großen Erwartungen und Befürchtungen weiterjagt und das Gewesene hinter sich zurückläßt als vergangen und vorbei – wenn einer sein Leben nicht „zurücklegt" wie Kilometer auf der Autobahn – wenn er vielmehr wach, bewußt lebt, dann hat er immer wieder Anlässe genug, sich seiner Lebensgeschichte zu *erinnern*. In solchem Innehalten und Sichbesinnen wird er wohl erkennen, daß sein Leben wirklich ein Weg ist, gewiß kein problemloser und einfach geradliniger.

In der Erinnerung wird ja Wesentliches allererst klar und deutlich. Diejenigen Worte und Sätze sind aufschlußreich, die eine Erinnerung so wecken, daß das, was man früher erfahren hat, nun erst richtig verständlich ist. Nach F. Dostojewski ist die „Erinnerung", in der einer „alles vergangene Leid ... noch einmal erleb(t)", „wie die Waage, mit der man das wahre Gewicht" des

---

[51] R. SCHNEIDER, Macht und Gnade [wie oben zu II. 5., S. 135], S. 23.

Vergangenen „feststellen kann".[52] Und H. Bienek spricht von einer „Kraft der Erinnerung, die das Erlebte, das Vergangene gegenwärtiger macht als es jemals gewesen war. Wahrscheinlich", heißt es bei Bienek weiter, „muß man den Verlust tatsächlich spüren, an ihm leiden, um ihn in der Beschwörung der Wörter vergessen zu machen."[53]

Erkennt ein Mensch erinnernd seine Vergangenheit als einen von ihm zurückgelegten Weg, dann liegt ihm die übliche Vorstellung fern, wonach das Menschenleben eine Kurve ist: eine im Alter bedauerlicherweise abfallende, aber im „eigentlichen", im „aktiven" Leben doch aufsteigende Kurve, also eine Karriere. Und auch die andere, zuweilen faszinierende Vorstellung hat sich ihm aufgelöst, daß groß sei, wer alles Erlebte in eine harmonische Einheit der „Persönlichkeit" integriere. In der Erinnerung wird er vielmehr begreifen, daß sein Leben, wie das jedes Menschen, eine unverwechselbar eigene einmalige Geschichte ist.

Nach der Perspektive und der Intensität wird solche Rückschau in den verschiedenen Phasen des Lebens unterschiedlich sein. Doch immer, auch in jungen Jahren, enthält sie die Frage an den Betreffenden: „Kann ich in dem, was ich erlebt, was ich gewollt habe und was mir widerfahren ist, mich selbst erkennen? Oder besteht mein Leben denn etwa nur aus versprengten und sich teilweise widersprechenden Einzelstücken? Gehört nicht vielmehr doch irgendwie alles, was in der Geschichte meines Lebens war und sich in sie eingezeichnet hat, zu mir selbst? Läßt sich also in allem, was für mich war, *ein* Thema, *mein* Thema wie ein durchgehender Faden erahnen, der meine Geschichte dennoch zu einer Einheit zusammenfügt: zu einer Einheit allerdings, die alles andere ist als eine innere Harmonie, in der sich alles glättet?"

Die Erinnerung der eigenen Lebensgeschichte ist mithin angeleitet von der Frage, wie der Einzelne zu einer inneren Überein-

---

[52] F. Dostojewski, Briefe [wie oben zu II. 4., S. 112], S. 111.
[53] H. Bienek, Schlesien – aber wo liegt es? Eine polemische Erinnerung; in: Die Zeit Nr. 7, 8. Febr. 1985, S. 43.

stimmung mit sich selbst gelangt. Und eben das ist die Frage des Einzelnen nach der eigenen Identität. Anders gesagt, Selbstidentität eines Menschen ist nur, läßt sich nur denken, als die seiner *Geschichte*. Abgesehen von meiner Geschichte bin ich niemals „ich selbst", *dieser* Einzelne, der um sich weiß – bin ich allenfalls ein Abstraktum. Will einer wissen, wer er ist, so wird er sich vor allem die Geschichte seines Lebens, von seinem Herkommen an, vergegenwärtigen müssen. – Jedoch, ein entscheidendes Moment ist noch mit zu bedenken: In der Erinnerung ist nicht nur das Vergangene gegenwärtig und überhaupt erst richtig bei mir, in ihr stellt sich nicht nur die Frage, was *ich* im Erfahrenen und Geschehenen bin – sondern ich bin zudem unausweichlich gefragt, ob ich das, was in meiner Lebensgeschichte war und ist, und es ist doch so vieles disparat und zwiespältig, ob ich das *bejahe*, selbst bejahen kann. Gefragt ist, ob ich das Geschehene bejahen kann: nicht in dem, was die einzelnen Ereignisse, etwa die Vertreibung aus einem Land, isoliert für sich genommen sind, sondern ob ich sie *darin* bejahe, daß sie zu mir gehören. Dann erst, in der *bejahten* Erinnerung – doch wie schwer kann die sein – ist es mein Eigenes, ist meine Lebensgeschichte meine eigene. Nur in der bejahten Erinnerung *kann* einer mit sich selbst identisch sein. Sonst kommt er über den Zwiespalt mit sich selbst, über die innere Zerrissenheit, nicht hinaus und wird der Lebensgroll ihn unbewußt treiben.

Doch, wie um alles, soll ich das können – wie kann ich fähig sein, meine Lebensgeschichte zu bejahen? Die Ereignisse im Leben eines Menschen, in einem Leben wie meinem, das darin selbst Gewollte und das Verfehlte, das Geglückte und das Unheilvolle, ergeben an sich selber keine Einheit, sie reimen sich nicht einfachhin zusammen, da ist kein harmonischer Einklang. Zuviel Sperriges und Verqueres, ja Abwegiges und mir nun, in der Erinnerung Widerstrebendes, ist darin. Und keine Erinnerung kann das je auslöschen; keine wahre kann das ja auch wollen. – Doch wenn das alles in der Erinnerung vor mir steht, dann ist die Frage nach der Identität meiner selbst, nach der Einheit meiner Lebensgeschichte, scharf und genau: Wie kann einer ohne Illusionen und ohne Selbsttäuschung sich erinnern und seine Lebensgeschichte bejahen und also mit sich identisch sein?

Ganz sicher läßt sich die Einheit und damit der Sinn eines Lebenslaufes nicht an der Beschaffenheit der einzelnen Vorkommnisse ablesen; dazu ist keines an sich eindeutig genug, und schon gar nicht deren Gesamtheit. Die Frage ist allein die, wie ich mir meine Geschichte selbst-bejahend aneignen, ich darin ich selbst sein, wie ich mit all dem, was mit mir und durch mich geschehen ist, zu Rande kommen kann. *Dann* wohl nur kann ich zu dem Geschehenen als den Ereignissen *meines* Lebens stehen, wenn ich durch sie alle hindurch *ein* Thema, das Thema meines Lebens, den einen Sinn meines Weges, meinen ureigenen Auftrag ahnen und annehmen kann. Nicht etwas Sichtbares, Konstatierbares ist das, aber etwas zuinnerst Erfahrbares: Das Einende ist der *Geist*, der Sinn, als der eine Geist in allem Sinnvollen und Sinnwidrigen eines Menschenlebens und so das, woraus einer lebt und in dem sein Leben gründet. Nicht weniger kann jenes einende Thema sein als dies: daß Gottes Geist durch Krisen und Ratlosigkeiten hindurch an unserem Geist am Werke ist, ihn, unseren Geist, noch so – noch durch Nöte – erweckt, zu sich bildet und mit sich eint. Es ist schlicht und doch unendlich bedeutsam die erfahrene Erkenntnis, daß aus allem *noch* etwas zu lernen ist. Leuchtet einem Menschen dies ein, so versteht er, daß Gott mit uns auf dem Wege ist und von uns entdeckt sein will als der eine Sinn in der Geschichte eines jeden.

Ein überschwenglicher Glaube ist das, dieser Glaube, daß trotz der äußeren Gebrochenheit, trotz des Bruchstückhaften der verschiedenen Lebensansätze dennoch *ein* Sinn in allem und über alles hinaus ist, auch noch im Quälenden und an sich Inakzeptablen und selbst dann, wenn ich ihn nicht erkenne. Kein Schauen ist das, vielmehr ein unbeirrtes Vertrauen auf einen verborgenen, untergründigen Sinn, auf einen heimlichen Zusammenhang, der es doch vermag und wirkt, daß mein Leben nicht in Einzelstücke auseinanderbricht. Trotz des Unverständlichen ist eine Spur in meiner Lebensgeschichte. In J.P. Hebels Worten: „... ich schaue in mein vergangenes Leben zurück, und verkenne die Spuren eines unsichtbaren Führers nicht, der mir auch im Unglück nie Kraft zum Dulden, nie Trost gebrechen ließ, und oft mit unerwarteter Hülfe, und Freuden, die ich nicht zu hoffen wagte, mein zagendes Herz beschämte."[54]

In der Erinnerung wird deutlich, daß der Lebensweg jedes Menschen, gerade in seinen Knotenpunkten, bestimmt ist durch das Widereinander und doch Ineinander von Selbstgewolltem und schicksalshaft Widerfahrenem. Nicht nur stoßen sich und treffen doch zusammen einerseits die äußeren Umstände, die vielfältigen Verpflichtungen, in denen jeder steht – und andererseits die innere Berufung, also das, was man für den eigenen Lebensweg selbst als wichtig und wesentlich erkannt hat. Sondern zuweilen tritt irgend etwas – etwas Gutes, eine Liebe, eine glückliche Wendung oder etwas Verheerendes – in das Leben ein und lenkt es in eine andere Bahn. In diesem konfliktgeladenen Zusammentreffen von Innerem und Äußerem prägt sich der Lebensweg eines Menschen aus. Also ist das Leben jedes Menschen nie nur das, was er allein aus sich aus seinem Leben machte, sondern es hat jeder ein Schicksal, *sein* Schicksal.

Die Erinnerung selbst stellt den Einzelnen vor die Frage, ob er dies sein Schicksal *selbst* haben will. Sich erinnernd ist er gefragt, ob er das bejaht, und also sich damit identifiziert, daß dies und das sein Schicksal ist und also die Geschichte seines Lebens nachhaltig bestimmt.

Sich erinnernd muß er sich noch einmal damit auseinandersetzen, daß in sein Leben Ereignisse hineingekommen sind, die quer zu liegen scheinen zu dem, was ihm selbst lebenswert und lebenswichtig war, also zu dem, was ihm vielleicht jetzt erst in der

---

[54] J.P. Hebel, Sämtliche Werke, 5. Bd.: Predigten I, Karlsruhe 1832, S. 121.

Erinnerung als Sinn und Auftrag seines Lebens einleuchtet, doch als das nicht nur für heute, sondern auch für das, was gewesen ist. Er muß sich jetzt noch einmal damit befassen, daß er nur durch die Auseinandersetzung mit dem, was ihm gegeben war und ihm begegnet ist, zu dem geworden ist, der er nun einmal ist. Insbesondere im Anarbeiten gegen seine Grenzen wird ja einer seiner selbst bewußt. Sich erinnern heißt also sich mit sich selbst, mit dem eigenen Schicksal verständigen.

So zeigt sich, daß die Geschichte eines Menschenlebens die Verkettung von mehr oder weniger glücklichen und unglücklichen Umständen *und* dem ist, was einer für sich selber will. Und es zeigt sich, daß die Erfahrungen, die einer macht und ihm zuteil werden, sich im Laufe des Lebens verschlingen; die Folgen der vorigen reichen in die neuen hinein und diese wiederum bereiten die kommenden vor. Unser Schicksal bestimmt unsere Taten und diese sind am eigenen Schicksal mit beteiligt. Immer wieder aber stellt sich eine Störung, ein Mißverhältnis ein zwischen dem Eigenen und dem Zufälligen des Lebensgeschicks. Nur auszuhalten, zu ertragen und zu erdulden ist diese Diskrepanz, also nur so anzunehmen und zu bejahen als zu mir selbst gehörig.

Unverarbeitetes ist vermutlich in der Lebensgeschichte eines jeden: ungelöste Probleme, die sich anhäufende Problematik jedes Einzelnen mit sich selbst und mit den Anderen – und noch immer schmerzende Wunden. Kein Leben geht wohl glatt „auf". Wird es mir vergönnt sein, auch dies Schwere noch, ja auch gerade das, anzunehmen, in mich aufzunehmen als *mein* Leben, als meine Geschichte, zu der ich stehen kann? Das hieße, an den Sinn, an die Einheit meiner selbst, meines Geschicks *glauben* – über alle Wahrnehmungen und Erkenntnisse hinaus. Es hieße erkennen und zugestehen, daß noch die schlimmen Wendungen im Leben, wahrscheinlich nicht nur *ein* heilloser, von außen zugefügter Schicksalsschlag, sondern überdies meine unübersehbare Schuld, mir selbst angehören – daß *ich* das auch bin, weil es mein Leben ist. Solches Erkennen ist immer zugleich ein Zugestehen: das Zugeständnis nämlich, daß noch das Verwirrende und Unheilvolle einen Sinn für mich haben kann, auch wo ich ihn nicht sehe. Sicher ist damit das Versehrende nicht verschwunden, das Schuldhafte und Belastende meiner Geschichte nicht beseitigt. Aber der vergiftende Stachel, das Verbitternde, das in ihm steckt, ist ihm genommen; es ist bestanden. Und so hat das Schicksalshafte seinen verhängnisvollen Charakter verloren.

So also besteht ein Mensch sein Schicksal. Und er besteht es doch nicht ohne Verwundung, nicht ohne Schmerz; es bleiben Narben. Aber er besteht es, wenn er noch dieses Kreuz seiner Geschichte auf sich nehmen kann. Große Gnade und nichts als Gnade ist das, die Gnade der Gewißheit im Glauben.

Mit der eigenen Lebensgeschichte sich verständigen bedeutet, sich mit der eigenen Vergangenheit auszusöhnen. Und man söhnt sich mit ihr aus, wenn man sie verarbeitet. Frei und in Gewißheit für sich selbst wird das aber nur vollbracht, wenn einer nicht nur Abschied nehmen kann von manchem Abschnitt und Ereignis seines gelebten Lebens, wenn er vielmehr bereit und fähig ist, bewußt Abschied zu *geben*, loszulassen, was ihm genommen und doch noch jetzt lieb und wert ist. Ein nach vorn offenes Leben läßt immer auch Gutes zurück, eine Freundschaft etwa, über die man hinausgewachsen ist. Gerade ein erfülltes Leben ist immer auch ein entsagungsreiches. Gelassen wird den Schmerz solcher Entsagung ertragen, wer dessen gewiß ist, daß nichts in Wahrheit und in Liebe Vollbrachtes und Gewolltes vergeblich gewesen, sondern in Gott – ins Eindeutige verwandelt – aufbewahrt ist.

Ein solcher Mensch, der die Gewißheit für sich in Gott hat, wird nicht nachlassen in der Hoffnung, daß sich die Widersprüche in seiner Lebensgeschichte, mit denen er sich nicht abfinden kann, doch noch lösen, das Schlimme und Böse sich doch noch wandeln möge – selbst wenn das eine Hoffnung ist, wo scheinbar nichts zu erhoffen ist. Was er als Sinn seines Schicksals, als versöhnende Einheit seiner Lebensgeschichte, also als seine Selbstidentität *glaubt*, das ist kein abgeschlossener, alles verständlich machender, die Vorkommnisse erklärender Sinn. Er glaubt, was er so glaubt, in der Schwebe von ahnendem Erkennen und Nichtwissen, nicht alles Verstehen. Und so ist er dessen gewiß, daß dennoch ein Sinn ist, auch für ihn, daß Liebe auch sein Leben erleuchtet und trägt. Die Gewißheit des Glaubens ist eine im Unsteten meiner selbst und im Unausgemachten meines Geschicks. Aber sie ist eine Gewißheit, die dem Glaubenden das Zutrauen zu sich selbst gibt, so daß er wagt, selbst zu leben und sich einzulassen auf das, was ist und auf ihn zukommt, sich also verletzbar zu machen – und so sein Schicksal anzunehmen und sein Leben selbst zu führen, also seinen Weg zu gehen, ohne abzusehen, wohin er im einzelnen führt.

Sich erinnernd – versöhnend und bejahend – wird er aber auch guten Gewissens und guten Mutes all dem Abschied geben, was er nach seiner Wahrheitseinsicht zurecht überwunden oder verwunden hat. Von manchem wird er nur sagen können, es sei gut, daß es gewesen ist. Er wird das sagen können, vielleicht weil er, erfahrener in der Einsicht, darüber hinaus ist oder weil er es vielleicht schon damals im Grunde seines Herzens gar nicht als er selbst hat wollen *können*. Gut ist das Alte vergangen, wenn er hoffen kann, daß es für ihn selbst oder für einen Anderen doch produktiv war, lebensförderlich.

Aber zum Realismus des Erinnerns gehört auch, daß er sich nicht nehmen, sich nicht ausreden läßt: Es waren auch gute Augenblicke, Stationen gelungenen Lebens in der eigenen Geschichte – auch sie prägten das Schicksal mit. Es war nicht alles vergeblich und verloren; es hat sich nicht alles verwirrt. Das Leben besteht nicht aus bloßen Zufällen und Notwendigkeiten. Über manchen Zwiespalt ist einer doch hinausgelangt; Widersprüche haben sich auch gelöst. Was mich zerreiben und um das Lebenswerte meines Lebens hätte bringen können, hat mich nicht darum gebracht. Wie ein Fallen in den Abgrund war es, und doch konnte ich plötzlich stehen. Auf einmal war erträglich, was eben noch nicht aushaltbar erschien. Wo das Leben stockte, da hat es sich überraschend neu eröffnet. Wo nichts zu wachsen und zu gedeihen schien, da schuf Gott leise und machte möglich, was unmöglich schien: wieder aufzuleben, gerne zu leben.

Doch solche erhebenden Augenblicke sind nur dann die des Einzelnen *selbst*, wenn er sich mit ihnen selbst identifiziert, sie sich selbst zu eigen macht. Das jedoch ist die höchste Lebenserfahrung: In solchen Augenblicken des Guten *die* grundgebende Erfahrung des eigenen Lebens entdecken, erspüren – mithin *darin* wahrnehmen, daß ich das also bin, ich das kann; daß das wohl das Geschick meines Lebens ist, das Gott mir zugedacht hat und das ich auch für mich selbst nur wollen kann. Dies wahrnehmen und *darauf* sich einlassen – so findet einer zum Einverständnis mit seinem Geschick, mit seinem Schicksal, indem er es besteht. Und er kann *dann* sogar sagen: *Gott* hat es wohl gemacht.

Selbst und gerade in dem schrecklichsten Widerfahrnis, das einen Menschen treffen kann, kann ihm diese höchste Lebenserfahrung zuteil werden. Helmuth J. Graf von Moltke, der Widerstandskämpfer, der im Januar 1945 – nach seinen eigenen Worten wegen nichts als der Überlegung: „Womit kann im Chaos das Christentum ein Rettungsanker sein?" – zum Tode verurteilt wurde, schrieb kurz vor seiner Hinrichtung an seine Frau: Er sei zum höchsten gewürdigt, weil Gott ihn „ausersehen" habe, rein nur „als Christ und als gar nichts anderes" verurteilt zu werden; und so enthülle sich der Sinn und Gottes Wille in all dem, was er getan habe. „Ich habe ein wenig geweint, eben, nicht traurig, nicht wehmütig, nicht weil ich zurück möchte, nein, sondern vor Dankbarkeit und Erschütterung über diese Dokumentation Gottes. Uns ist es nicht gegeben, ihn von Angesicht zu Angesicht zu sehen, aber wir müssen sehr erschüttert sein, wenn wir plötzlich erkennen, daß er ein ganzes Leben hindurch am Tage als Wolke und bei Nacht als Feuersäule vor uns hergezogen ist, und daß er uns erlaubt, das plötzlich, in einem Augenblick zu sehen. Nun kann nichts mehr geschehen."[55]

---

[55] H.J. Graf von Moltke, Bericht aus Deutschland im Jahre 1943.

Und wenn sich das bei uns, bei mir, bestenfalls viel kleiner, jedenfalls unscheinbarer vollzieht: Wer sich seines Lebens erinnert, der hat – schon weil er lebt und niemals nur aus sich allein lebt – zumindest *einen* Funken Gutes, einen Funken Liebe erfahren; er fache ihn also an! Und es facht ihn einer an, indem er dafür dankt. Denn wer einmal ernsthaft zu danken beginnt, der lernt das Danken und hat über kurz oder lang Gründe genug, dankbar zu sein. „Worauf es ankommt? Darauf, daß man danken lerne in allen Dingen" (E. Hirsch).[56] „Verlust ist nicht immer nur Verlust. Er kann auch Freigabe werden..., und Dankbarkeit für das Empfangene, aus dem wir das Weiterleben erlernen" (Ch. Busta).[57] Es kann einer sich erinnern und danken für den Weg, den er ging, danken für sein Schicksal – ja, in einem genauen Sinne für sich selbst. Noch im Abschiedgeben kann einer für das nun zu Ende gegangene Gute, das er doch empfangen, in sich aufgenommen hat und für seinen weiteren Weg mitnimmt, dankbar sein und danken. Selbst im Schmerz über das nun Verlorene, ihm Genommene, bezeugt einer das Gute, das er an ihm hatte.

Daß die Geschichte eines Menschen Gottes Geschichte mit ihm ist, bekundet sich, wie gesagt, in dem Geist, in welchem einer die Ereignisse seines Lebens verarbeitet, sie als zu sich selbst gehörend bejaht. Aber diesen Geist der Bejahung, des Friedens mit sich selbst, hat der Einzelne nur, wenn er ihn in den guten Augenblicken seines Lebens entdeckt und als den geheimen Sinn seines *ganzen* Lebensgeschicks anerkennt. Für ihn ist es so: Gott ist verhüllt in seinem Schicksal – und offenbart sich darin, wenn er es besteht. Einem solchen Menschen ist der Geist, in dem er sein Leben führt, geboren aus der Dankbarkeit; und im Danken wird

---

Letzte Briefe aus dem Gefängnis Tegel 1945 (textura 2), Berlin [13]1981, S. 64, 79 u. 82.

[56] E. Hirsch, Zwiesprache [wie oben zu I. 1., S. 31], S. 205.

[57] Ch. Busta, Wenn du das Wappen [wie oben zu IV. 1., S. 168], S. 75.

er von ihm geübt. Noch einmal sei wiederholt: „Glaube ist das Verwandeln von Schicksal in Bestimmung" (R. Ehrenburg).[58]

Was so der Einzelne für sich als seine Wahrheit erfaßt, das leuchtet ihm, wenn es ihm einleuchtet, nicht nur als Wahrheit für sich allein ein. Ist ihm sein Lebensgeschick von Gott im Guten zugedacht, so kann für ihn kein Menschenleben gänzlich verfehlt und belanglos sein. Folglich wird er jedem Anderen, dem er begegnet, als dessen Geheimnis unterstellen, daß Gott – erkannt oder verkannt – mit auf dessen Weg ist. Und so wird er den Anderen, umgeben von diesem Geheimnis, das nur der Andere selbst aufdecken könnte, achten, prinzipiell. Er *kann* einfach keinen Anderen verurteilen und ihn also heimlich verachten.

Wer an den Geist Gottes glaubend sich mit seiner eigenen Lebensgeschichte auszusöhnen vermag, der wird auch einen gnädigen Sinn für die hinter uns liegende Gesamtgeschichte, trotz ihrer auch katastrophalen Züge, finden. Denn er wird anerkennen können, daß unter denen, die vor uns waren, auch solche waren, die in ihrer Unvollkommenheit daran gearbeitet haben, dem Guten, Menschenwürdigen den Weg zu uns zu bahnen; und daß sie folglich nicht vergeblich gelebt haben. Indem ein Mensch sich so mit den Generationen vor ihm aussöhnt, Mütter und Väter des Glaubens für sich akzeptiert, bejaht er die eigene geschichtliche Bedingtheit, die ja zu ihm selbst gehört.

9. Abschnitt: Mut und Zutrauen für den Weg ins Kommende

„Selig ist der Mensch, der mit sich selbst in Friede ist, und unter allen Umständen frei und unerschrocken auf und um sich sehen kann!" (M. Claudius).[59] In Frieden mit sich ist derjenige, der seine

---

[58] R. Ehrenburg, zitiert oben bei IV. 4., S. 200.
[59] M. Claudius, Sämtliche Werke [wie oben zu II. 1. A., S. 70], S. 690.

Vergangenheit bejahen und also identisch mit sich selbst sein kann. Und weil er seine Gewißheit in Gott hat, gewinnt er aus sich Zuversicht fürs Kommende. Wer sich mit seinem Schicksal aussöhnen kann, dessen Erinnerung hält die Möglichkeit des Guten wach. Anfechtbar ist ein solcher wohl und ungesichert, aber ungebrochen ist er und darum unverzagt.

Hoffnung schöpft er aus der Erinnerung. Er weiß aus Erfahrung, daß mit jeder bestandenen Untiefe die nächste kleiner wird. – Woher auch sonst sollte einer Hoffnung gewinnen, woher sonst sie nehmen? Hoffnung haben, Mut und Zutrauen für die Zukunft aufrechthalten, versteht sich gewiß nicht von selbst; das fällt in den kritischen Stunden wahrlich nicht leicht. Nichts jedoch stärkt mehr fürs Kommende, nichts macht gefaßter und offener zugleich als die ausgestandene, überstandene Niederlage. Ein erinnerter Lichtblick im Leben: er läßt hoffen, er gibt Mut, gelassen ins Unbekannte zu gehen, und hat so erhellende Kraft. Nicht die Vergangenheit aus sich, aber die bejahte Erinnerung des Gewesenen weckt Hoffnung, weckt die Zuversicht, ohne die sich „Hoffnung" gar nicht als eigene leben ließe.

In Frieden mit sich und also „unter allen Umständen frei und unerschrocken": Ich denke, wer nicht nur für sich den Geist des Menschenlebens entdeckt hat, der ist diesem Geist verbunden, der hat in ihm seine Gewißheit. Also ist dessen Identität dadurch geprägt, daß er sich mit diesem Geist als der Wahrheit für sich und für jeden Anderen identifiziert und darin seinen Auftrag hat. Mit dem, was er ist, sagt und tut, weiß er sich mithin, von ihm selbst gewollt, einbegriffen in einen ihn übergreifenden Sinn und Zusammenhang. Je entschlossener er nun sich darauf einläßt, je mehr er darin seine Gewißheit hat, desto unbeirrbarer, desto freier und unerschrockener ist er.

Er wird die Wahrheit sagen, so gut er kann, und sie nicht äußeren Rücksichten anpassen; er wird die Liebe jetzt tun, so unvollkommen er auch ist, und nicht auf den Erfolg, den Beifall, die Anerkennung Anderer spekulieren. Je gewisser er seiner Sache, seines Themas ist, desto mehr *will* er jedenfalls davon unabhängig sein. Er *kann* davon unabhängig sein, weil er glaubt, daß nichts an Gutem und Wahrheitsgemäßem je vergeblich gewesen ist. Wer nun seiner Sache gewiß und folglich in sich gefestigt ist, der ist im weitesten Sinne nicht gehemmt und der ist bereit und fähig zum nächsten Schritt in das Ungesicherte der Zukunft.

Wir wissen ja nie, was kommen wird, was uns bevorsteht und droht. Nur den Tod weiß jeder sicher. Die möglichen Schrecken der Zukunft, wie die atomare Kriegsgefahr mit ihrer Bedrohung allen Lebens oder die Umweltbelastung durch Schadstoffe, bedrängen uns mit Furcht und Sorge. Doch müssen sie nicht gerade dem, der davon umgetrieben ist, die Frage erwecken, wie er *selbst* denn angesichts dieser Schrecken, angesichts *seines* Todes in einem möglichen kollektiven Untergang, bestehen könne? Was an geistiger Verfassung will einer dem Schrecken möglicher Zukunft und dem Tod entgegensetzen, damit er ihm nicht verfalle, damit er nicht mit-verderbe? Wenn morgen uns allen der Strahlentod droht – was ist heute mein Leben? Und wird es am Ende ein Leben sein, von dem ich sagen kann, es war gut, es zu leben?

Wer im Blick auf sein Lebensgeschick mit sich in Frieden ist, der weiß von sich selbst gewiß, daß in die ungewisse Zukunft jeder einen eigenen Weg geht, und dauere der auch nur einen nächsten Tag. Er weiß, daß jeder eben seinen Lebensweg geht. Auch wenn wir Menschen einer dem Anderen einen Weg weisen, ja manchmal sogar ein Weg sind, so geht doch jeder seinen individuell eigenen Weg, falls er ihn wirklich selber geht. Freilich er geht ihn nie für sich allein, sondern immer mit Anderen. Doch wer sich dazu selbst verstehen kann, der ist auch imstande und frei, dem Anderen dessen eigenen Weg zu lassen, ja diesen bewußt zu wollen, gerade auch wenn er sich von dem seinen unterscheidet. Nur bitten und wünschen kann einer wie für sich so auch für den Anderen, daß auch dessen Weg einer in Wahrhaftigkeit und Liebe sei; und für sich selbst wird er erhoffen, daß ihm das im Blick auf den Anderen, mit dem er verbunden ist, erkennbar bleibe. Die Kunst der Liebe ist es, ihre Anstrengung und ihre Gelöstheit besteht darin, einig mit dem Anderen zu sein, verbunden zu sein, vielleicht sogar intensiver und in der Liebe selbst eindeutiger, gerade wenn die Unterschiede stärker sich herausbilden.

Jeder geht seinen Weg ins vor ihm Liegende hinein, je länger, desto mehr aufgrund der Weise, wie er sein bisheriges Schicksal besteht – oder ihm ausweicht. Also geht jeder seinen Weg im Glauben, im Hoffen auf das Wachsen des Glaubens, oder im Unglauben der Selbstverschlossenheit. Darüber haben wir jedoch beim Anderen nicht zu urteilen. Jeder hat seine, eine eigene Geschichte mit Gott. Ist es mir ernst, jedem Anderen seinen eigenen Weg – als den Weg in seinem Glauben – zuzugestehen, dann kann ich aber das Extrem eines Weges im Unglauben nicht ausschließen, so unverständlich es im letzten Grunde auch für mich ist.

Allein dies ist mir aufgegeben, darum zu ringen und nicht nachzulassen, die Gemeinsamkeit des Glaubens – das uns Menschen letztlich Verbindende – noch im fremden, mir unverständlich Anderen aufzudecken zu suchen. Also ist beim Anderen noch hinter seinem geäußerten Unglauben nach der Flamme der Wahrheit und der Liebe zu suchen, auch wenn sie ihm selbst unkenntlich ist. Aber würde ich in der Verbundenheit des Glaubens und in der der Liebe dem Anderen nicht seinen eigenen Weg als Weg seiner Geschichte mit Gott zugestehen und einräumen, so brächte ich ihn um sein Ureigenstes und würde ich ihm außerdem mein Eigenes im Glauben vorenthalten; denn ich würde ja das Meine nicht als Eigenes wahrnehmen, sondern es verallgemeinern und ihn damit überfremden.

Jeder geht seinen Weg in die ungewisse Zukunft hinein. Wohl können wir uns verständigen und ungemein förderlich ist das; aber keiner kann dem Anderen abnehmen, daß jeder entscheidende Schritt im weitergehenden Leben in einen neuen, ungekannten Lebensabschnitt hineinführt. Das mag ein neuer Arbeitsbereich sein, ein Orts- oder Berufswechsel, das Älterwerden, eine familiäre Veränderung wie die Geburt eines Kindes oder der Tod des Vaters; das werden immer auch neue, andere Menschen sein oder anders, neu gesehene Menschen – nichts an Lebenswertem und -förderlichem ist dabei ausgemacht, nie bin ich darin selbst gesichert. Mit jeder gewonnenen Verstehensfähigkeit nimmt ja auch die Zumutung der Anderen, die Wahrnehmung des Fremden, des Verstehens Bedürfenden zu und gewiß nicht ab. An jedem Knotenpunkt, an jeder Weggabelung stellt sich mir die Frage: „Was wird sich verändern gegenüber meiner bisherigen Lebensgeschichte; was aus ihr wird sich durch die Veränderung hindurch wandeln, aber durchhalten; wie wird sich also durch das Neue meine Identität umformen? Werde ich weiterkommen, zu mir selber kommen, und was werde ich also selber sein?" Es läßt sich vorweg keine Linie ausmachen, nach der mein Leben verlaufen wird; es steht dahin, *wie* mir die Bejahung meines Lebens gelingen wird. Nur hoffen kann ich, hoffen aus Erfahrung und also in Gewißheit, in offener Gewißheit, daß mein Glaube wachse, Liebe sich mit mir und bei mir entfalte, die Wahrheit mir dringlicher und also beständiger werde.

Es ist durch nichts garantiert, daß das Gute siegen wird. Aber jeder Einzelne, der das Gute nicht verrät, hilft, daß es siegt, zumindest bei ihm und durch ihn. Wer also trotz des Unausgemachten an den Sieg des Guten *glaubt*, glaubend an ihm als der Wahrheit festhält, bei dem jedenfalls *hat* das Gute gesiegt und kann es fort und fort siegen.

Je mehr nun einer seinen Glauben wirklich lebt, je gelassener und aufmerksamer er in der Offenheit wird, desto weniger Angst um sich selbst muß er haben – auch dann, wenn jedes Stück neuer Wahrhaftigkeit, neuen Verstehens und Bestandenhabens tiefer hineinführt in die Angst und das Leid angesichts dessen, was es um das Menschsein, und gewiß nicht nur um das je meinige, ist. Im Zutrauen zum Sinn, nicht nur für mich, gewonnen aus der Erfahrung bestandener eigener Geschichte und gegründet in der vertrauenden Gewißheit Gottes, liegt ein Mut, den nächsten Schritt im weitergehenden Leben *selbst* zu gehen: ein Mut, in dem alle Selbstzweifel und die ganze verzagte Ratlosigkeit angesichts dessen, was aus mir werden wird und mich gefährden könnte, schwinden und aufgehoben sind. Selbst wenn alles bricht, Gott wird mich nicht verlassen, nichts soll mich zernichten.

Der Weg bahnt sich nur, indem man ihn geht. Zuweilen erlebt einer: „Plötzlich" stand „der Weg ... offen, ... und niemand und nichts konnte mich aufhalten" (A. Sinjawskij).[60] Alles liegt ja daran, daß ich selbst meinen Weg finde, meinen Weg bejahe *als* den mir von Gott zugedachten, als den für mich guten, eben als meinen eigenen, aber sinnvollen Weg. Und eben dies will von mir *erfahren* und als Gewißheit mit auf meinen Weg genommen sein: daß also mein Weg *notwendig* ist, daß *ich* ihn zu gehen habe und daß das gut für mich ist. Das ist gerade kein Zwang, der mir angetan wird, das will ich doch selbst – und das ist ja auch nur so, *wenn* ich es selbst bejahe. Das aber kann ich, weil ich dessen gewiß sein kann, daß er mich nicht um mich selbst bringen, sondern im Gegenteil mich identischer zu mir selbst bringen wird, was auch immer geschehen mag. *Die* Gewißheit ist das, daß mein Weg nicht im Leeren auslaufen, nicht verloren sein wird. – Nicht als wäre mein Weg an sich und irgendwie „objektiv" notwendig; oder als dürfte diese oder jene einzelne Entscheidung nur so und nicht anders sein, oder als müßte dieses oder jenes Ereignis unabdingbar so sein, wie es ist. Nein, mein Weg ist notwendig allein für mich und nur, wenn ich ihn gehe. So will ich ihn also ins Ungewisse hinein *gehen*, gefaßt und unverzagt.

Wohin er im einzelnen führt, ich weiß es nicht. Ich brauch' das auch gar nicht zu wissen, nicht einzuplanen. Ja, noch mehr: den Gesamtsinn meines Lebens mit seinen Irr- und Umwegen, die nicht ausbleiben, ich muß ihn nicht wissen. Daß überhaupt ein Sinn ist, auch für mich, das ist genug. Der Sinn meines Lebens samt dem, was noch kommen mag: Gott weiß ihn, das genügt.

---

[60] A. SINJAWSKIJ [A. TERZ], Gute Nacht. Roman, Frankfurt a.M. 1985, S. 263.

Gott, der Geist der Wahrheit, kennt mich, wie ich in Wahrheit wirklich und letztendlich bin. Das ist mein Glaube und meine Hoffnung, nicht nur für mich.

„Der Weg ist dunkel, doch der Weg ist wahr", so schließt S. Stehmann sein Gedicht „Der große Weg" in einer klaren Nacht.[61] – Doch daß der Weg des Menschen dunkel ist, das ist nicht nur schrecklich: Das läßt sogar dann noch, also mitten in der Angst und dem Schrecken, einer Hoffnung, die nicht aufgibt, Raum. Denn wo vorweg nichts zu wissen ist, wo unausgemacht Ungekanntes ist, da kann sich – selbst wenn es unwahrscheinlich ist – alles, alles ändern. Das aber hieße, ins Dunkel hinein hoffen: hoffen, wo anscheinend nichts zu erhoffen ist. Aber wer hätte nie erfahren, daß einer Mut faßt, dort weiterzumachen, wo er nicht sah, wie es weitergehen könnte? Mut faßt, vielleicht weil ihm ein Anderer, von dem er das gar nicht erwartet hat, ein verständnisvolles, mutmachendes Wort gesagt hat? Solch überlegener Hoffnung bedarf es aber, wenn jeder von uns geführt wird, wohin er nicht will: nämlich ins Sterben und in den Tod. In solcher alles übersteigenden Hoffnung hofft einer darauf, daß sein Lebensweg und in eins damit jedes Menschenleben seine Vollendung finde. Diese Vollendung kann nur eine Verwandlung sein, in der alles Falsche und Verkehrte von einem abfällt, alles Trübe im Leben sich auflöst. Es ist das die Hoffnung, daß mein Lebensweg, wenn er zu Ende ist, eingehe in Gottes Fülle. Doch wie könnte ich dessen für mein Leben hoffend gewiß sein, würde ich das nicht zugleich für jeden Menschen erhoffen, jedem zuwünschen? Also hoffe ich für die noch vor mir liegende Zeit, daß nichts, was an Gutem gelebt wird, keine Freundlichkeit und nichts, was unter dem Schutt unserer Worte an Wahrheit begriffen und zu Herzen gegangen ist – gänzlich umsonst und verloren ist. Hoffnung des Glaubens an Gott ist das, denn sie läßt nichts aus; in ihr wird

---

[61] S. Stehmann, Brennende Jahre. Gedichte und Tagebücher, Witten u. Berlin 1964, S. 98.

vielmehr von Menschen geglaubt, daß selbst Leiden und Tod in der ewigen Gegenwart Gottes nicht vergeblich gewesen sind.

Und eines wünsche ich mir für unterwegs: Es sei vergönnt, daß sich ab und an bei Anderen oder bei mir im Fragmentarischen dessen, was wir im Guten und in der Wahrheit leben, unversehens das gelungene Ganze erahnen lasse. Stationen der Hoffnung wären das. Jedoch, wer es weiß, daß einer dem Anderen ein Weg, ein Schimmer von Licht ist oder einer, der die Finsternis noch verstärkt, unvermeidlich jeder entweder das eine oder das andere ist – was sollte der anderes für sich wollen, als ab und an ein solcher Schimmer von Hoffnung für Andere zu sein?

V. Kapitel: Gott in der Höhe des Lebens und in dessen Tiefe

1. Abschnitt: Die Freiheit in der Freude

Haben wir die Freude verloren? Vielleicht hat A. v. Schirnding recht, wenn er vermutet, daß wir uns darum so schwer mit der Freude tun, weil sich „eine tiefe ... Verstimmtheit zwischen Ich und Welt, Innen und Außen, Gefühl und Realität" gelegt hat.[1] Wie sollte sich auch einer freuen, wenn er mit sich und der Welt zerfallen ist? Und wenn das mehr oder weniger für uns alle zutrifft, wie kann dann von Freude überhaupt noch die Rede sein – außer im leeren Gerede? Es sei dennoch versucht.

Es ist nach Kierkegaard „nichts leichter als in Freude zu unterweisen – ach, man braucht nur selbst allezeit in Wahrheit froh zu sein. Aber dieses ‚Ach', ach, es deutet darauf hin, daß es auch wieder nicht so leicht ist – nämlich nicht so leicht, allezeit selbst froh zu sein".[2] Dazu, daß Paulus im Philipperbrief zweimal zur Freude auffordert, merkt Kierkegaard an: „Freuet euch", schreibt Paulus, „darauf, denke ich mir, hält er einen Augenblick inne, horch nun: Der lärmende Klagegesang all derer, die glauben, nicht froh sein zu können; die demütig Trauernden, die, welche

---

[1] A. v. SCHIRNDING, Schmerz und Freude – Versuche, Versuchung; in: Südd. Zeitung vom 29./30. Okt. 1977, Nr. 250, S. 105.

[2] S. KIERKEGAARD, Die Lilie auf dem Felde und der Vogel unter dem Himmel. Drei fromme Reden (1849); in: DERS., Christliche Reden,

sich schämen zu trauern, und die, welche ihre Ehre darein setzen; und nun fährt er fort, – ‚und abermals sage ich: Freuet euch'."[3]

Für unsere Zeit, mir, ist das gesagt. Denn nichts ist vermutlich zur Zeit mehr im Schwange als fortwährend auf das unbestreitbar grauenhafte Elend und die weltweite Not hinzuweisen, angesichts derer sich jede Freude verbiete. Noch nicht einmal die Kritik an der alten protestantisch-pietistischen Unart, sich und Anderen das Freuen zu verderben, schreckt da. Unterstellt wird, nur der Schändliche, der Dumme oder kindlich Naive könne sich angesichts dessen, was ist, „noch" freuen. Als ob irgendeinem Menschenleben aufgeholfen würde, wenn wir uns gegenseitig das Leben verdüstern, uns der Freude verschließen. Doch vielleicht hat der ja recht, der das Sichfreuen für etwas Seltsames, fast Exotisches, vom Zustand der Welt her jedenfalls für ausgeschlossen hält.

Wer die Freude kennenlernen will, muß schon auf das Ungewöhnliche, aus unserer normalen Lebenswelt Herausfallende sehen. Jesus hat vermutlich darum die Kinder als leuchtende Vorbilder für uns sogenannte Große gelobt. Kinder können sich freuen. Und jedes Kind, das sich freut, ist schön – ist selbst ein Anblick der Freude, so daß ein Erwachsener, der es ansieht, wohl nicht ohne einen Anflug von Wehmut, ebenfalls sich freut. Freude ist an sich immer jung, noch im Alter. Sie verjüngt geradezu.

Ein Kind freut sich, wenn es beschenkt wird; es versteht sich geradezu darauf, sich beschenken zu lassen. Immer gehört die Überraschung dazu, gar wenn einer mit seinem Geschenk einen

---

übers. u. hg. v. W. Kütemeyer (KVR 16), Göttingen 1955, S. 3–45; Zitat: S. 35f. Auch in: Ges. Werke, hg. v. E. Hirsch und H. Gerdes, 21.–23. Abt. (= GTB 619), Gütersloh 1984, S. 64.

[3] Ders., Die Tagebücher, ausgewählt, neu geordnet und übersetzt v. H. Gerdes, Bd. 1, Düsseldorf/Köln 1962, S. 275. Vgl. auch: Ders., Vier erbauliche Reden 1844, Ges. Werke, hg. u. übers. v. E. Hirsch u. H. Gerdes, 13. u. 14. Abt. (= GTB 609), Gütersloh 1981, S. 29.

geheimen Wunsch errät. Und immer ist das Beschenktwerden unverdient. Es ist nicht nur das Geschenk, der Akt des Beschenktwerdens ist es zumindest ebenso, was Freude weckt: Man ist nicht übersehen und vergessen; der Andere hat an mich gedacht. Nichts muß man dabei tun als nur, sich das gefallen zu lassen – und hat so ein Stück Bejahung seiner selbst gefunden. Wer sich darüber freuen kann, der ist hinausgehoben über die Mühe des Alltäglichen; und der Geber empfängt seinerseits reine Freude, wenn er sich darüber freuen kann, daß es ihm gelungen ist, einem Anderen Freude zu bereiten. Solange die Freude währt, fällt das Leben leicht, weil alles, was bekümmert und beschwert, von einem abfällt, das Sorgen vergessen ist.

Doch ein Kind – und hoffentlich nicht nur ein Kind – kann sich ebenso freuen, wenn ihm etwas gelingt. Zum Sichfreuen genügt ihm, daß ihm nach etlicher Anstrengung endlich gelungen ist, selbst die Schnürsenkel zu binden. Es hat sein eigenes Können entdeckt, sich selbst übertroffen und also ein Stück Freiheit gewonnen. Und die Freude darüber ist umso stärker, gelöster, je mehr über dem Gelungenen die Anstrengung verschwunden und vergessen ist. Ein Kind kann sich freuen, denn die Freude ist anspruchslos – und vielleicht nur etwas für Anspruchslose.

Auch die Freude über das Wiedersehen des vertrauten Anderen ist gerade dem Kind nicht fremd; wie die Freude der Mutter darin liegt, ihr Kind zu sehen. Solches Sehen des Anderen, solche Wiederkehr der Mutter, des Freundes, löst Freude aus, denn mit dem Anderen ist wieder Vertrauen da, kommt neues gegenseitiges Vertrauen auf. Für uns Erwachsene ist es wohl die schönste Freude, im Verstandenwerden vom Anderen sich mit ihm zu finden; so wie zwei Liebende sich finden.

Und noch einen Anlaß möchte ich nennen, den auch ein Kind schon kennt: die Freude darüber, etwas Verlorenes wiedergefunden zu haben. Wie traurig sind Kinder und doch auch Erwachsene, wenn sie etwas Schönes, Wichtiges verloren haben. Ganz fraglos nimmt jeder an, die Anderen müßten selbstverständlich an seiner Suche und an seinem Kummer teilnehmen – und so ist wohl keine Freude mitteilsamer als diese: „Guck' mal, ich hab' es wiedergefunden." Freude will anstecken, von sich aus Andere in sich hineinnehmen und gleichfalls mit Freude erfüllen. Wer sich freut, der öffnet sich von selbst dem Leben – und beschenkt ganz absichtslos mit seiner Freude Andere, die sich das gefallen lassen. Und andererseits: Der Freund freut sich, weil der Andere froh ist; es braucht da keinen weiteren, äußeren Anlaß. Die Freude springt gleichsam über – und so verbindet sie selbst.

In aller Freude steckt ein Moment von Gelöstheit. Der Horizont weitet sich, zu leben fällt leicht, das Herz wird einem weit. So überraschend, so spontan, unmittelbar sie aufkommen mag – in ihr erfaßt mich ein Aufwind, der unbekümmert und unbeschwert aufleben läßt. Angst und Sorge fallen ab. Nie sonst ist man freier. Freude ist geradezu die Empfindung von Freiheit. Je umfassender, je ungetrübter die Freude ist, desto größer die Freiheit.

Frei ist die Freude in sich selbst. Sie kennt keinen Zwang; vielmehr lösen will sie, was gehemmt und verschlossen ist. Reine Freude, Freude selbst, ist immer gänzlich zweck- und nutzlos, durch kein anderes Interesse getrübt. Deshalb wird sie auch nur dem zuteil, der die Frage nach dem Nutzen und der Brauchbarkeit hinter sich lassen – und sich eben freuen kann. Die Freude ist schön, weil sie absichtslos ist; und das Schöne ist das Zwecklose: das, was rein zum Freuen ist.

Gerade dies Befreiende der Freude läßt sich nicht verordnen, weder sich selbst noch einem Anderen; es läßt sich durch nichts erzwingen, weder durch Denken noch durch Handeln erarbeiten. Man hat es nicht zur Verfügung. Man muß – wenn das ein „muß" ist! – sich die Freude nur gefallen lassen, wie ein Geschenk, sie annehmen, sich von ihr ergreifen lassen und auf sie achtsam und gefaßt sein. Man „muß" Zutrauen zu ihr haben: dazu, daß sie kommen *kann*, ja immer schon für mich bereitet ist, wenn ich nur auf sie warte und sie nicht übersehe. Und man muß begreifen, daß sie nur gedeiht, wo Vertrauen wächst. Wenn sie aber kommt, dann kommt sie über mich und erfüllt mich – unverdient.

Nun, denke ich, ist klar, was einem Menschen Freude bereitet und was Freude selbst ist: daß sich die Anspannung des Lebens, das Unerfüllte, die Zerrissenheit mit sich selbst löst und einer zum Einverständnis mit sich und seiner Lebenswelt, also für sich zur Freiheit, kommt. „Meine... beste gute Stimmung", schreibt V. Havel aus dem Gefängnis, ist die „Freude am Leben": „daran, daß ich bin, daß mein Leben – trotz allem – irgendeinen Sinn hat, daß ich etwas Gutes getan habe, daß es Menschen gibt, die mich begreifen, ... mit mir mein Schicksal – und sei es nur auf Entfernung... teilen; ... die an mich denken, sich um mich sorgen und mir Gutes wünschen und – was wohl überhaupt das Wichtigste und Schönste ist – die mich gern haben. Dies ist ein Erlebnis der Offenbarung und Vergegenwärtigung einer sonst ziemlich verborgenen, aber zugleich aus dem Hintergrund alles bestimmenden geistigen Dimension, nämlich der Dimension des Glaubens, der Hoffnung und der festen Überzeugung vom ‚Sinn'... es ist das freudige Erleben der Übereinstimmung des Menschen mit sich selbst und seiner ‚höheren Verantwortlichkeit'. Oder es ist – was ich eher nur bildlich sage – ein freudiges Treffen mit Gottes freundlichem Verständnis für meine ungeschickte irdische Plackerei, für meinen guten Willen."[4] – So also sich verstehend und erfüllt, findet einer zu seiner Selbstbejahung, kann er zu sich und seinem Leben stehen, ist er seines Lebens froh.

Wenn einer nur recht erfaßt, was ihm da geschieht und zuteil wird, dann ist ihm die Freude selbst ein Ausdruck des Geistes: des Geistes der Freiheit in der Gemeinsamkeit; dann ist ihm in der Freude Gott da. Es ist ja auch eine Freiheit, die am Anderen nicht ihre Grenze hat, sondern die teilgibt und sich allen gönnt. Wohl läßt sich die Freude ziemlich gut verbergen, aber ganz verheimlichen nicht: ein kleiner Schimmer im Gesicht läßt sich schwerlich

---

[4] V. Havel, Briefe an Olga [wie oben zu II. 5., S. 132], S. 151f.

unterdrücken. Sie ist sich gleichsam zu gut, um nur für einen Einzigen zu sein. Schlicht durch sein Frohsein tut der Fröhliche Gutes; der Trübsinnige hingegen verkehrt noch das Schönste zum Niederdrückenden. Wohl das Beste an der Freude ist, daß, wer sich freut, nicht zugleich hassen kann. Und manchmal kommt es sogar vor, daß einer dem Anderen zur Freude lebt.

Wer im Innersten froh ist, der ist ganz da, gesammelt gegenwärtig und dem Heute zugewandt – frei von der ängstigenden Sorge um morgen und übermorgen. „Was ist Freude, oder wann ist man froh? Wenn man in Wahrheit sich selbst gegenwärtig ist; aber sich in Wahrheit gegenwärtig zu sein, das ist dieses ‚Heute‘, heute zu *sein*, in Wahrheit *heute zu sein*." „Denn es ist doch wohl Niemandes ernsthafte Meinung, daß das, worüber die Lilie und der Vogel sich freuen, und was dem ähnlich ist, daß das nichts ist, worüber man sich freuen kann! Also, daß du entstanden bist, daß du da bist, daß du ‚heute‘ das Nötige bekommst um da zu sein; daß du wurdest, daß du Mensch wurdest; daß du sehen kannst (bedenke, daß du sehen kannst!), daß du hören kannst, daß du riechen kannst, daß du schmecken kannst, daß du fühlen kannst; daß die Sonne für dich scheint" und die ganze Natur da ist, „um dich zu erfreuen" (S. Kierkegaard).[5]

Erlebt wird mithin Freude ganz allein im Jetzt: im Augenblick, in dem die Zeit vergessen ist, kein Vorher und kein Nachher stört und bedrängt. In ihr ist reine Gegenwart und sind die Augenblicke glücklich, denn in ihnen ist das Ganze des Lebens wie konzentriert, so daß man durch sie erst richtig selbst zu *leben* meint. Doch kehrt die Zeit wieder, so merkt man, daß sich die Freude nicht festhalten läßt, daß sie vergeht. Wo man sich aber ihres Vergehens bewußt wird, da prägt sie sich der Erinnerung ein

---

[5] S. Kierkegaard, Die Lilie auf dem Felde, a.a.O. (übers. v. W. Kütemeyer), S. 38f. = Ges. Werke, hg. v. E. Hirsch u. H. Gerdes (GTB 619), S. 67f.

und kann darin sogar noch viel intensiver sein. Im Vergehen beschwingt sie und wird sie *so* eindrücklich.

Zuweilen genügt *ein* solcher Augenblick, und er weckt die Quelle der Freude, die von jeher in jedem Menschen verborgen ist. So wächst in einem Menschen eine Freude *zum* Leben, die über den Tag hinaus ist. Die Freude geht ihm zu Herzen, und er läßt sie in sich Boden gewinnen; und er kann nur hoffen und erbitten, daß sie durchtrage auch durch die dunklen Ereignisse des Lebens hindurch. Freude zum Leben, als Gegenteil von Mißgunst und Lebenshaß, ist eine Haltung und eine Gestimmtheit in einem, die verhalten zwar ist, aber gelöst und sehr wohl ein gutes Stück heiter, lebensfreundlich sein läßt – und derer doch keiner sicher sein kann. Zuweilen bleibt nur die Bitte, die in P. Gerhardts Weise in sich schon froh ist und also selbst jeden froher machen kann, der sie nachspricht: Gott „gebe uns ein fröhlich Herz, erfrische Geist und Sinn und werf all Angst, Furcht, Sorg und Schmerz ins Meeres Tiefe hin."[6]

Es ist, denke ich, nun verständlich, was im Zusammenhang der Freude der Glaube an Gott bedeutet. Der Glaube an Gott ist nicht nur *ein* Anlaß, eine Äußerung der Freude neben anderen; er ist vielmehr die Grundverfassung, die befähigt, sich überhaupt an etwas freuen zu können, ohne daß solche Freude an den Widrigkeiten des Lebens zuschanden wird. Denn der Glaube hält sich an Gott, verdankt die Freude Gott. Und deshalb kann im Glauben an Gott nichts, was geschieht, mir die Freude zum Leben rauben, wenn ich selbst mir den *Glauben* nur nicht nehmen lasse. Das aber will, wie von P. Gerhardt gesagt, erbeten sein.

So ist jede Erfahrung von Freude, jeder Funke von ihr und jede heitere erst recht, ganz verstanden und ausgeschöpft, wenn sie mir ein Aufbruch zum Danken wird. Denn wahrscheinlich nur so, im Danken, so jedenfalls nachdrücklich, schreibt sie sich in die Erin-

---

[6] P. Gerhardt, Nun danket all und bringet Ehr (Evang. Kirchengesangbuch 231), V. 5.

nerung ein. Nach K. Barth ist „Freude... eigentlich die einfachste Form der Dankbarkeit." In ihr stellt sich nämlich einem Menschen *sein* Leben „als Geschenk" dar.[7] Und so wird einer von ganzem Herzen mit M. Schalling bekennen können: „Es ist ja, Herr, dein Gschenk und Gab mein Leib und Seel und was ich hab in diesem armen Leben. Damit ichs brauch zum Lobe dein, zu Nutz und Dienst des Nächsten mein, wollst mir dein Gnade geben."[8] Ja, denke ich, wer dies erfaßt, der hat wiederum Grund zur Freude, über den Augenblick hinaus.

Schlicht und genau hat M. Claudius formuliert, wie man es mit der Freude halten möge, indem er „Täglich zu singen" rät: „Ich danke Gott, und freue mich / Wie's Kind zur Weihnachtsgabe, / Daß ich bin, bin! Und daß ich dich, / Schön menschlich Antlitz! habe". Und nachdem dies Gedicht für jeden Tag genannt hat, was Anlaß zur Freude ist – nicht nur das Erfreuliche in der Natur, auch all das, was man zum Glück gar nicht braucht, obschon Andere meinen, es haben zu müssen – schließt es mit der Bitte: „Gott gebe mir nur jeden Tag, / Soviel ich [be-]darf zum Leben. / Er gibt's dem Sperling auf dem Dach; / Wie sollt er's mir nicht geben!"[9]

Die Not, die Entbehrung: auch dies einfache Claudiussche Gedicht zum Freuen kennt sie nur zu gut. Vielleicht, ich vermute es, dringt die Freude in keinen tief ein, der nicht auch die Trauer kennt. Aber wem sie letztlich allein Freude an Gott, an dem überreichen Gott ist, dem ist sie stark genug, dem Drang der Trauer, das ganze Leben zu überdecken, zu widerstehen, ja ihn zu überwinden. *Der* Freude, die alle Traurigkeit überwunden hat, gilt das letzte Wort des Christseins: „Ostern". Ein Kennzeichen

---

[7] K. Barth, Die kirchliche Dogmatik, Bd. III/4, Zollikon-Zürich 1951, S. 429 u. 428.

[8] M. Schalling, Herzlich lieb hab ich dich, o Herr (Evang. Kirchengesangbuch 247), V. 2.

[9] M. Claudius, Sämtliche Werke [wie oben zu II. 1. A., S. 70], S. 149f.

des griechisch Heidnischen ist es nach Kierkegaard jedoch, daß sich die Trauer in alle Freude hineinmischt und darum gar keine rechte, klare Freude aufkommen läßt.[10] – V. Havel schreibt im Gefängnis von der „unendlichen ‚Freude am Sein'", mit ihr höre „alles Leiden des Daseins auf, Leiden zu sein," und werde „zu dem, was die Christen Gnade nennen."[11]

2. Abschnitt: Ist Gott im Leiden?

A. Die Einsamkeit des Leidens

Aus sehr unterschiedlichen Gründen leiden wir. Menschen leiden am Hunger nach Brot und am Hunger, verstanden zu werden. Doch selbst im ganz Elementaren ist die Weise, *wie* wir leiden, noch einmal höchst unterschiedlich. Krankheiten und Versehrungen bereiten physische Schmerzen, zuweilen bis an die Grenze des Bewußtseins und noch darüber hinaus. Doch ob jemand leidet – genauer noch: sein Leiden *er*leidet – das liegt nicht an der Heftigkeit des Empfindens oder an der Schwere der Beeinträchtigung. Ein extrem heftiger Schmerz, ein Glieder- oder Zahnschmerz, kann einen Menschen vielleicht sogar schwer beeinträchtigen und doch so äußerlich bleiben, daß man gar nicht sagen wird, er leide an ihm. Ein langes Leiden hingegen braucht nicht schmerzhaft zu sein und kann doch einen Menschen geradezu ausbrennen. Eine seelische Erkrankung ist wohl immer von Dauer; aber mancher bringt es fertig, sie ein Leben lang zu überspielen. Kränkungen, angehäuft im familiären Zusammensein, gibt es, die einen Menschen bis ins Innerste hinein verstimmen, ihm das Leben „verleiden" können. Und Kummer erfüllt Eltern bis in den Schlaf

---

[10] S. KIERKEGAARD, Drei erbauliche Reden (1843), Ges. Werke, hg. u. übers. v. E. Hirsch u. H. Gerdes [wie oben zu Einleitung 5., S. 22], S. 103.
[11] V. HAVEL, Briefe an Olga [wie oben zu II. 5., S. 132], S. 287f.

hinein, weil sie die Entwicklung ihres Sohnes mit Schrecken und mit noch größerer Sorge beobachten und weder ihm noch sich zu helfen wissen. Ein Unglücksfall trifft einen Menschen, zuweilen eine ganze Familie. Doch in allen Fällen ist an sich nicht ausgemacht, wie der Betroffene die Not, das Unheilvolle, das auf ihm liegt, in sein Bewußtsein einläßt, ob er es wirklich erleidet und selbst trägt, oder ob er es wegdrängt, betäubt, irgendwie sich darüber hinwegzusetzen sucht. Ganz unterschiedlich ist es, wie einer selbst von seinem Leiden betroffen ist – und woher er die Kraft hat, sich mit ihm auseinanderzusetzen. Nicht alles Schwere und Zerstörerische, das einen Menschen befällt, nicht alles Leiden wird auch erlitten, angenommen und durchlitten.

Körperliches und seelisches Leiden bewirkt, besonders wenn es längerfristig ist, eine Entstellung des Betroffenen, außer er hat „etwas", was er seinem Leiden entgegenzustellen vermag. Als Entstellung aber wirkt es, zuweilen bis ins leiblich Elementare hinein, abstoßend. Manch ein Behinderter ist in seinem bewußten Vermögen so schwer beeinträchtigt, daß es scheint, er merke seine Versehrung gar nicht. Doch wer bewußt leidet – und übrigens ebenso wer einen Zugang zu einem Leidenden sucht –, der hat, zuweilen sehr schwer und zehrend, mit der ihm angetanen Entstellung zu kämpfen.

Die Formen von Leiden, die bewußtseinsnäher sind, sind darum keineswegs leichter zu verstehen: das Leiden des Gewissens am eigenen Versagen und Schuldigsein, am Nichtverstehen des Anderen – oder das durch den Verlust des Geliebten oder im Mitbetroffensein von der Not des Anderen, vom Elend und der Zerrissenheit der Welt, vom Bösen und der unfaßlichen Gemeinheit in der Welt. Nicht weniger tiefgehend und langwierig kann der Schmerz darüber sein; diese Last kann nicht weniger drücken. Doch immer ist es ein Übel, etwas Lebensminderndes oder gar -zerstörendes, was Leiden hervorruft; und immer ist es die Frage, wie einer sich seinem Leiden stellt.

Worauf es nun vor allem ankommt, ist, die beiden Fragen

auseinanderzuhalten: die nach der Ursache eines Leidens und die *andere* nach der Auseinandersetzung des Betroffenen mit *seinem* Leiden.

Selbstverständlich sind die realen, die gesellschaftlichen und ökonomischen, die biographischen und die von Anderen verschuldeten, die naturgegebenen wie die des Alters und die sozialen *Ursachen* von Leiden aufzudecken und zu beseitigen, so weit das nur immer in unseren Kräften steht. Leiden soll grundsätzlich nicht sein; es ist zu bekämpfen und in *jedem* Sinne „aufzuheben". Im Sinne der Ursachenbehebung ist es sehr wohl „abzuschaffen", zu „beseitigen", zu vermeiden, zu vermindern und zu lindern, wo immer das möglich ist. Leiden, das ein Mensch verhindern kann, nicht zu verhindern, wäre inhuman. Und keiner soll dem Anderen aktiv Leiden zufügen; schändlich ist es, wenn einer das absichtlich tut. Dementsprechend kann es auch keinem in den Sinn kommen, das Leiden zu „rechtfertigen", zu „legitimieren" – so, als sollte es sein, als wäre es an sich gut und heilsam. Nein; fern liegt alles, was den Widerstand gegen das Böse, das Lebensvernichtende im Leiden schwächt, was zu dumpfer Resignation anhält – aber auch was unsere Ohnmacht gegenüber dem Bösen, dem Übeln verschleiert oder gar beschönigt. Aufzuhören hat, was wegreden will, daß das Böse nicht sein soll. Leiden ist schlimm.

Doch diese Sicht ist die Perspektive von außen; in ihr ist formuliert, wie ein *Un*betroffener das Leiden sich verständlich zu machen versucht und, vor allem auch, was ein Unbetroffener für den leidend Anderen, für einen Kranken zum Beispiel, tun kann. Ein ganz anderes Problem aber stellt sich dem Betroffenen selbst. *Sein* Problem nämlich ist, wie er sich zu *seinem* Leiden stellt, wie er es erträgt und mit ihm zu Rande kommt. Hier in unserem Zusammenhang soll uns dies Problem beschäftigen.

Diese beiden Sichtweisen auseinanderzuhalten, fällt uns allerdings schwer. Vermutlich sind wir Menschen der modernen Zeit nur zu sehr gewohnt, im Leiden nichts als etwas Störendes, Zerstörendes zu sehen, das zu bekämpfen und wegzuschaffen ist. Wir übersehen dabei, daß für den Leidenden selbst die Perspektive derart einsinnig nicht ist. Sehr wohl wird auch er, so gut er kann, in der Kraft seines Lebenswillens sein Leid, seine Krankheit, seine Not bekämpfen; gerade er soll sich dem Leid nicht überlassen, nicht sich ihm ausliefern. Aber er hat es, wenn es ihn getroffen hat, gleichfalls so gut er kann, als sein Schicksal auszuhalten, ja es anzunehmen und es, lebt er weiter, zu überwinden.

Darum, weil der Betroffene *als er selbst* vom Leiden betroffen ist, lassen wir, die Unbetroffenen, ihm eine besondere Achtung zuteil werden. In seiner Nähe verbieten sich alle lauten Worte; haben alle Vorhaltungen zu verstummen. Er ist zu schonen. Nach H. Rombach hat der Mensch „durch die Erfahrung des Kreuzes... das Leiden anders sehen gelernt. Leiden hat es immer gegeben, aber es war nicht gelitten. Erst am göttlichen Leiden lernte der Mensch dies als eine Grundgestalt des Menschseins zu erfassen: der leidende Mensch hat ein unendliches Recht, seine Gestalt ist unantastbar, weder hat Vorwurf und Schuldanklage ihm gegenüber Geltung noch gute Worte und Ermahnungen, weder Belobigung und Belohnung noch bloß technische Hilfe."[12]

Der Leidende, vor allem der, der schuldlos Unrecht zu erleiden hat, unterscheidet sich diametral von dem, der Menschen mißhandelt, indem er Leiden „verursacht". Die brutale Unmenschlichkeit der Schergen kontrastiert Jörg Rathgeb, der schwäbische Maler des frühen 16. Jahrhunderts, auf seinem „Kreuzigungs"-bild mit der reinen Würde des Geschundenen als des Duldenden. Vermutlich kennt jeder solche Bilder von Leid-Tragenden, denen es gelang und denen es vergönnt war, noch ihre Krankheit, ihre Entbehrung oder auch ihre Entstellung zum Ausdruck

---

[12] H. Rombach, Leben des Geistes [wie oben zu III., S. 156], S. 146. Vgl. Ders., Der Glaube an Gott und das wissenschaftliche Denken; in: Wer ist das eigentlich – Gott?, hg. v. H.J. Schultz, München 1969, S. 192–208, bes. S. 199–201.

durchlebter, durchlittener Menschlichkeit zu machen. Solchen Menschen eignet eine gänzlich unsinnliche Schönheit, eine ganz aufrichtige Menschlichkeit und darum eine innere Größe; und anzutreffen sind sie gerade unter ganz schlichten Menschen, die von der Mühsal des Lebens gezeichnet sind. Besonders das Gesicht gibt dem Ausdruck, wie Dürers Bildnis seiner alten Mutter. Es ist, als gebe im ertragenen, durchlebten Leid sich das Menschsein in seiner intensivsten Dichte und in eindeutiger Würde zu erkennen: geprägt von der Not, der Entbehrung und vom Elend – und doch darüber erhaben und im Geistigen einig mit sich.

Jedoch, Andere verlieren schauerlicherweise unter Schmerzen alle Würde, weil jede innere Gefaßtheit. Aber auch das, auch diese zutage tretende Erbärmlichkeit, sind wir, ist jeder von uns. Zum Erschrecken deutlich ist auch in dieser Hinsicht, wie abgründig zweideutig – und darum wie genuin menschlich – das Leiden ist. Es hat zwei Gesichter: das eine dem wachen, illusionslosen Leben zugewandt – und das andere dem Tod verhaftet.

Es wird keiner einen Leidenden verstehen, keiner wird begreifen, was Leiden als Betroffensein von Unheil meint und besagt, der nicht versucht, aus der Innensicht des Betroffenen heraus zu verstehen, was ihm geschieht. Solange das Leiden als ein kollektives „Etwas" erscheint, solange der Einzelne nur als Fall, als Exemplar einer Krankheits- oder Unglücksart erscheint – ein Krebskranker, ein Unfallopfer – solange ist er gar nicht als Leidender gesehen.

Woran der Einzelne auch immer leidet: Jeder, der leidet, erleidet *seinen* Schmerz, *sein* Unheil und *seine* Not; und die erleidet er in einem strengen Sinne *allein*, eben als er selbst und kein anderer. Es hülfe ihm gar nichts, wenn ein Anderer neben ihm – „solidarisch" – ebenfalls litte. Was auch wäre gedient, wenn einem Leiden ein zweites, und sei es auch ein freiwilliges, hinzugefügt würde? Ist nicht *ein* Leiden schon zu viel? Doch es sind gar nicht zwei „Leiden"; es ist nicht „millionenfaches" Leid, als ließe sich Leid zusammenzählen: Es ist jeweils *ein* Leid, das Leiden dieses individuellen Menschen. „Millionenfaches" Leid: das ist jedesmal, bis in eine unausdenkbare Schrecklichkeit hinein, das Leiden ganz bestimmter Menschen – jedesmal ganz individuell das Leid dieses Betroffenen. Nie ist das Leid subjektlos allgemein; es ist jeweils im strengen Sinne einmalig und unvergleichbar. Jeder hat seine besondere, für ihn einzigartige Not *selbst* auszustehen. Keiner kann sie dem Anderen abnehmen. Darum ist Einsamkeit um das Leid. Und wo diese als Verlassenheit erfahren wird, da schmerzt sie besonders, gleichsam zum übrigen Leiden noch dazu. Der Verlassene ist der Verzweiflung nah.

F. Fühmann hat den Schrecken des Leidens in Einsamkeit beschrieben: „Wenn einer stirbt, dem mein Herz gehört..., dann kann mich dieses Ereignis so treffen, daß mein eigenes Leben fragwürdig wird – was soll ich allein noch auf der Welt?" Und was da „am wenigsten" hilft, ist, daß jemand mir sagt: „Alle Menschen sind sterblich;... Daß alle Menschen sterblich sind, habe ich gewußt, aber eben das ist ja nicht meine Erfahrung gewesen: Nicht ‚alle', " nein, *der* Mensch, den ich liebte, *der*, dieser eine ist gestorben; und „als Erkenntnis" ist mir „etwas ganz anderes... widerfahren: Etwas Schwarzes ist in mein Leben getreten, eine knirschende, grinsende Sinnlosigkeit, eine Macht, die mit meinem Hirn auch mein Herz überwältigt und meine Milz, ja sogar meine Haare, die braun waren und nun weiß geworden sind, eine Macht, die auf meine Schultern gelegt ist und mich niederdrückt und zermalmt – Hiob schrie so: ‚Wenn doch mein Gram, mein Leid gewogen würde auf einer Waage, ganz genau, so wäre es schwerer als aller Sand, der an den Küsten der Meere liegt.'"[13] – Ja, unabwägbar ist jedes Leid; keines kann man gegen ein anderes aufrechnen. Es ist allemal für den, der es wirklich trägt, fast zu schwer. Das verschlägt jedem Außenstehenden die Stimme. Worte werden da leicht als *zu* leicht befunden, der

---

[13] F. Fühmann, Erfahrungen und Widersprüche. Versuche über Literatur (suhrk. taschenb. 338), Frankfurt a.M. 1976, S. 193.

Schwere und der Größe des Leidens nicht gewachsen, ihm nicht ebenbürtig. Da bleibt nur und vor allem der Respekt, die Achtung vor dem unmittelbar vor und neben mir Leidenden; verstummen werden zunächst einmal alle Vorwürfe, aber auch alles Forschen nach Ursachen und Verschulden *dieses* Leidens.

Was F. Fühmann beschreibt, ist der Einbruch des Absurden, des grauenhaft Sinnlosen, der in jedem Leiden liegt – ja, der jedes Leiden *ist*. Nie leidet nämlich einer *nur* an einem körperlichen oder psychischen Schmerz, sondern immer zugleich an der Sinnlosigkeit, mit der ihn diese Verwundung traf. Er erfährt das Leiden als einen Schlag, der ihn von außen trifft und dem er ausgeliefert ist. Etwas Lebensfeindliches, dunkel Ängstigendes ist in sein Leben eingebrochen, das ihn wie ein Verhängnis zu beherrschen und völlig auszufüllen droht. Es ist wie ein Krebsgeschwür, das sich festfrißt und ausbreitet und das ganze Leben des Betroffenen an sich zu reißen droht. Das Quälende des Leidens ist: Wir sind nur noch wir selbst, indem wir gegen diesen Fremdkörper anrennen, an ihm zerren und von ihm loskommen wollen. Aber selbst das sind wir nur gezwungenermaßen; wir können nicht anders. Wir stoßen an unsere Grenze, unausweichlich; wir sind zur Ohnmacht verurteilt, denn wir sind mit unserem Tun und Verstehen am Ende. Wir stoßen uns wund. Das will von uns erlitten sein – das erleidet einer bewußt. So wird das Leiden erfahren als etwas Lebenswidriges und Widersinniges – so widerfährt uns die Unnatur des Leidens: daß es nicht sein soll. Doch *das* kann nur erlitten werden – von dem betroffenen Einzelnen, aktiv, *er*litten und ausgestanden werden. Und das ist jedesmal unsäglich schwer.

In der wirklichen Begegnung mit dem Leiden erscheint dieser Einbruch des Lebensfeindlichen, Sinnwidrigen immer als zufällig; er läßt sich nicht erklären. Aber erkennen läßt sich, was genau das Böse, das Unheilvolle des Leidens ist: daß es meine Identität zu zerstören, die Gewißheit des Einzelnen für sein Leben zu untergraben droht.

Das Zerstörerische, das im Leiden liegt, trifft nämlich nie nur eine Stelle im Leben. Unheil und Kränkung, Not- und Qualvolles, Krankheit und Tod: sie zerschlagen dem Leidenden ein Stück seines Sich-verstehens, seiner Weltdeutung und seiner Lebensführung. Und die eine Zerstörung von Sinn wirkt wie ein Sog, der alles, worauf sich einer verläßt und wovon er lebt, in den Strudel der Vernichtung hineinzuziehen droht. Ist Angst an einer Stelle eingebrochen, so breitet sie sich bis ins imaginäre Grauen aus. Ist einmal Lebenswertes zerstört, so ist die ganze Gewißheit für ein selbstgelebtes Leben, das ganze Gottvertrauen, bedroht: „Wozu das Ganze?" Vom Widersinn eines Leidens geht ein Beben aus, das den Boden erschüttert, auf den einer sein Leben baut. Und gerade darin liegt die Sinnzerstörung, die Lebensvernichtung, die das Leiden auszulösen vermag.

Es treibt von sich aus – hat einer nichts, was er ihm entgegenzustellen vermag – in abgründige Verzweiflung, in bittere Resignation und in einen alles zersetzenden Verdruß. Leiden kann hart machen, ein Leben vergiften, es kann auslaufen in einen Lebenshaß, der sich in vielen Formen der Selbstdurchsetzung, aber auch der Selbstaufgabe und Selbstzerstörung etwa gar im „Dienst für Andere", äußern kann.

Immer verstört das Leiden. Herausgefallen aus den alltäglichen Lebensbezügen und zurückgeworfen auf sich, ist der Leidende auf sein Leiden konzentriert, sieht er vor allem nur sein Elend. Er nimmt die Menschen und die Vorgänge um sich zu allererst und hauptsächlich in der Ausrichtung auf sich wahr. Reduziert auf sich, gerät ihm seine ganz spezifische, schmerzende Not zum Mittelpunkt: die Not gerade, die ihn von der Welt der Anderen und vom eigenen Lebenswillen trennt. Die Gemeinsamkeit des Verstehens und Verstandenwerdens ist gestört oder unterbrochen; kein Leidender, der sich nicht mißverstanden fühlte. Das Unheilvolle des Leidens rührt nicht zuletzt aus dieser Erschütterung des zwischenmenschlichen und welthaften Vertrauens. Der Leidende ist um seine innere Gefaßtheit gebracht, in sich selbst unsicher geworden und empfindet seinen Zustand als einen des Schwundes: als den einer demütigenden Schwäche. Zu allem Unglück leidet er so auch noch an sich selbst. Ihn bedroht die Gefahr des Selbstverlustes. Darin hat die Lebenskrise, die jedes Leiden bedeutet, ihre kritische Spitze.

Die Einsamkeit des Leidens ist jedoch immer auch eine verquere. Ein eigensinniges Moment liegt in jedem Leiden. „Der Einzelne in seinem besonderen Leiden meint immer zugleich, daß er etwas erleidet, was er nicht verdient hat, daß er eine gerade nur ihn betreffende besondere Ungerechtigkeit des Schicksals erfährt." Das ist ein erlittener „Eigensinn" aufgrund der Besonderung jedes Leidens – und zugleich der Eigensinn des Betroffenen, „der sich gegen die Besonderung empört" (W. Kamlah). Es drängt sich förmlich die Anklage auf: „Warum gerade mir?" „Warum muß mir oder meinem Kind gerade diese Krankheit, dieser Verlust zustoßen?" „Und warum gerade jetzt und gerade so?" Im Leiden entbehren wir, was wir besonders und „zum Leben unabdingbar zu bedürfen meinen", und sehen uns darum „als die besonders Benachteiligten, vom allgemeinen Leben der Anderen Ausgestoßenen. Das Leiden der Einsamkeit ist der wesentliche Widerschein dieses maßlos fordernden Eigensinns. Während aber der Leidende sein Leiden sehr genau bemerkt, übersieht er seinen sich empörenden Eigensinn. Das Leiden sieht er an sich selbst, die Schuld der lieblosen Besonderung dagegen sieht er empört an den Anderen." (W. Kamlah)[14]

Heimtückisch verstrickt dies Eigensinnige – und verdirbt es den Leidenden. Er besteht auf seiner Besonderung, er legt sich in sie hinein, und mancher ist willenlos in sie – entsetzlich – verliebt, weil gerade sie enthält, was er speziell für sich hat, woran er allein trägt. Und zugleich ist sie doch das, woran er sich abquält, was seine Energie zum Leben, seine Kraft zum Wollen untergräbt –

---

[14] W. Kamlah, Der Ruf des Steuermanns. Die religiöse Verlegenheit dieser Zeit und die Philosophie, Stuttgart 1954, S. 59f.

und ihn in den Strudel der Vernichtung reißt, in dem er, mit sich und seinem Leiden allein gelassen, unterzugehen droht.

Im Eigensinn seiner Not erhebt der Betroffene maßlose Ansprüche. Ihn treibt ein schlechterdings unstillbares Bedürfnis nach Zuwendung, nach Gemeinschaft und Anwesenheit der Anderen – und er will und kann zugleich dies nicht wahrhaben und muß es daher hartnäckig leugnen: „Mir hilft keiner", „um mich kümmert sich kaum einer" – „aber mir ist ja auch sowieso nicht zu helfen". Einfach schlagend verkennt er, wird ihm überhaupt nicht bewußt, wie leicht „das beredte Klagen..., das Zur-Schau-Tragen des Unglücks im Grunde das Ziel verfolgt, den Anwesenden wehzutun: das Mitleiden, welches jene dann äußern, ist insofern eine Tröstung für die Schwachen und Leidenden, als sie daran erkennen, doch wenigstens noch Eine Macht zu haben, trotz aller ihrer Schwäche: die Macht wehzutun." (Nietzsche)[15]

Maßlos, übermenschlich und also unmenschlich ist die Erwartung, unter deren Druck einer im Eigensinn seiner Not die ihm Angehörenden stellt. Sich an seinem Mißgeschick und am angetanen Unrecht quälend, sieht er in seinem „besonderen Falle... ganz und gar nicht ein, daß in Wahrheit niemand den Anderen schlechthin verstehen, sein besonderes einsames Leiden liebend schlechthin aufheben kann." (W. Kamlah)[16] – Es ist wohl keine Erfahrung von Leiden ohne dies verquere, in sich widersprüchliche Leiden an sich selber.

In seiner schmerzenden und doch ihm selbst widerwärtigen Not kann einer maßlos im Anklagen sein – ist er es wohl immer. So unbeherrscht einer in seiner Empörung über die Schuld und das Versagen der Anderen oder zuweilen auch über sich und seine

---

[15] F. Nietzsche, Menschliches, Allzumenschliches, Erster Band Nr. 50; in: Ders., Werke in drei Bänden, hg. v. K. Schlechta, I. Bd., Darmstadt 1963, S. 486.

[16] W. Kamlah, a.a.O., S. 59.

„Fehler" sein kann – seine Vorwürfe und Anklagen sind doch immer nur Ausdruck seiner, allerdings schrecklichen, Ohnmacht. Je mehr aber nun einer, enttäuscht von den Anderen, seine Erwartung der Erlösung nach außen wendet – dorthin, wo irgendwo und irgendwie noch „Hilfe" sein könnte – desto mehr wird er „Gott" zitieren *und anklagen*, der ihm *so* notwendig *fern* bleiben muß.

Und dennoch: Der, der da so gierig nach Hilfe verlangt, so maßlos die Anderen und Gott, das „Schicksal" oder „das Leben" mit Anklage überzieht, so ungezügelt sich über die Ungerechtigkeit seines Leidens empört: der ist der *Leidende*. Er ist der, der unter Schmerzen laut oder verstummt schreit, der einsam ist, zurückgeworfen auf sich und gefangen in einer finsteren Sinnlosigkeit, die aus sich keinen Ausweg kennt. *Er*, der so Leidende, ist nichts als ein Mensch, ein Mensch in seiner Würde. *Das* sind wir Menschen.

B. Der Schrei nach Gott – der Gott vereitelt

So, im Aufschrei nach Gott – im drängenden Verlangen nach Hilfe von außen und doch, im Eigensinn seines Leidens verhärtet, sich Gott verschließend – so, so schrecklich und entstellt, ist Gott *zunächst* im Leiden da. Es ist ein Schrei nach Gott, der von ihm Hilfe herbeiruft – und der im selben Atemzug Gott verflucht, weil er *die* Hilfe nicht bringt, die da von ihm eingefordert wird. Ein unheimlicher, grausiger Widerstreit ist das Leiden, unter dem sich einer fast zerreißt: Er schreit nach Gott, fordert Gott herbei und ist doch in seinem erstarrten Sinn, fixiert auf sich, Gott fern. Weil er aber nichts sieht als die ihm angetane Ungerechtigkeit, deshalb kann er diese *seine* Gottferne nicht begreifen; sondern, im Gegenteil, deshalb erscheint *Gott* ihm ferne zu sein, dunkel, unzugänglich, als der, der sich ihm entzieht, ihn im Stich läßt. In der schwarzen Erfahrung, von Dunkelheit umstellt zu sein, ist auch

Gott, und Gott vor allem, verfinstert. Die Anklage jedoch, die das widerfahrene Unrecht einklagt, Gott verlangt und sein Helfen einfordert – schließt Gott gerade aus. Denn nicht nur im Gott Beschuldigen und Verdammen, gerade auch im Schrei und im Einfordern von Hilfe versucht ja einer, sich Gottes zu bemächtigen. Daß aber der Leidende nicht anders kann, als sich des Anderen bemächtigen zu wollen, das ist eben der Jammer, die Not des Leidens. Der Schrei nach Gott in der Empörung über Gott vereitelt selbst, wonach er schreit – weil in ihm sich einer Gott verschließt.

Der unerträglich erscheinende Zustand des Leidens ist für nicht wenige unter uns die einzige Erfahrungssituation, in der einer nach Gott ruft und schreit – und doch, wie verstellt und widersinnig; nicht selten mit zynischer Lästerung Gottes. Denn Gott, den da einer in seiner qualvollen Lage herbeiruft, herbeischreit – den möchte er in seiner Wut zugleich zerreißen.

Ist Gott im Leiden? *So* wie beschrieben, nicht anders als so, ist *zunächst einmal* Gott im Leiden: im Schrei nach Gott, der sich Gott verschließt. Das auszusprechen ist kein hinterhältiges Einschmuggeln, kein aufgesetzter „Überbau", um „wieder mal", wie man sagt, Gott zu „retten". Nein, das ist irrsinnig und zum Erschrecken. Denn wenn es dabei bliebe, wenn Gott nur so, nur so gotteslästerlich im Leiden wäre, so wäre das dem Leidenden rettungslos zum Verderben.

Nun muß sicherlich nicht jedes Leiden derart aufreibend sein und bis in die verzweifelte Qual der Sinnlosigkeit führen. Aber bedroht ist alles Leiden, dahin abzugleiten. Vor allem ist es uns Außenstehenden geboten, jedes Leiden *so* zu verstehen: daß es ein Leiden am abwesenden Sinn und also an der Unkenntlichkeit Gottes ist – und daß darin der ganze Jammer des Leidens, die Tiefe seiner Not, besteht. Daran, am Ausbleiben des Sinns und also am Ausbleiben Gottes, verzweifelt einer. Er in seiner zerrissenen Lage meint, Gott verschmerzen zu müssen – und hält das doch nicht aus.

Wenn man sich ins Leiden hineinzudenken versucht, um den Leidenden zu verstehen und um die mögliche eigene Not zu bestehen, begreift man, daß es keinen Sinn bringt, die Anklagen eines Leidenden gegen Gott nur nach ihrem sachlichen Gehalt, also unbeteiligt und rein argumentativ, beantworten und widerlegen zu wollen. Nicht, als ließe sich auf diese Vorwürfe und Anschuldigungen sachlich nichts erwidern; das ist nicht das Problem. Das wirkliche Problem ist vielmehr, daß alle solche sachlichen Antworten die Situation dessen, der an *seinem* Leiden leidet, nicht betreffen. Sie dringen in jenen schreienden Widerstreit des Leidens nicht ein, helfen nicht, das Unheil des Leidens zu wenden, und gehen so an dem verzweifelten Jammer vorbei.

Alle pauschal-allgemeinen Antworten auf die Fragen, die das Leiden aufwirft, mögen an sich eine gewisse Berechtigung haben, aber sie erreichen das Leiden nicht. Etwa die einfache der Biologie, wonach alles Leben den Keim des Todes in sich trägt und darum „halt mal" zu Ende ist und daß zum Gedeihen das Erkranken und Absterben hinzugehört, um „Platz zu schaffen" für neues Wachsen. Oder die des gesunden Menschenverstandes: „Wer keinen Hunger fühlt, ist selber krank." Doch der Schrei der Empörung, der Aufschrei des Leidens nach Gott, ist ebensowenig beantwortet mit dem Hinweis, das Christentum habe immer schon gesagt, daß diese Welt ein sehr unheiliger Ort sei, wo elend gestorben und grausam getötet wird. Es trägt nichts aus, wenn man das Problemfeld eingrenzt und darlegt, was S. Weil – abwehrend – so formuliert: „Es ist nicht verwunderlich, daß man Unschuldige tötet, foltert, aus ihrer Heimat vertreibt, ins Elend oder in die Sklaverei stößt, in Lager oder Kerker einsperrt, denn es finden sich Verbrecher, um solche Handlungen zu begehen. Ebenso wenig ist es verwunderlich, daß die Krankheit zu langen Leiden verurteilt, die das Leben lähmen und es in ein Bild des Todes verwandeln, denn die Natur ist einem blinden Kräftespiel mechanischer Notwendigkeit unterworfen. Verwunderlich aber ist es, daß Gott dem Unglück die Macht verliehen hat, die Seele selbst der Unschuldigen zu ergreifen..."[17] Ja, denke ich, die Verbrechen der Unmenschlichkeit sind nicht „verwunderlich" – aber sie sind zugleich eine schauerliche *Anklage* angesichts der Grausamkeit des Bösen, angesichts der widersinnigen Unmenschlichkeit, die da am Werke ist.

Die Frage: „Wie kann Gott das ganze Elend und Übel, all das Unheil, die Krankheit, die mich getroffen hat, zulassen? Warum hilft er nicht?" – diese sich geradezu aufdrängende Frage läßt sich nicht so, wie sie gestellt wird, beantworten. Einem Unbetroffenen mag vielleicht einleuchten, daß Gott nicht nur für das Böse und dessen Abhilfe verantwortlich sein kann und daß es gar nicht auszudenken ist, wie Gott ein geschehenes Unrecht, etwa einen Unfall oder einen Todesfall, wieder gut machen sollte. Genauer gesehen verfängt sich jede Frage nach einer – vermeintlich – göttlichen Zulassung des Bösen in einen schwer erträglichen und doch notwendig auszutragenden Widerspruch. Rein sachlich kann jene Frage nämlich nur den einen Sinn haben: das Böse, der Tod und das Leiden sollten überhaupt nicht sein. Und in einem *bestimmten* Sinne gilt genau, daß das Zerstörerische, Lebensvernichtende nicht sein soll; es soll nämlich aufgehoben, überwunden werden. Jedoch, *einsinnig* kann das gar nicht sein; einsinnig gibt das keinen Sinn. Denn ein Menschenleben ganz ohne Leiden und ganz ohne Tod können wir uns gar nicht denken. Träfe uns das Schmerzvolle überhaupt nicht, wir begriffen nicht, wie an sich ungewiß, wie leicht verletzbar, aber darum auch wie kostbar ein Menschenleben ist. Wir wüßten gar nicht, wie tiefgreifend sich ein erfülltes, bestandenes Leben von einem im Scheinglück selbstzufriedenen, selbstvergessenen unterscheidet. Denn wir hielten das Gute und das Leben selbst schlichtweg für selbstverständlich, für „immer so". Das Schöpferische jedoch kommt wohl nie ohne Schmerzen zustande, zuweilen ist es mit Quälendem verbunden. – Doch vor allem leiden wir merkwürdigerweise gerade auf-

---

[17] S. WEIL, Das Unglück und die Gottesliebe, München 1953, S. 113.

grund des Guten; *daran* nämlich, daß es mir, dem Einzelnen, immer wieder mißrät, unsere sich auftuende Unzulänglichkeit nie gänzlich sich beheben läßt, wir unsere Liebe immer auch behindern und hintertreiben. Und ebenso im Blick auf die Zufügungen von außen: Weil wir lieben, deshalb sind wir derart verwundbar. Wie P.L. Landsberg ausführt, kann nur dem Menschen „Leiden" zu einer „Geburtswehe des Selbst" werden und zeichnet sich „nur der Mensch" dadurch aus, „ein schöpferisches und leidendes Wesen" zu sein.[18] Wollte sich hingegen einer vor jedem Leid schützen, so müßte er sich auch der Freiheit, selbst zu leben, und dem Wagnis der Liebe verweigern.

M. Wander, an Krebs erkrankt und vermutlich kirchenfern, schreibt an eine Freundin: „Und wenn Dich das Leben grausam packt, dann schimpf nicht, schreie nicht – halt's aus und warte geduldig, bis sich in Dir was Gutes rührt. Wie willst Du ein Mensch werden ohne Schmerzen? Mir scheint, im Moment ist mir Gott näher als Dir."

Und M. Wander schreibt weiter: „Ich merke, wie schwer's mit den Worten ist und wie leicht sich etwas einschleicht, das wie Anmaßung klingt!"[19] – Ja, nicht nur „wie Anmaßung", gar zu leicht auch als Rechtfertigung des Leids, so als tauge es zu einem absichtlich einsetzbaren Erziehungsmittel oder als sei es, so wie es ist, in irgend einem Sinne notwendig und an sich gottgewollt. Nein, das Böse und Unheilvolle soll *nicht* sein. Das skandalös Widersprüchliche, daß es *ist mit* der Aufgabe, es aufzuheben und zu überwinden, ist nicht zu umgehen, dem ist nicht auszuweichen. Wird dies Aufgegebensein jedoch nicht mit erfaßt, so ist es überhaupt nicht begriffen. Das Böse ist das, was nicht sein soll; das Böse ist und soll doch nicht sein. Von dieser Widersprüchlichkeit

---

[18] P.L. Landsberg, Einführung in die philosophische Anthropologie [wie oben zu I. Zus., S. 53], S. 199.

[19] M. Wander, Leben wär' eine prima Alternative (Samml. Luchterh. 298), Darmstadt/Neuwied 1980, S. 173.

sprach Jesus: „Es muß ja Ärgernis kommen; doch weh dem Menschen, durch welchen Ärgernis kommt!" (Matth. 18,7). „Selig" aber „sind, die da Leid *tragen*" (Matth. 5,4).

So bleibt auf der Ebene allgemeiner, sachlicher Antworten eine unlösbare – nur auszuhaltende und zu überwindende – Rätselhaftigkeit. Und diese wird im Leiden *erlitten*. Denn angesichts des Todes eines geliebten Menschen – *immer* und zu jedem Zeitpunkt meines Lebens stirbt er mir zu früh – kommt die jammervolle Klage über mich, die sich mit diesem Unheil nicht abfinden kann. Aber mein schmerzlicher Kummer und meine hilflos wunde Klage – können sie unzweifelhaft wollen, er, der Geliebte, sollte grenzenlos und unangefochten immerfort leben, so daß kein Augenblick unwiederbringlich wäre?

Wir erkennen: Am Sinnwidrigen, Sinnzerstörenden des Bösen, des Unheils, stößt meine drängende, meine quälende Frage nach dem Sinn ab. Weil und insofern es sinnlos ist, verweigert es mir die Antwort auf meine Frage: Warum? Wozu? – Doch genau dies ist wirklich zu begreifen und in unser Denken einzulassen: daß das Böse und Unheilvolle unbegreiflich ist. Es ist *letztlich* allemal unverstehbar, letztlich *das* Unfaßliche, *der* Wider-sinn – und darum auch das, was uns die Sprache verschlägt und uns an dem Sinn unserer Worte zweifeln, ja zuweilen verzweifeln läßt. So also wird man einsehen können – und kann man es doch nicht fassen –, daß in jedem Leiden Nichtzuverstehendes, daß es ungeheuerlich ist.

Vielleicht ist nun deutlich, daß die anklagende Frage nach dem „Warum" des Leidens einen ganz anderen Sinn hat als den, sachlich beantwortet zu werden. Die Warum-Frage protestiert gegen das Zerstörerische, Widersinnige; sie will sich damit nicht abfinden, sie resigniert nicht. Sie stellt das Zufällige des widerfahrenden Unheils heraus, bezeugt, daß es *nicht* sein soll, und widersteht so allen ärgerlichen Versuchen, das Leiden in einen schicksalshaftnotwendigen Allzusammenhang einzuordnen. Sie widersteht – nur zu oft quälend, unter Schmerzen. Aber ihr ausgeliefert, kann sie einen um jede Besinnung bringen. Doch noch in ihrer verzweifelten Form drückt sie die Unbegreiflichkeit des Bösen aus. Immer ist sie vom Außenstehenden *so* zu verstehen. Der Leidende *leidet* an Gottes, ihm abgründig erscheinenden Verstelltsein durch das Böse.

Zur Unbegreiflichkeit des Bösen und also zum Unverständlichen im Leiden ist wohl schwerlich mehr zu sagen, als in seiner Weise und in seinen Worten V. van Gogh, bereits in der „Irrenanstalt" Saint-Remy, an seinen Bruder schreibt: „Leiden lernen ohne zu klagen, den Schmerz ohne Widerwillen hinzunehmen – gerade dabei kann einem leicht schwindlig werden; und doch überkommt uns manchmal eine dunkle Ahnung, daß wir vielleicht auf der anderen Seite des Lebens ein Daseinsrecht des Schmerzes erkennen, der von hier aus gesehen, zuweilen den ganzen Horizont so beherrscht, daß er uns wie eine hoffnungslose Sintflut vorkommt. Wie sich das alles zueinander verhält, davon wissen wir sehr wenig, und wir tun besser daran, ein Kornfeld anzuschauen, auch wenn es nur ein gemaltes ist."[20]

Aber wir verstehen auch – durchaus auf der gedanklichen, „sachlichen" Ebene –, daß die Warum-Frage des Leidens nicht mit dem Gottesgedanken beantwortet werden kann: als hätte Gott das Leiden verursacht und in diesem Sinne gewollt. Die Frage, ob Gott im Leiden ist und wie er darin ist, läßt sich im Horizont der Ursachenfrage – der Frage: Warum? – nicht sinnvoll stellen; Gott ist kein Erklärungsgrund. Er, Gott, ist nicht wie ein Menschenwesen, nur gigantischer; er ist keiner, der an den Menschen vorbei, übernatürlich – und das hieße: ohne Menschen, un-menschlich also – eingriffe. Deshalb ist die Frage, wie Gott im Leiden ist, recht gestellt, wenn sie gestellt ist als eine „Frage weiter", nämlich als die andere Frage: Was das Leiden, das zugefügte Unheil von mir will, *worauf* es *trotz* seines Widersinnigen,

---

[20] [V. van Gogh:] Als Mensch unter Menschen [wie oben zu IV. 4., S. 201], Bd. 2, S. 274f.

trotz des unbegreiflich Zerstörerischen, das in ihm ist, mit mir hinaus will, was es in diesem Sinne *soll*. Die Gottesfrage im Leiden ist *die* Frage, die das Leiden *mir* stellt: Wie ich, der Betroffene, das Leiden *bestehen*, seinem Sog in die leere, zernichtende Sinnlosigkeit widerstehen kann; in welchem Geist ich standhalten, es durchleiden und überwinden kann. Gottes Wille im Leiden ist einzig der: daß ich es durchstehe und durch die Katastrophe, die es ist, hindurchkomme. Dieses Überstehen-können erfahren und begreifen, das heißt Gottes Willen im Leiden erkennen. Denn der Wille Gottes ist eindeutig nur gut; er will immer und einzig das Gute. Der *für* das Leiden zu findende Sinn, der das Unheilvolle, das in ihm ist, *wendet*: das ist Gott im Leiden – und das ist nicht der Grund, weshalb es geschieht, ist nicht seine Ursache.

Doch im Standhalten und Sichauseinandersetzen liegt immer auch (!) ein Moment der Hinnahme, der Demut – und der Geduld.

C. *Gott, der das Unheil wendet*

Mit dem Ernst, der der Schwere des Leidens angemessen ist, wird also danach zu fragen sein, was dem Betroffenen den Widersinn des Leidens aufbrechen *kann*. Gäbe es solchen Aufbruch nicht, der Leidende wäre verloren; die Verlassenheit, die Sinnlosigkeit im Leiden müßte verbittern und verhärten – in eine zuinnerst vergiftende Selbst- und Lebensverachtung hineintreiben.

Der verquere, empörerisch eigensinnige und sich selbst verschließende Schrei nach Gott – ist aber doch auch ein Rufen und Flehen nach *dem* Gott, der die Qual des Leidens *wendet*, der als die Übermacht des Guten einen Ausweg, einen Ausstieg *eröffnet* aus dem unheilvoll Zerstörerischen, aus der Verlorenheit, aus dem Zusammenbruch meines Lebenssinns, aus meiner Gottverlassenheit heraus. Die Tiefe des Leidens, sein innerster Schmerz, liegt gerade in der Entbehrung von Sinn; und deshalb wohnt allem Leiden insgeheim das brennende, vom Leiden geweckte und doch zugleich von ihm niedergehaltene Verlangen nach Sinn ein. *Ihn* zu erlangen, ihn zu finden, das wäre, das ist die Befreiung, die Erlösung *im* Leiden: die Erlösung vom Unheilvollen, Widersinnigen, also von dem, was im Leiden einen Menschen in seinem Selbst zu vernichten droht.

Noch der empörte Protest, noch die Anklage, die sich in der Warum-Frage verstrickt, auch noch der hartnäckige Eigensinn im Leiden hält den zutiefst humanen Anspruch auf Sinn aufrecht. Der Jammer, der zuweilen ihm nur noch abgepreßte Schrei des Leidenden, *ist* sehnsüchtiges Flehen nach dem *rettenden* Gott. Immer sollten wir die Not des Leidens *so* hören. Noch die Lästerung ist ein „dem Schmerz entrissener Aufschrei" (S. Weil).[21] Jeder, der leidet, leidet in seiner Sinnlosigkeit am Mangel, am Entschwundensein Gottes, daran, daß Gott für ihn nicht ersichtlich und nicht da ist. Und darum ist alles Leiden brennend nach Gott – auch wenn dem Betroffenen dies gerade verborgen ist.

Wie sehr die Not im Sinnverlust nach Gott schreit, das *selbst* zu fassen ist der Betroffene schwerlich fähig. Denn im Zerbrechen seines Lebenssinns kommt es ihm vor, als seien alle seine Worte, sein Klagen und sehnsüchtiges Rufen hohl und taub, als verhallten sie echolos in eisigen Weiten. Gott scheint, wie S. Weil sagt, „abwesender als ein Toter, abwesender als das Licht in einem völlig finsteren Kellerloch. Eine Art von Grauen überflutet die ganze Seele. Während dieser Abwesenheit gibt es nichts, das man lieben könnte."[21]

Ist aus solcher abgründigen Verlorenheit, die im Leiden über einen Menschen hereinbrechen kann, je ein Herauskommen, ein Aufbruch möglich, denkbar, erfahrbar? Ganz sicher ist nur: Auch mit der größten Anstrengung kann man ihn nicht „schaffen". Moralische Aufforderungen fruchten nichts. Aber es kann ihn auch kein Anderer für den Leidenden, angeblich ihm helfend,

---

[21] S. Weil, Das Unglück und die Gottesliebe [wie oben zu V. 2. B., S. 277], S. 114.

beschaffen oder zustande bringen. Es weiß keiner den Sinn des Leidens vorweg und schon gar nicht besserwisserisch für den Anderen; denn wüßten wir den Sinn des Leidens vorweg und für alle Fälle, wir wären immer schon über das Leiden hinaus, wir bräuchten gar nicht zu leiden.

Gibt es keinen Weg aus der Verlorenheit heraus? Vielleicht – vorsichtig nur wird man darauf eine Antwort zu geben wagen – doch: Wenn einer in seiner notvollen Einsamkeit nicht einsam *bleibt*. Ganz sicher jedoch ist, daß der Aufbruch aus dem Sinnlosen im Leiden, aus dieser Gottferne, heraus nur dem Betroffenen *selbst* widerfahren, ihm sich nur *erschließen*, eröffnen kann. Und er geht ihm nur auf, wenn er ihn *für sich selbst*, für die Not und den Schmerz *seines* Leidens, erfaßt, wenn er ihn in diesem Sinne *selbst* erfährt.

Wie kann das sein – in der Einsamkeit nicht einsam bleiben? Gemeint ist das zunächst als Aufforderung an jemanden wie mich als den Anderen, als den akut Nichtbetroffenen: Es bleibt ein Leidender in seiner Einsamkeit nicht einsam, wenn ein Anderer ihm *nahe* bleibt, ihm „Nächster" wird. Unendlich viel ist das, wenn ein Anderer am Leidenden festhält, die Zuwendung zu ihm nicht aufgibt, selbst wenn sie der Betroffene in seinem Eigensinn zurückstößt. Großes tut einer, wenn er bei dem durchs Leiden Verwirrten und in sich Zwiespältigen bleibt und ihn nicht aufgibt, obschon er von ihm Enttäuschungen erlebt; wenn er ihm, erschrocken, beisteht und ihn weiter für wert hält, ihm also das entgegenbringt, was dieser selbst nicht mehr aufzubringen vermag: Anerkennung, Selbstanerkennung. Wer so beisteht, der wird stellvertretend für den Leidenden in dessen Dunkel, also ohne einen Anflug von Besserwissen, tun, zu tun versuchen, was der Leidende selbst nicht vermag: dessen Zwiespalt zwischen seiner Not und Gott, zwischen seinem Elend und dem Sinn, zusammenzuhalten. Er wird für den Leidenden *die* Hoffnung durchzuhalten sich bemühen, daß sich ihm, dem Betroffenen, selbst ein Ausweg öffnet. Man kann den Aufbruch aus dem Leiden heraus auch für den geliebten Anderen nicht „machen", nicht bewerkstelligen, ihn ihm nicht abnehmen. Man kann ihn nur dem Anderen wünschen, zu-denken, für ihn erbitten und erhoffen. Und derjenige nur *kann* das, der *selbst* davon überzeugt ist: daß Gott – der Gott, an den er *glaubt* – in keinem Leid am Ende, vielmehr sogar noch im Tode ist, im Tod den Tod überwindet.

Der Aufbruch aus dem Leiden heraus geschieht, wenn er geschieht, plötzlich, unversehens. Er muß nicht sein, aber er kann sein. Doch wenn er geschieht, dann muß er dem Betroffenen *selbst* widerfahren. Er kann kommen: *immer* kann er kommen und immer *noch*. *Er kommt*, wenn der eben noch sich verloren Gebende bei sich selbst erfährt, daß ein Anderer ihn versteht und achtet. Der Ausstieg öffnet sich, wenn so dem eben noch in sich Zerrissenen, mit Gott und der Welt und nicht zuletzt mit sich Hadernden, aufgeht: daß *doch* Liebe ist – auch für ihn.

Diese umwendende Einsicht kann sich dem eben noch ohnmächtig Leidenden auftun am Verhalten seines Nächsten, der neben ihm aushält, bei ihm dabei-bleibt. Aber wenn ihm das als Ausweg aus der Sinnlosigkeit aufgeht, dann nicht nur für dies *eine* Verhalten, sondern dann geht ihm daran etwas Grundsätzliches auf, das ihm zum Unbedingten – also zum Verläßlichen – geworden ist. Erfaßt er nämlich das recht, was sich ihm so, mitten in seinem Leid, eröffnet, und erfaßt er es in dem, was es in sich enthält – dies, daß trotz unsäglich vielem doch Liebe ist, unverdient – dann durchdringt ihn diese Einsicht ganz, dann will er selbst wieder leben, weil er ahnt, daß es sich zu leben lohnt, wenn man der Wahrheit und der Liebe lebt, was immer auch geschehen, mir zugefügt werden mag. Es begreift einer, daß hinter allem Andrängenden, mal Glücklichen, mal Zerstörerischen, *dies* gilt, unbedingt, als *die* Wahrheit für alle, als der göttliche Sinn wie für sein Leben so für jedes Menschenleben.

Kraft zum Bestehen ist das aus dem Verstanden*werden* – und erst lange danach aus eigenem Verstehen. Ichstärke also daraus, daß ein Anderer mich versteht – und darüber hinaus und ins

Unbedingte hinein die auferweckende Gewißheit eines letzten Gewolltseins: Ich, ich Armseliger mit aller meiner Not und allem Schweren, *ich* selbst bin gewollt, ich soll sein.

Es genügt zuweilen *ein* Lichtblick in die Verschlossenheit des Leidens hinein, und ein neuer, erwachsener, erprobter Lebenswille kommt auf. Und manchmal kann es sein, daß mitten im Leiden auf einmal eine ganz ungebundene, wie überströmende Liebe zu allem aufbricht. Wortlos ist sie, unbekannt und doch unbegreiflich erhebend, weil sie die ganze innere Zerrissenheit zur Ruhe, zum Frieden bringt. Vielleicht ist sie eine Liebe zum Leben überhaupt, jedenfalls zum Lebenwollen; und vielleicht enthält sie unerkannt die Ahnung, daß in Wahrheit Leben und Liebe zusammengehören.

Immer ist das Herauskommen aus der beklemmenden Isolation des Leidens eine Lösung der eigensinnigen Verkrampfung und eine Selbstüberwindung zugleich. Keine Hilfe von außen allein vermag zu retten. Der Aufbruch kommt nur zustande, wenn einer abläßt vom Eigensinn seiner Not – wenn er davon ablassen *kann*, weil er eine Wahrheit für sich *jenseits* seiner Not begreift, begreifen kann: und so *sich* von seiner Fixierung löst. Er überwindet sich selbst und läßt sich doch überwinden. Nur so geht wohl einer ungebrochen, ja sogar neu gestärkt aus seiner Unheilsgeschichte heraus, selbst wenn sein Leiden, seine Krankheit, weiterhin schmerzt.

Wollen wir jedoch ganz verstehen, was in solchem Aufbrechen geschieht, so ist nicht weniger zu sagen als dies: Es hat darin einer, der zu versinken drohte, Gott als den erfahren, der in seiner Übermacht das Unheil, das zerstörerisch Böse *wendet*, weil vor ihm alle Sinnlosigkeit zergeht. – Doch vielleicht erlebt der Betroffene selbst das viel reduzierter: Er hat Mut gewonnen; die verlorene Liebe zum Leben, zu sich, wiedergefunden; neu ging ihm auf, daß er immer noch gebraucht wird, er immer noch für Andere etwas sein kann. Vermutlich weiß er auch sehr gut, daß er nicht sicher über den Berg ist, sondern daß er, was sich ihm an überlegener Kraft erschlossen hat, nur behält, wenn er darum ringt und es immer wieder einsetzt. Und doch sollten wir ihn im Lichte Gottes sehen und ihm auch in verstehbaren Worten zusprechen, was geschehen ist, eben damit es ihm bleibt. Wir sollten ihm das Geschehene deuten und also ihm sagen, daß er mitten in der Ohnmacht seines Leidens teilgenommen hat an der Macht Gottes und daß er darum selbst auch mächtig ist. Mächtig in Gott ist einer, der sein Leiden, seine Schmerzen auf sich nehmen, selbst tragen kann und sie so besteht, auch wenn sie noch andauern. Denn in solchem Austragen des Leidens widersteht er dem unheilvoll Zerstörerischen, läßt er das Böse nicht zu. Genau dies aber ist Glaube an Gott – ist die Kraft, die der Glaube selbst ist. Dem Glauben ist Gott die überlegene, befreiende Gegenmacht gegen die verderbende, sinnzerstörende Schwerkraft des Bösen, des Unheils. Gott ist dem Glaubenden die Gegenmacht gegen das Böse, an der er, der Glaube eines jeden, teilhat.

Was ist geschehen? Es hat einer erfahren, was A. Osiander vor vierhundert Jahren so formuliert: ‚Leiden und Furcht' können „den Glauben und [die] Liebe" so „zudecken, daß sie der Mensch nicht mehr empfindet, sondern besorgt, es sei alles dahin – so es doch nicht hin, sondern nur zugedeckt ist".[22] Vielleicht geht ihm, zurückblickend, sogar auf, daß noch in seinem Schmerz Liebe war; ja daß selbst der Schmerz eine Weise der Liebe sein kann, wenn er nur nicht verbittert. Geht ihm das auf, dann hat er im Schmerz die Liebe zu begreifen gelernt. A. Terz/Sinjawski konnte aus dem Gulag-Lager schreiben: „Volle, befreiende Seligkeit" kann nur der „Schmerz ... zurücklassen."[23]

Ist Gott im Leiden? In einem guten, heilsamen Sinne? Das entscheidet sich nicht am Leiden an sich; es wird immer zweideutig und von Sinnlosigkeit überschattet sein. Erst im Aufbruch aus

---

[22] A. Osiander, Unterricht an einen sterbenden Menschen, 1538, p. A. VIII seq.
[23] A. Terz/A. Sinjawski, Eine Stimme im Chor [= Aufzeichnungen in Briefen aus dem Archipel Gulag], Wien/Hamburg 1974, S. 90.

der Sinnlosigkeit, aus der Gott-verlorenheit des Leidens heraus entscheidet sich, ob Gott für den Betroffenen im Leiden ist. Rückblickend vom neuen Sinnaufgang her fällt ein Licht auf das Widersinnige und Unverstehbare und *gibt* dem Leiden eine Bedeutung, entdeckt in ihm einen Sinn, der zuvor gar nicht ersichtlich war und der das Widersinnige überformt, umformt.

Wohl ist Gott in allem, was Menschen geschieht; aber das liegt nie einfach am Tage. Er will darin von uns entdeckt und gefunden sein. In unserer Verblendung jedoch wird er nicht von jedem in allem gefunden. Im Leiden ist aber Gott zudem entstellt, verdeckt, von Sinnwidrigem und Zerstörerischem zugedeckt und begraben. Doch daß Gott in allem, was geschieht, gefunden werden *kann*, das ist meine Zuversicht. Und so kann er auch vom Einzelnen im Leiden, im eigenen Leiden, gefunden werden, freilich nur gegen den Eigen-„Sinn" des Leidens, der doch Widersinn ist. Nichts ist gänzlich und von Gott her von ihm ausgeschlossen, selbst der Tod, mein Tod, nicht. Kein Leiden ist total sinnlos, auch wenn ich des öfteren keinen Sinn darin erkenne. Kein Leid wird erlitten, in dem definitiv ausgeschlossen ist, daß Gott nicht auch darin noch vom Betroffenen entdeckt werden kann. Insofern kann man sagen: Gott ist in *keinem* Leiden *nicht* – wenn man die Notwendigkeit des entdeckenden Glaubens mitbedenkt. Doch *nicht* läßt sich einfach sagen: In allem Leiden ist Gott. Denn ein solcher Satz könnte zynisch unmenschlich und also gottwidrig sein. Doch vor allem zu sagen und ganz zu begreifen ist dies: Gott, der Sinn, muß sich nur dem Betroffenen auftun; er, Gott, kann das, er will das für jeden; keiner ist von Gott her von ihm ausgeschlossen. Noch im Leiden, noch im Verhängnis, ist Liebe möglich – wartet sie auf uns, um von uns ergriffen und gelebt zu werden.

Und eines noch weiß der Glaube, glaubt er, überdies: daß Gott, der unter uns und im Leben eines jeden Gestalt gewinnen will, auch in jedem Leiden selbst leidet. Ob wir, die Glaubenden, das Leiden des Anderen neben uns *so* zu sehen wagen? Ob wir darin den Schmerz Gottes in seinem Wollen des Menschen, des freien, unentstellten Lebens erkennen und den leidenden Anderen achten als den, in dem Gott selbst am Bösen und Verheerenden der Menschenwelt leidet?

Das Leiden kann zu einer starken, stärkenden Gotteserfahrung – umgewendet – werden; es kann eine tiefe Verbundenheit wekken, den neu gefundenen Glauben einwurzeln in uns. Vermutlich wird man sogar sagen dürfen: Gott kann im Leiden enthüllter sein als in den glücklichen, frohgemuten Stunden, die uns leicht verführen, wenig aufmerksam darauf zu sein, wie wir leben und wovon wir leben.

Im Aufbruch aus der Verlorenheit heraus leuchtet ein, was die Hilfe Gottes im Leiden ist: Sie ist anders gekommen als erwartet; „in ganz anderm Sinne ist ihm geholfen, denn er ist stärker geworden." Gott „half ihm, soweit Gott zu dem helfen kann, was doch nur Freiheit tun kann; nur Freiheit kann es tun; aber die Überraschung über das Können drückt sich dadurch aus, daß der Mensch Gott dafür dankt" (S. Kierkegaard).[24]

Das Leiden selbst jedoch – so, wie es an sich ist – zeigt sich immer in einer nicht auszutilgenden Zweideutigkeit. Keiner wohl hat diese Ambivalenz schärfer formuliert als Georg Büchner. In seinem Drama „Dantons Tod" läßt er einen der Freunde Dantons sagen: „Merke dir es…: warum leide ich? Das ist der Fels des Atheismus. Das leiseste Zucken des Schmerzes, und rege er sich nur in einem Atom, macht einen Riß in der Schöpfung von oben bis unten." – Jedoch auf seinem Krankenbett, wenige Tage vor seinem Sterben, habe Büchner, so wird berichtet, selbst „mit ruhiger, erhobener, feierlicher Stimme die Worte gesprochen:

---

[24] 1. Zitat: S. Kierkegaard, Einübung im Christentum; Ges. Werke, hg. u. übers. v. E. Hirsch u. H. Gerdes, 26. Abt. (= GTB 621), Gütersloh 1980, S. 190. 2. Zitat: Ders., Tagebücher [wie oben zu V. 1., S. 257], 5. Bd., Düsseldorf/Köln 1974, S. 378.

‚Wir haben der Schmerzen nicht zu viel, wir haben ihrer zu wenig, denn durch den Schmerz gehen wir zu Gott ein!'"[25]

3. Abschnitt: Die Klage, die Gott sehnsüchtig erwartet – Wie der Glaube Gott im Leiden durchhält

Anders aber als beschrieben – doch gewiß nicht weniger schmerzend – wird das Widerfahrnis des Leidens von dem erlitten, der *darin* Glauben hält. Gemeint ist einer, der *in* der unheilvollen Not, die ihn getroffen hat oder die er mitträgt, weil sie ihm nahegeht, dennoch Gott zugewandt ist. Gemeint ist also derjenige, der unter Schmerzen seinen Jammer und sein Grauen mit Gott zusammenhält, Gott vorhält, Gott klagt. Ein solcher erfährt mit Erschrecken und nichtverstehend das widersinnig Zerstörerische im Leiden als die Stichprobe, als die Erschütterung seines Gottesglaubens – und gibt nicht auf, dennoch Gottes Sinn darin zu suchen, *ohne* ihn zu kennen. Das ist die ganz eigene Not des Glaubens, die durch das Leiden nur dem Glauben entsteht. Doch in ihr wagt ein Glaubender in einem Äußersten an Mut, sich an Gott zu halten noch in der Dunkelheit, die jede Sicht auf Gott verhindert. Er wendet sich dem Gott zu, der durch das eingetretene Unheil verfinstert ist und den der Glaube doch nicht anders verstehen kann denn als den wahren, guten Gott, in dem keine Finsternis ist und der keinen Menschen verloren gibt.

Diesen zerreißenden Widerspruch auszuhalten, an Gott festzuhalten, wo Gott nicht zu erfahren und zu erkennen ist, heißt Gott im Leiden durchhalten. Und eben dies kann wohl anders nicht vollzogen, nicht gelebt werden als so, daß einer die ganze Not, sein Leiden, vor Gott bringt, Gott klagt. Jedoch warum wagen wir, die Glaubenden, dies so wenig? Warum wagen wir nicht,

---

[25] G. Büchner, Sämtliche Werke nebst Briefen und anderen Dokumenten, Gütersloh ³1965, S. 81 u. 473.

unsere Trauer, unsere Bestürzung Gott vorzutragen? Meinen wir, für die Klage sei kein Gott, der hörte und Menschen erleuchtete, inspirierte und bewegte? Doch um alles, das wäre kein *Gott* für uns! So ist ein Ringen mit Gott *um Gott* gemeint: um Gottes Sinn wieder zu verstehen. Ein langer Atem, ein großes, weit gespanntes, das Dunkel überspannendes Zutrauen zu Gott ist dazu nötig. Ob wir *das* aufzubringen nicht ertragen? Dies Zutrauen dort nicht wagen, wo die bittere Not, wie man sagt „gen Himmel schreit" *und doch* ins Leere zu gehen scheint? – Es ist kein Glauben ohne Tränen.

Die erste Bitte eines so im Leiden Glaubenden wird wohl die sein: „Erlöse uns von dem Übel." Wie M. Noel diese Bitte auslegt: „daß es mit mir anstelle, was es will und was Du es tun lässest, aber laß nicht zu, daß es mich von Dir wegnimmt, da ich doch zu Dir gehöre."[26] Nicht etwa nur um sein Ergehen bittet solch ein Mensch im Glauben; sondern er bittet zu seinem Teil darum, daß das Leben nicht dem Tod ausgeliefert sei – und darum bittet er zuerst um das Durchhalten seines Glaubens, ist doch dessen Zerbrechen die nächstliegende und schrecklichste Gefahr. Seine ureigene Aufgabe – als die des Glaubens – ist es ja, seinen Protest und seine Empörung, seine Trauer und Verstörung angesichts des grauenhaften Elends, der Grausamkeit und der Zerstörung in der Welt vor Gott zu bringen, Gott entgegen zu halten. Und was ihm dabei besondere Not bereitet, ist die Befürchtung, daß Menschen in der Not sich von Gott verlassen und vom Leben abgeschnitten fühlen könnten und folglich sich verhärten und gottlos, sinnlos sich verschließen und so lebendigen Leibes von den Trümmern ihres Lebenssinns begraben werden.

Alles, schlechthin alles, die ganzen Schrecknisse des Lebens, Krankheit, Unfälle, Verrat und Verlassenheit, Hunger und Elend, das unausdenkbar vielfältige Unheil, die Bosheit und das Zerstö-

---

[26] M. NOEL, Erfahrungen mit Gott [wie oben zu II. 1. B., S. 79], S. 77.

rerische, der Tod und das Tödliche, und ebenso die Last, die jeder selbst zu tragen hat – alles, was einen zum Verzweifeln treiben kann – ist klagend und flehend, mittragend, zu Gott zu bringen. Es ist vom Glaubenden vor Gott zu bringen – von wem anders sonst? Es ist vor den Gott zu bringen, der, weil er darin nicht erkennbar ist, dadurch verdunkelt, ferngerückt erscheint. Auf daß ein neues Durchsehen sich einstelle! Und es ist vor Gott zu bringen in der Sorge, in dem grauenvollen Widersinn, der Gott, dem Sinn von allem, widerspricht und mithin Gott verstellt, könnten die Betroffenen Gott nicht erkennen und darum aufgeben. Doch wer das Unheil und das Leiden der Menschen so im Glauben zu Gott bringt, der tut das nicht als Unbetroffener, sondern als einer, der *selbst* darin den Sinn, Gott, nicht erkennt und *darüber* mit Gott ringt. Seine, des Glaubenden, Frage ist nicht weniger als die des Leidenden die: „Wo bist du, Gott – wo bist du geblieben?" Er hält *nur* aus – auf daß Gott neu einsichtig und deutlich werde und Menschen, er mit, nicht untergehen, sondern wissen, was zu tun ist und wovon sie, selbst im Äußersten, im Elend und im Jammer, leben, leben können.

Es hält einer im Glauben den Einbruch des Absurden aus – danach verlangend und darauf wartend, daß Gott und damit der Lebenssinn wieder sich auftun. So ruft einer zu Gott, ruft er Gott auf gegen die Gottferne, die ihn umgibt, gegen die Gottesverfinsterung in der Sinnzerstörung. Denn für ihn kann – trotz seiner Tränen und Schmerzen, ja gerade wegen dieser – einfach nicht wahr sein, was doch faktisch ist und geschieht: das grauenhafte Leid, das Menschen zu zerbrechen droht. Das ist sein Skandal, den er erleidet, und das ist seine Zerrissenheit, die Zerrissenheit, die nur der Glaube kennt und auszuhalten hat: daß Gott nicht sinnlos sein *kann*, obschon ungeheuer vieles und kaum Erträgliches gegen Gott spricht. Der Glaubende hält nichtverstehend und unter Zittern an Gott fest, weil er weiß, daß sonst buchstäblich alles verloren wäre. Er unternimmt es, beides, Gott und das Elend, Gott und seinen Jammer zusammenzuhalten, weil für ihn Gott nicht so sein *kann*, wie er angesichts dessen, was geschieht, erscheint. Er ringt im Nichtverstehbaren des Leids mit Gott, hält das Zerstörerische, das Tödliche des Unheils Gott vor: „Das, Gott, kannst du doch nicht gewollt haben", alles in uns empört sich gegen diese Annahme; „aber" – ja aber – „was wäre und geschähe ohne dich?" Das nicht zu verstehen, diesen Widerspruch nicht lösen zu können, das ist die quälende Not des Glaubens, der durchgehalten im Leiden ist. So ruft einer Gott an, wo ihm Gott verloren zu gehen droht. Um Aufhellung dieses Widerstreits appelliert einer in der Klage an Gott. Bis zum Zerreißen kann sie gespannt sein. Doch im Sichhalten an Gott sehnt einer sich in seiner Klage danach, daß das Widersinnige, Sinnzerstörende im Leiden, das Menschenverderbende in dem, was geschieht und uns zustößt, vor Gott zergehen und also für uns durchdringbar werde; denn bei Gott kann das Böse, das Unheil, das Tödliche selbst des Todes nicht bestehen – und es ist *doch*.

An der Grenze des Verstehens, in die Dunkelheit hinein kämpft ein Mensch im Glauben um das Einleuchten Gottes und hält wartend im Dunkeln aus. Er klagt gegen seine Erfahrung, gegen sein Nichtverstehen Gott ein, ist doch seine Erfahrung gerade die, daß Gott ihm ausbleibt. Er erfährt, wie unsäglich schwer das ist; es wäre nicht lange zu ertragen, bliebe jeder Lichtblick aus. Doch eben darum, daß sich der ereigne, begibt er sich auch selbst, frei, in die Dunkelheit der Welt hinein, weil der Glaube eben darin besteht, nicht aufzuhören, auf Gottes aufleuchtende Antwort zu warten. So nimmt er mittragend das Leiden von Menschen auf sich und leidet er selbst an der Unkenntlichkeit Gottes.

Solches Ringen, solches Rufen und Flehen nach Gott, daß er sich zeige, ausharrend angesichts dessen, was Gott verdunkelt, ist selbst ein Ausdruck des *Glaubens*. Der Glaube im Leiden erfährt diese Zerrissenheit und will doch in ihr seinen Zusammenbruch aufhalten. So äußert sich kein Unglaube. „Nur Menschen", schreibt F. Stier, „die in solcher ursprünglichen Gemeinschaft und Wahrnahme Gottes leben, reden und rechten mit Gott wie

Ijjob."²⁷ Höchster Mut im Glauben ist das. Aber zugleich wie zerbrechlich ist er, unter welchem Leiden unterhalten – und wie gefährdet obendrein. Denn die Klage, die Gott sehnlich erwartet, ist gefährlich nahe daran, in die Anklage abzustürzen, die Gott verstellt.

Daß das Böse, das Unheil und alles Tödliche, selbst noch das des Todes, vor Gott nicht bestehen kann, das ist dem Leidenden erst wahr, wenn es sich ihm erweist. Und das ist dem Glaubenden nichts als seine ins Dunkle hinein vorgestreckte, doch nicht etwa immer schon erfüllte Gewißheit. Es ist die dem *Glauben* gewiß seiende *Erwartung* im noch Offenen. Also ist die Klage des Glaubens eine des erregten Wartens – und in diesem Sinne eine des Ausharrens. Sie ist alles andere als ein Abrechnen mit Gott, als ein Einklagen von Entschädigungen, als sei Gott der Garant fürs Wohlergehen. Sie ist anders als die Gottesanklage des empörten Eigensinns. Sie hält nämlich aus – und das in einer doppelten Bedeutung.

Die ausgespannte Klage des Glaubens hält die Wunde offen, die das Sinn-zerstörende schlug. Sie geht darüber nicht hinweg und resigniert angesichts ihrer nicht. Sie hält das fest, hält das Gott vor, was an Verwundung geschah. Nichts liegt ihr ferner als das Beschönigen. Sie vollbringt in ihrem zerreißenden Jammer ein Wunder: Sie hält und birgt das doch Entsetzliche, gibt es nicht preis und verloren – hält es fest, damit in ihm Rettung widerfahre. Es ist ja bereits dies eine große Stärke, wenn einer Worte für die Klage findet, die Monotonie des Jammerns hinter sich läßt; oder wenn er sich Worte der Klage, etwa einen Psalm, vorsprechen kann. Stärke ist das, wo doch das Quälende, Leidvolle die Worte verschlägt, nur noch Stöhnen übrigläßt.

Noch in einem zweiten Sinne hält die Klage des Glaubens aus – hält die Klage aus, die im Glauben an Gott an seiner Verfinsterung leidet: Sie wartet. Sie ringt und fleht. Doch wenn sie eine des

---

²⁷ F. STIER, Das Buch Ijjob. Hebräisch und deutsch, München 1954, S. 265.

Glaubens ist, dann hält sie *darin* auch ein: hört und wartet sie auf die Zuwendung *des* Gottes, der doch in der Not des Leidens rätselhaft geworden ist. Es ist mitten im Rufen und Klagen ein Aufmerken, wie auf einen fernen zarten Ton – darauf, was Gott mir noch in der Not, die ich zu durchleiden habe, sagen will. Warten auf Gott im Dunkel des Leids – das meint: Hinhören und Wahrnehmen, woraufhin Gott angesichts des unbegreiflich Schrecklichen, das ich wahrnehmen muß und das auf mir liegt und mich doch nur klagen läßt, mit mir hinaus will, was ich verstehen und lernen soll. Zeichnet solches Aushalten die Klage des Glaubens aus, so ist ihr Warten selbst eine Herausforderung des Gottesglaubens; denn ich bin gefragt, was Gott mir im Gottverdunkelnden bedeutet und mir damit sagen will.

Es liegt in dem klagenden Ringen um Gott, das von einem nicht aufgebenden Zutrauen zu ihm gehalten ist, eine letzte Liebe zu ihm. S. Weil schreibt: „Das schreckliche ist, daß, wenn die Seele in diesen Finsternissen", in denen Gott abwesend zu sein scheint, „wo nichts ist, das sie lieben könnte, aufhört zu lieben –, daß dann die Abwesenheit Gottes endgültig ist."[28] Als all sein Kennen und Erwarten übertreffend wird einem Glaubenden dies zuteil: daß ihm im Aushalten seiner Not – im darin Aushalten bei Gott – solches sehnende Lieben Gottes vergönnt ist und ihm bleibt. Noch und gerade im Leiden am Ausbleiben Gottes kann dem, der Gott nicht aufgibt, ein Wille wachsen, ein starker eigener Wille, Gott zu lieben. Hat der Glaube an Gott diese Kraft, die Not der Gottverfinsterung auszustehen und Gott zu überantworten, so erwächst ihm daraus neue Stärke.

H. Ihmig formuliert das so: „Zum Guten wirkt das Leiden nur, wenn wir in der Liebe wachsen. Wenn wir es wagen, über alles Gott zu lieben, kann es sein, daß uns das Schwere nicht ins Bodenlose stürzen läßt; daß wir mit dem Tod im Herzen in eine

---

[28] S. WEIL, Unglück und Gottesliebe [wie oben zu V. 2. B., S. 277], S. 114f.

unbekannte Tiefe gehen; daß uns der Schmerz nur gründlicher in diese Liebe zieht. Aufgehoben, brennend ist das Leid in einer Leidenschaft, die wir dem Leben wahren; die aus der Enge bricht, in die das Leid uns vollends verschließt, und doch von dort erst ihren Ernst und ihre weite Tiefe hat."[29]

Wer in der Not, wer in seinem Jammer Gott nicht preisgibt, sondern die Erwartung Gottes aufrechthält, der leidet daran, daß er Gott nicht erkennen kann, Gott ihm verdeckt ist. Und klagt er Gott sein Leiden, so klagt er es dem Gott, an dessen Ferne und Unkenntlichkeit er leidet. Das macht das Leiden zu einem brennenden Verlangen nach Gott. – Und doch: So gerade ist ein Mensch unter Schmerzen mit Gott verbunden, eins mit Gott. Sein Rufen nach Gott, nach Gottes Nähe – was ist es anderes als Jesu Ruf am Kreuz? Wenn einer dies erfaßt, wenn einer in einem Leiden an Gott *glaubt*, dann kann er im Unheilvollen nicht untergehen. Dann ist er mit Gott verbunden und über das Tödliche des Leidens hinaus, auch wenn das Schmerzende noch andauert. Er ist mit Gott verbunden und *so* nicht verlassen und allein im Leiden. Ja, noch mehr, er kann sein Leiden verstehen als eine Weise, in der Gott selbst an der Not und der Verlassenheit der Menschen leidet – und so nichts Menschliches ausläßt und uns also umfassend nahe ist. In seiner Klage klagt Gott gleichsam mit – oder besser gesagt: Seine Klage stimmt ein in Gottes Klage um die Menschen, die nichts anderes will als deren beständige, im Leiden bewährte Erleuchtung. Das will „nur" – unter Tränen – geglaubt, gelebt sein.

Wer „die Liebe Gottes durch das Unglück hindurch zu lieben" versteht, in den ist nach der Erfahrung S. Weils „die Passion Christi ein für allemal ... eingedrungen".[30] Dessen Liebe nimmt

---

[29] H. IHMIG, Leid und Leidenschaft [wie oben zu IV. 2., S. 184], S. 8.
[30] S. WEIL: Nach R. Kühn, Glaubens- und Lebensvollzug als ständiges „Sich-Entwerden". Zum 40. Todestag Simone Weils 20. August 1943; in: Neue Zeitschr. f. Syst. Theologie u. Religionsphilosophie 26. Bd., 1984, S. 218–234; Zitat: S. 227.

das eigene Kreuz auf sich und in sich hinein. Eine gekreuzigte Liebe, Liebe unter Tränen ist es, und darum eine ganze Liebe. Und der Glaube an Gott ist darin ganz er selbst – und die völlige, nichts auslassende Bejahung des Lebens.

Ein letzter Gedanke noch. Es wird, wie ausgeführt, auch im Schmerz und in der Verwundung wahres Leben – bejahbares, erinnernswertes Leben – gelebt. Und das kann nicht verloren und vergeblich gewesen sein. Die Tränen der Liebe, freilich nicht die des Selbstmitleids, hebt Gott auf. „Vergeblich" nur „das nicht angenommene Leid, das Leid, das verweigert, das Leid, das gehaßt wird." (M. Noel)[31]

D. Sölle und F. Steffensky zitieren ein Gespräch zwischen dem altgewordenen jüdischen Bügler Goldfaden, der gesteht, nicht mehr an Gott zu glauben, und dem Lehrjungen Benjamin, der darüber erschrickt. „‚Aber schauen Sie, lieber Herr Goldfaden', sagt Benjamin starr vor Schrecken. ‚Wenn es Gott nicht gäbe, was wären wir dann, Sie und ich?' – ‚Arme, kleine jüdische Arbeiter, nicht?' – ‚Das ist alles?' – ‚Leider', sagte der alte Bügler. – Auf einem Strohsack auf dem Fußboden liegend versucht Benjamin in der folgenden Nacht, sich alle Dinge so vorzustellen, wie Herr Goldfaden sie sah. Eines ergab das andere, und er gelangte zu dem bestürzenden Schluß, daß Zemyock (sein Heimatdorf) nur ein lächerlich kleines Teilchen des Alls war, wenn es Gott nicht gab. Aber, so fragte er sich, wohin geht denn all das Leiden? Und, Herrn Goldfadens verzweifelten Ausdruck vor sich sehend, rief er mit einem Aufschluchzen, das die Dunkelheit der Werkstatt zerriß: ‚es geht verloren, oh, mein Gott, es geht verloren!'"[32]

---

[31] M. Noel, Erfahrungen mit Gott [wie oben zu II. 1. B., S. 79], S. 239.

[32] D. Sölle-F. Steffensky, Ohne Ja und Amen. Von Glaubenstreuen und Kirchenzweiflern (rororo-rotfuchs), Reinbek 1983, S. 100.

4. Abschnitt: Die Ratlosigkeit und die Kraft des Tröstens

„Wer ein Wort des Trostes spricht, ist ein Verräter" (J. Drews).[33] – Ob solch ein Satz sich nicht allzu leicht und allzu schlagkräftig formulieren läßt? Er wendet sich schneidend gegen allen billigen Trost, der nur beschwichtigt und vertröstet und also den Trauernden, den Verwundeten noch um sein Elend, seine Trauer zu betrügen versucht. Ein solcher Satz steht wie ein Rufzeichen und fordert dazu heraus zu bedenken, ob nicht jedes gutgemeinte Wort, jede freundliche Geste sich vor der Schwere einer Not, vor der Tiefe und der Verstörung einer Traurigkeit als hohl und unangemessen erweisen könnte. Jener Satz schärft ein, vorsichtig zu sein, daß man nicht täusche und so den Leidenden verrate; er hält dazu an, besorgt zu sein, wie man denn *der* Wahrheit in Worten oder Gesten Ausdruck geben kann, die dem Ernst des Verlustes, die den Tränen gewachsen sind. So verstanden fordert er heraus, im Trösten den Anderen, den Leidtragenden, wahrhaft zu lieben. Er macht das Trösten schwer – und macht es so zu einem möglicherweise wirklichen Trost.

Ja, fern sei aller falscher Trost, der doch nur wie Hohn wirken muß, weil er noch wegzunehmen trachtet, was einen Menschen unter Schmerzen auszeichnen kann: den unbedingten Ernst, das Ende seiner Illusionen und Selbsttäuschungen, also seine Wahrhaftigkeit. Aber ebenso fern sei auch alles, was der üblichen Teilnahmslosigkeit das Wort auch nur reden könnte. Ob man sich also nicht auch mit jenem zitierten Satz allzu fein und selbstgerechtfertigt vor der Schwere und der ratlosen Betroffenheit wegdrücken kann, sich der leidigen Situation entziehen kann, in der ein Anderer neben mir leidet, Trauer trägt und ich mich dadurch, ganz unbilligerweise, zum Trösten herausgefordert finde? Schwer erträglich ist es, mit ansehen zu müssen, wie ein Anderer sich

---

[33] J. Drews; in: Südd. Zeitung Nr. 28, 2./3.Febr. 1985, Wochenendbeilage S. V.

quält. Und deshalb ist wohl jeder geneigt, sich, im wörtlichen Sinne, aus dem Staube zu machen – damit sich nicht enthülle, wie peinlich unwohl und ratlos man sich in dieser Situation, trösten zu sollen, fühlt. Es könnte ja herauskommen, daß man dem Anderen nichts zu sagen weiß. – Jedoch und andererseits: Kann einer wirklich wollen, daß der Geschlagene in seiner Not auch noch allein gelassen wird, keiner bei ihm bleibt, der ihm beisteht? Also wird einer, der sich der Not des Anderen stellt und darin bei ihm bleibt, *wagen*, Worte zu suchen, die dem Anderen nahekommen – die trösten könnten –, obschon er weiß, daß der Jammer des Anderen ihm alle Worte verschlagen kann, und daß er als Mensch leerer Worte dastehen könnte. Aber stumpf wäre, wer im Schmerz, in der Trauer des Anderen, das sehnliche Verlangen nach Trost nicht hörte.

Wer wollte übersehen, daß Menschen um uns herum in ihrer Trauer und ihrem Leid einfach erwarten, daß wir sie trösten? Daran – daran zumindest – können wir gar nicht vorbei; nur dieser Erwartung zu entsprechen versuchen oder uns ihr entziehen können wir. Daß Menschen in ihrem Kummer und in ihrer Bedrängnis Trost brauchen, das wissen wir nicht zuletzt darum, weil wir an uns selbst erfahren haben, wie bitter es ist, verlassen und ohne Trost zu sein. „... und siehe, da waren Tränen derer, die Unrecht litten und keinen Tröster hatten": wer das einmal in Brahms' Vertonung, in seinen „Vier ernste(n) Gesänge(n)", gehört hat, der kann das nicht vergessen.

Doch merkwürdig ist es schon, daß Menschen den Trost des Anderen brauchen; warum kann sich nicht jeder selbst sagen, was ihm in seinem Leid gut-tut? Zumeist liegt doch gerade darin ein Stück ratloser Verlegenheit, daß man den Eindruck hat, der Leidende wisse selbst am besten, was an Worten ihm hilft: „Was ich ihm sagen könnte, das weiß er selbst schon und viel besser." Aber in einem bestimmten Sinne täuscht dieser Eindruck. Denn die quälende Verwirrung des Leidenden besteht eben auch darin, daß er zwar vieles weiß, er aber seiner selbst unsicher geworden ist und ihm fast alles verschwimmt – und für diese so schwer erträgliche Lage braucht er den Zuspruch von außen und darin die Zuwendung des Anderen. Und genau dies ist: Trost. Es geht im Trösten nicht um schöne, große Worte – schon gar nicht um solche, die die Not, die Schmerzen wegreden wollen – es ist in erster Linie gar nicht um bestimmte Inhalte zu tun; sondern nötig ist eine am Anderen interessierte Zuwendung zu ihm und ist der aufrichtige Zuspruch, dem der Leidende abmerken kann, daß er in seinem Zustand ernst genommen wird. Genau dies aber kann er sich nicht selbst geben – und deshalb kann er sich nicht selbst Trost zusprechen.

Wie elementar und umfassend die Zuwendung allein, vielleicht ganz ohne Worte, tröstet, zeigt die Mutter, die ihr hingefallenes Kind aufhebt, an sich schmiegt, ihm die Tränen trocknet und es so beruhigt. Sie beruhigt, hilft über das Schmerzende hinweg; und wenn solches Trösten gelingt, so schafft es neue, gestärkte Verbundenheit und der Mutter eine neue, zusätzliche Freude an ihrem Kind. Älter geworden, wenn das Nachdenken, das grundsätzliche Befragen erwacht ist, ist das Trösten schwieriger geworden; denn es kann nun nur noch höchst selten, in intimeren Augenblicken, ohne Worte sein. Vor allem ist das „Beruhigen" schwerer geworden: Ein Erwachsener müßte zu sich selbst finden, in seiner Lage identisch mit sich sein, also sich bejahen. Wie können Worte eines Anderen dazu verhelfen? Es wäre schon über alles Erwarten *viel*, wenn es ihnen gelänge, den Traurigen aufzurichten, so daß er ein wenig hinaussehen kann über seine bedrückende Lage. Ein großer Augenblick ist es, wenn ein Betrübter den Kopf hebt, aufblickt.

Was eine Mutter zu ihrem tränenüberströmten Kind sagt, ist wohl gar nicht so wichtig; entscheidend ist, daß *sie* es sagt. Ihr Trösten setzt ihre Verbundenheit mit dem Kind voraus – und gelingt, kommt an, in dieser Verbundenheit. Doch sie verzichtet bekanntlich auch nicht auf alle Worte; sie verspricht zumeist schlicht, es werde wieder gut werden. Ihre Worte möchten über die körperliche Nähe hinaus in das Kind eindringen, damit es *selbst* getröstet sei.

Unter Erwachsenen ist solche Verbundenheit nicht vorauszusetzen. Diese allererst zu finden und gegenwärtig sein zu lassen, ist die ganze Schwierigkeit, das unüberschaubare Risiko, ist die Ratlosigkeit des Tröstens. Sein Gelingen ist dem, der trösten will, nicht garantiert. Leer *können*, erschreckenderweise, seine noch so gut gemeinten Worte sein, wie Luft, weil sie eben beim Anderen nicht ankommen, weil sie eben nicht *trösten*.

Wer sich der Herausforderung zum Trösten nicht verschließt, wer trösten will und also dem Anderen gut zuredet, dem bleibt nur, auf die Kraft zu setzen, die den Worten und dem Sprechen zu einem Anderen selbst zueigen ist: also auf *die* Kraft des Trostes, die er nicht beherrscht und über die er nicht verfügt. Und doch, nur Worten, nur seinem Sprechen oder Schreiben kann es gelingen, dem Anderen so nahe zu kommen, so aufschlußreich für ihn zu sein, daß dieser in ihnen *selbst* den Trost für sich, das ihn Beruhigende, ihm Aufhelfende findet. Dann, wenn dies in der Kraft des Tröstens gelingt, ist Verbundenheit geglückt.

Aber wie ungleich sind die beiden, der in seiner Trauer Versunkene und der, der trösten will. Wie nahe liegt der falsche, leichte Trost: der, der die Not wegredet und *so* täuscht oder die Not nur bestärkt und damit den Leidenden auch noch dem Selbstmitleid ausliefert. Ungleich sind die beiden; – jedoch es bewegt sich ein Tröstender auf den Anderen zu und eine Gleichheit zwischen ihnen fängt sich zu entwickeln an, wenn er, der Tröstende, aushält, was *ihn* bestürzt und verlegen macht: daß der Jammer des Anderen ihm die Worte verschlägt, ihn ratlos macht. Der Ursprung der Worte, die trösten können, ist das Schweigen des Tröstenden aufgrund seiner Betroffenheit, ein Schweigen also, das herrührt aus einem Dabei-bleiben, Nahe-bleiben beim Anderen und das dem wortlos Ausdruck gibt. Es ist ein Schweigen, das zunächst wohl ein Verstummen ist, das aber den Leidenden vorbehaltlos ernstzunehmen versucht: seiner Not sich stellt.

Das Wortloswerden im Erschrecken über die Not des Anderen – und nicht sofort das aktive Helfen und die guten Worte – kann dem Leidenden nahekommen, weil es dem Ernst seiner Not angemessen ist. Aber dem in Worten Ausdruck zu geben, ist unheimlich schwer; wie naheliegend ist es daher, auf Worte zu verzichten. Jedoch wie sollte der Andere, der Trostbedürftige, merken, was mich bewegt, wenn ich in meiner Verlegenheit stumm bliebe? Schwer ist es, Worte zu finden, die wirklich trösten. Und dabei kann das Trösten doch nur leicht in dem Sinne sein, daß es von Herzen kommt und insofern wie von selbst. Denn was nicht von Herzen kommt, geht nicht zu Herzen. Mithin wird wohl nur einer, der am Andern in dessen Trauer und Not aufrichtig interessiert ist, die Verlegenheit auf sich nehmen und – vorsichtig und mutig vertrauend zugleich – nach Worten des Tröstens *suchen*.

Der Anfang wirklichen Tröstens liegt vor den Worten darin, daß der, der nicht ausweicht vor der Aufgabe zu trösten, sich von der Not, der Ohnmacht, der Verzweiflung des Anderen selbst verwunden läßt. Der Anfang des Tröstens ist ein Erleiden des Tröstenden: daß er sich von der Verlorenheit des Anderen anrühren läßt, sie in sich einläßt und so mitträgt. Es ist ein Erleiden und doch zugleich ein Tun. Denn es ist zugleich ein Hinhören auf den Anderen in dessen Not; es ist ein zu hören Verstehen. Und daran bereits, an diesem Anfang, entscheidet sich alles. Mithin ist das *die* Frage: Ob wir, die akut Nichtbetroffenen, den Ruf des sich verloren Gebenden hören – gerade auch den unausgesprochenen Ruf desjenigen, der in seiner trostlosen Traurigkeit, in seinem abgründigen Kummer keine Bitte mehr über die Lippen bringt? Sein inständiges Verlangen ist ja kein anderes als das Jesu in Gethsemane: „Bleibet hier und wachet mit mir, wachet und betet."[34]

Ist nun einer wirklich am Anderen interessiert, dann will er auch, daß dessen Notlage sich aufhelle, daß der Andere *selbst* sich

---

[34] Matth. 26,38 in der Form der „Texte und Gesänge aus Taizé".

ein wenig aus ihr zu lösen vermöge und so neu wieder zu Leben komme. Wer trösten will, der hält für den Notleidenden die Hoffnung neuen Lebens aufrecht. Er könnte sonst gar nicht trösten und würde es vermutlich nur halbherzig versuchen. Trösten will Licht bringen in das Dunkel der Traurigkeit, in die Nacht der Sinnlosigkeit; es will – über das eigene Vermögen hinaus –, daß dem aufgeholfen werde, der zu verzagen droht. Sein innigster Wunsch ist: „Daß sie schmelze, die Kruste Schwermut" (R. Ausländer).[35]

Wer seine Ratlosigkeit angesichts der Not des Anderen erträgt und bei sich auswirken läßt, der wohl findet erste Worte, indem er gerade dieser *seiner* Betroffenheit und Ohnmacht Ausdruck zu geben sucht. Er mag sagen – wenn es wahr ist –, wie sehr ihm der Jammer des Anderen nachgeht und wie schwer es ihm fällt, dessen Kummer und Traurigkeit mitanzusehen. Sagen kann er, wie es ihm zumute ist. Je aufrichtiger und absichtsloser er das sagen wird, desto eher werden solche Worte Ausdruck nicht nur der eigenen Betroffenheit, sondern des Mit-trauerns und also des Mit-tragens mit dem Anderen sein, desto wahrscheinlicher *trösten* sie. Sie trösten, wenn der Betroffene spürt, daß da einer nicht in Worte zu flüchten sucht, sondern sich vom Schmerz des Anderen ergreifen läßt.

Ein solcher, der alles Besserwissen vermeidet, wird auch sagen können, was ist und was er sieht. Mit seinen Worten wird er bestrebt sein, das in Worte zu fassen, was dem Anderen Grauen und Angst bereitet, *dem* nachempfindend, wie ihm, dem Anderen, der Einbruch des Widersinnigen, Unverstehbaren widerfuhr. Seine Worte wollen das Leid des Anderen erahnen. Mehr könnten sie in dieser Hinsicht nie sein. Aber er wird das tun in der Hoffnung, der Leidende möge sich darin selbst wiederfinden und

---

[35] R. Ausländer, Mein Venedig versinkt nicht. Gedichte, Frankfurt a. M. 1982, S. 114.

so seine Not selbst zu verstehen beginnen. Wer so zu einem Bedürftigen spricht, der weiß um das Risiko seiner Worte, der weiß, daß wer zu trösten unternimmt, ohne den Unglücklichen zu verstehen, ihm eine neue Kränkung zufügen kann. Er weiß aber auch, wie ungemein befreiend – tröstend – es ist, dem Leid eine Sprache zu gewinnen, in der einer seine Not verstehen und in die hinein er seinen Schmerz bergen kann. Ein entscheidender Schritt ist geglückt, wenn der Andere, der Trostbedürftige, selbst von seinem Ergehen zu reden beginnt.

Doch nicht zuletzt wird einer, ist er nur wahrhaftig, ohne zu zögern – aber gänzlich ohne Forderung an den Anderen – auch Auskunft geben und sagen, was *er* als Grund seiner Hoffnung für den Anderen *glaubt*. Ohne solchen Selbsteinsatz, in dem einer sich ganz, weil seiner innersten Überzeugung, riskiert, hielte er dem Anderen nicht die Treue, teilte er dessen Anfechtung und Dunkelheit nicht, wiche er im Letzten und vielleicht Lebens-Entscheidenden aus. Er hält bei dem Anderen aus und steht ihm bei, wenn er in dessen Dunkelheit die Hoffnung für ihn aufrecht hält, durchhält: auf daß sie plötzlich von selbst beim Anderen als ein Licht aufgehe und ihn neu erwecke. Nur wer so viel wagt, überläßt den Anderen nicht sich selbst und seiner Trostlosigkeit. Vielleicht ist seinen Worten vergönnt, vielleicht ohne sein Wissen vergönnt, daß sie den Anderen, der zu versinken droht, halten. So wird einer schlicht und einfach, aber im Ernst – und noch einmal: gänzlich ohne zu fordern –, dem Anderen sagen, wovon *er* überzeugt ist: daß Gott ihn nicht verlassen hat.

Jedoch, ob derartige als Trost gemeinte Worte ankommen? Dann erst, wenn dies geschieht, wenn sie den Anderen erreichen, sind sie solche wahren Trostes. Denn dann erst *geben* sie Trost. Und das hat keiner allein in der Hand; das ist niemandem garantiert. Das ist vielmehr, wenn es gelingt, die Kraft des Tröstens selbst. Gnade ist es, wenn einer Worte findet, die zur Brücke werden und zum Anderen finden, ihm nahekommen, ihm eindrücklich werden. Dann *ist*, dann geschieht Trösten. Es gelingt, wenn Verbundenheit gelingt. Und dann schafft es selbst neue Verbundenheit, neu gewonnene Verbundenheit.

Doch so zeigt sich noch einmal die ganze Schwierigkeit, die Ratlosigkeit, beim Trösten-wollen. Es ist so schwer, mit eigenen Worten jene Verbundenheit, jene Gleichheit mit dem Anderen, zu „treffen", auf die doch wirklich alles ankommt. Wird der sie „treffen", so wie man den richtigen Ton treffen muß, der zugleich bangt, *der* zugleich bangen *muß*, er könnte mit seinen Worten vor dem Jammer des Anderen versagen, ihn, während er redet, verlieren? Es ist kein intensives Gespräch im Leiden ohne die Vorsicht, ohne das beklemmende Wissen, wie schnell es geschehen kann, daß der Andere in seinem Schmerz sich unverstanden und alleingelassen fühlt – und folglich sich zurückzieht, fernrückt.

Daß eine Brücke zum Anderen kommt, eine Tür sich, vielleicht nur einen Spalt breit, öffnet, so daß man dem Anderen nahekommt und seine eigene Furcht vor dem Versagen vergessen kann: das ist die Kraft und das ganze Geheimnis wirklichen Tröstens. Es ist ein Geheimnis, das man nicht vermeiden – dem man schlimmstenfalls nur ausweichen – und das man nicht auflösen kann, dessen man nur gewärtig sein kann, weil es sich eben nur selbst erschließt. Wer dies Geheimnis sich einstellender Verbundenheit unter Menschen über das Schmerzende, über das Leidvolle hinweg nicht kennt, der hat bislang wenig erfahren.

So verwunderlich es sein mag, so deutlich dürfte es sein: Aus diesem Geheimnis standhaltender oder neu sich erschließender Verbundenheit erwachsen die Worte, denen zu trösten gelingt. Worte jedoch, die nicht davon inspiriert sind, erbringen nichts, gehen ins Leere. Zuweilen brechen in einem Gespräch Abgründe vernichtender Trostlosigkeit allererst auf, wird das Unverstehbare dem Betroffenen allererst bewußt. Vor solchem Grauen zu bestehen, stärker zu sein als der einsetzende Sog ins Sinnlose und also *bei* dem Anderen zu sein, ihm verbunden zu sein – das kann man nicht planen und machen, dafür kann man keine Vorsorge treffen, davor sich nicht absichern, das steht nicht zur Verfügung. Wer das

Scheitern nicht riskiert, der wird nicht trösten können, der wird wohl erst gar nicht trösten wollen.

Über die bestimmten Worte und über das bestimmte Wollen des Guten *hinaus* und doch zugleich allen wahren Worten und jedem guten Wollen *zugrunde* liegt die Verbundenheit unter Menschen, die trägt und so wirkt, daß einer noch im Leiden und in der Trauer sich von einem Anderen verstanden fühlt, ernst genommen findet. Wo dies Unverfügbare geschieht und einer nicht vereinsamt, wo mithin Trost gelingt, Worte wirklich trösten, da ist zwischen Menschen der eine *Geist* am Werk, der noch über Abbrüche hinweg Menschen verbindet und eint. Auf diesen Geist, in einem Gespräch zum Beispiel, vertrauend bauen, erhoffen, man werde ihn „treffen", ihn also für die eigenen Worte ersehnen, damit diese rechte Worte *werden*, hinüber zum Anderen kommen und ihn *finden*: das heißt hoffen, wagen und wollen, daß hier und jetzt Worte Trost geben, einem Notleidenden beistehen und aufhelfen. Es versteht sich nicht von selbst, es kann auch nicht einfach vorausgesetzt werden, daß man dem Anderen in dessen quälender Lage insofern „gleich" und ebenbürtig wird, als man ihn versteht oder auch nur in etwa nachempfindet, was ihn schmerzt und bewegt. Der Andere, der Leidende, ist ja in jedem Fall, was immer er auch sonst sein mag, jetzt in seiner Notlage der nach Menschlichkeit Größere, Überlegene; zu *ihm* ist der Zugang zu suchen. Doch *daß* er sich finden läßt, obschon man ihn noch gar nicht kennt, das wird man, über alles Vorwissen hinaus und nicht selten gegen den Augenschein, voraussetzen müssen, wenn Trösten zustande kommen soll. Aussein auf diesen unverfügbar sich einstellenden Geist der Verbundenheit und darum auch ein im Reden sich zurücknehmen, mit dem Eigenen innehalten und warten Können auf das, was der Andere mir zu verstehen geben will: das ist die ganze Kunst.

Ohne das Gelingen von Trost im Gleichwerden, im Verstehen, ohne daß der Bedürftige selbst getröstet *ist* und Mut faßt, wird jedoch selbst die rein pragmatische, die handfeste Hilfe nicht wirklich hilfreich sein, sondern bewirkt sie eine unter Umständen drückende Abhängigkeit; und der sucht man zu entrinnen, indem man soziale Hilfe in Anonymität überführt.

Worte *werden* zu Trost, es wird ihnen das „Glück" zu trösten gnädig gegeben, wenn es ihnen gelingt, die Unterschiedenheit der beiden, das Nichtverstehen des Einen und das Sichverschließen des Anderen, zu überbrücken. Worte erreichen den Anderen, und Trost kommt an. Er hat den Anderen erreicht, wenn *dieser* Vertrauen faßt, weil er spürt, daß ihm Vertrauen entgegengebracht wird. Zögernd nur und doch überraschend stellt sich ihm die Wahrnehmung ein, daß *er* dem Tröstenden Vertrauen schenken kann, weil dieser vertrauenswürdig ist. Diese *seine* Wahrnehmung ist die eigentliche Hife, ist das, was ihm aufgeholfen hat. Und nur auf ihr als Basis kann es gelingen, daß man dem Anderen überhaupt „etwas" sagen kann, etwas, was ihn zu einer Änderung seines Verhaltens, seiner Lebensweise, bewegen könnte. Setzt jedoch jene Basis des Vertrauens aus oder kommt sie erst gar nicht zustande, so setzt der Sinn im Reden aus.

Im Gelingen geschieht den Worten des Tröstenden eine merkwürdige Wandlung: Sie kommen auf den Betroffenen zu wie ein Licht von weither, wie ein immer schon dunkel geahntes und doch ganz überraschendes Licht. Sie geben nicht nur Licht, das zwar auch: Sie sind selbst Licht. Und wenn er das erfaßt, so ist er im Empfangen unabhängig von dem, der gibt. Er ist *selbst* getröstet.

Das könnte Worten glücken, und diese könnten sich als hilfreich erweisen, weil sie eine Erfahrung in die Erinnerung rufen, die der Betreffende früher einmal gemacht hat und die ihm erst jetzt, durch diese Worte, klar, in ihrem Gehalt und Sinn verständlich wird. Vielleicht auch leuchtet erst Stunden nach einem Gespräch Gutgemeintes ein. Doch inwiefern ist das dann hilfreich? Spektakuläres ist ja nicht passiert. Die Krankheit dauert an; der Verlust, der verwundet, ist nicht behoben; die beschwerliche Mühsal ist nicht beseitigt; nach wie vor leidet jeder, der leidet, für sich. Keiner kann dem Anderen das Leid, die Trauer, „abnehmen". Aber getröstet ist der, der in der Einsamkeit seines Leidens, seiner Trauer, sich nicht länger alleingelassen fühlen muß; der sich – und sei es nur ein wenig – verstanden fühlt; der spürt, daß ein Anderer sich müht, ihn zu verstehen. Getröstet ist, dem die Kälte der Isolation, die ihn umgibt, zu weichen beginnt. Trost wird wirklich – „spricht an" –, wenn einer sich aus seiner Erstarrung, aus dem Quälenden seiner Not zu lösen vermag. Trost richtet auf, so daß einer *selbst* zu reden beginnt, seinen Schmerz sich von der Seele spricht, oder vielleicht seinen Tränen freien Lauf läßt.

Ganz unscheinbar und bei harmlosem Anlaß kann Trösten sein – kann es geschehen, daß einer dem Anderen zum Hinweis wird, an dem dieser sich wieder aufzurichten vermag. Etwa so: Nach einem langen, unbefriedigenden Gespräch fahre ich in der Nacht, reichlich niedergeschlagen und verstimmt, mit dem Bus nach Hause. Nach einiger Zeit fällt mir auf, wie müde die Busfahrerin die Haltestellen ansagt. An der Endstation schaltet sie die Innenbeleuchtung ab zur Fahrt ins Depot; beim Aussteigen sage ich zu ihr: „Na, auch Feierabend?" Darauf sie: „Gott sei Dank, es ist geschafft." Mir ist, als höre ich nicht recht, stocke, drehe mich um – da ist die Türe schon zu. Ich gehe nach Hause, aber es kommt mir nicht aus dem Sinn: „Gott sei Dank", hat sie gesagt, nach einem vermutlich anstrengenden Tag, und das in einem Hamburger Bus – und ich in meiner üblen Laune hatte *daran* überhaupt nicht gedacht.

In ganz anderen, unvergleichlich schwereren Situationen geschieht das wahrlich auch, daß Worte, zum Trost gemeint, wirklich zum Anderen hinüberkommen und also zu trösten verstehen. Eine äußere Veränderung muß gar nicht geschehen sein – und doch ist ein eben noch Verzagender im Schmerz gefaßt; ein Trauernder lebt auf; Ohnmacht weicht und eine Kraft aktiver Annahme und Teilnahme am Leben kommt auf; es faßt einer neu Zutrauen zum Leben. Und wenn er in dieser Umwendung, in diesem Auferstehen, die Bejahung seiner selbst erfaßt – daß er selbst immer noch und nun erst recht gewollt ist – dann ist der *Geist*, der uns verbindet und der jedem beistehen will – dann ist der Geist Gottes bei ihm angekommen und zu seinem Trost, zu seinem Tröster geworden. *Dessen* Kraft hat er erfahren.

Aber diese Kraft wird sich als die *eigene* des Getrösteten daran erweisen müssen, daß es ihm, beispielsweise einem Menschen, der um einen Verstorbenen trauert, gelingt, vermutlich nur nach nicht wenigem Bemühen und vergeblichen Versuchen, den ersten Schritt aus der Trauer heraus zu *tun*. Unsäglich schwer ist dieser erste Schritt; denn er ist für den Trauernden ein Schritt aus der Trauer *heraus*. Um der Liebe zum Verstorbenen willen ist der Trauernde jedoch von der Trauer erfüllt. Und obschon darin auch gefesselt, meint er, es gar nicht wagen zu dürfen, sich aus der Trauer auch nur einen Schritt hinauszubewegen, weil er sonst den geliebten Toten endgültig verließe. Wohin auch sollte der Schritt heraus gehen? Um ihn herum ist Nacht. Was soll man so allein? – Ob der Geist, der Menschen verbindet, der „Gott allen Trostes" (2. Kor. 1,3f.), einen solchen Menschen in seiner Trauer und in seiner Furcht, er könne den geliebten Verstorbenen vollends verlieren, erfüllen und bewegen wird, *mit* der schmerzenden Liebe dennoch einen Schritt in ein neues Leben hinein zu tun? Wie dies „neue Leben" geartet und gestaltet sein wird, weiß kein Mensch, auch der Betroffene nicht. Für ihn aber ist dies Nicht-wissen tief ängstigend; er sieht nur Nacht. Und weil diese Nacht sich nur im *Gehen* des ersten Schritts aufhellt, deshalb ist dieser so ungeheuer schwer. Aber getröstet ist, wer den Mut zu glauben faßt, er werde im Gehen nicht fallen. Wer jedoch einmal einen solchen Schritt in die Nacht hinein getan hat, der ist wohl auch vor dem Tode gefaßt. Und im Geist, der über Abgründe verbindet, kann er sich auch des geliebten Verstorbenen getrösten – und folglich ihn in Liebe erinnern und loslassen zugleich.

Jedoch, was ist mit den Tränen derer, die keinen Tröster finden? Bleibt uns da nur das Schweigen und das schweigende Mitleiden mit den Geschundenen und den Beladenen, die in ihrem Elend und Jammer ungehört bleiben? Bleibt mir da nur, deren Not mir zu Herzen zu nehmen und nicht zu vergessen? „Aber", fragt P. Lippert im Gebet zu Gott weiter, „tue ich das denn wirklich? Dieses schweigende Mitweinen?... Sollte das vielleicht Dein Sinn sein und Dein wundersamer Gedanke? Wäre es möglich, daß Du Deine Türe nur darum verschließt, damit ich die meine um so weiter aufmache? Damit die Unglücklichen zu mir und zu jedem Menschen kommen müssen, der mit ihnen zu weinen bereit ist? Ist vielleicht ein solches erbarmendes Zusammenfließen von Menschentränen kostbarer als jede Hilfe, die Du [als ein unbestimmt] Allmächtiger, ihrer Not gewähren könntest?" Wenn es so wäre, dann „wäre meine klagende Frage, die ich zu Dir erhebe, nur eine vernichtende Anklage wider mich. Hörst Du denn nicht auf unsere Gebete, habe ich Dich gefragt. Aber es müßte heißen: Höre ich denn auf die Gebete aller Deiner Kreaturen?" – – „Ja, Du hörst schon auf die Gebete der Armen – wenn wir auf sie hören, und Du redest zu den Mühseligen, wenn wir ein gutes Wort für sie finden... Du erweisest Dich als so gut, wie wir uns gut erweisen. Mit dem Maß, mit dem wir messen, willst auch Du messen, ... Deine Güte, die mit jeder Not weinen kann, die sollen wir gemeinsam mit Dir besitzen. An dieser Liebe soll man erkennen, daß wir Deinesgleichen sind, darum willst Du uns gleichen in der Güte."[36]

5. Abschnitt: Bestandenes Leid

Über das Leiden kommt man nicht hinweg, ohne durchs Leiden hindurchgegangen zu sein. Doch wer sein Leiden bestanden hat, der bleibt von ihm gezeichnet. Die durchlebten Schmerzen, der ausgestandene Jammer, die bewußt angeeignete Trauer sind nicht vergeblich, nicht vorbei und vergessen – sie bleiben in dem, was ein Mensch durch sie geworden ist. Wenn sie wirklich angenom-

---

[36] P. Lippert, Der Mensch Job [wie oben zu IV. 1., S. 169], S. 108–111.

men sind, so sind sie er-innert, in die Geschichte und also in die Identität dieses Menschen eingegangen. Unter Tränen ist einer seiner Grenzen und seines Schicksals *inne*-geworden. Das Leiden ist ihm „in-ständig" geworden; es vergißt sich nicht mehr. Wer dahin gelangte, unter Schmerzen sein Leben dennoch zu bejahen, der hat Großes begriffen und der ist darüber menschlicher geworden.

Er hat Großes begriffen und in sich eingelassen, denn er hat neu den Glauben an Gott gefaßt. Er hat es gewagt und vollbracht, in einer Situation, in der er sich selbst als so elend und schwer erträglich, ja als erbärmlich erfuhr, ins Dunkel hinein den Glauben vorzustrecken und sein Leben auf Gott zu setzen. Er hat das gewagt, weil es ihm – getröstet – vergönnt war. Und er hat so erfahren, wie aus dem Zutrauen auf Gott ihm Kraft für sich selbst, ungeahnte „Ichstärke", zukam. Ihm widerfuhr, daß mitten in Schwäche und tiefer Ohnmacht Leben, neues Leben, wieder zu fließen begann. Ihm ging auf, daß Stärke aus Schwäche, Leben aus Sterben und Tod heraus sich ereignen kann. Ihm ist Gnade geschehen. Und wenn er selbst sie als Gottes Gnade begreift – also glaubt –, dann ist sie ihm unauslöschlich.

Er hat erfahren, daß die Nacht, in der man nichts sieht, in der Zweifel, Angst und Trostlosigkeit einen umschließen, wohl endlos scheint, aber doch keine unbegrenzte Macht hat. Erlitten hat er und so erkannt, daß selbst eine solche schwarze Nacht *Gottes* Nacht ist: daß Gott auch in ihr noch etwas mit mir vorhat und mir sagen will. Und er hat so erlebt – hoffentlich unvergeßlich –, daß die endlos scheinende Nacht sich in solcher Erkenntnis lichtet, zumindest durch einen Schimmer von Licht. Vielleicht ist dies das Größte, das einer dem angenommenen Leiden, der bejaht ertragenen Trauer abgewinnt: bestärkt und neu verwurzelt in Gott zu gründen.

Wer den Schrecken drohender Vernichtung und des Selbstverlustes durchlitten und einen Ausweg da heraus gefunden hat, dem ist eindrücklich, wie nahe alles Menschenleben am Rand des

Abbrechens, des Todes, gelebt wird. Aber er hat eine im Leiden bewährte Gewißheit, die auf Gott beruht. In ihr wagt er, darauf zu vertrauen, daß nichts von all dem Schrecklichen, was ihm widerfahren kann, ihn gänzlich, bis ins Innerste, zernichten, nichts ihn verderben, also zuinnerst zersetzen werde. Denn er hat erfahren, daß selbst fortbestehendes Leiden seine unheilvolle, Verderben bringende Macht verlieren kann, daß der dunkle Schatten der Sinnlosigkeit weicht. Seine Gewißheit fürs Leben im Unausgemachten, Nichtgesicherten hat neue Kraft, ist gestärkter Mut – hat er doch eine Enttäuschung bestanden und weiß er aus neuer Erfahrung, daß sich *im* Ungewissen, durch das Dunkel hindurch, ein neuer Anfang lebenswerten Lebens auftun kann.

Im Rückblick erst merkt er, was ihm geschehen und zuteil geworden ist. Während es geschieht, spürt man es nicht. Doch *was* geschehen ist, hat H. Piontek in Anrede an einen Anderen so beschrieben: Du nimmst „mit einemmal verwundert" wahr, daß im Elend „eine Kraft… an deiner Seite" ist, „eine Unbeirrbarkeit" in „der Qual. Jemand vor dir ist den Weg gegangen und geht ihn wiederum mit. Und jetzt entsinnst du dich. Es ist jener, der eine Exekution auf sich nahm, um der Sache des Menschen ein für allemal eine neue Richtung zu geben."[37]

Durchs Leiden hindurchgekommen ist einer freier, seiner selbst bewußter geworden, unabhängiger gegenüber dem Üblichen, Gängigen. Ferngerückt ist er denen, die sich leicht zufriedengeben. Und er ist zugleich verständnisoffener und insofern – aber nur: insofern – duldsamer geworden. Weil ihm die gesunde Selbstverständlichkeit fraglosen Lebens brüchig geworden ist, sieht er die Menschen, die ihm begegnen, anders als üblich, verstehender. Unter der neuen, stillen Voraussetzung, daß jeder sein Bündel Leid zu tragen hat, versucht er, den Anderen in Hinsicht auf dessen Stärke und vor allem in Hinsicht auf dessen Freuden zu

---

[37] H. Piontek, Träumen – Wachen – Widerstehen. Aufzeichnungen aus diesen Jahren, München 1978, S. 156.

sehen. „So zwischen Staunen und Furcht / lernst du vielleicht dir und andern / von Stunde zu Stunde ein wenig / Freude retten / und Trauer, die nottut." (Ch. Busta)[38] – Jedoch, er ist auch verletzlicher durch Mißverständnisse und Entstellungen, unleidlicher gegenüber dem Gerede, der bequemen Gleichgültigkeit. Und er wird einzustehen versuchen für jeden, von dem er spürt, daß er leidet, und so dafür einstehen, daß sich in der endlichen Geschichte des Lebens und unserer Welt eben *nicht* alles klärt und daß das unbegreiflich Schreckliche, Widersinnige, das ist, dennoch nicht alles verschlingen *muß*. Unduldsam wird er mithin sein gegenüber aller harmonistischen Utopie, als enthalte „die" Zukunft an sich schon das Gute, und gegenüber allem Pessimismus, der sich letztlich doch nur selbst gefällt. – Dies ist gemeint, wenn ich sage, es könne einer durchs Leiden menschlicher werden.

Wo es einem Menschen in seiner Krankheit gegeben ist, aus dem Zutrauen zu Gott eine innere Fassung zu gewinnen, da kann solch ein Mensch, und sei er auch schwerkrank und ans Bett gefesselt, zu einer Insel der Zuversicht für eine ganze Familie und noch darüber hinaus, gleichsam zum „guten Geist" einer Wohnung oder eines Hauses, werden. Denn ein Mensch, der im Leiden bewährt ist, kann zuhören, ja im Verstehen des Anderen, ganz unabsichtlich, dessen Willen wecken, sein Leben zu bejahen.

Unter Leiden lernt einer, was schwer und unwahrscheinlich befreiend zugleich ist: sich selbst neu zu verstehen – zu verstehen, daß er er selbst, also ein „Ich", nur ist im Geltenlassen der Anderen. Akut und aufstörend hat ihm sein Leiden, seine Krankheit, die Frage aufgeworfen, wer er denn selbst sei. Reduziert auf sich, zerging ihm die üble Antwort, er sei dies oder das gemäß seiner gesellschaftlichen Stellung. Er war in einer Lage, in der sich die Einsicht geradezu aufdrängen mußte, daß er nicht darum er selbst, „ich" ist, weil er dies oder das, diese oder jene Rolle spielt, Mann oder Frau, klein, groß, intelligent oder praktisch, gesund oder

---

[38] Ch. Busta, Salzgärten. Gedichte, Salzburg 1975, S. 90.

krank ist; daß *er* er selbst nicht aufgrund dieser seiner Bestimmtheiten und Befindlichkeiten ist. Er konnte einsehen und hat sein Leiden bestanden, wenn er eingesehen hat, daß er dieses Ich ist, das er ist, insofern er von allen seinen Bestimmtheiten auch absehen kann. Er ist er selbst, dieses „Ich", weil er *mehr* ist als alle seine Bestimmtheiten; weil er in sich „allgemein" ist. Wenn er aber *so* „ich" ist, so und darum von sich „ich" sagen kann, dann ist das *jeder*: jeder abgesehen von seinen Bestimmtheiten, abgesehen von seiner gesellschaftlichen Rolle, abgesehen davon, ob er Deutscher oder Ausländer ist. Jeder ist ein Mensch wie ich, jeder ein Einzelner, der ebenso wie ich von sich „ich" sagen kann. Er, der Andere, ist wie ich; er ist Meinesgleichen; er ist ein Anderer meinesgleichen. – Merkwürdig, Menschen, die das Leiden nicht kennen, verstehen diesen Gedanken selten. Aber derjenige *hat* ihn, vielleicht ohne viel Nachdenken, verstanden, der einen behinderten Menschen neben sich achtet, der diesem zu einem „Nächsten" geworden ist.

Das Höchste an Mut wird da gelebt, wo ein Mensch bewußt, aktiv, im Blick auf sich und seine Weise zu leben Enttäuschungen, also Leiden *riskiert*. Aus einer inneren Stärke heraus, die aus dem Durchstandenhaben von Leiden erwachsen ist, die aber einer gerade auch in seiner Schwäche, etwa im Krankenbett, haben kann, besitzt er die Kraft, sich nicht zu bewahren und zu sichern – und läßt er so freies Verstehen und gegenseitiges Einverständnis frei gelingen.

In letzter Einsicht setzt solche Haltung voraus, daß nur das Verwundbare die Kraft hat, das Zerstörerische zu überwinden, es nicht seinerseits bloß zu zerstören. Denn nur das Verletzliche läßt sich ein und ist folglich fähig, von innen heraus Unheilvolles aufzulösen. Der nun hat Glauben gelernt, Glauben an Gott gefaßt, der für sich Leiden bewußt zu riskieren vermag. Er trägt damit die Zwiespältigkeit der Menschen und ihrer Welt aus, ohne an ihnen und ohne an sich selbst zu resignieren.

VI. Kapitel: Gott im Anfang und im Ende eines Menschenlebens

1. Abschnitt: Das Wunder der Geburt

Wohl kein Ereignis unter Menschen ist schöner und sinnreicher als die Geburt eines Kindes: wenn ein neuer Mensch da ist. Ich wüßte kein anderes, das spontaner Freude auslöst. Aus sich selbst ist dies Ereignis beglückend; man muß die Freude, die es weckt, nur zulassen, nur von ihr sich hinreißen lassen. Nichts weiter ist da als einfach ein neugeborenes Menschenleben. Einen Vater, der es auf die Arme nimmt, ergreift das Gefühl reinen Empfangens: das Glück, nichts als beschenkt zu sein. Ein kleines Menschenwesen: überwältigend liebens*wert* ist es, unsäglich liebe*bedürftig* sicherlich auch – und dennoch erstaunlich liebes*fähig*; obschon es doch im eigentlichen Sinne gar nichts tut, bringt es fertig, daß selbst ein verhärteter Mann oder eine vergrämte Frau wieder lächelt. Einfach durch das Dasein bringt es Freude hervor. Und die Freude über sein Dasein weckt Liebe zu ihm.

Ein einzigartiges Ereignis ist das. Man kann daran gut sehen, wie Liebe entsteht: nämlich aus der Freude – aus der Freude über das Erlebte, über *neues* Leben, von dem ein Mensch ergriffen ist; aus der Freude über das zufällig-glückliche Sosein von Leben, von dem einer sich überraschen läßt. Liebe entsteht mithin aus der Freude darüber, daß da wirklich und wunderbarerweise neues *Leben* unter Menschen ist. Wie sollte eine Mutter oder ein Vater oder eines der Geschwister, wenn solche Freude sie packt, ja geradezu überwältigt, dies Kind, das die Freude bringt, etwa nicht lieben?

Das Wunder der Geburt 315

Um so bedauerlicher ist es für die Angehörigen wie für das Kind, wenn sie über der Geburt ihres Kindes die Freude und Beglückung nicht erleben. Schmerzlich, wenn eine Krankheit oder eine Behinderung die Geburt verschattet und die aufkommende Freude erdrückt. Schlimm und furchtbar aber, wenn die Welt der Erwachsenen so verschlossen ist, daß ein Kind nicht erwünscht, statt mit Freuden empfangen und aufgenommen, abgelehnt wird. Doch zum Glück geschieht auch dies nicht selten, daß Eltern und eine ganze Familie von ihrem behinderten oder kranken Kind allererst, vielleicht erst nach einiger Zeit und nicht ohne Selbstüberwindung, die Liebe lernen, an ihm die Liebe zu ihm entdecken – Freude an ihrem Kind gewinnen und es nicht mehr missen möchten, weil es zu einem Teil ihrer selbst geworden ist.

Unter Menschen ist jede Geburt eine besondere, etwas Einzigartiges; denn sie ist immer die eines einmaligen Kindes dieser besonderen Eltern. Diese Eltern – diese Mutter hat diesem Kind das Leben geschenkt. Jedesmal ist mit der Geburt eines Kindes etwas ganz Neues da: ein noch nie dagewesenes Menschenwesen ist auf die Welt gekommen. Wo zuvor nichts gewesen ist, da ist ein neues Gesicht – ein wirklicher Anfang: ein einzigartiger, ein individueller Mensch. Wie das Neugeborene aussieht und ist, ein Mädchen oder ein Junge, welchen Mund, welche Augen es hat: ganz etwas Eigenes ist es, von dem man sich nur überraschen lassen kann. Immer ist es ein besonderes Kind; nie ein „Fall" oder „Exemplar" unter vielen. Immer ist es *mein* Kind – dies Kind.

Die Beglückung über die Geburt eines Kindes hat F. Fühmann so wiedergegeben: „... daß ich mein Kind, daß ich *dies* Kind geboren habe – da hielt die Sonne für einen Moment in ihrem Lauf ein, und es ward Stille im All, und ein Schrei klang, der Schrei meines Kindes, und bis zu allen Sternen hin war nur Eines in der Welt: seine Augen, und *diese* Hand, und diese Härchen, und daß es mein Kind war, ... Das ist mein Erlebnis, das muß ich mitteilen, um es selbst zu fassen, doch wenn ich es auch mit all meinem Ich wiederholen... könnte – es wäre doch immer wieder nur *mein* Erleben; das Einzigartige fühltest du nicht."[1]

Daß wirklich Neues unter uns Menschen geschieht, bislang nicht Gesehenes da ist – und das nicht nur als neues Leben, sondern als ein individueller, einmaliger Mensch: das ist das Wunder. Ein wirklicher Anfang, ein Neubeginn in der Menschenwelt kann gar nicht anders gedacht werden als eine Geburt. Dies Wunder hat F. Dostojewski in „Die Dämonen" in einer Konstellation voller Gegenläufigkeiten beschrieben, die hier nur angedeutet werden kann: Kurz vor der schon vollständig geplanten Ermordung eines Mannes namens Schatow, der im Kreis der Männer dieses Romans die einzige Person ist, die nicht dem dämonischen Wahn verfallen ist, selbst „wie Gott" zu sein und über das Leben Anderer und seiner selbst zu verfügen – kommt in dessen Wohnung die unmittelbar vor einer Geburt stehende Frau mit Namen Maria, die ihn verlassen hatte und nun in ihrer verzweifelten Not niemand Anderen hat, zu dem sie flüchten könnte. Schatow hält sich für den Vater des unmittelbar erwarteten Kindes; der Leser weiß, daß er sich gewaltig täuscht. Ihm, Schatow, steht die Hebamme gegenüber, Arina Prochorowna, die weltanschaulich ganz materialistisch eingestellt ist und doch die einzige Person ist, die, statt zu reden, zupackt und tut, was notwendig ist. In dieser Konstellation, in der mitten im Verfügungswahn über das Leben eine Geburt geschieht – jenem Wahne also die Unverfügbarkeit neuen Lebens, das Wunder der Geburt, entgegensteht, heißt es: „‚Nein, wie der Mann aussieht!' rief hier die triumphierende Arina Prochorowna, als sie Schatow ins Gesicht blickte, und begann fröhlich zu lachen. ‚Was macht er nur für ein Gesicht!' ‚Freuen Sie sich, Arina Prochorowna... Das ist eine gewaltige Freude...!' stammelte mit einer idiotisch glückseligen Miene Schatow, der nach den paar Worten, die Maria über das Kind

---

[1] F. FÜHMANN, Erfahrungen und Widersprüche [wie oben zu V. 2. A., S. 269], S. 192.

gesagt hatte, einfach strahlte. ‚Wie meinen Sie das denn, mit der gewaltigen Freude?' fragte Arina Prochorowna belustigt, während sie hastig herumhantierte, sich zurechtmachte und wie ein Pferd arbeitete. ‚Das Geheimnis des Erscheinens eines neuen Wesens ist ein gewaltiges, unerklärliches Mysterium, Arina Prochorowna, und wie schade ist es, daß Sie dafür kein Verständnis haben!' Schatow murmelte unzusammenhängend, ganz benommen und begeistert. Es war, wie wenn etwas in seinem Kopfe ins Wogen gekommen wäre und seiner Seele unwillkürlich von selbst entströmte. ‚Es waren zwei da und auf einmal ist ein dritter Mensch entstanden, ein ganz neuer, vollendeter, ganzer Geist, wie ihn Menschenhände nicht schaffen können; eine neue Denkkraft und eine neue Liebe... Man erschrickt geradezu... Und es gibt nichts Höheres auf der Welt!' ‚Hör bloß einer an, was er da zusammengeschwatzt hat! Es ist einfach die Weiterentwicklung eines Organismus und mehr ist durchaus nicht dabei, gar kein Geheimnis', sagte Arina Prochorowna mit herzlichem und fröhlichem Lachen. ‚Auf diese Art wäre ja jede Fliege ein Geheimnis! Aber eins sollte man dabei nicht vergessen: überflüssige Menschen müßten nicht geboren werden. Gestaltet zunächst alles in der Welt so um, damit keiner überflüssig ist, und dann können auch die geboren werden! So wie die Dinge aber stehen...'."[2]

Als Geborene, nicht als „Reproduzierte" kommen Menschen auf die Welt. Ein Mensch ist als Mensch unter Menschen da, weil er geboren ist, weil ihm seine Mutter, seine Eltern das Leben schenkten. Jeder Mensch ist aufgrund seiner Geburt ein neuer Anfang. Er ist als ein neues, bislang so nicht dagewesenes, also als einmaliges und unersetzbar eigenes Menschenwesen da. Jeder „ist eine neue Weise, wie die Welt zum Bewußtsein kommt."

---

[2] F. Dostojewski, Die Dämonen 3. Teil, 5. Kap.: Der Besuch, 6. Abschnitt. Ins Deutsche übertragen v. G. Jarcho (Goldm. Gelbe Taschenb. Bd. 575–577, München 1959, S. 619 = übertr. v. E.K. Rahsin [Piper-Ausgabe] München [16]1985, S. 870f.

(R. Spaemann) Jedes neugeborene Kind ist eine unverbrauchte Hoffnung. Jeder ist ein neuer eigenständiger Träger von Sinn, ja er ist selbst ein eigener Sinn. Er ist nicht nur ein Teil von einem „größeren Ganzen"; – jeder Einzelne ist „selbst ein Ganzes von Sinn" (R. Spaemann).[3] Jeder, ein neugeborenes Kind bereits, kommt mit einem besonderen Auftrag in unsere Welt. Und was er so als Neugeborener ist, das ist er nie nur für sich allein, sondern zeitlebens als Chance für unabsehbar Andere.

„Mit dem Menschsein entsteht etwas wesenhaft Neues und auf nichts anderes Überführbares [= Rückführbares]; ... Es entsteht das Wunder des Subjekts. Das Geheimnis des Ich. Das Bewußtsein von sich selbst. Das Bewußtsein von der Welt." (V. Havel)[4] – An einem Neugeborenen kann man lernen, was überhaupt der Mensch ist.

Wie ungemein verletzlich im Vergleich zu allen Säugetieren, wie hilflos ein Mensch geboren wird – und doch wie erstaunlich fähig, von sich aus erste Kontakte zu erwidern. Freilich, „man hat ganz Recht, wenn man die Hülflosigkeit, in welcher der Mensch in die Welt eintritt, als ein Zeichen seiner Vollkommenheit ansieht. Sie ist die nothwendige Folge seiner geistigen Natur." (J. Schaller).[5] Denn jeder Neugeborene ist nicht nur unvordenklich; der Mensch ist wie bei seiner Geburt so sein Leben lang nie fertig ausgemacht, er ist immer mehr, als man von ihm wissen kann, als er selber von sich weiß. Er ist ein Geheimnis vieler, noch unbekannter und noch nicht ausgeschöpfter Möglichkeiten: ein Geheimnis, das sich nur selbst erschließt. Und er ist als solches immer im Werden. Als individuelles Subjekt, immer auch anders als die Anderen, *ist* er ein Prozeß, in dem er selbst *wird*, was er ist. Und eben dies ist seine Geistigkeit, seine Personalität, die kein *Teil*

---

[3] R. Spaemann, Moralische Grundbegriffe [wie oben zu II. 6., S. 146], S. 107 u. 76.

[4] V. Havel, Briefe an Olga [wie oben zu II. 5., S. 132], S. 253.

[5] J. Schaller, Leib und Seele. Zur Aufklärung über „Köhlerglauben und Wissenschaft", Weimar ³1858, S. 226.

von ihm ist und kein vorhandenes Etwas, das ihm von Natur, von einer nichtmenschlichen Natur, vorgegeben, gleichsam „eingepflanzt" wäre.

„Was für ein Wunder", schreibt M. Leist, „eine Tochter zu haben, einen ganz fremden Menschen, der einem anvertraut ist, vorbehaltlos, bedingungslos, und dem man sich selbst ausliefert in dem Gebundensein der Liebe." – Woher dies neue, erstaunliche Menschenwesen ist, mit dem Neues beginnt, das Freude bringt und Liebe weckt? Nach M. Leist ist es auch nicht einfach aus der Frau, aus der Mutter; das Kind, das, wenn es mit Freuden begrüßt wird, Liebe hervorruft, also Neues bei Anderen schafft, stammt selbst aus der Liebe: „Eigentlich habe ich nie das Gefühl gehabt, daß ich es sei, die dem Kind das Leben schenkte. Dieses Leben stammte nicht aus mir, es war nicht entstanden aus den Umarmungen eines Mannes, es kam von ferne her, unbeeinflußbar, dringlich erwünscht und ersehnt, aber nicht planbar, nicht machbar, nicht produzierbar, unserem Willen und Wünschen nicht unterworfen, unserem zielgerichteten Streben vorenthalten. Ich war immer dankbar für diese Kinder, dankbar, wie man es für ein großes Geschenk ist, das einem unverdient in den Schoß gelegt worden ist. Das erste Mädchen, ich habe mich nicht satt daran sehen können."[6]

Ein Kind entsteht, es wird nicht gemacht, Andere legen nicht seine Beschaffenheit fest. Schon im Mutterleib wächst es heran, ohne daß die Mutter bewirken könnte, wie es sich entwickelt. Und schon im Mutterleib vermag es, neues Leben zu wecken: die Fürsorge und die Liebe der Mutter zu ihm und die, wenn es gut geht, scheue Liebe des Vaters. Doch, genährt von der Mutter, wächst es von selbst. Man muß sich von seinem Aussehen überraschen lassen; zufällig ist es so. – Und umgekehrt: Keiner hat sich

---

[6] M. Leist, Größer als unser Herz. Lebenserfahrungen mit der Bibel, Stuttgart/Berlin 1981, S. 96 u. 93.

sein Leben ausgesucht, und gar sich selbst hervorzubringen, vermag keiner. So ungefragt sind wir geboren.

Von „ferne her" kommt das Leben dieses „meines" Kindes, sagt M. Leist – und es ist doch aus der Liebe zweier Menschen hervorgegangen. „Es kommt... bei der geschlechtlichen Vereinigung nicht darauf an, ob das Kind bewußt gewollt wird. Auch nicht darauf, ob es bewußt nicht gewollt wird, sondern darauf, daß die sich Vereinigenden bewußt bereit sind, es zu bekommen, wenn es geschenkt wird." (V. v. Weizsäcker)[7] Leben aus der Liebe ist das Kind, sollte es immer sein. Und daß es das *selbst* ist, ein Leben in Liebe, das ist dem werdenden und dann neugeborenen Wesen als ein eigener neuer Anfang zuzugestehen, selbst wenn schrecklicher- und tatsächlicherweise die Liebe erpreßt oder erheuchelt war und sogar selbst dann, wenn die Liebe zerstört und die leibliche Vereinigung eine Vergewaltigung war. Immer und in jedem Fall, selbst in der brutalen Perversion der Liebe, ist es ein neues und ganz eigenes Leben, ist es eine eigene Person, die geliebt, in Liebe angenommen sein will und die unabsehbar Liebe wecken, von sich aus schenken kann, wenn Andere das nur zulassen und unter Umständen fähig sind, es zuzulassen.

So kann an der Geburt eines Kindes deutlich werden, wie Leben und Liebe zusammengehören. Liebe spendet Leben. Nicht ist das Leben an sich, für sich betrachtet, schon Liebe. Aber was das Leben lebenswert und fruchtbar macht, was es eigentlich, also im innersten Kern ausmacht und zur Erfüllung bringt, ist die Liebe. So läßt sich wohl sagen: Alles Leben ist seinem Kern und seiner Wahrheit nach aus der Liebe; und in der Liebe ist es recht gelebt. Darum ist das *Leben selbst* – ist jedes Menschenwesen, das da lebt – das Liebenswerte und das, was geliebt sein will. Als neues Leben weckt es Neues: die Freude und die Liebe der Angehörigen. In der Liebe lebt man auf. Gerade auch unter Erwachsenen

---

[7] V. v. Weizsäcker, Fälle und Probleme, Stuttgart 1947, S. 89.

liegt in jeder glücklichen, erfüllten Liebe das Gefühl, eigentlich jetzt erst richtig zu leben, am Anfang eines neuen Lebens zu stehen. Liebe allein ist kreativ, ist schöpferisch, denn sie allein bringt Leben hervor und bewahrt Leben, indem sie es mehrt. Liebe läßt leben, läßt dem Anderen *sein* Leben, gerade indem einer es liebend mit dem Anderen teilt. – Wie der Mensch das leidensfähige, so ist er das schöpferische Wesen, das Neues entdeckt, erweckt und hervorbringt. Er ist das, weil er als Subjekt, als je neue Person, nicht aufgeht in dem, was immer schon ist und vorliegt – auch nicht in dem, was *er* jeweils ist: weil also seine Geburt gleichsam nie ausgeschöpft ist.

Doch eben dies: Neues *hervorzubringen* – das ist Freiheit. Und *selbst* etwas von Grund auf Neues, eine neue Person zu sein – das ist das Geborensein des Menschen. Seine Geburt ist die Geburtsstunde seiner Freiheit. Ja, er selbst – jeder Mensch selbst, jedes neugeborene Kind – *ist* eine Gestalt leibhaftiger Freiheit. So ist jeder Mensch von den Anderen zu sehen und anzuerkennen.

H. Arendt hat den Zusammenhang von Freiheit – und also von Handeln – und dem Geborensein so beschrieben: „Das Wunder, das den Lauf der Welt und den Gang menschlicher Dinge immer wieder unterbricht und von dem Verderben rettet, das als Keim in ihm sitzt und als ‚Gesetz' seine Bewegung bestimmt, ist ... die Tatsache der Natalität, das Geborensein, welches die ontologische Voraussetzung dafür ist, daß es so etwas wie Handeln überhaupt geben kann. (Daher liegt die spezifisch politisch-philosophische Bedeutung der Geschichte Jesu ... in dem Gewicht, das seiner Geburt und Gebürtlichkeit beigelegt wird, ...) Das ‚Wunder' besteht darin, daß überhaupt Menschen geboren werden, und mit ihnen der Neuanfang, den sie handelnd verwirklichen können kraft ihres Geborenseins. Nur wo diese Seite des Handelns voll erfahren ist, kann es so etwas geben wie ‚Glaube und Hoffnung', also jene beiden wesentlichen Merkmale menschlicher Existenz, von denen die Griechen kaum etwas wußten, ... Daß man in der Welt Vertrauen haben und daß man für die Welt hoffen darf, ist vielleicht nirgends knapper und schöner ausgedrückt als in den Worten, mit denen die Weihnachtsoratorien ‚die frohe Botschaft' verkünden: ‚Uns ist ein Kind geboren.'"[8] Solange noch ein Kind – ein neuer Mensch – zur Welt kommt, ist unsere Welt nicht verloren. Denn mit jeder Geburt geschieht eine Neuschöpfung: eine kleine zwar, doch wer weiß, was daraus werden kann; es ist ja keiner in dem, was er ist und sich erarbeitet, nur für sich. – Wie also kann es sein, daß Menschen auf den Gedanken verfallen, es sei nicht erlaubt oder nicht angebracht, Kinder „in die Welt zu setzen", weil die Welt ist, wie sie unbestreitbar ist?

Der Welt ist nur geholfen, wenn etwas Neues in sie hineinkommt, wenn also Menschen handeln, Neues beginnen. Jede Geburt ist dazu die Chance. „Handeln" ist „die Antwort des Menschen auf das Geborenwerden als eine der Grundbedingungen seiner Existenz: da wir alle durch Geburt, als Neuankömmlinge und als Neu-Anfänger auf die Welt kommen, sind wir fähig, etwas Neues zu beginnen; ohne die Tatsache der Geburt wüßten wir nicht einmal, was das ist: etwas Neues; alle ‚Aktion' wäre entweder bloßes Sichverhalten oder Bewahren." (H. Arendt)[9]

Von sich aus Neues beginnen: das ist Freiheit. Jedes mit Freuden begrüßte Kind ist als ein Neubeginn unter Menschen leibhaftige Freiheit. Nach einer berühmten Definition Kants in der „Kritik der reinen Vernunft" ist Freiheit „ein Vermögen, einen Zustand, mithin auch eine Reihe von Folgen desselben, schlechthin anzufangen", *so* anzufangen, „daß nichts vorhergeht"; und folglich ist Freiheit ein Vermögen, unableitbar sich selbst zu solchem

---

[8] H. ARENDT, Vita activa oder Vom tätigen Leben, Stuttgart 1960, S. 243.
[9] H. ARENDT, Macht und Gewalt (Serie Piper 1), München 1970, S. 81.

Anfangen zu bestimmen.[10] Anders gesagt, Freiheit ist kreativ – und nichts ist schöpferisch, das nicht frei ist.

Freiheit kommt nur auf, wird nur praktiziert, wo das bestimmend Alte, Vorhandene unterbrochen wird. Freiheit kommt als Neues auf und sie besteht nur, wo sie nicht zum Zwang sich verfestigt, sondern lebendig bleibt, indem sie sich erneuert. Freiheit ist wirklich, wo ein Mensch auflebt, neu und erneut lebendig wird. So ist Freiheit immer neu – aber selbst vollzogen – wie ein Stück Geburt, wie eine Neugeburt. Das wirklich selbst-gelebte Leben eines Menschen ist eine fortwährende Geburt. R. Schneider drückt das so aus: Das „Leben der Wahrheit im Endlichen ist Geburt ohne Ende; und dieses Leben als die stärkste Bindung der Person an das fleischgewordene Wort ist unbedingt frei."[11]

Doch eben Freiheit als das menschlich Neue ist nur, wo man den Anderen etwas Eigenes, das neugeborene Kind bereits eine eigene Person, sein läßt. Als Neugeborenes kann es ja nur sein, nur als das leben, was es ist, wenn Andere ihm das zugestehen, wenn sie es das, was es nun mal ist, *sein lassen*: wenn sie es akzeptieren, ihm das Leben gönnen, es am Leben lassen. Es leben lassen heißt also immer: es als eine eigene, unvertauschbare Person, als ein eigenes Subjekt, das aus sich heraus sich zu äußern fähig ist, anerkennen und *annehmen*. Menschliches Leben kann nur *leben*, wenn Andere es achten, es gelten lassen und so annehmen, es *selbst* akzeptieren. Der Mensch als Geborener lebt nur, wenn er nicht ums Leben gebracht, sondern von den Anderen als einer ihresgleichen geachtet und erkannt wird: wenn ihm also das *Recht* zu leben eingeräumt, anerkannt und gewährt wird. Er lebt nur, wenn sein Lebensrecht, als ihm prinzipiell und unstrittig, also unbedingt *selbst* zukommend, von den Anderen geachtet wird. *Das* ist die

---

[10] I. KANT, Kritik der reinen Vernunft, 1781 (PhB 37a), Hamburg 1956, S. (der Originalausgabe) A 445.
[11] R. SCHNEIDER, Der Friede der Welt [wie oben zu II. 5., S. 134], S. 95.

unabdingbare und unverlierbare *Würde* jedes Menschen. Sie besteht darin, als ein Geborener eine eigene, einmalige, also individuelle Person zu sein: *selbst* etwas, etwas einzigartig Besonderes und unter Menschen als Seinesgleichen *anders* als die Anderen zu sein. Dieses fundamentale Lebensrecht und dessen Grund, die mit dem Menschsein gegebene unbedingte Würde, sind von der Gesellschaft, der Rechtsgemeinschaft, *nur* anzuerkennen. Weder jenes Lebensrecht noch diese Würde sind ein Produkt der Gesellschaft, das sie zu verleihen hätte oder etwa vorenthalten oder gewissen Personen oder Gruppen unter Umständen entziehen könnte. Lebensrecht und Würde können wahrlich nicht zur Disposition und ins Belieben gestellt sein, wenn überhaupt *Recht* unter Menschen, freies und sicheres Zusammenleben von Menschen, sein soll – von Liebe noch ganz zu schweigen. „Würde und Freiheit des Menschen ... hängen" daran, „daß der Mensch dem Menschen als Wesen *eigenen* Rechts gegenübertritt und daß seine Mitgliedschaft in der menschlichen Gesellschaft den Status eines *Geborenen* und nicht den eines kooptierten Mitglieds hat." (R. Spaemann)[12]

Jenes unabdingbare Lebensrecht ist *das* Freiheitsrecht des Menschen. Einen Anderen, einen Neugeborenen, in seiner Würde achten, ihn anerkennen in dem, was er selbst ist, heißt ihm die Freiheit lassen, etwas Eigenes und anderes zu sein *und* so, aus sich heraus, sich zu zeigen in dem, was er selbst ist, also sich selbst darzustellen. Von Geburt an *ist* kein Mensch und *lebt* kein Mensch anders als so. Es hat keiner sein „Ich", sein Selbstsein, vom Anderen, von den Eltern, von der das Kind ansprechenden Mutter – *so* als sei das vom Anderen erzeugt, produziert. Sondern die Mutter spricht das Ich des Kindes an und erweckt so dessen eigenständiges „Ich"-sagen. „Die Zuwendung zum Kind hat von Anfang an den Charakter der Anerkennung eines ‚Subjektes', und nur so und

---

[12] R. Spaemann, Auch KZ-Ärzte benutzten Biologie. Schicksalslosigkeit als Lebensqualität?; in: Die Zeit Nr. 8, 16. 2. 1979, S. 34.

nicht als ‚Kreatur' seiner Eltern kann es ‚für sich' werden, was es ‚an sich' ist: Subjekt." (R. Spaemann)[13] Nur in solcher Anrede bildet sich das Kind und wird es gebildet – doch das nur, wenn die Eltern darin zugleich ihres Eigenen bewußt werden und dies ihr Elternsein bewußt leben.

Freiheit kann sich nur zeigen, wo der Andere als Anderer – als Person wie ich und doch anders als ich – respektiert wird: wo er eben als leibhaftige Freiheit anerkannt wird. Immer wenn die Eltern ihr Kind gelten lassen, ihm seine Würde zugestehen, es also annehmen, empfangen sie und jeder, der beteiligt ist, in solcher Anerkennung selbst etwas für sich zurück. Wenn sie sich über die Geburt ihres Kindes freuen, so sind sie selbst neu gewürdigt, sind sie über der Geburt dieses Kindes an ihr eigenes Leben und an das, was es um das Leben eines Menschen ist, erinnert: an ihr Geborensein und also an ihre nicht ausgeschöpfte Freiheit. Anläßlich der Geburt eines Kindes kann einer ungemein viel von sich selbst begreifen. Und was er als Würde des Anderen einräumt, freigibt, das empfängt er hoffentlich, abgewandelt, als neues Gewürdigtsein zurück. Deshalb ist die Annahme eines Kindes so unbestreitbar sinngemäß: nicht nur der Geburt eines Kindes sinngemäß, sondern sinngemäß für alle.

Jedoch, welche Enttäuschung mithin, solches Gewürdigtsein im Falle eines entstellten, behinderten oder dauerhaft kranken Kindes nicht zu erfahren. Statt neu gewürdigt, fühlen sich die Eltern und die übrigen Beteiligten enttäuscht, gekränkt und verletzt. Diese, vielleicht gar nicht bewußt werdende, nicht ausgesprochene und darum so schwer zu verarbeitende Kränkung *ihrer* Würde macht es ihnen so schwer, dem geschädigten Kind seine Würde zuzugestehen – es anzunehmen und also am Leben zu lassen. So ist der Kampf eines Elternpaares um das Annehmen

---

[13] R. Spaemann, Kein Recht auf Leben? Argumente zur Grundsatzdiskussion um die Reform des § 218 (Kirche und Gesellschaft, H. 12), Köln 1974, S. 12.

eines kranken, entstellten Kindes ein Kampf um die Menschenwürde: darum, die Würde dieses Kindes dennoch anzuerkennen *und* um das Neubewußtwerden ihrer eigenen Würde, aus der empfundenen Kränkung heraus. Welche Kraft der Selbstüberwindung also, wenn ihnen dies gelingt, das Kind dennoch anzunehmen!

Wie die Würde des Menschen jedem selbst und an sich zukommt und doch *gelebt* nur wird in der Achtung Anderer für jeweils diesen Menschen, wie gelebte Würde also auf die gegenseitige Achtung angewiesen ist und wie sie darum auch verkannt, mißachtet, verhöhnt und mit Füßen getreten werden kann, wie es gesellschaftliche Verhältnisse gibt, die sie nicht aufkommen, nicht gelebt sein lassen – *so* ist das Leben von Menschen, wenn es leben und nicht zugrunde gerichtet werden soll, auf Achtsamkeit angewiesen. Menschliches Leben, *gelebtes* Leben, ist verletzlich; man kann es in Unachtsamkeit zerstören.

Menschen können Menschenleben und Freiheit nicht herstellen, nicht produzieren. Sie können es nur, wenn es sich einstellt, annehmen oder schlimmerweise ablehnen und töten. Die Freiheit von Menschen hängt, zeitlebens, daran, daß jeder Mensch als ein anderes Subjekt geboren und als solches anerkannt wird. – Und sie hängt daran, daß jeder sein Geborensein und damit das Gegebensein seines Lebens *selbst* annimmt und selbst will.

2. Abschnitt: Das Leben – mir gegeben

Anläßlich der Geburt eines Kindes kann es geschehen, daß sich einer an sein eigenes Geborensein erinnert. Vielleicht wird ihm bewußt, daß auch er, wie dies Kind, sein Leben nur hat, weil andere Menschen, seine Eltern, Angst um ihn ausgestanden haben, ihn akzeptierten und also wollten, daß er ins Leben kam. So wird ihm die ganze Unverfügbarkeit seines Lebens und ebenso jedes Menschenlebens vielleicht zum ersten Male bewußt. Keiner hat sein Leben aus eigenem Willen; keiner hat es sich selbst ausgesucht; und keiner hat es für den Anderen „ausgemacht". Das Leben ist nicht aus mir – vielmehr ist es mir gegeben, mir anvertraut und übereignet.

Und in der Teilnahme an der Geburt eines Kindes, vielleicht bei einer Tauffeier, kann einem Erwachsenen im Denken an dies Kind klarwerden, daß vermutlich auch er mit einem Schrei in die Welt und also ins selbständige Leben kam. Es ist die Freiheit mit dem Schrecken, man selbst zu sein, verbunden.

Ein neugeborenes Menschenwesen lebt, weil die Eltern seine Würde anerkannt, das Kind also angenommen haben. Und so haben sie selbst etwas empfangen, wodurch sie gewürdigt sind: Ihnen ist ein neues Menschenleben anvertraut, in den Schoß, in die Hände gelegt – und dennoch, oder gerade so, besitzen sie es nicht. Es ist ihnen anvertraut, damit sie für ihr Kind Sorge tragen. Doch immer führt das Kind auch ein eigenes Leben; und je erwachsener es wird, desto bewußter wird und muß es das tun. Doch glücklich ist die Kindheit, aus der heraus das gelingt, was einem Kind ganz leicht fällt: gerne zu leben. Und erfreulich ist es für den Erwachsenen, der sich daran erinnert und folglich Grund hat, seinen Eltern zu danken.

Je erwachsener nun ein Mensch wird, desto mehr ist sein Leben darauf angewiesen, daß *er* sein Leben selbst annimmt und es sich zueigen macht. Das Leben will von mir gelebt sein: das Leben, das doch mir gegeben, mir geschenkt ist. Es selbst also ermächtigt mich dazu, daß ich es von mir aus will und lebe. Es ist mir gegeben, damit ich es selbst will.

Allerdings kann es einer auch ablehnen, nicht selten in einem tiefsitzenden, immer wieder hochkommenden Lebenshaß und -verdruß. Man kann es sogar selbst töten. Aber herstellen, hervorbringen kann man es nicht; nicht kann einer es sich selbst geben. Darum kann ein Mensch es – dem Leben selbst, seinem Geborensein und seiner Freiheit, die jeder als Geborener ist, gemäß – *nur* annehmen und selbst bejahen. Er kann es nur annehmen und bejahen und im Rahmen seiner geschichtlich gegebenen und sich eröffnenden Möglichkeiten gestalten. Jeder „führt und lebt sein Leben tatsächlich und konkret vermittels des Handelns. Aber damit diese Vermittlung des Lebens im Vollzug des Handelns geschehen kann, muß ihm zuvor das Leben gegeben sein." (T. Rendtorff)[14]

Das eigene selbstgewollte Annehmen des eigenen Lebens ist also zuerst und vor allem das Einwilligen, sein Leben empfangen zu haben. Um *selbst* zu leben, selbst sein Leben führen zu wollen, muß einer – je erwachsener er ist, desto bewußter – zu einer *Bejahung* der Zufälligkeit seiner Herkunft finden. Und er „muß" das nicht nur; er tut das immer schon und jeden Tag dadurch, daß er lebt, sogar dann, wenn er es durch einen heimlichen Groll verdirbt. Wo ich es aber wirklich akzeptiere, damit also von Grund auf einverstanden bin, daß mein Leben nicht durch irgend etwas und irgendwen, gar durch ein blindes Fatum oder durch einen so vorgestellten „Gott" verfügt ist, sondern daß es mir zu meiner Freiheit gegeben ist, da bin ich frei. Im Annehmen meines Lebens als das, was prinzipiell nicht, auch nicht durch mich, verfügbar ist, liegt die Geburtsstunde angeeigneter, selbstbewußter Freiheit. Anders gesagt: Die Wirklichkeit der Freiheit liegt im einverständigen Empfangen seiner selbst – im Annehmen des eigenen Lebens.

Und diese Freiheit, sich selbst geschenkt zu sein, wird und soll sich ein Leben lang erneuern. Sie erneuert sich, wo einer erfährt, vielleicht nach langer Krankheit oder nach Nächten schweren Kummers, nach vielen Tränen: Ich *lebe*, tatsächlich ich in meiner

---

[14] T. RENDTORFF, Ethik: Grundelemente, Methodologie und Konkretionen einer ethischen Theorie, Bd. 1, Stuttgart/Berlin/Köln/Mainz 1980, S. 33. – Cf. auch V. v. WEIZSÄCKER: „Ich lebe. Denn ich *will* leben, darum esse ich und trinke ich doch. Also lebe ich doch, weil ich *will*. Aber, *daß* ich lebe, verdanke ich *doch* nicht meinem Willen, denn mein Leben ist

Schwäche und Fehlerhaftigkeit, ich darf nicht nur, ich *kann* leben. Allemal ist es wie der Anflug neuen Lebens, wie ein neues Aufleben, wenn einer wieder und neu zu der Gewißheit findet, daß er selbst leben darf, sein Leben leben kann, also Mut zum Leben als „Mut zum Mangel" (A. Arndt)[15] faßt und so seines Lebens froh wird.

Jeder soll und darf das für sich selbst wissen, daß er aufgrund seines Geborenseins sein Leben selbst hat und darum der ist, der er ist, und nicht Produkt seiner Eltern oder der Gesellschaft ist. Jeder ist etwas Ureigenes, eben eine einmalige, unwiederholbare, individuelle Person und als solche unverzichtbar, durch nichts und niemanden sonst ersetzbar, also notwendig. – Eine Psychotherapeutin erzählte, eine Jugendliche, 18 Jahre, habe sie wütend mit Vorwürfen überschüttet: „Warum haben Sie mich letzte Woche vom letzten Schritt zurückgehalten? Alles war vorbereitet. Und jetzt habe ich wieder die Kraft nicht, endlich Schluß zu machen. Sie sind schuld, daß ich leben muß." Die Psychotherapeutin, die das *so* selbstverständlich gar nicht getan hatte, sagte, sie habe darauf geantwortet: „Ich habe dir meine Ansicht gesagt, weil du als Person viel zu wichtig und zu wertvoll bist, um einfach so zu verschwinden." Darauf habe die Jugendliche erwidert: „Du bist eben Christ und ich nicht." Die Therapeutin kommentierte ihren Bericht: „Sehen Sie, so einfach, den Worten nach unfromm und doch radikal fällt die Entscheidung zwischen Christsein und Nichtchristsein und nimmt ein Anderer sie wahr." Und sie fügte noch hinzu, nach diesem Wutausbruch habe sie mit der Jugendlichen das erste produktive Gespräch geführt.

Indem einer sein Leben annimmt und es selbst will, verändert

---

mir ja gegeben. Ich habe es ja nicht von mir." (Am Anfang schuf Gott Himmel und Erde. Grundfragen der Naturphilosophie, Göttingen 1954, S. 58)

[15] A. Arndt, Rede zur Verleihung des Preises „Junge Generation" an Rolf Hochhuth; in: Der Tagesspiegel (Berlin) Nr. 5356, Dienstag, 23. April 1963, S. 4.

er immer auch sein empfangenes Leben, zeitlebens, und eben dadurch wird es zu seinem eigenen, zu seinem persönlichen Leben. Ein Leben lang ist das so: Was als Lebensmöglichkeit mir gegeben, mir eingeräumt und geschenkt wird, das wird zu etwas Eigenem, *so* noch nicht Gekannten, *wenn* ich es mir selbst zueigen mache. Und diese Selbstaneignung geschieht, wenn einer in allem, was zu seinem Leben gehört, einen Sinn findet, seinen Sinn und Auftrag findet. Das Leben, mein Leben vorweg, aber gewiß nicht nur und allein, hat einen von mir zu entdeckenden Sinn in sich. Wer ihn auch nur erahnt, der weiß, daß sein Leben – ja das jedes Menschen – in sich gut ist, wert, gelebt zu werden. J. W. v. Goethe hat in einem seiner letzten Gedichte im Abschied Rückschau gehalten auf ein Leben in der Gemeinsamkeit und diese Erinnerung ausklingen lassen mit den letzten Zeilen dieses Gedichts: „Wie es auch sei das Leben, es ist gut."[16]

Wer so lebt, so sein eigenes Leben sieht, der weiß, daß er mit seinen Lebensäußerungen, im Reden, Handeln und Unterlassen den Anderen Leben Eröffnendes oder Verstellendes weitergibt. Zusammenfassend kann man das so sagen: Alles menschliche Leben ist Empfangen, Sichzueigen-machen und Weitergeben des Eigenen zugleich. Es ist Geben des Eigenen nicht zuletzt im Loslassen des Handelns. Doch daß nun einer sich nicht aus sich allein versteht, sondern *sich* aus der Weite des Lebens versteht, aus der er ist und von der er lebt, und daß sich ihm diese „Weite" klärt als eine, die von Wahrheit und Liebe durchprägt ist und sein will: das ist die fortwährend bei jedem Einzelnen nötige Umkehr zur wahren Lebenssicht. In ihr aber kann ein Mensch wahrhaft seiner selbst bewußt sein; denn diese Einsicht ist stolz und demütig zugleich und jeder, der sie hat, gesteht sie jedem zu. Wer so sein Leben lebt, der findet Gott und versteht sich aus Gott. Denn, versteht er sein Leben, das er lebt und das ihm doch geschenkt ist,

---

[16] J. W. v. Goethe, Der Bräutigam, in: Goethe Werke, 1. Bd.: Gedichte, ausgew. v. W. Höllerer [Insel-Ausgabe], Frankfurt 1981, S. 203.

als gut in sich, so wird er glauben können, daß es ihm von Gott gegeben ist.

Alles im Leben eines Menschen hängt folglich daran, daß der Einzelne selbst aufrichtig und getrosten Mutes von sich sagen kann: Ich glaube, daß Gott mein Leben will und also will, daß ich mein Leben *selbst* will. Und da das Leben eines Menschen menschlich nur gelebt werden *kann* in gegenseitiger Achtung, gehört dazu: Ich glaube zugleich, daß Gott das Leben der Anderen, die anders und meinesgleichen sind, ebenso will, also das Leben der Menschen überhaupt will. So will einer im Glauben, so gut er nur kann, dem eigenen, ihm gegebenen Leben und ebenso dem jedes Anderen durch Wahrsein, Freundlichkeit und Liebe gerecht werden. Im Glauben an Gott vermag das einer, ohne sich etwas vorzumachen, weil er dessen gewiß sein kann, daß er in seinem Sichschuldigmachen nicht untergeht und an seiner verzagten Mutlosigkeit nicht verkümmern muß – will doch Gott für jeden das Leben und für keinen den Tod. Gott ist der, der will, daß seine Liebe – die wahrhafte, tragfähige Liebe – in uns allen geboren werde.

Wo ein Mensch sich nicht verschließt, sondern einläßt auf das Unausgemachte der Freiheit und auf das noch Ungekannte, Mögliche des Anderen, da lernt er, daß er nichts Eigenes hat, das er nicht auch empfangen hätte, und daß er wirklich Eigenes nur hat, insofern er es sich, nicht selten mühsam und unter Schmerzen, angeeignet hat. Er lernt für sein Leben, für jeden Tag seines Lebens frei zu danken, also ohne seine Selbstachtung, sein Selbstbewußtsein zu verlieren.

Und so kann er wohl auch lernen, was vielleicht das Schwerste ist, aus eigener Überzeugung zu sagen: „Meine Zeit steht in deinen Händen." (Ps. 31,16) Nicht nur und nicht zuerst für die gesamte Lebenszeit und deren Ende ist das gemeint, sondern für jeden Tag und jeden Tag für die immer zu knapp bemessene Zeit: daß man die Zeit handelnd und selbstlebend nutzen soll, solange eben Zeit ist – und daß man sie zugleich dahingestellt sein lassen darf; denn ich habe sie nicht „in Händen", ich habe sie nicht gemacht, und keiner hat einen Anspruch auf sie. Aufmerksamer kann man, möchte man, so werden für jeden gegebenen Tag, um ihn nicht zu vertun, ihn nicht dem trüben Grau in Grau auszuliefern. F. Fühmann nennt Jean Pauls Ausspruch: „Kleingläubiger, schau auf: Das uralte Licht kommt an!" den „tröstlichste(n) Satz deutscher Sprache".[17]

Wo einer sein Leben als ihm anvertraut lebt, da wird er auch den Anderen, der ihm begegnet – auch, übrigens, dessen Zeit – auffassen und achten als ihm gegeben und anvertraut. Nur in solchem wechselseitigen Achten kann Freundlichkeit und Menschlichkeit als Gegenseitigkeit gelebt werden. In dieser gegenseitigen Achtung, in der jeder den Anderen als ihm anvertraut versteht und *so* mit ihm verbunden ist, liegt die Freiheit eines jeden *im* Lieben, liegt die Freiheit *im* gemeinsamen Leben. Denn in *solcher* Verbundenheit gehört keiner dem Anderen, auch die Kinder nicht den Eltern, ist keiner an den Anderen gebunden und ihm ausgeliefert – und *weiß* das jeder und vertraut jeder darauf beim Anderen. Menschen würdigen sich gegenseitig, indem einer den Anderen frei-läßt, sich selbst, sich in seiner Freiheit, in der Gemeinsamkeit mit seinem Anderen zu zeigen. „Achtung" voreinander ist „nicht ohne Abstand" (G. Marcel)[18] – und ohne solche Achtung kommt freie Gemeinsamkeit unter Menschen nicht zustande und gedeiht sie nicht.

In solcher Achtung und gegenseitiger Anerkennung wird Freiheit *und* Wollen des Anderen, wird Selbstsein und Anderssein *in* der Gemeinsamkeit gewollt und gelebt. Es achtet einer den Anderen, ja „ehrt" ihn, wenn er ihn achtet, gerade auch dann, wenn er

---

[17] F. FÜHMANN, 22 Tage oder Die Hälfte des Lebens (suhrk. taschenb. 463), Frankfurt a. M. 1978, S. 236.

[18] G. MARCEL, Die Menschenwürde und ihr existentieller Grund, (dtsch.) Frankfurt a. M. 1965, S. 189.

sich vertut oder sich etwas zuschulden kommen läßt. Menschliches Zusammenleben ist menschlich zuträglich nur, wenn einer dem Anderen die diesem wie jedem zukommende Würde zugesteht und durchhält gerade auch dann, wenn dieser sich in seiner Schwäche und Unzulänglichkeit zeigt. Das Sich-gegenseitig-würdigen kann nicht an der Unvollkommenheit des Anderen enden, es wäre sonst kein menschliches. Ohne diese Unbedingtheit im Sichachten wäre keine Verläßlichkeit unter Menschen, könnte Liebe unter Menschen nicht dauerhaft sein. In diesem Sinne bedarf alles menschliche Leben als Zusammenleben des gegenseitigen Verzeihens.

Es bezeichnet, wie man sieht, der Gedanke der Menschenwürde keineswegs eine an irgendwelchen Vorzügen ablesbare, bloß individuelle Eigenschaft. Dieser Gedanke besagt auch keineswegs bloß so etwas wie eine „Wert-" oder „Hochschätzung" des Individuums. Nein, ohne ihn ist das Menschsein, sowohl das individuelle des Einzelnen wie das soziale aller Formen der Gemeinsamkeit, überhaupt nicht zu begreifen. Er ist gerade auch grundlegend für alle humane Kommunikation.

Wer von sich begreift, daß er nichts bejahbar Eigenes hat, vor allem nicht sein Leben, das er nicht auch empfangen hätte, der versteht *zu geben*. Denn er hat, was er an Gutem und Wahrem hat, nur, sofern er in der Wahrheit ist und aus *ihr* es hat. Und also hat er verstanden, daß er es nie nur für sich allein hat. Er weiß, wovon er lebt, und folglich hofft er, es möge ihm vergönnt sein, das, wovon er lebt, am Leben zu erhalten – was doch nur geschehen kann, wenn er es weitergibt. Wirklich einem Anderen geben, kann aber nur, wer den Anderen nicht an sich bindet, wer also, was er gibt, losläßt, ja über der Gabe sich vergessen kann. Wirklich gibt also, wer im Geben den Anderen freigibt, damit der Andere frei und ohne Schuldigkeit empfangen und *sich* die Gabe zueigen machen kann. Der Andere hat ja nur dann etwas gewonnen, etwas für ihn Lebenswertes erhalten, also etwas, was ihm aufhelfen oder guttun *kann*, wenn er es *für sich* gewonnen hat.

Und er hat es für sich gewonnen, wenn er es *so* sich zueigen machen konnte, daß es ihm bleibt, selbst wenn der Geber nicht mehr da ist. Gut kann die Gabe nur tun, wenn der Geber den Anderen frei auf die Gabe antworten läßt. Denn nur so kann der Empfänger an der Gabe dauerhaft Freude haben – und ins Danken kommen. Und nur so kann der Geber seinerseits empfangen. Da jedes Erkennen von Wahrheit und alles Lieben in Form von Auseinandersetzung und Verbundenheit geschieht, sind in allem Wahrheitserkennen und in jeder Liebe Geben und Empfangen *ein* Wechselverhältnis.

Wenn nun einer eine im Guten gemeinte Gabe *empfängt* als ihm gegeben und sie sich zueigen macht als ein Stück Wahrheit, als ein Zeichen von Freundlichkeit für sich selbst, so verwandelt sich unter der Hand die Gabe eines Menschen in eine *gute* Gabe, in eine von Gott geschickte Gabe. Doch nur der Betroffene kann das merken – zumindest andeutungsweise daran, daß in ihm über der Gabe Freude und neuer Mut zum Leben aufkommen. Mit allem Guten, das gut tut, ist es so: „Es geht durch unsere Hände, kommt aber her von Gott." (M. Claudius)[19] Denn es stärkt im Empfangen die unabhängig machende Lebensgewißheit. Solche Gewißheit jedoch macht in einem fundamentalen Sinn gelassen: Sie läßt im Letzten unbesorgt, freigebig also und milde, vorsichtig wohl, aber ungeängstigt sein.

---

[19] M. Claudius, Wir pflügen und wir streuen (Evang. Kirchengesangbuch. Ausg. für die Nordelb. Evang.-Luth. Kirche 495), V.2; vgl. M. Claudius, Sämtl. Werke [wie oben zu II. 1. A., S. 70], S. 208.

3. Abschnitt: Leben angesichts des Todes

A. Was der Tod ist

„Alle Menschen müssen sterben, alles Fleisch ist gleich wie Heu; was da lebet, muß verderben,...", so beginnt ein Kirchenlied.[20] Unsäglich viel Sterben ist in der Welt. Stündlich sterben Kinder an Hunger, an unheilbaren Krankheiten, auf der Straße; keine Minute ohne die Qual der Sterbenden. Und wie viel zerstörtes, zertretenes, ungelebtes Leben unter uns: vertan, erstarrt, achtlos übersehen. Steht nicht alles Leben im Schatten des Todes, des Alleszermalmers? Oder gibt es etwas, das *bleibt*: das also widerständig gegen den Tod ist?

Ach, es ist ja nicht nur bei den Menschen so, daß jedem Lebenden der Tod bevorsteht; nein, jedem Lebewesen, dem Vogel und dem Wurm, der Blume und dem Einzeller, allem Leben droht der Tod. Jeder Form des Organischen ist es bestimmt zu entstehen, sich zu entfalten, sich fortzupflanzen und zu vergehen. Alles Leben trägt von seinem Entstehen, von seiner Geburt an, den Keim des Todes in sich. Man könnte geradezu sagen: Alles Leben ist tödlich. Nach dem physikalischen Entropiegesetz ist ja nicht erst das Leben, sondern bereits das Bewegte zum Verlöschen und Verenden bestimmt.

Irgendwann bricht in jedem Organismus der Prozeß des inneren und nach außen bezogenen Austauschs im fließenden Gleichgewicht zusammen. Der Tod ist, so gesehen, ein biologisches Faktum, das zum Leben hinzugehört. Und das Leben ist, *so* gesehen, ein Kommen und Gehen, ein Entstehen und Vergehen. Ein Lebewesen geht hervor aus dem großen Ganzen der Natur, lebt auf, um die Art fortzupflanzen, und geht wieder ein in den endlosen Kreislauf der Natur, um Nachkommenden Platz zu machen. Der Tod als biologisches Faktum ist *notwendig*; er ist ein

---

[20] J. ROSENMÜLLER (1652) (Evang. Kirchengesangbuch 329).

unabdingbares Element im endlosen Auf und Ab der Natur, im Strom des „Lebens".

Aber wir wissen, daß dies äußerliche, biologische Verständnis des Todes doch nicht ganz zutrifft; Menschen sagen es sich zur Beruhigung vor. Nicht nur sehen wir, daß der Tod das Leben abbricht, ihm also Gewalt antut. Wir wissen, daß alles Leben bis zum letzten Atemzug Kampf gegen den Tod ist. Der Lebenswille sträubt sich gegen den Tod. Also ist der Tod das dem Leben Fremde, es Verneinende. Er ist das, was das Leben zerstört; er bringt ums Leben. Ein Mörder ist er von Anfang an. Dementsprechend gilt uns das Zerstörerische, Leben Vernichtende als das Böse, und das Leben Fördernde, Auferweckende als das Gute. Der Tod ist das Übel schlechthin. Er soll*te* nicht sein. Er ist der letzte Feind.

Vor allem jedoch ist der Mensch das Wesen, das um seinen Tod *weiß*. Er ahnt nicht nur den Tod in akuten Gefahrensituationen, wie das vermutlich auch gewisse Tiere tun; er weiß immer und unumgänglich um *seinen* Tod, spätestens seit er seiner selbst bewußt wurde. Und seither kann er wissen und weiß er dunkel allemal, daß *er*, er selbst und allein, sterben muß; er weiß: „Ich", dieser Mensch, werde eines Tages oder eines Nachts nicht mehr sein. Was dann? Doch nicht nur: Was dann? – sondern dringlicher noch: Was ist mein Leben hier und jetzt, heute und morgen, wenn es doch einmal zu Ende sein wird, wozu es leben?

Reduziert man das Sterben des Menschen, jedes Menschen für sich, auf das bloß physiologische oder biologische Faktum, daß die Organfunktionen enden, dann macht man sich das Sterben leicht, weil bedeutungsleer. Aber die „Todesfurcht" hat der nicht „überwunden..., ... der noch nicht einmal so weit gekommen ist, den Tod je zu fürchten" (J.E. Erdmann).[21] Wer im Leben nichts hat, was er im Tod verlieren könnte, der hat vom Tod

---

[21] J.E. ERDMANN, Sammlung aller Predigten, welche vom Jahre 1846 bis zum Juni 1850 gehalten wurden, Halle 1850, S. 25.

wenig zu befürchten. Wer das Leben nicht liebt, der hat im Tod nichts zu verlieren. Vielmehr ist es so, daß wir, je mehr wir lieben, um so tiefer vom Tod verwundbar sind.

Unvertretbar als er selbst – er selbst und allein – wird ein jeder sterben müssen. Bewußtes, waches Leben schließt das Wissen ein, selbst sterben zu müssen. Der Tod ist je mein Tod, der Tod dieses einzigartigen und unwiederholbaren Menschen: Er, dieser Mensch, der nun tot ist, er *war*, er ist gewesen und vorbei und kehrt nicht wieder. Solange nicht so individuell, einzeln, vom Tod geredet wird, wird nicht menschlich von ihm geredet. Wie durch das reformatorische Christentum die unaustauschbare Einmaligkeit des Glaubenden bewußt wurde, so kam als deren Kehrseite die Unausweichlichkeit des eigenen Sterbens zur Einsicht. Bereits Luther sprach von der unentrinnbaren Vereinzelung, die jeder angesichts des Todes zu bestehen hat. Diesem unerbittlichen Wissen, selbst der zu sein, der sterben muß, gibt die Barocklyrik überwältigenden Ausdruck. Vor solcher Strenge angesichts des eigenen Todes zergehen alle beschwichtigenden Ausflüchte. A. Gryphius (1650) schreibt: „Der Ruhm, nach dem wir trachten, den wir unsterblich achten, ist nur ein falscher Wahn; sobald der Geist gewichen und dieser Mund erblichen, fragt keiner, was man hier getan. Es hilft kein weises Wissen, wir werden hingerissen ohn einen Unterschied. Was nützt der Schlösser Menge? Dem hier die Welt zu enge, dem wird ein enges Grab zu weit. Dies alles wird zerrinnen, was Müh und Fleiß gewinnen und saurer Schweiß erwirbt. Was Menschen hier besitzen, kann vor dem Tod nichts nützen; dies alles stirbt uns, wenn man stirbt."[22]

Nicht so, wie er vieles weiß – nämlich das meiste mehr oder weniger zufällig – weiß der Mensch um den Tod: um diesen weiß er „todsicher". Unumgänglich und unentrinnbar, also mit zwanghafter Notwendigkeit, weiß jeder von seinem ihm bevor-

---

[22] A. Gryphius, Die Herrlichkeit der Erde muß Rauch und Asche werden (Evang. Kirchengesangbuch 328), V. 2–4.

stehenden Tod – weiß er, daß es ein Ende mit ihm haben wird, was immer auch sonst noch werden mag. Nichts ist sicherer als das. Und nichts, aber auch gar nichts gibt es, das vor dem Tode schützt. Wohl haben Menschen vieles erfunden, um sich von diesem Wissen abzulenken, um das Sterbenmüssen zu betäuben und zu verdrängen, den Tod zu verschweigen: um also das *Leben* vor ihm zu sichern und abzuschirmen. Obschon wir genau wissen, daß solche Fluchtversuche bloße Selbsttäuschungen sind, finden wir sie dennoch sehr verständlich. Es kann einen Menschen schon ein Entsetzen überkommen, ein unheimliches Grauen packen, wenn er so nachdrücklich auf das eigene Sterbenmüssen gestoßen wird, daß er nicht länger ausweichen kann; etwa wenn er bei einem vertrauten Menschen die zerstörerische Gewalt des Todes und deren brutales Resultat, das Faktum des Totseins, erlebt. Es kann keiner dessen sicher sein, daß *er* dem Tod gewachsen ist und ihm standzuhalten vermag, wenn seine letzte Stunde kommt. Wir wissen sicher nur, daß sie kommt. Und unvermeidlich stellt sich so die Frage, womit einer den Tod bestehen zu können meint.

Der Tod ist ein Skandal. Denn im Kampf des Lebens gegen ihn ist er die Niederlage des Lebens. Alles Leben will Leben – und nicht den Tod. Es strebt zum Licht und nicht zur Schatten- und Nachtseite. Es will leben und nicht sterben. Es wehrt sich, bäumt sich auf gegen den zerstörerischen Infekt. Wie hartnäckig kann sich das Leben gegen den Tod sträuben, wenn ein Mensch im Sterben liegt, sich quält, nicht sterben kann und doch qualvoll lange sterben muß. Der Tod ist der Widerspruch zum Leben. – Aber das natürliche Leben zieht sich den Tod selbst zu. Das endliche, menschliche Leben trägt ihn in sich und treibt unausweichlich auf ihn zu. „Überall steckt ein Wurm drin", sagt E. Bloch[23] – was bereits A. Gryphius so ausdrückte: „Ist eine Lust,

---

[23] E. Bloch, Aufklärung und Teufelsglaube; in: Hat die Religion Zukunft?, hg. O. Schatz, Graz/Wien/Köln 1971, S. 133.

ein Scherzen, das nicht ein heimlich Schmerzen mit Herzensangst vergällt?"[24] Der Tod ist die Verneinung des Lebens. Er bricht von außen in das Leben ein, unausweichlich in der Todesstunde selbst – und er treibt doch zugleich sein Werk der Zerstörung bereits mitten im Leben. Und weil so „alle lebendigen Geschöpfe ... tief in sich selber den Todeskeim" tragen, deshalb „wohnt in ihnen allen", wie E. Hirsch schreibt, „dumpf und heimlich die Angst": die Lebensangst – als Angst vor dem Selbstverlust, vor dem Tod.[25]

Das ist der Tod: jetzt und hier schon – mitten im Leben – bringt er ums Leben. Nicht nur treibt er das Leben dem Ende, also sich entgegen; unentwegt treibt er zu Eile und Hektik an; er läßt prinzipiell und jeden Tag keine Zeit. Er sitzt uns allen im Nacken. Die Zeit vergeht; der Lauf der Zeit trägt alles davon: Wohin? Unser Leben – ist es nicht immerfort ein Abschiednehmen von ungelebten Möglichkeiten und von vielem, was uns lieb und teuer ist? Des Todes Schatten der Vergänglichkeit und der möglichen Vergeblichkeit liegt auf allem, was wir in unserer Lebenswelt erfahren. „Ach wie flüchtig", heißt es in einem anderen Barocklied, „ach wie nichtig ist der Menschen Leben! Wie ein Nebel bald entstehet und auch wieder bald vergehet, so ist unser Leben, sehet! Ach wie nichtig, ach wie flüchtig sind der Menschen Tage! Wie ein Strom beginnt zu rinnen und mit Laufen nicht hält innen, so fährt unsre Zeit von hinnen." Acht Strophen lang: diese Flüchtigkeit, diese Nichtigkeit, dieser Verfall.[26] Wie ein trüber Belag von Traurigkeit kann sich dieser Schatten über ein Menschenleben legen: daß in der Zeit nichts bleibt und alles geht; daß alles nur einmal ist und nichts wiederkehrt. „Was soll denn all das Jagen und Rennen?" „Wozu das Ganze, wozu?" – „Ach, ich bin des Treibens müde! / Was soll all der Schmerz und Lust?"[27] Ja, und

---

[24] A. GRYPHIUS, Die Herrlichkeit der Erde (wie oben), V. 5.

[25] E. HIRSCH, Zwiesprache auf dem Wege zu Gott [wie oben zu I. 1., S. 31], S. 78.

[26] M. FRANCK (1652) (Evang. Kirchengesangbuch 327).

[27] J. W. v. GOETHE, Wanderers Nachtlied.

dennoch: Ob einer die Kraft hat, sich solchen Stimmungen nicht zu überlassen? Ob einer die Kraft hat zu sagen und zu bitten: „Und wenn der letzte Tag wird mit mir Abend machen, / So reiß mich aus dem Tal der Finsternus zu dir" (A. Gryphius)?[28] Und ob er das gerade dann kann, wenn es für ihn Ernst wird? Und das wird es, wenn der geliebte Andere ihm gestorben ist.

Was der Tod ist und was er den Menschen antut, das wird nämlich massiv, bis ins Innerste erschütternd, erfahren an dem Ereignis, daß der geliebte Andere mir verstorben und nun unwiderruflich tot ist. Der eben noch lebte, vielleicht schwach und unter großen Schmerzen, mich aber vielleicht vor einer Stunde noch so ansah, daß ich mich verstanden und umarmt fühlte – *er*, dieser individuelle Mensch, mein Geliebter ist nicht mehr. „Dieses Wesen in der Einzigartigkeit seiner Persönlichkeit" ist „nicht mehr da" (P.L. Landsberg).[29] Mein Geliebter – leblos ist er, tot, erstarrt; statt seiner und seines lebendigen Leibes blieb mir ein Leichnam zurück. Der Tod – „grausame Trennung" ist er. „Das Leid, die Trauer, die Tränen um die Hinweggerissenen...": da „redest du ... nicht mehr nur theoretisch allgemein vom ‚Problem des Todes' – dann erfährst du die Gegenwart einer schonungslos brutalen Gewalt" (F. Stier).[30] *So* ahnt einer, hilflos bestürzt und erschrocken, was der Tod ist: eine eisige Kälte, die die Person des Geliebten, und so jedes Menschen unabänderlich zum Verschwinden bringt, mir, dem Hinterbliebenen, raubt. Der Tote vor mir: er ist ja der Erstarrte; und ich weiß, daß er, er als Person, als „persönliche(r) Geist sich in diesem Leibe nicht mehr realisieren kann. In den offenen Augen eines Verstorbenen bemerken wir nicht nur das Ende seines Lebens, sondern ebensowohl das ‚Verschwinden' der dem lebendigen Gesicht ausdrucksmäßig in-

---

[28] A. Gryphius, Abend; in: Ders., Werke in einem Band (Bibl. deutsch. Klassiker), Berlin/Weimar 1985, S. 22.
[29] P.L. Landsberg, Die Erfahrung des Todes (Bibl. Suhrk. 371), Frankfurt a.M. 1973, S. 23.
[30] F. Stier, An den Wurzeln [wie oben zu II. 4., S. 116], S. 79.

newohnenden geistigen Person." Und für „einen Augenblick berühren wir gleichsam die Atmosphäre, die aus dem Lande des Todes kommt": Eine „große Kälte" rührt uns an, und es schaudert uns (P.L. Landsberg).[31]

Man schrickt zurück – und in solchem hilflosen, fassungslosen Erschrecken begreift einer, was das Lebensfeindliche des Todes, das grausam Zerstörerische des Todes ist: seine Eiseskälte, seine brutale Lieblosigkeit. Das Tödliche des Todes, das abgründig Böse, Zerstörerische an ihm ist seine unerbittliche Liebesfeindschaft: daß er keine Liebe zulassen *kann* und darum ums Leben bringt. Ein Anhauch des Todes, der Leben auslöscht, widerfährt uns in jeder Lieblosigkeit. Jedoch am toten Geliebten hat er sein Werk der Vernichtung in sinnlich wahrnehmbarer Endgültigkeit getan. Was er definitiv auslöschte: es war das Leben des von mir geliebten Menschen, des Menschen, der meine Liebe war. Dies Unabänderliche des Verlustes, der Zerstörung – das genau ist das Tödliche, und das macht das schlechterdings Ungeheuerliche und Unfaßliche des Todes aus. Das verschlägt alle Worte, läßt erschaudern und frieren. Unsäglich leer ist einem ums Herz.

„Der Tod – das Niemehrwieder" (F. Stier).[32] Unwiederbringliches hat er mir genommen. Mein Geliebter – tot: Er wird mir nie mehr geben können, was er so gerne gab und was mir das Leben lebenswert machte, seine Liebe. Ich werde sie nicht mehr sinnlich wahrnehmbar, bis ins ganz Leibliche hinein, erfahren und er wird mir nie mehr zeigen können, was so bestärkend für mich war: daß auch ich lieben kann. Unwiderruflich vorbei ist das; es ist gewesen. „Dieser Mund wird nicht mehr zu mir sprechen. Dieses gebrochene Auge wird mich nicht mehr anblicken." (P.L. Landsberg)[33] Der Verstorbene, mir Entrissene, war aber in

---

[31] P.L. LANDSBERG, a.a.O., S. 25. 26. Cf.: „Die geistige Person des Verstorbenen wird auf keinen Fall zu nichts." (S. 77)

[32] F. STIER, ebd.

[33] P.L. LANDSBERG, a.a.O., S. 28.

der Liebe ein Teil von mir selbst, meinem Leben innigst zugehörend – so wie ich es für ihn war. Und also bin ich vom Tod des Anderen selbst betroffen; ich bin ja durch seinen Tod vereinsamt, geschlagen mit dem Verlust des Menschen, dem meine Liebe gilt. Der Tod des Anderen fügt der Liebe des Zurückgebliebenen einen tief verstörenden Riß zu. Unfaßlich, unbegreifbar ist das; immer wieder läuft man gegen die schwarze Wand des Nichtverstehens an und kommt doch davon nicht los. Die Liebe kann den Tod nicht fassen.

Immer stirbt mir der geliebte Andere zu früh. Einen anderen Menschen lieben, das heißt ja, sein Leben mit dem des Anderen so verbinden, daß man das eigene gar nicht mehr ohne den Anderen sich vorstellen kann. Und mithin kann man sich in der Liebe nicht vorstellen, daß der Geliebte nie wieder da ist und man folglich allein, ohne ihn, weiterleben muß. Der Tod des Anderen ist in der Liebe ausgeschlossen. Tritt er doch ein, so nur als zerstörend widersinnig und un-glaublich, unfaßlich. Goethe hat, nach den Aufzeichnungen Eckermanns, über den Tod der Großherzogin Luise gesagt: „Der Tod ist doch etwas so Seltsames, daß man ihn, unerachtet aller Erfahrung, bei einem uns teuren Gegenstande nicht für möglich hält, und er immer als etwas Unglaubliches, Unerwartetes auftritt."[34]

Von sich aus will alle Liebe, wenn sie *mir* nur nicht abhanden kommt, Ewigkeit, unbedingte Treue. In der Liebe will ich für den geliebten Anderen unendliche Dauer: daß er bleibt und nicht vergeht. „Ohne Unsterblichkeit kann niemand sagen: ich liebte" (Jean Paul).[35] – Darum ist der Tod ein unerhörter Skandal, *der* Skandal schlechthin; denn er ist nicht nur die Niederlage des Lebens, sondern er ist die Katastrophe des Geistes, der zerreißende Riß für die Liebe.

---

[34] Zitiert bei P.L. LANDSBERG, a.a.O., S. 164 Anm. 36.
[35] JEAN PAUL, Selina [wie oben zu IV. 1., S. 170], S. 1118.

Mithin wäre es nur „Hohn", wollte man zu einem Menschen, der in Trauer über den Tod seines geliebten Anderen Leid trägt, dessen Liebe also mit Trauer und schmerzendem Leid geschlagen ist, sagen: der geliebte Verstorbene lebe im Nachruhm, im Gedächtnis, in seinen Nachkommen, im Kollektiv oder „in der Gattung", im „Fortschritt" der Menschheit „oder im All des Lebendigen, am Ende gar in der ihre Masse erhaltenden" Energie-"Materie fort. Diese Art von Unsterblichkeitslehren, wie sie unsere Materialisten uns häufig genug auftischen, haben für den individualisierten Menschen ihren Wert verloren und wirken auf ihn wie eine Verhöhnung... seiner Bekümmerung." (P.L. Landsberg)[36]

In der Liebe, in je meiner Liebe, lebt mein Geliebter freilich fort. Doch diese Liebe ist aufs äußerste zerrissen, denn sie erreicht den Anderen wahrnehmbar nicht mehr. „O Tod, wie bitter bist du": man höre es in Brahms' „Vier ernste(n) Gesänge(n)". „Ach, es ist so dunkel in des Todes Kammer, / Tönt so traurig, wenn er sich bewegt / Und nun aufhebt seinen schweren Hammer / Und die Stunde schlägt." (M Claudius)[37]

Noch einmal: Nur einen Leichnam läßt mir der Tod zurück, die Hülle von dem, was dieser Mensch war. Äußerlich erinnert diese Hülle wohl noch an die Person, die ich kannte, die ich liebte. Aber die *Person selbst*, die ich mit Namen rief, diese Person nach ihrem Wesen und nach ihrer Art, sich zu geben, nach allem Individuellen und Besonderen, das sie an sich hatte, nach allem Liebenswerten, das gerade *sie* ausmachte und das darin lag, wie sie *den Sinn selbst* lebte, von dem sie lebte – diese Person selbst in ihrem Sinn und Geist ist nicht mehr da, sie ist aus dieser zurückgebliebenen Hülle entschwunden. Und es drängt sich die verzweifelte Frage auf: Entschwunden – wohin? Ich weiß sicher nur dies,

---

[36] P.L. LANDSBERG, Einführung [wie oben zu I. Zus., S. 53], S. 57.
[37] M. CLAUDIUS, Sämtl. Werke [wie oben zu II. 1. A., S. 70] S. 473.

daß sie nicht wiederkehrt. Und überdies weiß ich, daß der Tod sein Werk zu Ende führt und noch den Leichnam zersetzt und zerstört.

Was mir der Tod grauenhafter- und sinnzerstörenderweise zufügt, das ist: Er raubt mir den Anderen *als Person*, als diese für mich ganz besondere, eben individuelle Person. In dem, was ein Mensch als einmalige Person ist und lebt und also ausmacht – in dieser seiner Personhaftigkeit – ist er vom Tode betroffen.

Und davon ist der, der den Verstorbenen liebt, selbst betroffen. Der Tod, erfahren als Totsein des geliebten Anderen, reißt eine Lücke auf, bei der ich in meiner Liebe zum Verstorbenen gar nicht wollen kann, daß sie sich anderweitig schließt. Der Tod, so erfahren, hinterläßt mehr als nur vorübergehende Trauer und Schmerzen; er verwundet meine Liebe bis ins Innerste. Diese ist geradezu eine Wunde geworden, von der nicht abzusehen ist, wie sie jemals verheilen könnte. Ich erlebe diesen unheimlichen Schmerz, daß ich sinnlich wahrnehmbar nichts an Liebe mehr empfange, zurückempfange, obschon doch meine Liebe zum Verstorbenen weiterbesteht und er mir darin nicht ferne, sondern nahe – aber doch unüberwindlich von mir getrennt ist. Wäre ich nicht mehr mit ihm verbunden, wäre meine Liebe zu ihm zu Ende, so könnte ich das Gestorbensein des Geliebten verwinden. Doch im Schmerz der verwundeten Liebe birgt einer den *Anderen*, der ihm verstarb, unersetzbar. Diese Zerrissenheit im Lieben ist es, die schmerzt. Gerade weil ich meine Liebe zum Anderen mit dem Tod nicht zurücknehmen will, ja gar nicht kann, ohne mich selbst zu verraten – deshalb ist sie so verletzt, so zerrissen, „herz-zerreißend", wie man sagt. Es fehlt ihr doch das Schönste: die freie, verändernde Antwort des Anderen, das gemehrte Zurückempfangen. Nahe zwar ist der Andere mir auch so, noch wird er mein Sein und Wollen mit prägen, selbst wenn ich nicht an ihn denke – aber er ist doch durch einen unzerreißbaren „Vorhang" von mir getrennt und also sternenweit fern. „Dies, daß" die geliebten Toten „für mich sind und doch nicht sind, ist mir das Unbegreiflichste am Tode." (M. Susmann)[38] Die Liebe bleibt über den Tod hinaus *und* wird *zerrissen*. Das ist der Schmerz der Liebe, in der das Weiterleben schwerfällt.

Deshalb stimmt es nicht, wenn man so einfach sagt: die Liebe bleibe über den Tod hinaus und sei stärker als der Tod. Das stimmt nur halb, denn durch den Tod wird gerade die Liebe zerrissen, „gekreuzigt". Ist es nicht etwa eher so, wie Friederike Roth sagt: „Mit der Liebe hängt Tod zusammen, mit der Liebe hängt das Scheitern der Liebe zusammen, mit dem Scheitern der Liebe hängt der Tod zusammen. Jedes Scheitern der Liebe ist ein Tod"?[39] Aber ist das nicht *auch* zu einfach gesagt? Wohl hängt das „Scheitern der Liebe" mit dem „Tod zusammen" – jedoch, reicht wahre Liebe nicht über ihr Scheitern und über das Gestorbensein des Geliebten *hinaus*? Ist also nicht beides zusammenzudenken: daß sie über den Tod hinausreicht *und* von ihm im Innersten geschlagen ist? Ist nicht dies ihre, vom Tod ihr zugefügte Zerrissenheit?

Ob einer noch im Schmerz solcher verwundeten Liebe fähig ist, für sich selbst auch Abschied zu nehmen von dem Verstorbenen? Im eigenen Innern Abschied zu nehmen und den geliebten Anderen loszulassen – ohne Bitterkeit und ohne heimlichen Groll gegen den Anderen, weil dieser ihn zurückgelassen habe, und ohne niederdrückende Schuldvorwürfe gegen sich selbst, dem Anderen zu wenig Liebes angetan zu haben? Die Kraft müßte einer dazu haben, gefaßt und getrost sagen zu können: Das war sein Leben – im Guten und Vergebungsbedürftigen; das war, was er war und darin war immer auch das, was Gott mit diesem Leben gewollt hat. Eben das alles zusammen war er wirklich, er als diese Person. Auch das Leid, der Schmerz, auch die ausgestandene Not

---

[38] M. SUSMANN, Ich habe viele Leben gelebt [wie oben zu IV. 6., S. 223], S. 184.

[39] F. Roth in einem Interview der Südd. Zeitung Nr. 236, 14. Okt. 1987, S. 15.

der Gottferne, die wahrgenommene und die verdrängte Schuld gehören dazu, zu diesem gelebten Leben, das nun gewesen ist. All das zusammen: das war diese Person. Und was er im Guten war, das war er in dem Geist, in dem er sein Leben lebte. Und wie er diesen seinen Sinn verkörperte, das bleibt als Ertrag seines Lebens und bestimmt die ihm Verbundenen. So den Toten *sein* lassen heißt von der *Person* des Toten, die der Tod mir entrissen hat, selbst Abschied nehmen, ohne sie zu vergessen. Dann gräbt der Schmerz über das Getrenntsein vom Toten nur die Erinnerung an das, was er war, an seine Person, stärker ein – und nimmt doch nicht länger gefangen, sondern löst sich, ohne zu vergehen.

Wer so im Schmerz seiner Liebe angstlos von dem Toten sprechen kann, der *gibt* dem eingetretenen Tod eine geistige Endgültigkeit, die er als biologisches Ende nicht hat. An sich, rein als Faktum, ist der Tod in keinem Sinne eine Erfüllung; er ist der zerstörerische Abbruch eines Lebens. Bereits die Frage, ob es ein erfülltes Leben war, das er beendet, geht über das bloß biologische Faktum hinaus. *Die* Endgültigkeit gar, daß der Lebensverneinung des Todes zum Trotz sich im Tod ein Leben vollendet hat, kann ihm nur zugeschrieben, nur dem Tod entgegen gesagt werden – im Glauben an Gott.

In solchem Loslassen in die Endgültigkeit hinein überläßt einer seinen geliebten Toten Gott. Solches Abschied*geben* ist die letzte Liebe, die ein Betroffener seinem Verstorbenen erweisen kann. Denn dadurch bezeugt er dankend, daß das zu Ende gegangene Leben des Geliebten auch ihm *gegeben* war, unverdient und frei – wie also sollte er es festhalten, besitzen wollen? „Nur das entflohene Herz werde betrauert, nicht das zurückgeblieb'ne in der Brusthöhle", schreibt Jean Paul.[40] Loslassend, ablassend vom Schmerz über den ihm angetanen Verlust bezeugt er, daß das gewesene Leben doch ein gutes, gottgewolltes und von Gott durchwirktes Leben war. So sagt ein Liebender im Abschied von

---

[40] JEAN PAUL, Selina [wie oben zu IV. 1., S. 170], S. 1226.

dem geliebten Toten – trotz Tod und eigenem Schmerz – Ja zum gewesenen Leben dieser Person.

Jedoch, liegt das Skandalöse des Todes nicht gerade darin, daß er den Glauben an Gott in höchstem Maße zu erschüttern vermag? Ist das nicht der Skandal: mit Gott verbunden, mit Gott im Einvernehmen zu sein, vom Geist der Liebe bewegt, belebt zu sein – und doch sterben zu müssen? Widerfährt dem Leben nicht durch den Tod die Niederlage; siegt das Zerstörerische nicht? Wohl reicht die Liebe über den Tod hinaus – aber wird sie nicht durch ihn zerrissen? Ist also der Tod nicht doch eine Verhöhnung des Glaubens – seine Entlarvung als lächerliche Illusion? Der Tod – ein schwarzes Loch?

So wirft der Tod, der mir im Sterben und Gestorbensein des Anderen begegnet, mich auf mich selbst zurück, indem er vor die Frage nach dem eigenen Sterbenmüssen stellt: also mir die Frage aufdrängt, wie ich als Glaubender meinen kann, in den Tod gehen zu können. An der Antwort, nein am Bestehen dieser auf mich, auf den Einzelnen, bezogenen Frage entscheidet sich letztendlich das ganze Leben. Denn „wer nicht fähig ist zu sterben, ist der fähig zu leben?" (P. Tillich)[41] Es kann nur jeder sich selbst fragen, was er *im Leben* dem Tod entgegensetzen will, um ihn, den Tod, zu bestehen. Nur etwas Unbedingtes wird das sein können, nur ein Glaube, ein Geist, der vom Tod nicht bedingt wird und in ihm nicht zergeht – der vielmehr vor dem Tode sich nicht scheut, weil er ihm gewachsen ist. Dieser Glaube, dieser Geist, wird, denke ich, seine Unbedingtheit gerade am Tod beweisen müssen – und so könnte er ihn bestehen. Es genügt gewiß nicht, das Zerstörerische des Todes zu beschwören und aller Verharmlosung zu wehren. Sondern gefährlich ist es, auch für diejenigen, die auf die tödliche Endgültigkeit des Todes pochen, sich mit dem Tod abzufinden, vor ihm vorweg schon zu resignieren.

---

[41] P. Tillich, Das Ewige im Jetzt. Religiöse Reden, 3. Folge, Stuttgart 1964, S. 121.

Wie also lebt man angesichts des Todes? Wie kann man von der Unbedingtheit der Liebe in Wahrheit überzeugt sein? – Freilich, wer nicht glaubt, der hat mit dem Tod viel weniger Schwierigkeit, vermutlich kommt er auch leichter darüber hinweg. Der Glaube an Gott hingegen hat es mit dem Tod gewaltig schwer. Am Tod erfährt er seine Zerreißprobe: Am Tod siegt er, oder es widerfährt ihm seine unsterbliche Niederlage. Allemal aber stellt der Tod den Glauben ins Nichtverstehen, insofern im Glauben, wie in der Liebe, der Tod nicht zu verstehen, sondern unbegreifbar ist: etwas ist, das nicht sein soll und doch ist. Unaufhebbar bleibt der Tod für den Glauben dunkel und für die Liebe versehrend. Und dennoch – aber auch nur dennoch: Wie ist er zu bestehen?

Zunächst jedoch sei noch einmal anders begonnen und der Frage nachgedacht, was das Todesbewußtsein für das bewußte, wache Leben bedeutet.

B. Nicht dem Tod leben

Der Mensch, wenn immer er wach, seiner selbst bewußt lebt, weiß um seinen Tod. Doch vor dem Tod liegt das Leben, das bewußt gelebt sein will – und das doch nur dann wirklich gelebt ist, wenn es nicht dem Diktat des Todes, der gleichgültigen Vergänglichkeit von allem, überlassen wird. Dem Tod nicht ausweichen, ihn nicht aus dem Bewußtsein verdrängen und doch ihm *entgegen* leben, das heißt in einem ersten Gedanken ihm gerade dadurch widerstehen, daß man sich dem Leben *öffnet*.

Das ist das Gegenteil von einem Leben unbedacht in den Tag hinein, in welchem einer sich treiben läßt. Und es ist das Gegenteil von einem Leben in müder, lustloser Gleichgültigkeit, nicht glücklich und nicht unglücklich, aber mißmutig und unzufrieden mit allem und jedem. Denn einem solchen „Leben" ist jetzt schon alles vergeblich; es liefert sich jetzt schon dem Tode aus. Nur wer sich solcher Lebensverdüsterung – dieser Todesgestalt im Leben – widersetzt, nur der fragt überhaupt und sucht nach dem im Leben, was dem Sog der alles vergessen, alles vergeblich machenden Vergänglichkeit widersteht. Nur der will *leben*, selbst leben und nicht sein Leben dem Tod verfallen lassen und also es bloß hinter sich bringen.

Wer nun dem Leben zugewandt lebt, der läßt die Tage, also sein Leben, nicht zerrinnen wie Sand unter den Fingern. Dem ist hingegen jeder Tag kostbar: wert, gelebt zu werden. Das Leben ist ihm gegenwärtig, nahe geworden, *er* lebt im Hier und Jetzt offen für die Möglichkeiten, die das Leben bringen mag. Kein Tag sei da belanglos. Nicht eigentlich weil er der letzte sein könnte, sondern weil er eine einmalige, nicht zu versäumende Chance zu einem neuen Aufbruch und zu einer Erneuerung des Lebens, zu einer neuen Liebe, enthalten könnte. Die unwiederholbare und darum dringliche Bedeutung jedes Tages hat S. Kierkegaard so formuliert: „... jeden Tag ... leben als wäre es der letzte und zugleich der erste in einem langen Leben."

Aufmerksamer auf die Gunst der Stunde kann man werden, wenn man gelassen, ohne Todesfurcht und also ohne die Angst, Entscheidendes zu versäumen, *im* Denken und Handeln einhalten und warten kann auf das, was einem entgegenkommt. So wird man fähig, einen Entschluß ausreifen, einen Gedanken erst noch kommen zu lassen. Sinn kann sich nur so erschließen, und ein anderer Mensch wird nur so sich mir öffnen. Vor allem gräbt sich eine Wahrheit dem Einzelnen nur ein, wird er seiner Überzeugung nur bewußter, in solcher Geduld. Diese Offenheit aus Gelassenheit setzt jedoch die Gewißheit voraus, daß die Wahrheit, für die einer lebt und von der er zugleich lebt, nicht mit ihm *allein* steht und fällt. Es ist nicht alles zu Ende – und schon gar nicht das, was mein Leben in Wahrheit ausmacht und im Guten erfüllt – wenn mein Lebenslauf zu Ende sein wird. Die „wesentliche Arbeit", schreibt S. Kierkegaard, die im Ernst eines bewußten, ganz gegenwärtig gelebten Lebens, also gegen den Verschleiß des

Todes gewählt wird, ist „nicht davon abhängig..., ob einem ein Menschenalter gegönnt wird sie recht zu vollenden, oder nur eine kurze Zeit sie recht begonnen zu haben."[42]

Das bedeutet, im Letzten unbesorgt um sich selbst zu sein und darum gut sein lassen zu *können*, was zustande gebracht ist in allem Unfertigen, noch nicht endgültig Ausgemachten. *Wir* werden nichts vollenden. Doch die Freiheit im Unbesorgtsein um sich rührt her aus dem unbedingten Vertrauen darauf, daß das Leben jedes Menschen, ist es nur wahr und fruchtbar auch für Andere gelebt, nicht vergeblich gewesen sein, nicht im Leeren auslaufen wird. So stellt sich heraus, ob ein Mensch wirklich *Gott* vertraut.

Das Gottvertrauen zeigt sich mithin in der Geduld, die warten kann auf das, was sich mir an Sinn erschließt, und die doch vor allem darauf konzentriert ist – und also Abstand gewinnen läßt gegenüber dem alltäglichen Getriebe, gegenüber den nicht enden wollenden Alltagsmühen und dem aufgeregten Besorgen des eigenen Lebens, der eigenen Gesundheit. Diesem Wirbel des scheinbar so Dringlichen und doch so Nichtigen gegenüber ist es gut zu wissen, daß das alles ein Ende haben wird, auch und sogar das, was mich körperlich beschwert und mir zu schaffen macht. Ohne solchen Abstand, ohne diese Überlegenheit fände ein Mensch nie zu sich selbst, würde er nie wissen, daß er ein unverwechselbares, *dieses* einmalige Ich ist. Er geht sonst unter, obschon er weiterlebt. Und er wird nie die Aufgabe ergreifen, die das Leben selbst stellt: nämlich in dem, was ist und geschieht, zu sich selbst zu finden, sich mit unbedingten Inhalten – mit Wahrheit – zu identifizieren und in *diesem* Sinne *Person* zu werden, *selbst* etwas zu sein.

So dem Leben zugewandt, um es zu erfüllen und nicht dem

---

[42] S. KIERKEGAARD, An einem Grabe. Drei Reden (1845), Ges. Werke, hg. u. übers. v. E. Hirsch u. H. Gerdes [wie oben zu Einleitung 3., S. 15], S. 199.

Tod zu überlassen, wird einer ein Gespür für die Verletzlichkeit alles Lebendigen, für die Zerbrechlichkeit alles Schönen, menschlich Gelungenen entwickeln. Er begreift und läßt sich darauf ein, daß das Gute und Geglückte, etwa eine Liebe, nur ist und bleibt, wenn es auflebt und gedeiht im schonenden Umgang mit ihm. Man mag solche Wahrnehmung des Gelungenen als des zerbrechlich Zarten ablesen an den niederländischen Blumenstilleben des 17. Jahrhunderts, die in der Pracht ihrer klaren, fein nuancierten Farben zugleich Bilder der Vergänglichkeit selbst noch des erhabenen Schönen sind. Der Blick muß sich dazu nur umwenden, nicht an der Todverfallenheit haften und sich nicht einer schwermütigen Traurigkeit hingeben, sondern umgewendet, auf dem Hintergrund des Todes, ihn im Rücken, das dennoch Schöne, Gelungene als dem Tode Abgerungene erkennen. *Diese* Haltung erst ist die menschengemäße und menschliches Leben fördernde, die den Tod sehr wohl kennt und doch hinter sich läßt und über den Tod hinweg *hin*sieht auf das dennoch Liebenswerte, Erfreuliche.

Das Leben solchen zuversichtlichen Vertrauens ist ein gefaßtes und doch fürs erste auch argloses Leben; es ist eben nicht von Grund auf mißtrauisch. So leben, das heißt gerne leben und aus dieser Haltung heraus allen Lebensäußerungen Anderer eine gewisse Freundlichkeit entgegenbringen. Verstehen will ein solcher – und nicht nur sich selbst bestätigt sehen. Ein aufrechtes Leben ist das: nüchtern und möglichst illusionslos und doch unbefangen offen für jede erfreuliche Überraschung. Einem solchen Menschen, einem derart Glaubenden, wird das Integre, das Gelungene wichtig und nahe und gerade das Auffällige, des Aufhebens Werte, weil gar nicht Selbstverständliche sein. Ihn trägt die Vertrauens-Gewißheit, daß nichts an Gutem und Sinnvollem, was je gelang, gänzlich verloren sein kann.

Und so wird einer auch zu seiner eigenen Begrenztheit finden und sie akzeptieren lernen. Wohl bleibt alles Wesentliche in der endlichen Zeit unfertig und unvollendbar; aber nur in der Beschränkung ist der Mensch wirklich und frei, ist er er selbst und kann er seiner selbst, seines Lebens, bewußt werden. Er gelangte sonst nie aus der Unbestimmtheit, aus der konturenlosen Unkenntlichkeit heraus, käme sonst nie zur Klarheit über sich selbst. Nur wo ein Mensch sich auf die Begrenztheit einläßt, kann er auch das in etwa Zustandegebrachte gut sein lassen, stehen lassen, es dieses bestimmte und besondere sein lassen. „Als grenzlose, nicht endliche Wesen wären wir ausgegossen – ins Nichts: in die Nichtigkeit unserer halt-losen und darum formlosen Aktivität." (A. Plack)[43] Leben wäre ein endloses „Immer so weiter"; nichts wäre abgeschlossen und bestimmt. Doch wohl nur gelassen und vertrauend auf das Nichtvergebliche, vielmehr Unvergängliche der Wahrheit und der Liebe, also Gottes, kann einer seine eigene Begrenztheit annehmen und an ihr arbeiten und *so*, ohne Flucht, im Jetzt der Gegenwart leben.

Dieser erste Gedanke zu einer Lebensführung, die das Leben nicht dem Tod überläßt, sei in einer bestimmten Hinsicht vertieft – was zu einem zweiten Gedanken führt.

In der Spanne Zeit, die jedem von uns vergönnt ist, bewußt und im Einverständnis mit Gott – im Widerstand gegen den Tod – leben, das heißt, das Leben erfüllen und es nicht dem Leeren, Nichtigen überlassen. Das aber wird nur sein, wenn einer in seiner Lebenszeit Unbedingtes *für* sich *selbst* gewinnt; denn nur Unbedingtes ist nicht dem Tod verfallen. Unbedingtes für sich selbst gewinnen, das meint, in der Auseinandersetzung mit dem, was ist und geschieht, und in der Selbstaneignung von Wahrheit immer mehr *selbst*, immer mehr diese individuelle, ganz eigene *und* im Blick auf ihren Fundus inhaltlich bestimmte *Person* werden. Es heißt also, nicht nur sich immer mehr darüber klarwerden, was man selbst will und für welche Wahrheit man steht, sondern vor allem sich in der Auseinandersetzung des Lebens immer mehr von der Wahrheit erfüllen lassen, die man für sich selbst erkannt hat, in der man selbst sein will und also sich als diese

---

[43] A. Plack, Philosophie des Alltags, Stuttgart 1979, S. 39.

Person selbst bestimmt. So nur ist ein Mensch als diese individuelle Person für Andere identifizierbar, ist er ansprechbar als dieses unverwechselbare Du und für seine Anderen unersetzbar.

In der Auseinandersetzung mit seinem Lebensgeschick und im Sicheinleben in den Sinngehalt, der sein Leben lebenswert macht, wird ein Einzelner zeitlebens er selbst, diese individuelle Person. So erfüllt sich ein Menschenleben, indem es das bloß Zeitliche, Vergehende überwindet – was doch nicht geschieht ohne das immer wieder nötige Loslassen seiner selbst ins Unbekannte hinein und was sich nur zu oft nur im Durchgang durch das Scheitern und im Sterben unserer Wünsche vollzieht. *Und* es erfüllt sich das Leben eines Einzelnen, indem ihm bleibend Gutes, Verläßliches gelingt und er darin er selbst, diese Person, sein kann. Wo ihm dies vergönnt ist, und keinem ist das vorenthalten, da ist er *darin* unvergänglich.

Dieses Werden zu sich selbst als Person, das in Auseinandersetzung und Selbstaneignung geschieht, ist Tat und Widerfahrnis, Gnade und Aufgabe zugleich. Es wird einer sich durchdringen lassen wollen von dem, was sich für ihn bejahbar in sein Leben eingezeichnet hat; und also wird er selbst wollen und folglich mehren, was ihm an Gutem erwachsen ist. Dieses Person*werden* – im Sich-erfüllen-lassen und Sich-selbst-bilden – gilt für alle Menschen. Und sei es noch so unscheinbar und kaum merklich, ist jeder für sich selbst und für Andere nicht nur etwas, sondern *selbst* etwas – ist er unaustauschbar diese Person und insofern unersetzbar.

Lebenslang geht in das, was ein Mensch *selbst* ist, in seine Identität, ein, was er an Gutem und Gelungenem glücklich erreicht, an Wahrheit erkannt, an Liebe erlebt, aber auch an Leid und Schmerzen ausgestanden hat. Das prägt diesen Menschen; das macht ihn zu dem, der er ist. Ja, auch das Durchlittene gehört dazu; denn wie will einer Mensch, diese Person, werden ohne Schmerzen? Und wie er zu all dem, was ihn so prägte, *selbst* Stellung nahm und nimmt, wie er also sein Leben selbst führt: im

Aufblick zu Gott, im Einvernehmen mit Gott, oder in Gleichgültigkeit gegen die Wahrheit und in der verschlossenen Selbstverabsolutierung, das macht ihn zu dieser Person: letzten Endes leer in sich – oder erfüllt.

Das, was ein Mensch nach Leib und Seele in seinem Personsein, in seiner inneren Mitte, nach seinem innersten Wesen ist, das ist das Ureigenste dieses Menschen, und doch ist er das nie nur für sich allein. Denn er ist das nie nur *aus* sich allein. Er ist das aus dem Sinn und Geist, aus dem er lebt, den *er* lebt und darstellt. Und so gerade ist es das, was gerade *ihn* ausmacht, ihn erfüllt und sich äußert in allem, was er tut, will und versteht, bis in seine Leiblichkeit, bis in seine Art und Weise, sich zu geben, hinein. Es ist sein individuell Besonderes, das Persönliche dieses Menschen – und also auch das, was ihn *liebenswert* macht.

Diese persönliche Mitte, dies innerste Wesen, äußert sich in allem, was dieser Mensch ist und tut, und ist *selbst* doch nicht sichtbar, äußerlich nicht wahrnehmbar: Nur die Augen der Liebe sehen die Person. Mithin geht kein Mensch auf in dem, was er jetzt ist und was mit der Zeit geht, ist er mehr als nur das, was er je aktuell von sich weiß; und vor allem ist er, was er *selbst* ist, nie nur für sich allein, sondern immer *mit* den Anderen, in Auseinandersetzung mit Anderen, und für Andere. Und er ist das anders und mehr, als er je von sich wissen kann. Allein von der Wahrheit selbst, nur in Gottes Geist, sind wir ganz erkannt.

Vermutlich ahnt jeder, daß es im Leben des Menschen auch Beständiges, Zeitüberlegenes gibt: Nicht-vergebliches, das bewahrenswert ist – und daß er gerade darin als er selbst leben, also Person sein kann. Das, was in Liebe gelungen und als ein Stück Wahrheit auch für Andere kenntlich war, möge in dieser Weise zu mir selbst gehören und mich erfüllen. Was nun aber ein Mensch in Gottes Geist und *so* als er selbst ist, das vergeht nicht, *wenn* – was noch zu bedenken sein wird – Gott dem Tod überlegen ist.

Solange wir leben, bleibt allerdings in uns ein ungelöster Zwiespalt. Wir sind immer und immer wieder gerade die nicht, die wir im Glauben sein wollen; wir beladen unser Leben mit Schuld. Nie sind wir *selbst* ganz durchdrungen von der Wahrheit, von der wir leben, nie unstrittig identisch mit dem, was uns erfüllt und bewegt, wenn wir mit Gott leben. Immer wieder erfahren wir uns gerade im Glauben auch als abständig von Gott und entzweit mit ihm, dem wir doch im Glauben verbunden sind. Deshalb bleibt in uns ein Widerstreit, der nur als Schmerz der Reue und der Mangelhaftigkeit zu ertragen ist. Und deshalb gelangen wir zeitlebens nie *selbst* zur Eindeutigkeit. Nie sind wir ganz Person, ganz wir selbst, erfüllt und eins mit dem Glauben und mit Gott. Unser Glaube bleibt ein Ringen mit Gott und mit uns selbst. Solange wir leben, ist offen, was aus uns wird – kann, daß wir nicht vergeblich gelebt und also nicht verloren sind, nur Gegenstand unseres alle Erfahrung übertreffenden Glaubens und unserer Hoffnung sein. Wir sind noch auf der Suche – oder mit R. A. Schröder gesprochen: „Wir stehen noch in der Hütten, wir sind noch nicht daheim."[44] Noch sind wir nicht völlig eins mit Gott und darum auch im Glauben nur zwiespältig bei uns selbst.

Erst im Tod wird sich diese innere Strittigkeit schließen. Erst im Tod gelangt ein Mensch zur Eindeutigkeit. Die ganze, restlose Erfüllung des Lebens ist sein Ende. – Doch ob er im Tod auch zur Endgültigkeit in Gott gelangt, zu Gottes Eindeutigkeit? Das wird davon abhängen, was diesen Menschen erfüllt, was ihn als Person ausmacht und er also selbst gelebt und verwirklicht hat: ob er wirklich und wahrhaftig *Person*, also Person verläßlicher, bleibender und in diesem Sinne endgültiger Wahrheit und Liebe war, eine Person im Geiste Gottes war. Solche Endgültigkeit, die auf diese Weise im Tod erlangt wird, ist eine ganz andere, weil dem Tod überlegene als die, die der Tod an sich hat. Denn er, der Tod, an sich ist nur das Ende und die Zerstörung des Lebens. Gegen seinen Eigensinn, der doch keinen Sinn gibt, ist *der* Tod, der im

---

[44] R. A. Schröder, Wir sind noch in der Hütten, 4. Strophe, in: R. A. Schröder, Die geistlichen Gedichte, Berlin/Frankfurt a. M. 1949, S. 244f.

Leben überwunden ist, die richtend-klärende Vollendung der Person. Dessen eingedenk sein, das heißt gegen den Tod leben.

Das Gegenbild endgültiger Todverfallenheit jedoch läßt sich nur ausphantasieren, wirklich nur *erdenken*. Es ist die Vorstellung endgültiger Verdammung, daß also ein Mensch gänzlich vergeblich gelebt haben könnte. Das wäre ein Mensch, in dem keine Spur von Liebe, noch nicht einmal eine Sehnsucht nach Liebe war, oder einer, der alles, was an Wahrheit und an Liebe war, restlos nur vertan und zertreten hat, ohne auch nur einen Funken von Reue, so daß von ihm kein einziger Schimmer von Licht ausgehen konnte, sein Leben also nichts als Brutalität, nur Lug und Trug war. *Das* ist jedoch von einem konkreten Menschen gar nicht vorstellbar. Wie also sollte das je einer, und hätte er auch noch so viele vermeintliche Hinweise, von einem Anderen oder von sich selbst annehmen können?

Noch ein dritter Gedanke über das Leben, das dem Tod entgegen gelebt wird, sei skizziert. Ein Mensch, wenn immer er sein Leben im einverständigen Zutrauen zu Gott führt, gehört in dem, was er in diesem Sinne persönlich ist, nicht nur dem Zeitlichen, Vergänglichen an. Wenn einem Menschen im Glauben an Gott gelang, was S. Kierkegaard „das Höchste" nennt, „was ein Mensch vermag" – nämlich „eine ewige Wahrheit wahrzumachen, das selbst zu bewahrheiten, was wahr ist, indem man es tut, indem man selbst der Beweis ist mit einem Leben, das vielleicht auch andere wird überzeugen können"[45]: so ist dieser *darin* – was er für sich doch nur hoffen kann, denn noch ist es nicht ausgemacht – über den Tod hinaus. Wem sein zeitliches Leben vom Ewigen Gottes durchdrungen ist, wem im endlichen Leben Bleibendes, Göttliches gelang, dem raubt der Tod nicht den Gehalt,

---

[45] S. Kierkegaard, Ausgewählte Christliche Reden, übers. v. J. v. Reincke, Gießen ²1909, S. 83 = Christliche Reden 1848; in: Ges. Werke, hg. E. Hirsch u. H. Gerdes, 20. Abt. (GTB 618), S. 103.

den Fundus seiner selbst; dem vernichtet der Tod nicht das Wahre, sein Ureigenes und Persönliches – es wäre sonst Gott selbst vernichtet. Aus der Stärke eines in diesem Sinne erfüllten Personseins heraus – einfach weil er weiß, wofür er lebt – kann er folglich dem eigenen Tod gelassen entgegensehen, obschon doch der Tod alles verdunkelt. *Sein* Tod verliert *den* Schrecken, der in der Angst um das ungelebte Leben, in der Furcht, sein Leben nicht auszuleben, liegt. „Denn die Ewigkeit, sie gibt Füße, darauf zu gehen" (S. Kierkegaard).[46]

Das ist der dritte Gedanke: Daß in der an Gott sich haltenden Gewißheit des Glaubens der Tod, der doch dunkel ist und bleibt, seinen alles vernichtenden Schrecken verliert, und daß darum ein Mensch seinen Tod, wenn er kommt, gefaßt auf sich nehmen kann. „... denn der ist zum Sterben fertig, der sich lebend zu dir hält." (K.J.Ph. Spitta)[47] Ein solcher Mensch kennt die Furcht vor dem brutalen Faktum, daß sein sichtbares Leben todsicher einmal zu Ende sein wird und er als Mensch nicht wiederkehrt; *aber* er bleibt in der Furcht des Todes nicht stecken. Ihm weicht der das Leben verdüsternde Schrecken des Todes – und damit tritt das Leben ins Licht, das jetzt zu leben ist. Für einen solchen Menschen ist der „Stachel" des Todes getilgt.

Jeder Mensch, der in sich lebendig und nach außen tätig ist, wünscht sich ein langes, „erfülltes" Leben und nicht den Tod. Jetzt schon, mitten im Leben, dem unbekannt dunklen Ende entgegensehen, auf den Tod gefaßt sein und doch wider ihn leben, das meint etwas ganz anderes als traurig resignierte Müdigkeit. Die „Ewigkeit" wird nicht errungen in einer „Kontemplation" über sie, „sondern ... im Kampf mit der einen Waffe – der Bereitschaft

---

[46] S. Kierkegaard, Christliche Reden 1848; in Ges. Werke, hg. E. Hirsch u. H. Gerdes, 20. Abt. (GTB 618), S. 169.
[47] K.J.Ph. Spitta, Bei dir, Jesu, will ich bleiben (Evang. Kirchengesangbuch 279), V. 4.

zu sterben." (A. Terz / A. Sinjawski)[48] Nur denjenigen kann man nicht bis zur äußersten, gemeinsten Unmenschlichkeit erniedrigen, nur den kann man nicht zur Aufgabe seiner Person zwingen, der die Todesfurcht überwunden hat und der darum, wenn es sein muß, zu sterben sich nicht scheut. Nur er ist im Letzten, Äußersten frei. Man kann ihn umbringen, aber ihn selbst und als Person nicht vernichten: Er ist nicht zu besiegen. Oder umgekehrt gesagt: „... der Preis" der „Freiheit ist immer der Tod, die Bereitschaft dazu." (R. Schneider)[49]

Keiner kann wissen, ob ihm im Äußersten („in extremis") solche Todesbereitschaft gegeben sein wird, nur hoffen und erbitten kann man das. Aber sie bewährt sich und will eingeübt sein nicht nur als Mut und Einsatz für die Wahrheit, für die von mir geglaubte Überzeugung, sondern zugleich als innere Gefaßtheit für das ganze, immer zweideutige und unheimliche, nie abgeklärte Leben. Immer ist auch ins Dunkle, zuweilen erschreckend Unbekannte hinein zu leben; und der Glaube wird gefaßt darin Gott erwarten: Gott gerade da erwarten, wo nichts zu erwarten zu sein scheint. Das wache Leben ist selbst ein Einüben ins Sterben.

So zu leben, sei uns vergönnt nicht nur angesichts der Schrecknisse des Lebens, die zufällig über uns kommen, nicht nur in den Abschieden, die nicht ausbleiben, und nicht nur angesichts des unsäglichen Leidens, das um uns ist. Daß das Leben durchzogen von Sterben ist und also zum bewußten Leben die Bereitschaft zu sterben gehört, gilt noch viel weiter. Man muß ja lernen – schweren Herzens und doch gelassen – eine Sache abzuschließen, sie dahingestellt sein lassen. Neues wird nicht, ohne daß Altes vergeht – und wird doch nur gut, wenn das Gute des Alten aufbe-

---

[48] A. Terz (Sinjawski), Gedanken hinter Gittern, Wien/Hamburg 1968, S. 104.

[49] R. Schneider, Der Friede [wie oben zu II. 5., S. 134], S. 188.

wahrt und aufgehoben im Neuen ist. „Dankbarkeit unter Tränen" hat S. Kierkegaard das genannt.[50]

Jene Bereitschaft gilt für alles wache Leben. In jeder gelebten Beziehung, bei allem Leben in Gegenseitigkeit, lassen die Einzelnen sich immer auch los, sehen sie von sich ab und begeben sie sich in die Gemeinsamkeit mit den Anderen hinein. Es wäre sonst kein menschliches Zusammenleben. Die Frage ist nur, ob einer bereit ist, dies wach, bewußt zu tun. Sieht nun einer ein, daß ohne solches Loslassen und Freigeben gerade auch keine innere Beziehung unter Menschen gelingen kann, so nimmt er in seiner Liebe das Todesmoment im Leben selbst wahr, indem er nicht aufhört, sich hineinzuwagen ins unbekannt Dunkle und noch dort Leben, neues Leben aus dem Tod, zu erwarten.

Und gleichfalls ist der Glaube selbst von dieser Struktur der Einübung ins Sterben. In ihm lebt ja einer über sich selbst hinaus, setzt einer sich Gott aus, damit sich sein *bloß* eigenes, auf sich *allein* bezogenes Ich verwandle und er in Gott erfüllt neu zu sich selbst finde: also zu sich finde in einem Sterben und Auferstehen zugleich. In solchem Glauben gefaßt kann ein Mensch ungeängstigt dem Schrecken des Todes entgegensehen – und das heißt, ohne Grauen dem letzten Schritt eben dieses Glaubens entgegensehen. Jedoch, diesen letzten Schritt dann in der Stunde des Todes wirklich *tun* als Schritt eines im Vertrauen mutigen Glaubens: das ist der Ernstfall für den Glauben, *die* Mutprobe des Glaubens. Wird dieser Schritt vollbracht, so ist er der Schritt ins schweigende Dunkle des Todes hinein, in welchem einer sich hineinbegibt und sich losläßt – nicht eigentlich in dies Dunkel hinein, sondern in die reine Erwartung Gottes *in* diesem Dunkel. Er ist also der Schritt eines alles Denken und Fühlen übertreffenden Muts, in welchem ein Mensch im Glauben sich weit über sich selbst hinaus ausstreckt

---

[50] S. Kierkegaard, Der Herr hat's gegeben; in: Vier erbauliche Reden (1843), in: Ges. Werke, hg. E. Hirsch u. H. Gerdes 7.–9. Abt. (GTB 606), Gütersloh o.J., bes. S. 12. 20f.

nach Gott, um einzugehen in Gott. – In solchem, noch vor dem Tod gefaßten, gelösten Glauben weicht die Verdüsterung des Lebens durch den allezeit drohenden Tod.

Aber, um nicht mißverstanden zu werden: Auch für den Glaubenden bleibt der Tod als Tod dunkel, stockdunkel, wie er für die Liebe bitter ist. Das abstoßend Starre, nächtlich Kalte, Lebensfeindliche des Todes wird nicht etwa vom Glauben „aufgeklärt", wird von ihm nicht überspielt. Auch im Glauben sehen wir Menschen nicht mehr, als daß der Tod uns ganz verschlingt. Aber der, der glaubt, hofft und sehnt sich, daß der Glaube sich – in der Kraft eben des *Glaubens* – noch in der Nacht des Todes durchhalte. Und so hält er den Glauben an Gott in die Nacht des Todes *hinein* und hält sich selbst an Gott.

Die Frage jedoch: „Und was kommt danach?" weiß ich nicht sinnvoll zu stellen. Denn ich denke, es ist nichts mehr zu erfragen. M. Luther möchte ich nachsprechen, der freilich von „Seele" spricht, wo wir „Person" sagen: „Lieber Gott, in deiner Hand steht meine Seele, du hast sie erhalten in meinem Leben, ich habe nie erkennen können, wo sie sich befindet. Darum will ich auch nicht wissen, wohin du sie jetzt tun wirst. Das allein weiß ich gewiß: sie steht in deiner Hand, du wirst ihr gewiß helfen."[51]

In Hirschhorn am Neckar trägt die Stirnseite eines Hauses aus dem Jahre 1608 die Inschrift: „Ich leb und weiß nit, wie lang / muß sterben, weiß nit, wann. / Doch steht mein Leben und End / alle Zeit in Gottes Händ." Das gleiche drückt W. Schnurre im Jahre 1985 so aus: „Abrufbar sein. Dennoch den Tag als Ewigkeitspartikelchen sehen."[52]

Noch einmal sei wiederholt: Nicht das ist die Frage, was nach dem Tode wird, sondern ob und in welcher Kraft der Glaube

---

[51] M. LUTHER, Weimarer Ausg. (WA) 10/I, 301; zitiert nach: Heute mit Luther beten. Eine Sammlung von Luthergebeten, hg. F. Schulz (GTB 272), Gütersloh 1978, S. 64.
[52] W. SCHNURRE; in: ZEIT-Magazin Nr. 42, 11. Okt. 1985, S. 8.

auch im Sterben und im Tod hält. Zu fragen ist, ob man das *kann*, ob denkbar ist, daß man das kann: „stehn im Glauben bis ans End und bleiben von dir ungetrennt."[53] Ich bin überzeugt: das wird nicht sein, der Glaube bleibt nicht, wenn der Glaubende sich im Sterben ganz allein auf sich gestellt und also verlassen wissen müßte – wenn Christus nicht bei uns in der Nacht äußerster Verlassenheit wäre.

Der Grund dieser Überzeugung soll uns im letzten Kapitel beschäftigen.

C. *Sterben können*

Wie und in welcher Form der Tod über uns kommt, die Zeit des Sterbens sich für jeden gestalten wird, wissen wir nicht. Jeder ist dem ausgeliefert. Nicht wenige Menschen müssen schwer oder grausam sterben, manche unter gräßlichen Qualen, an einer auszehrenden Krankheit, andere unter Folter und wieder andere verdürstend, zwischen Bewußtsein und Bewußtlosigkeit schwankend; zuweilen ist, als könne einer, obschon vom Tode gepackt, einfach nicht sterben. Wohl keiner stirbt ohne Stöhnen. Ja gewiß, wir suchen uns Art und Weise des Sterbens nicht aus. Aber Menschen, Christen, bitten um Bewahrung „vor bösem schnellen Tod", bitten um „einen sanften Tod".[54] Menschen gemäß ist, wenn einem das vergönnt wird, bewußt zu sterben; als eigene und unvertretbare Aufgabe wahrnehmen zu können, den Tod zu bestehen.

---

[53] J. Zwick, All Morgen ist ganz frisch und neu (Evang. Kirchengesangbuch 336), V. 4.

[54] M. Luther, Die Litanei (Evang. Kirchengesangbuch 138). Vgl. die Nachdichtung von Luthers Morgensegen durch G. Niege, Aus meines Herzens Grunde (Evang. Kirchengesangbuch 341), V. 3 – und M. Claudius, Der Mond ist aufgegangen (Evang. Kirchengesangbuch 368), V. 6.

Zum bewußten Sterben gehört wohl – als letzte, auf das Leben und die Anderen gerichtete Tat – das wissende Abschiednehmen. Darin schon zeigt sich, ob ein Mensch *frei* gelebt hat und folglich sterben kann. Denn wer am Leben hängt, weil er „glauben" zu müssen meint, er habe nicht genug vom Leben gehabt, nicht genug er-lebt: wie sollte er Abschied geben, loslassen und mithin sterben können? Freilich, das Abschiedgeben, wenn es zum Sterben kommt, ist das allerschwerste im Leben, denn es ist ja bereits von Endgültigkeit bestimmt. Ein Abschied ist das nicht nur im Blick auf die Anderen, die Nahen und die Weggenossen; vielmehr steht ein Abschied vom Leben selbst an, von den eigenen nicht realisierten Möglichkeiten, vielleicht von einem angefangenen und nun nicht mehr auszuführenden Werk. Alle Werke eines Menschen, die er hinterlassen könnte, beerbbar für die Nachkommenden, sind bestenfalls bruchstückhaft. Welche Stärke der Gelassenheit und welche Gnade ist es da, wenn einer, dem Tode nahe, von der Sache, für die er sich einsetzte und von der er lebte, zurücktreten kann in der Gewissheit, sie wird bleiben und weitergehen, auch wenn er nicht mehr tätig sein wird. Nur die Sache eingesehener Wahrheit und gelebter Liebe ist derart. Wirklich letzten Abschied *geben* und ruhig in den Tod gehen kann der, der weiß: „Die Sach ist dein, Herr Jesu Christ, die Sach, an der wir stehn, und weil es deine Sache ist, kann sie nicht untergehn." (S. Preiswerk)[55]

Wenn der Tod naherückt, wie leicht und wie natürlich kommt dann schwermütige Traurigkeit darüber auf, daß alles ein Ende hat und für den Betroffenen nicht mehr sein wird. Doch was einer am Abend des Tages tun kann, den gelebten Tag und das stückhaft vollbrachte Werk aus der Hand geben und Gott anbefehlen, das kann er auch, ist er nur stark genug, am Ende aller Tage, am

---

[55] S. Preiswerk, in: Evang. Kirchengesangbuch. Ausgabe der Nordelb. Evang.-Luth. Kirche 445, V. 1.

Abend seines Lebens tun. In der Martinskirche in Müllheim/Baden steht ein Epitaph aus dem Jahre 1742 für eine Amtsfrau, auf dem es, fern aller Melancholie, heißt: „Sie gibt der Welt eine gute Nacht / bis sie zum Leben auferwacht".

Das *Sterben* selbst aber ist für den Betroffenen das letzte Ereignis seines *Lebens* und, wenn es bewußt ist, *seine* letzte, jedoch allerschwerste Tat. In seiner letzten, äußersten Wehrlosigkeit möge sie ihm vergönnt sein. Es möge ihm also gegeben sein, *selbst* Ja zu sagen zu seinem Tod, dem er sich doch fügen muß. Es ist, notiert D. Hammerskjöld in seinem Tagebuch, „das Schwerste: recht zu sterben. – Ein Examen, dem keiner entgeht – wie viele bestehen es? Und du selbst, bete um Kraft für diese Prüfung – aber auch um einen milden Richter."[56] Doch nicht wenige Menschen haben davon berichtet, daß Sterbende ihre letzte Lebenszeit und -stunde ganz ungewöhnlich dicht und stark gelebt haben. Aber immer ist, selbst sterben zu können, höchste Gnade und größtes Werk zugleich. In A. Terz'/A. Sinjawskis Worten: „Wir werden das Schicksal um einen ehrenhaften, würdigen Tod bitten und ihm nach Kräften entgegentreten, so daß wir unser letztes und wichtigstes Werk auf würdige Weise vollenden, das Werk des ganzen Lebens – zu sterben."[57] Nur wünschen und erbitten kann man sich das: daß das Sterben als der letzte Schritt ins Ende des Lebensweges dem Entscheidenden dieses Lebens angemessen und also mir als Person gemäß sein möge.

Sterben als Tat des Ja-sagens zum eigenen Tod, wenn er eintritt und mithin zu erleiden ist, bedeutet, sich im Äußersten, in der letzten Not dem Tod stellen *und* ihn annehmen – und sich in ihn hinein, so ungeheuerlich das zu sein scheint, loslassen können,

---

[56] D. Hammerskjöld, Zeichen am Weg [wie oben zu IV. 1., S. 174], S. 50.
[57] A. Terz/A. Sinjawski, Gedanken hinter Gittern [wie oben zu VI. 3. B., S. 358], S. 93f.

weil man sich Gott, der Wahrheit seines Personseins, überläßt und anvertraut. So sterben zu *können*, heißt würdig sterben.

Sterben ist, wo es gelingt, das eigene Zuendeführen nicht nur meines Lebensweges, sondern zugleich meines Lebenssinns. Da jeder Mensch zu jeder Lebenszeit immer auch die in ihm selbst, in ihm als dieser Person, aufgehobene Lebensgeschichte ist, wird das bewußte Sterben vollbracht als letzter, gleichsam das Ganze des Lebens einsammelnder Akt im Prozeß der Identität, in dem ein Mensch diese Person wird. Sterben, bewußt vollzogen, bedeutet so, sein Leben *selbst* zum Abschluß bringen, auf daß es wirklich einen Abschluß, eine Zusammenfassung habe. Und also zeigt es sich als das letzte Ja-sagen zum eigenen *Leben*: daß es das war, was es wurde – mein Leben.

Einsam und ganz allein stirbt der Mensch. Darum ist um den Sterbenden eine Scheu und ein Ernst, nimmt er doch, ihm selbst bewußt oder nicht, Abschied von allem, was ihn mit seiner Welt verband. Alles bloß Äußerliche, Konventionelle, alles „Rollenverhalten" fällt von ihm ab. Sorgen und Vorhaltungen erreichen ihn nicht mehr. „Wie einer nackt von seiner Mutter Leibe gekommen ist, so fährt er wieder dahin" (Pr. 5,14; vgl. Hiob 1,21). Allein mit sich, ist er mit sich selbst, mit seiner Lebensgeschichte, konfrontiert, und unvermeidlich wird die Frage vor ihm aufstehen, ob er trotz manchem Unbewältigten mit sich einverstanden, sein gelebtes Leben gut sein lassen kann. Und weil das Sterben als der letzte Schritt eines Lebenden diese ganz einsame und allerinnerlichste Frage stellt, deshalb bedarf der Sterbende so dringlich *für* seine Einsamkeit, die ihm nicht weggenommen oder vorenthalten werden darf, des ruhigen Beistehens Anderer, deren gefaßter Begleitung, ihres Tröstens und ihrer Gebete.

Im Sterben erlebt der Mensch die Unverfügbarkeit des Lebens, das eben nicht von ihm zu „machen" ist. Und darin stellt sich jedem, einzeln und für sich, die Frage nach dem Geist, der sein Leben bestimmte, der es trug und der ihn als diese Person prägte. Der „physische Tod verdichtet – und verklärt zugleich auf geheimnisvolle Weise –" die „Geisteshaltung", die ein Menschenleben formte (O. Clément).[58] Was sich im Sterben verdichtet und vollzieht, das ist die Person des Betreffenden selbst in deren Undurchschaubarkeit. Es geschieht und vollzieht sich das Geheimnis, das jeder doch auch für die Anderen und für sich selbst ist, insofern kein Mensch im Äußeren, Feststellbaren aufgeht und keiner den Anderen und keiner *sich* je ganz kennt. So ist im Sterben die Person ganz präsent – und ist darum in ihrer Unantastbarkeit zu respektieren. Der Mensch in seiner Würde stirbt. Diese Würde, die ihm als Person zukommt, ist ihm im Sterben nicht zu nehmen, sondern dazu ist ihm, soweit das von außen möglich ist, nach besten Kräften zu verhelfen (H. Schiedermair).[59]

Also stirbt, wer selbst zu sterben vermag, in sich hinein. Sterbend zieht sich der Mensch nicht nur in sich zurück, sondern er verschließt sich in sich, entzieht sich jedem Äußeren – und stirbt so und darum dem Leben ab. Er ist, wenn man so sagen darf, nur noch sein Inneres, seine geistige Mitte als Person, nur noch das Geheimnis, das er als Person ist – und darüber erstarrt sein Äußeres, und zerfällt folglich sein Leib.

Aber offen ist im Sterben, was auch im Leben nie vorweg ausgemacht ist, was jedoch im Sterben, so oder so, mit einem letzten Ernst geschieht: Ob die letzte Tat des Lebenden, der Schritt in den Tod hinein, ein Sturz ins abgründig Leere, Nichtige und Zerstörerische ist, oder ein Sichloslassen und -anheimgeben dem Geist, dem Gott, in dem man diese Person ist, weil man davon lebt, lebt noch im Sterben?

Gerade im Anblick des Todes ist der Glaube an Gott zu seiner höchsten Probe gefordert; denn es gilt, gegen den Tod zu glauben

---

[58] O. Clément, Das Meer in der Muschel [wie oben zu III., S. 152], S. 53. Der zitierte Satz ist freilich von O. Clément erheblich eingeschränkter formuliert.

[59] Den Gedanken der Menschenwürde im Sterben verdanke ich einem Diskussionsvotum H. Schiedermairs und einem anschließenden Gespräch im November 1982.

– ins Dunkle, in die Nacht des Nichtwissens hinein. Nicht ohne Beben und Bangen wird das sein. Aber ob es ein Schritt in dem alles wagenden, also sich selbst wagenden und alle Erfahrung überflügelnden Zutrauen zu Gott sein wird: zu dem Gott, von dem der Glaube glaubt, daß er noch in aller Finsternis uns sucht, daß er der *ist*, der nicht aufhört, auf uns zu warten, und dessen Schmerz um uns brennt, solange wir nicht bei ihm daheim, eins mit ihm sind? Gott gebe es. Es hieße, daß einer sich in seiner leiblichen Sichtbarkeit *selbst* läßt, damit das Unvergängliche, Ewige seiner selbst aufersteht.

Noch im Tod steht dem in seiner Lebenszeit Glaubenden eine Gottesbegegnung bevor; denn Gott ist noch *im* Tode. Diese allem Sichtbaren und allem üblichen Denken unfaßliche Behauptung sagt das Christentum als Bedeutung des Todes Jesu aus.

Dem wird im folgenden Abschnitt und im letzten Kapitel nachzudenken sein.

4. Abschnitt: Unser Tod und Jesu Leben aus dem Tod

Alles umwendende Bedeutung spricht Luther dem Glauben zu; er sagt von ihm: „Der Glaube macht alle Dinge gut, auch den Tod."[60] Wie bereits ausgeführt ist, ist dem Glauben der Tod noch etwas ganz anderes, als er an sich selber ist, weil in ihm noch etwas ganz anderes *geschieht*, als er in seiner zerstörerischen Gewalt ist: nämlich die verwandelnde Vollendung in den Geist hinein, von dem dieser Mensch lebte, also ein letztes, versöhnendes Hineingelangen in die eigene Identität als diese Person.

Doch bevor dieser Gedanke einer persönlichen Endgültigkeit im Einswerden mit Gott weiter bedacht werden soll, ist *der* Frage nachzugehen, die sich schon lange aufdrängt: Was gewährt dem

---

[60] M. LUTHER, Das 7. Cap. S. Pauli an die Corinther (1523); in: Weimarer Ausg. (WA) 11, S. 108.

Glauben *diese* Gewißheit, diese Hoffnungsgewißheit, die für ihn ja keine vage Ahnung ist, sondern auf die er sich wagend verlassen zu können glaubt? Wird nicht im Gegenteil alle Hoffnung vom Tod widerlegt, der doch alles zunichte macht, was am Menschen vorhanden und zu sehen ist? Ganz sicher ist durch kein Gesetz des Kosmos garantiert, daß der Tod *nicht* das Ende vom Lied, *nicht* das letzte Wort, sondern daß Leben, wahrhaftes Leben, *aus* dem Tod, also durch den Tod hindurch und ihm überlegen, wirklich ist. Und sieht der Glaubende nur auf sich selbst und die eigene Kraft, so ist unzweifelhaft klar, daß er eine Gewißheit, die dem Tod gewachsen und also überlegen ist, nicht aus eigener Kraft hat. Was mithin verbürgt dem Glauben die Überwindung des Todes, was ermöglicht ihm die nie ausgemachte, nur auf Hoffnung hin zu wagende Gewißheit, daß der Tod besiegt werden *kann*, mir zur Vollendung des Lebens gereichen kann?

Ohne diese tod-beständige Gewißheit ist überhaupt keine begründete Hoffnung – oder, in der Sprache E. Blochs und Th. W. Adornos, ist überhaupt keine sinnvolle „Utopie" denkbar. In einem der letzten Rundfunkgespräche mit E. Bloch führt Adorno aus: „Ich glaube allerdings, daß ohne die Vorstellung eines, ja fessellosen, vom Tode befreiten Lebens der Gedanke an die Utopie, der Gedanke *der* Utopie überhaupt gar nicht gedacht werden *kann*." Damit stelle sich aber das fundamentale, doch ‚tief widersprüchliche' Problem, „daß sie [sc. die Utopie] auf der einen Seite ohne die Abschaffung des Todes gar nicht konzipiert werden kann, daß aber auf der anderen Seite diesem Gedanken selber ... die Schwere des Todes und alles, was damit zusammenhängt, innewohnt. Wo dies nicht drin ist, wo die Schwere des Todes nicht zugleich mitgedacht wird, da gibt es eigentlich auch keine Utopie."[61] – Ich denke, *die* Überwindung des Todes ist der

---

[61] [E. BLOCH – TH. W. ADORNO:] Etwas fehlt... Über die Widersprüche der utopischen Sehnsucht; in: E. Bloch, Tendenz-Latenz-Utopie (Erg.bd. zur Ges.Ausgabe) Frankfurt a.M. 1978, S. 350–368; Zitat: S. 360.

Schwere des Todes gewachsen, die in ihn eingegangen ist, ihn immanent aufbricht und folglich seine gänzliche *Um*wandlung erlaubt. Das neue oder wahre, weil tod-bestehende Leben erweist sich daran, daß es den Tod nicht sein läßt, was er an sich selber ist.

Deutlicher als Adorno hat wohl Hegel formuliert, was hier zu denken ist: „Der Tod ... ist das Furchtbarste, und das Tote festzuhalten, das, was die größte Kraft erfordert ... Aber nicht das Leben, das sich vor dem Tode scheut und vor der Verwüstung rein bewahrt, sondern das ihn erträgt und in ihm sich erhält, ist das Leben des Geistes. Er gewinnt seine Wahrheit nur, indem er in der absoluten Zerrissenheit sich selbst findet. Diese Macht ist er nicht als das Positive, welches von dem Negativen wegsieht ...; sondern er ist diese Macht nur, indem er dem Negativen ins Angesicht schaut, bei ihm verweilt. Dieses Verweilen ist die Zauberkraft, die es [sc. das Negative, den Tod] in das Sein umkehrt."[62]

Die hier gemeinte und zu denkende Gewißheit ist keine andere als die: Durch nichts, überhaupt nichts, auch nicht durch die Schrecknisse des Lebens und also auch nicht durch den Tod können Menschen, die mit Gott verbunden sind, aus Gottes Liebe fallen. Wie das Paulus von sich sagen kann: „Denn ich bin gewiß, daß weder Tod noch Leben," noch sonst irgend etwas Denkbares, uns Menschen Ängstigendes „kann uns scheiden von der Liebe Gottes" (Röm. 8,38f.).

M. Leist gibt zu bedenken: „Wenn schon unsere Liebe über den Tod hinaus dauert, könnte dann Gottes Liebe zu Ende gehen?"[63] Oder anders gefragt: Was wäre die Liebe, die doch immer *eine* ist und die Gott *selber* ist, ginge sie nicht noch in ihr Gegenteil, in die zerstörerische Lieblosigkeit, die der Tod ist? Sie wäre dann nicht göttlich, nicht unbedingt und absolut – sie wäre nicht zu *glauben*; auch und gerade sie erwiese sich dann vor dem Tod als Täuschung und leeres Versprechen. Worin also gründet

---

[62] G. W. F. Hegel, Phänomenologie des Geistes (PhB 114), Hamburg ⁶1952, S. 29f.

[63] M. Leist, Größer als unser Herz [wie oben zu VI. 1., S. 319], S. 107.

die Gewißheit, die sich vor dem Tode nicht geschlagen gibt; woher nimmt sie ihren zuversichtlichen Mut?

Die hier in ihrem Wahrheitsrecht zu denkende Gewißheit ist eben gerade *die*, von der von Anfang an in allen unseren Überlegungen über die Gewißheit des Glaubens die Rede war. Wir hätten so, wie wir von Gott und dem Glauben gesprochen haben, nicht sprechen – weil nicht *glauben* können – wäre *der* Gott, von dem wir sprachen, nicht der menschgewordene: wäre er nicht der, der ganz und rückhaltlos *sich*(!) ins Menschliche eingelassen hat und also auch in den Tod gegangen ist, und der folglich – weil darin sich als wahres Leben, als wahre Liebe erweisend – wirklich *Gott* ist. Wäre es nicht so: es wäre das Ungeheuerliche, alles umstürzend Verwandelnde nicht wahr – es wäre für Menschen, die sich zu kennen ahnen, kein Gott.

Und so verstehen wir nun, daß in allen unseren Ausführungen über den Glauben immer vorausgesetzt war: daß Gott sich ungeheuerlicherweise als dieser unbedingte Gott *einmal* unter Menschen erwiesen, *so* sich gezeigt, offenbart *hat* und unablässig und unausschöpfbar *so* unter Menschen, in unserem Leben, sich offenbaren *will*. Wir verstehen nun den Grund, weshalb sich der christliche Glaube der Geschichte und also der Person Jesu von Nazareth als des Christus erinnert, von der diese Einmaligkeit und fortdauernde Unbedingtheit Gottes ausgesagt wird: nämlich um seiner, des Glaubens, unbedingten, tod-bestehenden Gewißheit willen. Der Glaube an Gott nimmt aus dieser Geschichte und also von dieser Person seine ganze Gewißheit; das Wahrheitsrecht seiner Gewißheit liegt in dieser Geschichte. Sicherlich ist diese in ihrer geschichtlichen Besonderheit, in ihrer Einmaligkeit, nicht aus irgendeiner Denknotwendigkeit „abzuleiten"; aber zu *zeigen* ist: In einer *Menschen*geschichte ging Gottes Liebe, die unbedingte Liebe, bis ans Ende, bis in den Tod, um so zur Quelle *des* Lebens zu werden, das kein Tod tötet – und das einen Menschen ganz und wahrhaftig, in die eigene Unbedingtheit hinein, erfüllt, mit Gott eint und *so* zur bleibenden Person macht. Das ist zu zeigen, auf daß es zu *glauben* ist. Es erinnert sich der Glaube dieser Geschichte und also dieser Person *so*, daß ihm diese Person Jesus vollendet im neuen Leben des Geistes *gegenwärtig* ist: ihm in *deren* Geschichte *seine* Geschichte und deren Sinn aufgedeckt ist. – Und so auch verstehen wir, daß Paulus, wenn er davon spricht, er sei *gewiß*, daß nichts uns scheiden könne von der Liebe Gottes, hinzufügen muß: „von der Liebe Gottes, die in Christus Jesus ist, unserem Herrn." (Röm. 8,39)

Wichtiges und für das Verstehen wohl Unerläßliches ist dazu später noch auszuführen. Hier im unmittelbaren Zusammenhang mögen zwei Gedanken zum Grund der Gewißheit genügen: Die Gewißheit, die zum Glauben an die Todes-Überlegenheit der Liebe und der Wahrheit und darin der Person gehört, gründet in dem Erweis Gottes, daß nichts, auch nicht der Tod, Gott fremd ist *und* also wir durch nichts von Gott getrennt sein müssen. Denn was von Gott einmal erwiesen ist, das will er fort und fort für jeden von uns erweisen. Daß Gottes Liebe nichts Menschliches ausgelassen *hat* und darum auch für uns nichts auslassen will, sondern uns völlig und also noch in unserem Tod – todüberdauernd – erfüllen will: das gibt dem Glauben die unbedingte Gewißheit, die ihm, hält einer nur sie fest, nichts, auch nicht der Tod, widerlegen und also zerstören kann.

Man wird freilich den göttlichen, Gott erweisenden Sinn der Jesusgeschichte nur erkennen, wenn man sie, wie jede Menschengeschichte, mit Gott zusammensieht, zusammendenkt – sie also daraufhin ansieht, wie Gottes Sinn, unbedingter Sinn, sich darin verwirklicht. So sind im Blick auf Jesu Todesüberwindung zwei Gedanken zusammen und zugleich zu denken. Zum einen: Jesus hat den Tod, den ihm seine Gegner bereiteten, angenommen im Zuge und als Konsequenz seines Lebens für *das* Reich Gottes, in welchem alle Menschen Gott Zugehörende, Gottes Kinder, und darum in einer unverbrüchlichen, alle Unterschiede und Zertrennungen unter Menschen überwindenden und vergebenden Gemeinsamkeit sind. Er hat den Sinn, für den und in dem er lebte –

Gottes unbedingte und bedingungslose Menschenfreundlichkeit für alle und *im* Miteinander aller – in den auf sich genommenen Tod eingebracht und so den Tod überwunden. Er ging in den Tod eins mit Gott – er, der sprach: „doch nicht, was ich will, sondern was du willst" (Mk. 14,36); er, der also nicht nur von seinem Eigenwillen abließ, sondern dies Ablassen von seinem Eigenwillen selbst *wollte* und mithin so *selbst* wollte, was Gott will. Er ging in den Tod, indem er sterbend sprach: „Vater, in deine Hände befehle ich meinen Geist" (Lk. 23,46): indem er also den Sinn seines Lebens und so sich selbst Gott übergab und anheimstellte. – Und von dem so in den Tod gehenden Jesus wird nun das Ungeheuerliche gesagt: Diese seine Todesannahme durch den Zweifel der Gottverlassenheit *hindurch* hat sterbend den Tod überwunden. Damit erwiesen ist, wie der Tod zu bestehen, auszustehen ist.

Doch um das zu erkennen, bedarf es noch und zugleich eines weiteren Gedankens: Jesus lebt. Er *selbst* lebt, weil er für uns lebt – sich, eins mit Gott, *uns* im Leben der Menschen lebendig erweist. Er lebt, weil und insofern er uns als Person des ewigen, todüberlegenen Lebens aufersteht, lebendig wird. Er lebt, indem er das neue Leben im Geist lebt. Und er lebt das, indem er, eins mit Gott, in unserem vom Tod und von zerstörerisch Tödlichem gezeichneten, nie eindeutigen, immer auch zerrissenen Leben lebt. Er lebt in unserem Geist, wenn dieser wahrer Geist ist. Er lebt im Leben der Menschen, indem er unter ihnen in deren gekreuzigter Liebe lebt.

Ich weiß, das sind „dogmatische", vielleicht sogar sinnverschlossene Sätze: Sätze jedenfalls, die dringend der Entfaltung bedürfen. Aber sie müssen hier genügen, um zumindest ansatzweise verstehbar werden zu lassen, worauf christlicher Osterglaube sich gründet: nur (!) auf Gott und *eine* Geschichte.

In ihrem Buch: „Stationen der Hoffnung. Seelsorge an krebskranken Kindern" erzählt R. Fuchs vom sterbenskranken „Ralf", der eben noch seine Konfirmation feiert. Zum Schluß berichtet sie: „Kurz nach den Osterfeiertagen besuchte ich Ralf. Er war gerade in der Klinik von seinem Gemeindepfarrer eingesegnet worden, und nun ging es langsam mit ihm zu Ende. Er hatte schon auf mich gewartet, weil er eine für ihn wichtige Frage beantwortet haben wollte. ‚Stimmt das wirklich, daß dieser Jesus wieder lebendig geworden ist?' Ich erzählte dem Jungen, daß dieser Osterglaube die Grundlage für das ganze Christentum ist, daß für ihn viele Menschen ihr Leben geopfert haben, weil sie die Wahrheit kannten und bezeugen mußten. Ralf sah mich durchdringend an und fragte: ‚Und Sie glauben das auch?' Auf mein einfach Ja hin legte er sich zurück in seine Kissen, holte tief Luft und meinte: ‚Dann ist ja alles gut!'"[64]

Ja, nur dies: „dann ist ja alles gut" ist zu denken, um es mit dem Leben zu glauben.

Dem Glauben an *den* Gott, der sich in der Geschichte und im Todesbestehen Jesu als tod-überlegen erwies, ist der Tod, der eigene Tod, nicht die Vernichtung ins Nichts hinein – sondern dem Glauben verwandelt sich der eigene Tod zur läuternden, alles Nichtige vergehen lassenden Vollendung der Person in Gott hinein. Der Glaube *an Gott* glaubt, daß meine innerste Wahrheit, über die Zwiespältigkeit in der eigenen Lebensgeschichte hinaus, im Tod, im Ablassen von mir selbst, das mich Versöhnende, Einende sein wird.

So hofft ein Mensch seines Glaubens gewiß, daß im Tod sich sein Lebenssinn einsammle, der Ertrag dessen, was er *als Person* war, zur Zusammenfassung komme und er also endgültig und eindeutig in seine Identität, in seine Wahrheit gelange. Er hofft, er werde in einer nichts auslassenden Läuterung und Verwandlung ganz eins mit dem, was er glaubt und was er im Glauben jetzt schon im Leben ist: er werde ganz diese Person werden in dem Geist und Sinn, von dem er lebte und in dem er lebte. Das, was

---

[64] R. Fuchs, Stationen der Hoffnung. Seelsorge an krebskranken Kindern, Zürich/Stuttgart 1984, S. 154.

einem Menschen in seiner Lebensgeschichte an Bleibendem und Unvergänglichem erwuchs und gelang, darin wird er sich im Tod vollenden. Nichts von dem, was einen Menschen als diese Person prägt, ihn im Guten zu einem Unverwechselbaren machte, was ihn als Diesen liebenswert machte, wird verloren sein. Alles, was er erfuhr und tat, aber auch alles Erlittene und Ausgestandene, unter Schmerzen Ersehnte und Erbetene und auch alles Verstümmelte und Ungelebte, die zerbrochenen Hoffnungen für Andere und für sich, ja selbst das Gescheiterte, Vertane und Verschuldete: alles – das ganze Leben – wird *zusammen* da sein und aufgehoben eingehen in die läuternde Verwandlung als *Vollendung*.

So wird gegen das, was der Tod an sich selber ist, geglaubt und gehofft, daß der Tod die verwandelnde Vollendung *des Lebens* ist. Doch das kann nicht anders sein als so, daß in ihm die letzte, nichts auslassende *Vergebung* geschieht. So ist meine Hoffnung: Gott werde vollenden und zum Guten wenden, was an Unvollkommenem und Bruchstückhaftem uns zu erreichen vergönnt war und doch, in unseren Augen, immer nur als Zweideutiges zurückbleibt, bei uns und auch bei denen, die wir lieben. Und alles Unwahre und Lieblose, alles Verkehrte und Schlechte, Trennende und Zwielichtige, alles bloß Endliche und Hinfällige werde von mir abfallen und vergehen, alles Trübe sich klären. „Im Untergang dessen, was an uns endlich ist, besteht die Gnade Gottes" (B. Liebrucks).[65] Es ist ja die Liebe, die Gott ist, die in Jesu Sterben in den Tod ging; – in ihr kann ein Glaubender nur hoffen, daß in seinem Tod alles stirbt, was wider die Liebe ist. „Liebe, zieh' uns in dein Sterben; laß mit dir gekreuzigt sein, was dein Reich nicht kann erwerben; führ ins Paradies uns ein." (G. Arnold)[66] Gott

---

[65] B. LIEBRUCKS, Erkenntnis und Dialektik [wie oben zu II. 1. D., S. 89], S. 337.
[66] G. ARNOLD, O Durchbrecher aller Bande (Evang. Kirchengesangbuch 262), V. 11.

wird vollenden, was an dem Leben eines Menschen „fehlte", was an ihm fehlerhaft war und ihm mangelte.

Als vergebende Umwandlung wird der Tod – im Glauben an Gott – die *Befreiung* des Lebens vom Tod und vom Todverfallenen sein: Es wird bleiben und in mir bei Gott bewahrt sein, was ich für Gott und in seiner, der einen, Liebe war; und so wird jeder, der glaubt und liebt, sich ganz, also in eindeutiger Integrität, in Gott gewinnen, gerade wenn er in der Nacht des Todes sich nach unseren üblichen Vorstellungen ganz zu verlieren droht. Er wird sich in Gott gewinnen und so sich in seiner Wahrheit, in seiner wesenhaften, weil im Leben geglaubten und erfüllten Identität vollenden. K.J.Ph. Spitta hat diese Gewißheit in Hoffnung so in Worte gefaßt: „Was unter Glauben, Hoffen, Lieben / Der inn're Mensch geworden war, / Das ist, wenn alles starb, geblieben, / Und wird als Wesen offenbar."[67]

Doch wenn dies die geglaubte Hoffnung für den Tod und das eigene Sterben ist, so kann sie sich einzig auf Gott selbst richten, einzig an ihn sich halten: daß *er* im Tode mich birgt und ich als Person – im nie vorwegzuwissenden Innersten meines Personseins – in *ihm* Frieden finde. So, glaube ich, gehen Menschen heim zu Gott.

Nie kann das eine Hoffnung nur für mich *allein* sein. Freilich, hier war auszuführen, was einen Menschen bewegen kann, auch noch im Tod Gott zu trauen; und eben darum war sinn-notwendig vom Einzelnen die Rede. Er allein kann sagen: „Ich weiß, woran ich glaube,... ich weiß, was in dem Grauen des Todes ewig bleibt" (E.M. Arndt).[68] Aber er sagt das, *glaubt* das, nie nur für sich. Allen Menschen in gleicher Weise ist solches Todesbestehen in Gott verheißen und bestimmt – für alle will das von mir

---

[67] K.J.Ph. Spitta, Psalter und Harfe [wie oben zu IV., 5., S. 211], S. 190. Das Gedicht trägt die Überschrift: „Der gute Name".

[68] E.M. Arndt, Ich weiß, woran ich glaube (Evang. Kirchengesangbuch 278), V. 1. 6.

erhofft sein, für die scheinbar hoffnungslos Zerschundenen und Zertretenen vorweg. Ach, ich hätte ja anders gerade für sie gar keine Hoffnung. Also ist mein *Glaube* gerufen: mein Glaube daran, daß die ganze Hoffnungslosigkeit, die ist und wohl niemanden ganz verschont, grundlos ist.

Aber es gilt auch das erschreckende Wort: „Wer nicht liebt, bleibt im Tod." (1. Joh. 3,14) So kann meine Hoffnung wie für mich so für jeden Menschen nur sein: Das Leben eines jeden, wie er selbst es geführt hat, möge am Ende doch, in Gottes Endgültigkeit, ein gutes Leben gewesen sein, in der Weite Gottes gelebt – so wie Gott es gemeint, als er es mit einem besonderen Auftrag gegeben hat. Jeder möge, wie jetzt so in der Stunde seines Todes, rückblickend sagen können: daß sein Leben nicht ohne Liebe war und daß es also gut war, es gelebt zu haben. Der Tod selbst aber „ist die Schwelle, auf welcher einem jeden das Geheimnis der Ewigkeit als Kern und Wahrheit des irdischen Lebens sich enthüllt. Das verborgene Gottesreich geht uns auf als ... das eine wahre Leben, das uns entweder in sich hineinnimmt oder von sich stößt in das Nichts." (E. Hirsch)[69]

Noch einmal sei es gesagt, daß das Dunkel des Todes bleibt, es verschwindet auch dem Glaubenden nicht. Was es jedoch meint, daß ein Mensch im Glauben an den lebendigen und also auferstandenen Jesus Christus getrost in die Nacht des Todes gehen kann, das ist wohl am tiefsinnigsten vom Johannesevangelium in der abschließenden Szene beschrieben. Es ist da die Rede davon, daß eine Zeit kommt – die Zeit des Todes –, in der man *da*hin gehen muß, wohin man nicht gehen will. „Als du jünger warst", spricht der auferstandene Christus zu Petrus, „gürtetest du dich selbst und wandeltest, wo *du* hin wolltest. Wenn du aber alt wirst, wirst du deine Hände ausstrecken, und ein anderer wird dich gürten und führen, wo du nicht hin willst. Das sagte er [sc.

---

[69] E. Hirsch, Das Wesen des reformatorischen Christentums, Berlin 1963, S. 171 f.

Christus] aber zu deuten, mit welchem Tod er Gott verherrlichen werde. Und als er das gesagt, spricht er zu ihm: Folge mir nach!" (Joh. 21,18f.) In der Zeit des Todes, wenn man *da*hin gehen muß, wohin man selbst nicht gehen will, bleibt dem Glaubenden nur, aber doch, seine Hände auszustrecken, leer und empfangsbereit; und „ein anderer" – nämlich Jesu Geist selbst, der eine Tröster schlechthin – füllt die offenen Hände eben mit seinem Geist, rüstet so uns aus für den Gang in den Tod und führt uns also selbst, wo unser Wille verzagt. So und dadurch wird einer, der dies glaubt, Jesus nachfolgen: Jesu Gehen in den Tod – *selbst* gehen. Und mit einem solchen Tod wird er, ein Mensch im Glauben, „Gott verherrlichen", Gott bei sich wirklich sein lassen, indem *er* Gott seinen *Gott* sein läßt – so wie Jesu Tod ihn, Jesus als den Christus, als Gott erwies.

Blicken wir zurück: Die Liebe, denke ich, nicht zuletzt unsere Liebe zu dem geliebten Toten, *bleibt*, aber nicht aus sich allein. Sie bleibt nur und wird als schmerzlich verwundete Liebe ertragbar im *Glauben* an die Liebe *selbst*, an die Unbedingtheit der Liebe: sie bleibt nur im Glauben an den Gott, der die Liebe ist und der als Gott – in der Liebe Jesu Christi – den Tod überwandt.

Und was einer als vergebend verwandelnde Vollendung für sich, im Blick auf seinen Tod, glaubt und erhofft, das erhofft er auch für den Tod des Anderen. Er als Person, er muß im Tod nicht verloren sein – und also wird er, bei Gott, nicht verloren sein. Es ist Grund zur Hoffnung für ihn wie für mich; es ist Grund, dieser Hoffnung gewiß zu sein. So kann einer den Schmerz der Liebe, den der Tod des Anderen ihm zufügte, austragen. Und er kann den toten Geliebten loslassen und im Guten erinnern, weil er Gott glaubend dessen gewiß ist, daß, „wer in der Liebe bleibt, der bleibt in Gott" (1. Joh. 4,16) – der ist in Gott gehalten und geborgen. Sterben werden wir – aber nicht müssen wir verderben.

Bei F. Fénelon, in der Übersetzung von M. Claudius, steht: „Die Augen" der Liebe – „selbst im Tode werden wir sie offen haben und nicht zuschließen."[70] Nichts weiter wollte ich hier, als den Grund darlegen, weshalb die Liebe das vermag, dies wunderbar Große: ihre Augen noch im Tode offen zu haben.

In noch ganz anderen Worten hat E. Herhaus in einem Nachruf für M.L. Kaschnitz gesagt, was zum Tod zu sagen ist: „Es gibt ein Geheimnis des Todes: Geistige Freude, weit über jeden Tod hinaus. Marie Luise Kaschnitz ist nun in diesem Geheimnis, sie hat geholfen, es zu gestalten... Dort, wo diese Frau jetzt ist und so, wie sie dort ist, dort und so auch möchte ich dereinst sein, wenn es Zeit ist."[71]

---

[70] F. Fénelon, Allgemeine Anleitung [wie oben zu II. 1. C., S. 83], S. 42.
[71] E. Herhaus, Der zerbrochene Schlaf, München/Wien 1978, S. 126.

VII. Kapitel: Glauben an Jesus als den Christus – als den Versöhner der Menschen

1. Abschnitt: Wie Jesus für den Einzelnen lebenswichtig wird

Von Anfang an war in unseren Überlegungen über den Glauben an Gott von Jesus dem Christus die Rede, zwar nicht ausdrücklich, aber dem Gedanken nach. Denn wie hätten wir sonst überhaupt vom menschgewordenen, menschlich unter Menschen anwesenden Gott – von Gott als dem *einen* Geist aller Menschen – sprechen können? Freilich, Menschen mußten uns von dieser Person und ihrer Geschichte, von diesem Jesus von Nazareth, erzählen und uns auf seine unendliche Bedeutung aufmerksam machen: daß er der Christus, der Welt Heiland ist, daß er der ist, der Gott zu uns und uns zu Gott bringt – wir wüßten sonst von ihm nicht und kennten *den* Gott nicht, in dem er lebte, den er unter den Menschen aufdeckte und zu ihnen brachte.

Jedoch, diese Geschichte und in ihr diese Person vom Hörensagen kennen – und sie wirklich selbst verstehen und für das eigene Leben begreifen: das ist ein gewaltiger, ein unendlicher Schritt. Nun lebt wohl jedes wirkliche Verstehen einer anderen Person von dem Interesse, das *sie* in mir weckt, so daß ich nicht aufhöre zu suchen, sie zu verstehen, nicht aufhöre zu ergründen und zu begreifen, was *sie* war und wollte – und so *mir* ist. Und jedes wirkliche Verstehen einer anderen Person, und sei diese noch so weit räumlich und zeitlich entfernt, mündet in eine Verbundenheit mit ihr: Jedes wirkliche Verstehen einer anderen Person ist Verstehen in *einem* Geist. Wobei dieser eine Geist nicht etwa bereits vorliegt, vorweg nicht einfach da ist; sondern nur im eigenen Verstehen, das ein wirkliches Verstehen des *Anderen* ist, leuchtet er ein. – Beim Verstehen der Geschichte und der Person Jesu kommt jedoch noch eine unendliche Bedeutungsschwere hinzu. Man weiß nämlich von ihr schlechterdings nichts, ohne zugleich von dem Anspruch gehört zu haben, den Christen mit ihr verbinden: daß sich an der *Verbundenheit* mit dieser Person das Gelingen oder Mißlingen, Heil oder Vergeblichkeit – also Leben und Personsein – eines Menschen entscheidet. Welche Gründe dieser Anspruch hat, kann hier zunächst nicht ausgeführt werden; um diese Gründe genügend darzulegen, müßte die *ganze* Geschichte dieser Person berichtet und erinnert werden. Sicherlich kann man sich dem Anspruch dieser Bedeutung entziehen, etwa in Gleichgültigkeit und Übergehen, aber auch in fachwissenschaftlicher und „kirchlicher" Betriebsamkeit, letztlich in Selbstverschlossenheit. Aber *verstehen* wird man diese Person in ihrer Geschichte nicht, ohne daß man jenen Anspruch unendlicher Bedeutung – nun nicht etwa einfach akzeptiert, ohne eigenes Nachdenken hinnimmt, sondern – *versteht*: versteht und *so* „gehorsam", weil ihm gerecht werdend, akzeptiert.

Also versteht ein Mensch die Person Jesu aufgrund ihrer Geschichte, wenn er ihrem Geist verbunden ist und darin zugleich sich selbst zu verstehen lernt. Es versteht einer Jesu Leben und Wirken, Sterben und Auferstehen – und verstehe er auch nur ein einziges Charakteristikum dieser Person –, wenn er darin, in diesem Verstehen Jesu, sich selbst zu verstehen beginnt. Jesus versteht der, dem die Geschichte und Person Jesu etwas aufschließt, was für ihn selbst entscheidend, lebenswichtig ist. Jede Erkenntnis Jesu ist zugleich Selbsterkenntnis. Es versteht derjenige *diesen* Anderen, der sich in ihm, zumindest ein Stück weit, erkannt weiß. In meinem Verstehen dieser Person geht mir *an ihr* etwas auf, das das Menschsein selbst betrifft: vielleicht die Ausdauer seiner spontan direkten Zuwendung zu Anderen, die er anblickt und sieht, direkt anspricht, bei der Hand nimmt und aufrichtet, oder seine freie Sorglosigkeit. Und was ich so verstehe, das enthält unmittelbar die Anfrage an mich: „Und ich, wie bin ich? Ist das wirklich wahr, nicht nur damals, auch hier und heute, bei mir?" Oder es erschrickt einer wie ich, wenn er erkennt, was Jesu sein Wirken, seine unendliche Menschenfreundlichkeit, seine Einladung zu einer grenzenüberwindenden, verzeihend versöhnten Gemeinsamkeit aller Menschen, gekostet hat. War es nicht derart, daß man fragen muß: Hat es am Ende nicht doch nur andere Menschen, die darüber seine Gegner wurden, so bis ins Innerste provoziert und verhärtet, daß sie ihn umbrachten, ja – gräßlich zu reden – sich seiner erwehren und ihn umbringen mußten? Ist so das Leben, liegt so nahe das „kreuzige ihn"? Ich erschrecke über das Kreuz Jesu *und* über mich selbst; denn bin ich nicht auch einer, der sich dem wahren, unbedingten, gänzlich vertrauenden Leben – auch – verweigert?

Im Verstehen der Geschichte Jesu löst diese Geschichte etwas bei uns aus: vielleicht daß einer aufmerksamer wird auf die Not der Zerrissenheit, der Verschlossenheit von Menschen und auf das dennoch zuweilen sich ereignende Gelingen von Versöhnung unter uns. Derjenige hat etwas von der Geschichte und der Person Jesu verstanden und ist ihr in ihrem Geist verbunden, der sich von dieser Geschichte und dieser Person ergreifen läßt, so daß sie ihn verändert und umbildet: er also zu dem zu werden beginnt, was er im Guten Gottes sein kann und was er im Grunde doch auch, allem Verkehrten und Zerstörerischen entgegen, irgendwie selbst sein will. Verstehend denkt und lebt sich einer hinein in die Geschichte Jesu – und so bildet sich Jesu Person und Geist in das eigene Leben des Verstehenden hinein.

Und so vernimmt er heute für sich selbst den unbedingten Anruf, der in dieser Geschichte liegt und auch gegenwärtig noch von dieser Person, von Jesus, ausgehen kann: den Anruf zum Wahrwerden des eigenen Lebens. So geht ihm die Unbedingtheit dieser Geschichte und also dieser Person auf. Er erkennt, daß an ihr, an Jesu Wirken und Botschaft, Sterben und Auferstehen, einleuchtend erkennbar wird, wer und wie Gott wahrhaft und wirklich ist. Nie haben wir das ja genug erkannt. Um also zu begreifen, wer und was Gott ist, werden wir immer wieder und neu uns dieser Geschichte stellen müssen und ihr nachzusinnen haben. Nur dem, der so versteht und dessen Gottesverständnis nicht fertig ist, erschließt sich in Jesu Person und Geschichte der wahre Gott – das ist der daseiende, unter uns Menschen anwesende und wirkende Gott. Jesu Person ist ihm die Offenbarung Gottes: Gott ist, wie Jesus war und wirkte. In solchem Verstehen Jesu hat *Jesus* als Person den Verstehenden heute erreicht, *lebt* Jesus.

Immer erschließt sich solche – über den Sinn eines ganzen Menschenlebens entscheidende – Unbedingtheit in einer Umwendung: vom Verstehen-wollen zum Erkanntsein, vom eigenen Suchen zu einem sich mir Erschließen des Anderen, vom Sicheinleben ins andere zu dessen Sichhineinbilden in mein Leben. Tun und Empfangen, Arbeit und Gnade ist das zugleich und ineinander – und darum lebendig und nicht erschöpfbar. Immer ist die Verbundenheit in einem Geist ein nicht zu Ende gekommenes Verhältnis von Selbsteinsatz und Aufnehmen.

Doch noch mehr ist zu sagen. Wem Sinn und Geist Jesu einleuchtet, wer begreift, was Jesus zu dieser Person machte, wofür er wirkte und mit seinem Leben einstand – nämlich für die unbedingte, alle Zerrissenheit unter den Menschen versöhnende Verbundenheit aller Menschen in Gott und für die darin mitenthaltene Überwindung des Bösen, des verderblichen Unheils wie Krankheit und Tod – der begreift auch, daß wir alle *davon* leben, wie fragmentarisch unvollkommen und nur zu oft verstellend auch immer; und das längst schon, bevor uns das bewußt wurde. Was Jesus aufdeckte und offenbarte, davon leben wir Menschen immer, *wenn* wir menschlich leben. Und wir leben *davon*, auch wenn wir das nicht wissen, Jesus nicht kennen, auch wenn wir das verdrängen und vergessen. Das von Jesus gelebte, unter den Menschen begonnene „neue" Leben ist das wahre Leben aller

Menschen. Er ist es auch dann, wenn *wir* uns darauf nicht einlassen.

Doch das Verhältnis zu Jesu in seinem Geist ist noch in einem weiteren Sinne ein lebendiges und in sich gegenläufiges Verhältnis. Da alles unter uns Menschen und gerade das, was an Gutem gelingt, als zweideutig und unentschieden erscheint, vermischt mit Ungutem, da mithin von keinem Menschen eindeutig entschieden zu sagen ist, er lebe ganz mit Gott: darum hat für den, der Jesus versteht und mit ihm verbunden ist, alles unter den Menschen, was ihm auch sonst in der Gemeinsamkeit mit Anderen zuteil wird, seine klärende Konzentration und Eindeutigkeit in der Person Jesu und deren Geschichte. Alles, was ein Menschenleben wahr macht und gut sein läßt, hat seine Klarheit und Entschiedenheit in Jesus, erkannt als der eine Versöhner.

In solcher Hinwendung zu Jesus lebt ein Glaubender und will er leben von Jesus. Aber er lebt von Jesus nur, wenn er sich von ihm hineinnehmen läßt in die unbegrenzte Weite Gottes und also in die unbedingte Zuwendung zu jedem unmittelbar Nächsten; denn dafür wirkte Jesus, nahm er die Hinrichtung am Kreuz auf sich – und vollendete er an Ostern sein Leben. Es hätte einer Jesus nicht verstanden, begriffe er nicht in der Hinwendung zu Jesus die ihn umwendende Hinkehr zu seinem Nächsten. K. Hemmerle spricht das so aus: „Sein Herz haben für die anderen – sonderbar, daß ich dann Ihn verstehe."[1] Alles vom Geist Gottes, dem Geist der Wahrheit und der Liebe, Geprägte unter den Menschen wird zum Zeugnis von dem, was Jesus war und wollte und mir ist. Aber eben auch umgekehrt: Von Jesu Person und Geschichte her wird deutlich, wer Gott ist und wie Gott im unmittelbar Anderen, dem ich ein Nächster sein könnte, begegnet. Dann trägt noch und gerade alles Leid unter uns Menschen seine, Jesu, Spur. Wer zu ihm geht, den verweist er in dessen eigene Lebenswelt. Von

---

[1] K. Hemmerle; in: Wer ist Jesus von Nazaret – für mich? 100 zeitgenössische Antworten, hg. H. Spaemann, München ²1974, S. 58.

Jesu her, seinen Blick an Jesu Person geweitet, wird er aufmerksam und empfänglich für das, was sich an Gutem, Menschengemäßem und an Schrecklichem gegenwärtig unter den Menschen und bei ihm ereignet.

Ob es uns heute gelingt, diese beiden Bewegungen – die Hinwendung zu Jesus als dem Christus, und mit ihm die Zuwendung zu jedem, dem ich ein Nächster sein kann – als unterschiedene zu leben und doch als *eine* Lebensausrichtung zusammenzuhalten? Bei L. Weingärtner, dem brasilianischen Schriftsteller und lutherischen Pastor, habe ich diesen Gedanken wiedergefunden: „Kommst du zu ihm, so kommst du auch zu dir, / erkennst dich, wie er dich erkannt, / findst selber dich in seinem Bild, / begegnest deinem Bruder jetzt und hier."[2]

Menschen früherer Zeiten, ich denke an J.S. Bachs Kantaten und Passionen, war es wohl eher gegeben, sich völlig in Jesu Tod und Auferstehen zu vertiefen und unmittelbar daraus Kraft zum eigenen Leben, zum Ertragen des Lebens, und das heißt nicht zuletzt der eigenen Fehlbarkeit und Schuld zu schöpfen. So stark mögen Wille und Fähigkeit jener Glaubenden vor uns, sich in Jesus als Sohn Gottes zu versenken, gewesen sein, daß es uns aus unserer Sicht scheint, als sei ihnen darüber das eigene Leben zusammen mit den Anderen verblaßt. Vielleicht ist es demgegenüber heute unsere Aufgabe und ist es im Gelingen unser „Heil", jene beiden Bewegungen, die Hinwendung zu Jesus und mit ihm die Zukehr zum Anderen, *zusammen* zu leben – obschon darin wohl auch eine eigene Gefahr liegt, *unsere* Gefahr der Zerstreuung.

Doch bereits darum genügt es nicht, Jesus als Vorbild aufzustellen. Denn wäre er nur ein Ideal, dem wir nachzustreben hätten, wir kämen nie zu uns. Nehmen wir ihn als Vorbild wirklich ernst,

---

[2] L. WEINGÄRTNER, Netz der Hoffnung: Geistliche Gedichte und Betrachtungen aus Brasilien, Erlangen 1980, S. 88.

wir müßten endlos uns bemühen, ihn zu erreichen – und erreichten ihn doch nie; nichts als unsere allbekannte Unzulänglichkeit, und diese als unsere Schuld und unser Versagen, würde uns bewußt. Fern bliebe er, Jesus, uns; immer wären wir von ihm getrennt; und wir wären durch ihn keinen Schritt weiter im Begreifen des Lebens, im Fassen Gottes im Leben.

Und ebenso genügt es nicht, Jesus als einen – vielleicht besonders schrecklich – Geschundenen und Hingerichteten vorzustellen und auszumalen, der unser Mitleid erregt und dem unsere Solidarität zu gelten habe. Denn Menschen, die seines Mitleidens, zumindest seines Mitfühlens, und also auch seiner Solidarität bedürfen, hat doch jeder, der sehen kann und will, genug. Wozu noch einen mehr? Es wird berichtet, in diesen Jahren habe man in einer evangelischen Kirche statt eines Kreuzes einen Strick mit Schlinge aufgehängt. Ach, wer je einen Menschen in der Schlinge gesehen hat, braucht keinen weiteren Strick. Und was sollte erreicht sein, wenn man das Leiden nicht einmal mehr ein Gesicht haben läßt? Doch sei's drum; – *die* Frage bleibt: Wie bringt ein Mensch die Kraft zur nötigen Solidarität nicht nur auf – wie hält er sie durch, wenn alles Leiden, die grauenhafte Not, sich als bodenlose Sinnlosigkeit zeigt? Was von Jesus zu sagen und zu *begreifen* ist, ist etwas ungleich anderes und ungleich mehr als nur dies, daß er an den „Verhältnissen" gelitten hat und von ihnen umgebracht wurde. Zu begreifen ist, daß ein Mensch – dieser Mensch Jesus – den Irrsinn seines Todes *ausgehalten*, mit Gott ausgelitten und überstanden hat, so daß kein Tod, nichts Tödliches, mehr ohne „kommendes" Leben sein *muß*. Zu erkennen ist, daß Jesus nicht nur am Unheilszusammenhang der Menschheitsgeschichte stirbt, sondern ihn auch durchbricht und uns so erweist, daß und wie er zu durchbrechen ist. Dies nicht erkennen, hieße, nichts Lebensentscheidendes an Jesu Geschichte und Person erkennen; hieße, ihr Bemerkenswertes verkennen. Wenig, viel zu wenig besagen die Gedanken und die Bilder vom geschundenen und gehenkten Jesus, die das Grauen nur vermehren und wie die anderen Bilder des Schreckens und der Gemeinheit einen erschlagen, die also keine Luft zum Atmen geben.

Es begreift einer durchaus etwas von Jesus, wenn er den Kontrast begreift – für sich, für seine Lebensweise begreift – zwischen der totalen Mißhandlung, die Menschen Anderen antun, und der gefaßten Würde dessen, der das erduldet. Vielleicht erkennt er das an anderen Menschen seiner Gegenwart wieder. Er hat dann wirklich etwas von „Menschenwürde" begriffen. Doch selbst dann wäre diese Erkenntnis noch nicht durch die Härte des eigenen Leidens und der eigenen erlittenen Ohnmacht hindurchgegangen; auch sie wäre also noch Jesus fern. – Wir werden uns wohl den Weg zu einem belangvollen, mit Jesus verbindenden Verstehen seines Lebens, Sterbens und Auferstehens erst noch bahnen müssen.

Zurecht wird gesagt, daß alles, was Jesus wirkte und in Worte faßte, in seiner Hinrichtung, in seinem Leidens- und Sterbensweg konzentriert ist. Der ganze Sinn seines Lebens und Wirkens, also seiner Person, ist in seiner Passion zusammengefaßt, ist eingegangen in seinen Tod, in seinen Kreuzestod. Das ist an sich bei seinem Tod nicht anders als bei dem eines jeden Menschen, der in seiner Lebensgeschichte identisch mit sich ist. Und das ist übrigens weit davon entfernt, irgendwelche Aussagen darüber machen zu wollen, was Jesus zu irgendeinem Zeitpunkt subjektiv bewußt war, was er fühlte oder was in seinem Inneren vor sich ging. Nein, darüber ist nichts zu wissen. Aber zu begreifen ist, daß alles, was Jesus war und wollte, sein Wirken, seine Botschaft, seine Person im Kreuz auf der Spitze stehen: Wird er, dieser Jesus, mit seinem Wirken und als Person zuschanden werden oder wird der Sinn, der Geist, seines Wirkens und seiner Person endgültig aufleuchten? – Auch in der Sicht seiner Gegner kam er ans Kreuz in der Konsequenz dessen, wofür er lebte und was er war: derjenige, der das Reich Gottes unter den Menschen, die alle Zertrennung übergreifende Verbundenheit der Menschen untereinander und mit Gott, eingeleitet, in Bewegung gebracht hat. Aber Jesus hat die

Leiden und die Hinrichtung, die seine Gegner über ihn verhängten, selbst auf sich genommen. Er hat das in *seiner* Konsequenz selbst erlitten und ausgehalten – und so seine Sache, die doch Gottes und unsere Menschen Sache ist, durchgehalten.

Und er tut das dadurch, daß er in dem, was ihm auferlegt wurde, die Liebesfeindschaft der Menschen um ihn, die sich doch als tiefsitzende Lebensfeindschaft enthüllt, durchleidet. Er leidet, er stirbt unter Todesqualen – und er leidet damit die Liebesfeindschaft, das Tödliche der Menschen, ganz aus, erduldet sie zu Ende.

Und das tut er, indem er unter Zittern und Bangen mit Gott ringt um den Sinn dieses seines Leidens und Sterbens, das doch an sich *seinen* Sinn zerstört: Wozu das, Gott, wozu? Am Ölberg im Garten Gethsemane, so kann von ihm berichtet werden, „betrübt bis an den Tod", fällt Jesus nieder und betet: „Abba, mein Vater, es ist dir alles möglich; nimm diesen Kelch [des Todes] von mir; doch nicht, was ich will, sondern was du willst!" (Mk. 14,34-36) Und am Kreuz hängend, mitten in den Qualen des Sterbens, ruft er mit den Worten des Psalms: „Mein Gott, mein Gott, warum hast du mich verlassen?" (Mk. 15,34) Er kämpfte *mit* Gott um den Sinn dieser seiner Tortur zum Tode, und er kämpfte in ihr *um* Gott. So fast zerbrechend, das Herz blutend, hat er an Gott festgehalten. Und *so* hat er das Sterben bestanden. Indem er den über ihn von Anderen verfügten Tod in dessen Grauen und Widersinn *so* selbst ausgestanden hat – noch im Zagen und Nichtverstehen den Willen Gottes zu dem seinen gemacht hat (Mk. 14,36), hat er Gott ins Leiden, in das Dunkel des Todes hineingezogen. Gott ist seit Jesus auch da, gerade auch da. Nichts Menschliches ist mehr von Gott ausgelassen. *So* in Todesqual um Gott ringend hat Jesus Gott als den wahren Gott – als Gott in allem und über alles – unter uns Menschen offenbar gemacht.

Er, der „Mann der Schmerzen", hat Gott in den Tod hineingenommen, seinen Kreuzestod mit Gott erfüllt. Mitten in den Schmerzen des Sterbens hat er an die Anderen, an seine Gegner, an die Schinder und Henker, gedacht: „Vater, vergib ihnen; denn sie wissen nicht, was sie tun" (Lk. 23,34). Noch im Schatten des Todes bewies er – versöhnend – seine Liebe, *die* Liebe. So hat er die Liebesfeindschaft der Anderen auf sich genommen, ausgelitten – und überwunden.

In dieser bedingungslos-unbedingten Liebe zeigt sich Jesus eins mit Gott. Seine ihm angetane Hinrichtung, angenommen als sein Sterben, zeigt ihn – uns – als Gott. Ob wir das verstehen, begreifend in uns, in unser Leben, einlassen?

Sein Tod in Angst als Tod in Liebe – ist Vollendung seines Lebens, seiner Person. „Leiden und lieben ist an diesem Tage Eins geworden. Liebend leidet Er und leidend liebt Er." (G. Tersteegen)[3] Er ist, was Gott ist: die unbedingte, nicht aufgebende und niemand aufgebende Liebe.

Solches Ausleiden des Todes als *der* Liebesfeindschaft, solches Todes-bestehen ist die Überwindung, die Umwandlung des Todes: Das ist Ostern, neues Leben, vollkommenes Leben. Vollkommenes, neues Leben ist das darum, weil es den Tod nicht ausgelassen hat, ihn aushält und durchdringt. So ist die Liebe als *die* letzte Wahrheit, als Liebe Gottes, offenbar gemacht. Sie ist erkennbar gemacht als unzerstörbar, auch wo wir sie zu zerstören uns anschicken, und so also ist sie als unvergänglich offenbar. Einmal an Jesus ist *das* erschienen – als seine Auferstehung.

Vielleicht verstehen wir darum nun, oder ahnen wir zu verstehen, warum Jesus sterben mußte – so unerhört und erschreckend das klingt: uns zugute. Damit nämlich der Tod als mit Gott bestehbar erwiesen und so Gott zur Klarheit gebracht ist; und damit folglich seine, Jesu, Gegenwart nicht auf einen Ort begrenzt ist, vielmehr unter allen Menschen wirksam werden kann, auch unter uns. Er mußte sterben, damit er uns lebendig wird, indem sein Geist, der Sinn seines Lebens und Sterbens, uns, Men-

---

[3] G. Tersteegen, Wider die Melancholie. Zuspruch und Wegweisung aus Briefen und Schriften, Liedern und Sprüchen. Ein Lesebuch (R. Brockhaus Tb. Bd. 373), Wuppertal 1985, S. 76.

schen aller Orte und Zeiten, erfüllt. „In seinem Tode... öffnet und weitet sich sein Leben zu allen Völkern der Erde hin" (H. Spaemann).[4] Und eben das ist Ostern, seine Auferstehung. „Auferstehung Jesu Christi ist der Aufgang des toten Jesus Christus in die Lebensmacht Gottes." (H. Schlier)[5]

Jesu Tod und darin die Zusammenfassung seines Lebens und Wirkens ist freilich nicht verstanden, wenn er *uns* nicht auferstanden, unter uns nicht lebendig ist: als Wahrheit unseres Lebens. So real anders wir heute diese leben, wenn wir sie leben – Jesus ist uns als Christus gegenwärtig und lebendig nur, wenn wir unser eigenes Leben, so bruchstückhaft es ist und so durchsetzt mit Phasen des Unverständnisses, in Jesu Eindeutigkeit wiedererkennen, ja in ihm zur Eindeutigkeit gebracht erkennen.

Doch dann erkennen wir in Jesus als *unserem* Christus nicht nur das wahre, noch in der bitteren Härte des Todes wahrbleibende Leben als uns vorgegeben und bedingungslos zuerkannt. Sondern wir erkennen zugleich unser Leben als aufgedeckt in dem, was wir tatsächlich sind: Wir erkennen nicht zuletzt *auch* unsere Unwahrheit – darum aber, damit wir in ihr nicht bleiben und untergehen, sondern sie in Jesu Geist wandeln und hinter uns lassen. Doch eben darum will sie erkannt und eingestanden sein, was doch nur der Einzelne in seinem Erschrecken vor sich selbst und zu seiner Beschämung kann. Aber er hätte anders das Kreuz Jesu, erleuchtet vom Osterlicht, nicht begriffen und in sich eingelassen, nicht zu Herzen genommen. Und, wie gesagt, ohne Erschütterung wird das nicht verstanden und geht das dem Einzelnen, mir, nicht auf: daß Jesus, *der* Mensch des Lebens mit Gott, in den Tod gehen mußte, damit seine Liebe, Gottes Liebe, unsere, meine,

---

[4] H. Spaemann, Lazarus vor der Tür. Biblische Betrachtungen zum Thema Armut (Kriterien 13), Einsiedeln ²1969, S. 81.

[5] H. Schlier, Über die Auferstehung Jesu Christi (Kriterien 10), Einsiedeln 1968, S. 26.

Wahrheit werde – noch mich, jeden Menschen, der will, erreiche, wo doch jeder auch verstrickt in Bösem und schuldbeladen ist.

Ja, ich denke, verstanden ist Jesu Tod und Sterbenmüssen nur von dem Menschen, der erschrocken sich selbst fragt: „Mußte Jesus bis zum Äußersten des Todes, bis zum bitteren Ende Gottes Liebe durchtragen, damit diese Liebe mich in meiner Unwilligkeit und Lieblosigkeit, in meinem Zweifel und hartnäckigen Unglauben wirklich erreiche und also rette? Mußte Jesus sterben, damit ich an die alles, noch den Tod verwandelnde Allmacht göttlicher Liebe wirklich *glaube*? Bin ich anders nicht zum unbedingten Glauben – noch für das Tödliche bei mir – zu bewegen?" In der Auslegung der Geschichte von der Frau, die Jesus beim Gastmahl des Pharisäers Simon salbte (Lk. 7,36 ff.), schreibt Kierkegaard: Jener Frau war in der Reue „die Gnade vergönnt, sich gleichsam aus sich selbst hinauszuweinen und sich hineinzuweinen in den Frieden der Liebe."[6]

Wer Jesu Leiden und Sterben sich so zu Herzen gehen, davon sich bewegen läßt, der wird nachsprechen – auch wenn es wohl früher in einem anderen Sinn noch gemeint war: „Wenn meine Sünd' mich kränken, o mein Herr Jesu Christ, so laß mich wohl bedenken, wie du gestorben bist" (J. Gesenius).[7]

Alles, was er getan und erlitten hat, das hat er *getan*, damit wir Gottes Liebe und somit ihm *glauben*. Wer aber glaubt, der kann dann auch in solchem Glauben sagen: Er hat alles erlitten und getan auch – ja wirklich auch – für mich. Das ansonsten Unverstehbare wird dann wahr, daß ein Mensch heute mitsprechen und beten kann: „... und dann auch an mich gedacht, als er rief: Es ist vollbracht." (A. Knapp)[8]

---

[6] S. Kierkegaard, Die Liebe wird decken der Sünden Mannigfaltigkeit, in: Drei erbauliche Reden (1843), Ges. Werke, hg. u. übers. v. E. Hirsch u. H. Gerdes [wie oben zu Einleitung 5., S. 22], S. 123.

[7] J. Gesenius, in: Evang. Kirchengesangbuch 61.

[8] A. Knapp, Eines wünsch ich mir vor allem andern (Evang. Kirchengesangbuch. Ausg. f. die Nordelb. Evang.-Luth. Kirche 414), V.2.

Sein Werk des Sterbens „ist vollbracht", wenn an ihm mir einleuchtet, daß sein Gott, den er im Schrecken des Todes nicht aufgab, der wahre Gott ist, auch für mich. Er ist der wahre Gott, weil er einen Menschen wie mich, jeden, der glauben will, noch in dessen Schuld und zweifelhaftem Glauben *leben* läßt – oder vielmehr unablässig zum Leben, zum eigenen Leben erweckt. *Das* an Jesu Kreuz erkennen heißt Jesus erkennen als unseren Frieden, als unsere nie versagte Vergebung, und ihn als unseren Versöhner.

Ich denke, *das* ist wohl auch in den alten Worten Klopstocks gemeint, der „den Allgegenwärtigen" rühmt und dann spricht: „Ohn ihn", Christus, „wär' der Gedanke deiner Gegenwart / Grauen mir vor dem allmächtigen Unbekannten."[9]

2. Abschnitt: Das Kreuz Jesu Christi – die Gegenwart Gottes

Noch einmal sei, was im vorausgehenden Abschnitt ausgeführt wurde, aufgenommen und darauf konzentriert bedacht, was das Kreuz Jesu Christi bedeutet und wie es unter uns im Verstehen, im Glauben gegenwärtig wird.

Seit dem Ende meines Studiums begleitet mich ein Holzschnitt Hubert Distlers: „Disteln in der Camargue". Ein Büschel Gestrüpp, zersplittert und stachelig, wächst nach oben, verdichtet sich wie zusammengefaßt und geht wieder auseinander, so daß sich die Kreuzform andeutet. Und hinter der schmalsten, verdichteten Stelle, dort wo die Längs- und die Querrichtung sich kreuzen, steht klar, nur von kleinen schwarzen Flecken durchsetzt, die

---

[9] F.G. Klopstock, Dem Allgegenwärtigen; in: Sämtl. Werke 4. Bd., Leipzig 1854, S. 111. Die Ausgabe: F.G. Klopstock, Werke 2 Bde. Nachwort v. F.G. Jünger, hg. K.A. Schleiden, München ⁴1984, bringt demgegenüber in ihrem 1. Bd. die erste Fassung dieses Gedichts unter

runde Sonne. – Ob nicht das Leben der Menschen so sein könnte, in dieser Weise wachsend und doch *so* beschienen? Das Kreuz Jesu ist, denke ich, so recht gesehen: auf dem Hintergrund einer durchscheinenden Sonne, die selbst noch Spuren des Dunklen trägt.

Zu denken und zu glauben ist vordringlich und alles begründend, was das Kreuz Jesu für Gott selbst bedeutet, was es in diesem Sinne ausgerichtet hat. Es so denken heißt freilich, es im Lichte der Ostersonne sehen. Aber so gesehen läßt es Gewaltiges erkennen: Weil Jesus im Sterben am Kreuz *die* Liebe, die er lebte, als unbedingte, als Gottes Liebe erwies und also in seinem Tod, in seiner Hinrichtung als Verbrecher, endgültig Gottes Liebe unter Menschen kenntlich gemacht hat, deshalb ist *Gott selbst* gar nicht mehr ohne das Kreuz Jesu zu verstehen und zu glauben. Es ist nun so: Jesu Gehen in den Tod hat Gott in das Leiden, in das Sterben und in den Tod hineingezogen. Doch daß Gott *darin* ist, ist *unsere* Erlösung, wir, die wir sterben müssen, hätten sonst keine. Und das ist *Gottes* Leiden, sein unendliches, ihm von Menschen, von uns, zugefügtes Geschlagensein von Leiden, so daß er der leidende, ins Leiden eingegangene und darin doch der tod-bestehende, wahre Gott ist.

Was ich meine, das sagt H. Spaemann so: „Jesu Leben ist so unlöslich mit Gottes eigenem Leben verbunden, daß man sagen muß: das Sterben Jesu hat Gott selbst nach Gottes Willen in den gewaltsamen Tod des Menschen durch Menschen hineingezogen – und eben so den Tod überwunden... Aus Liebe geht Gott in den Gegensatz seiner selbst. Nur er, nur die Liebe, konnte und kann sterben, ohne aufzuhören, das ewige Leben zu sein. Ja, indem sie bis ans Ende geht und stirbt mit dem geliebten Menschen und für den geliebten Menschen, wird sie zur todüberwindenden Quelle des ewigen Lebens auch für diesen. Wo der Tod

---

dem Titel: „Die Allgegenwart Gottes". Die entsprechenden beiden Zeilen lauten hier: „Ohn ihn wär deine Gegenwart / Feuereifer und Rache mir!" (S. 83)

hinkommt, dahin kommt fortan Gott selbst."[10] „Durch den Gekreuzigten hat die Erde den Himmel und der Himmel die Erde in sich aufgenommen."[11] Und H. Grüber predigte im KZ Dachau: „Die ewige Liebe muß in der Gestalt eines vergänglichen Menschen mit allen seinen Nöten kommen und darum Ärgernis geben. Die ewige Liebe muß unter der Finsternis leiden, sie muß sich die Wege der Nacht führen lassen und muß alle menschliche Not bis zum Tod mittragen. Gott gab... sich in der Nacht, er gab sich... für die Nacht. ‚Das Licht scheinet in der Finsternis.'"[12]

Wenn also Gott in seiner unbeirrbaren und nie versiegenden Liebe noch im Leiden, in unserer Angst und in unserem zweifelvollen Bangen und selbst noch im Tode ist, auch da gleichsam auf uns wartet, um von uns als unser Sinn entdeckt zu werden, auf daß wir *leben* – so ist zu sagen: „Es gibt durch das Leiden Christi keinen Ort und keinen Zustand mehr für den Menschen, in dem Gott nicht selbst vorher gewesen ist, wo er ihm also nicht unmittelbar als Mensch begegnen könnte." (J. Günther)[13] Und weil dem so ist, muß „niemand... als Erster durch die Dunkelheiten auch seines ausweglos scheinenden Lebens gehen. Keiner ist aber auch der Letzte oder gar Ausgeschlossene auf diesem Weg. Jesus Christus trägt auch das ärmste und schwächste Leben in seine Auferstehungskraft hinein." (H. Barner)[14] J.S. Bachs Palmsonntag-Kantate schließt mit dem Schlußsatz des Chores: „*Er gehet voran / und öffnet die Bahn.*"[15]

---

[10] H. Spaemann, Macht und Überwindung des Bösen (Reihe Doppelpunkt), München 1979, S. 35; vgl. Ders., Stärker als Not, Krankheit und Tod. Besinnung und Zuspruch, Freiburg/Basel/Wien ⁴1985, S. 84f.

[11] Ders., Stärker als Not..., S. 86.

[12] H. Grüber, Leben an der Todeslinie. Dachauer Predigten. Mit einem Vorwort v. K. Scharf, Stuttgart/Berlin 1965, S. 43.

[13] J. Günther, Das sehr ernste Märchen von Gott. Zwischenfragen an Theologie und Kirche, Witten/Berlin 1971, S. 272.

[14] Schwester H. Barner; in: Kork. Zum 90. Jahresfest am 23. Mai 1982, hg. v. den Korker Anstalten [Kork bei Kehl/Baden], o.S.

[15] J.S. Bach, Himmelskönig sei willkommen (BWV 182).

Alles Glauben-können, mein Leben, hängt daran, daß dies einmal wirklich als Kreuzestod dieses Menschen Jesus von Nazareth in der ganzen geschichtlichen Bedingtheit jener vergangenen Zeit und jenes fernen Ortes geschehen *ist*. Genauer gesagt: Das an Gott Glauben-können eines Menschen hängt daran, daß dieser Mensch, Jesus von Nazareth, der mit seinem Wirken und mit dem, was es bei Anderen auslöste, das Reich Gottes unter uns Menschen einleitete, also Gott zu uns Menschen brachte und der das, was er tat, in seinen Worten, in seiner Botschaft deutete – daß dieser Mensch Jesus gelebt hat und daß er darum, weil er die anbrechende Gegenwart Gottes unter uns gelebt hat, hingerichtet wurde *und doch* als die Person, die er war, nicht im Tode blieb, sondern unter uns auferstanden ist. Das ist als die Geschichte Jesu und also als das, was Jesus als Person ist, von uns zu *verstehen*. Und anders gibt diese Geschichte keinen Sinn; sie ist anders nicht nur Lug und Trug, sondern von Anfang an schlimmste Gotteslästerung, sinnlose „Vermenschlichung" Gottes. Wäre dies Leben mit Gott durch den Tod hindurch und über den Tod hinaus nicht einmal geschehen in der unwiederholbaren Bedingtheit vergangener Geschichte, es wäre ein schöner, jedoch trügerischer Traum. Wäre es nicht einmal eindeutige Wirklichkeit gewesen, wie sollte es dann je angesichts unserer Uneindeutigkeit Wirklichkeit werden und sein können? Wenn es aber nicht im strengen Sinne einmal und so, wie es ist, nicht wiederkehrend, also nicht einzigartig wäre, so wäre es kein Ereignis der Geschichte, kein Ereignis unter Menschen, also kein menschliches Ereignis.[16] Wäre es mehrmals, es wäre nicht eindeutig.

Abstrakt einmalig und mithin fern bleibt dies Ereignis jedoch, wenn es in seiner geschichtlichen Einzigartigkeit nicht im Lichte

---

[16] Für die Ausführungen über das „einmal" als „ein für allemal" sei verwiesen auf H. SCHRADE, Beiträge zur Erklärung des Schmerzensmannbildes; in: Deutschkundliches. Friedrich Panzer zum 60. Geburtstag (Beiträge zur neueren Literaturgeschichte NF XVI), Heidelberg 1930, S. 180.

Gottes, nicht als eins mit Gott, erkannt wird; und das heißt, wenn es nicht von einem Menschen erkannt wird, der es zu *glauben*, für sein Leben wahr sein zu lassen, wagt. Dann jedoch und so verstanden ist Jesu Kreuz noch in einem anderen Sinne geschichtlich einmalig und einzigartig: darin nämlich, daß es Menschen zum Aufleben, zum auferstehenden Leben verwandelt – und also Geschichte macht. Dem, der es als eins mit Gott versteht und also glaubt, ist die Person, die da gekreuzigt ist, lebendig geworden. Sie ist lebendig geworden und erlaubt daher immer neue verstehende Verbundenheit jedes Menschen, der will; ihre Wahrheit ist offen für immer neue Aneignung im Leben individueller Menschen in deren geschichtlicher Besonderheit und in deren jeweiliger, unverwechselbarer Eigenart.

Keine Nachahmung eines Vorbildes ist gemeint; wie ja die Liebe kein Vorbild kennt. Sondern das einmalig Individuelle Jesu, begriffen in seiner Einheit mit Gott – begriffen als Wahrheit –, erweckt den Einzelnen zu einer individuell eigenen Ausbildung *dieser* Wahrheit in *seinem* immer auch zweideutigen Leben und hoffentlich auch in seinem Sterben.

Diese neue Ausformung wird im Blick auf die Besonderheit von Jesus verschieden sein – und doch stammt sie allein aus der glaubenden Verbundenheit mit ihm. Das Gemeinsame mit Jesus in der neuen Aneignung und Ausformung, das Identische, geht dem Glaubenden nur zugleich mit seiner Besonderheit, oder gerade *an* deren Unterschiedenheit, auf. Die neue Aneignung besteht ja darin, daß ein Einzelner ein Gespür dafür bekommt, wo Spuren jener Wahrheit von der im Kreuz Jesu erkenntlichen Gottesliebe in seinem Leben und in seiner Lebenswelt zu entdecken sind.

Doch wer solchem Aufschein nachzuspüren versucht, der gerade wird auch immer wieder überwältigt sein von dem Potential des zerstörerisch Bösen, das in jedem selbst und in seiner Lebenswelt immer wieder sich auswirkt. Ach, auch das ist ihm nicht unbekannt und im strengen Sinne nicht neu, ja auch nicht überraschend; denn das zerstörerisch Böse, das alte Übel, hat sich an Jesu Kreuz in der ganzen Schärfe seiner tödlichen Lebens- und Liebesfeindschaft enthüllt. Was den Gegnern damals Jesus und seine Botschaft unerträglich sein ließ – die ungeheure Sorglosigkeit um sich selbst und diese ineins mit der schutzlos verzeihenden, Grenzen und Zertrennungen aufhebenden Güte – noch immer wollen wir das im Ernste doch nicht wahrhaben, wenn wir unablässig in unsere alte Selbstdurchsetzung zurückfallen, Spuren, Ansätze von Verstehen, von Achten des Anderen und von Freundlichkeit achtlos übergehen und zertreten. Nur wer am Dunklen seiner selbst und seiner Welt leidet, nur der hat vermutlich das Licht des wahren, vom Bösen freimachenden Lebens erkannt und in sich eingelassen.

Gerade in solchem Leiden jedoch kann unser Leben gleichförmig mit Gott und der Gottesliebe sein, *wenn* unser Leiden am tödlich Bösen wirklich Liebe zum *Leben* ist. Weil sich nämlich die unbedingte Liebe Gottes gerade im Leiden und Sterben Jesu offenbart, das doch wie jedes Leiden und Sterben an sich widersinnig ist – weil sie darin zeigt, was und wie sie selbst ist, darum ist die Gottesliebe erkennbar *leidende* Liebe, Liebe im Schmerz. Oder anders und nicht weniger deutlich gesagt: Im Schmerz der Liebe des Glaubenden ist Gott. Wer immer Gott finden will, da finden will, wo er sich und also seine Liebe zeigt und finden läßt, der wird seit Jesu Kreuz Gott hier, im leidenden Schmerz, finden, hier zuerst und ganz ohne diesen nirgends und nie. Im Schmerz um die Unkenntlichkeit Gottes aufgrund des von uns Menschen angerichteten, Gott verstellenden Unheils und angesichts des unsäglichen Leidens und Sterbens faßt einer die Liebe zu Gott, weil er begreift und glaubt, was und wie Gottes Liebe, die unbedingte, nichts auslassende Liebe, ist.

R. Schneider hat das den „unfaßbare(n) Eingang des Leidens in die Gottheit" genannt.[17] Denn es ist „ungeheure Tatsache, daß

---

[17] R. SCHNEIDER, Der Friede der Welt [wie oben zu II.5., S. 134], S. 22.

Gott selbst auf die grausamste Weise mißhandelt wurde von den Knechten der Gewalt, daß Herodes ihn in Purpur kleiden und krönen ließ, um ihn zu verhöhnen; daß somit sichtbare Entwürdigung vor höchster Würdigkeit, Unehre vor göttlicher Ehre steht und sie verbirgt".[18] Die „Wahrheit" ist „die Liebe selbst, die unfaßbare göttliche Liebe, die sich in die Hände der Verfolger gegeben hat um der Verfolger willen."[19] – „Gott" selbst „hat Todesgestalt angenommen und die vollkommene Gestalt des Schmerzes. Er ist eingegangen in Tod und Leid für immer: solange diese für uns erfahrbare, uns allein erfahrbare Welt besteht."[20] „Macht", göttliche, rettende Macht hat nur noch „die erwählte Machtlosigkeit".[21] R. Schneider hat daraus selbst den Schluß gezogen: „Wenn diese Wahrheit beginnt, sich im Leben des einzelnen mit einer neuen Kraft zu vollziehen, so ist auch die Möglichkeit eines neuen Lebens in Christus und der Würdigung des Menschen durch Ihn aufgegangen. Aber, es ist niemand außer Ihm, der Geschändeten, Geschlagenen Würde verleihen kann."[22]

Wo also ist Jesus als Christus – oder Gott, so wie er in Jesus ist – unter uns? Wo kann er einem Einzelnen, jedem Einzelnen, der bereit ist zu hören, was wahr und wirklich ist, gegenwärtig und lebendig werden? Gott ist, so ist nach Jesu Kreuz und Auferstehen zu sagen, gegenwärtig in allem Menschlichen und wartet da darauf, daß wir ihn darin finden, gleichsam „ausmachen", und ihm *glauben*. Und wo Gott erkannt wird, da ist ineins auch der Christus Jesus dem, der erkennt und glaubt, lebendig; denn weder Gott noch Jesus ist ohne den anderen zu verstehen. Doch er ist zuerst und vor allem gegenwärtig in den Leidenden, in denen er,

---

[18] DERS., ebd., S. 34.
[19] DERS.., Freiheit und Gehorsam. Essays (dtv 441), München 1967, S. 136.
[20] DERS., Portugal. Ein Reisetagebuch (suhrk. taschenb. 1073), Frankfurt a. M., S. 162.
[21] DERS., Der Friede der Welt [wie oben zu II.5., S. 134], S. 23.
[22] DERS., ebd., S. 34.

der Christus, „fortleidet". H. Spaemann legt es so dar: Er, der Christus, „selbst leidet mit in jedem Leidenden, bleibt aber auch die Weltzeit hindurch mit und in jedem Leidenden angewiesen auf unsere Liebe, genau so, wie er es in seinem irdischen Leben und Leiden und auf erschütternde Weise im Garten Getsemani war, als er ausrief: ,Konntet ihr nicht eine Stunde mit mir wachen?' – Da wird deutlich: er wartet in jedem Leidenden und Ringenden auf unser Mitsein, … Wachen und Beten."[23]

Gott, denke ich, ist dem gegenwärtig, der sich – dem Leben verschrieben, weil Gottes gewiß – auf den unsäglichen Jammer dieser Welt zu seinem Teil und nach seinen Fähigkeiten einläßt und so teilnimmt an Gott im Schmerz.

Vielleicht kann man sagen, was H. Spaemann auszusagen wagt: „Die Leiden aller Leidenden haben durch Jesu Passion eine Beziehung zu Gott bekommen."[24] Durch Jesus, „der in unsere Leiden einging," sind die Armen, die Leidenden „der Sinnlosigkeit entrissen"[25]. Aber man wird das wohl, denke ich, nur sagen können, wenn man darin den unendlichen Aufruf an *uns* mithört, daß durch unser Leben und Sprechen etwas von dem durchschimmern möge, was Ostern und also das *Bestehen* der Leidensnot und der Todesschrecken ist – und was dem Leidenden neben uns, als die Wahrheit für ihn selbst einleuchten und also zum Trost werden möge. Daß dies geschieht und ein Leidender der Sinnlosigkeit tatsächlich entrissen wird, das hat keiner von uns in der Hand; daß es sich trotz unserer Fehlerhaftigkeit glücklicherweise ereigne, das kann nur unsere nicht nachlassende Hoffnung, unser Glaube an Gott im Kreuz sein. – Ich frage mich, wie das Luther wohl gemeint haben mag mit dem Satz: Einer sei dem Anderen ein

---

[23] H. SPAEMANN, Stärker als Not, Krankheit und Tod [wie oben zu S. 392], S. 91 f.

[24] DERS., ebd., S. 90.

[25] DERS., Die Liebe; in: Die hundert Namen Gottes. Tore zum letzten Geheimnis, hg. R. Walter (Herderbücherei 1229), Freiburg 1985, S. 152.

Christus.[26] Wir können das ja wohl nur ab und an als die darüber Unwissenden sein. Doch wahr bleibt, daß es keine größere Hoffnung gibt als die: dem Betroffenen selbst – und wer wäre das gänzlich nicht? – möge wahr *werden*, daß „nicht vergeblich gelitten" wird (H. Spaemann). Ja, „eben dies" Ungeheuerliche wäre für ihn Ostern, wäre für ihn das umwandelnde Verstehen, daß „eben dies" in „Jesu Auferstehung offenbar" gemacht ist.[27] – Doch wahr ist auch und nicht zu vergessen, daß *dazu* unser Mut und unser Verstehenwollen des Anderen, unsere Geduld und unsere Ausdauer gefordert sind.

Mit solchem Beistehen für den Anderen ist anderes gemeint als „Solidarität mit dem Leidenden" im üblichen Sinne. Sicherlich können wir in praktischer Hilfe für die Notleidenden dringend Nötiges tun; und sicherlich tun wir nur zu oft zu wenig, etwa um dem Betreffenden die Wiedereingliederung in die Gesellschaft zu ermöglichen. Aber solche Hilfeleistung kann doch allein eine äußere sein, sie verfügte sonst unvermeidlich über den Anderen, griffe unbesehen in dessen Leben und Lebensweise ein. Doch was ist dessen Leben selbst – und wie kommt er dazu, sein Leben selbst zu leben: wie wird er fähig, neu und wirklich zu *leben*, also aufzuleben? Er wird es nur durch sich selbst, er wird es nur, wenn er die Wahrheit für sein Leben, den Sinn *seines* Lebens, erfaßt. Dazu jedoch bedarf es, daß ein Anderer, ein Glaubender, Hoffender bei ihm – für ihn ausharrt. Und dann nur wird einer ihm beistehen, wenn er, ohne große Worte, die Not, die der Leidende mit seinem Leben hat, sich so zueigen macht, daß er daran seine eigene Unfähigkeit und Ohnmacht erfährt. Ich meine *die* Unfähigkeit, dem Anderen in dessen Not ein Zeuge der Wahrheit zu sein, ihm das rechte Wort nicht sagen zu können, das ihm zum

---

[26] M. LUTHER, Von der Freiheit eines Christenmenschen (1520) [wie oben zu IV. 7., S. 230], S. 25, Z. 14f. (= in der lat. Fassung: Weimarer Ausg. (WA) 7, S. 66, Z. 26–28). – Die Traditionsgeschichte aus Matth. 25 und in der Regula Benedicti ist mir ein wenig bekannt.

[27] H. SPAEMANN, Die Liebe [wie oben zu S. 397], S. 151.

Hinweis wird, *selbst* in allem Schutt von Lieblosigkeit die Liebe in seinem Leben, sein doch Geliebt*sein* also, zu finden. Wie also hält einer diese Unfähigkeit aus? – „Weinet mit den Weinenden" (Röm. 12,15). Vermutlich ist es nur zu oft gar nicht unsere Aufgabe, „die Tränen" des Anderen „zu trocknen", sondern sich nicht abzukehren, dazubleiben – selbst dann, wenn man nichts tun kann und wenn man es kaum noch erträgt, die Schmerzen des Anderen mitansehen zu müssen. Darum wird vermutlich nur *der* aushalten und beistehen können, der die lebendige Hoffnung hat, daß Gott noch in der Nacht der Verlassenheit und des Todes bei uns ist, wenn wir das nur fassen. Das wäre der Glaube an Ostern bei *dem*, der auszuhalten bereit ist, und es wäre nach dessen eigener Überzeugung zugleich auch die Wahrheit für den Anderen in dessen Not, wenn sie diesem nur selbst aufgeht. Er würde dann und so, weit über seine Absicht und sein Können hinaus, dem Anderen zum Trost werden, und würde das nach seiner eigenen Überzeugung doch nicht aus eigener Kraft, sondern im Geist Jesu Christi.

H. Spaemann schreibt: „Das wichtigste Apostolat des Christen ist *er* selbst, seine Existenz, wie und wer er ist, nicht, was er mit all seinen Aktionen darstellt, vorstellt, hinstellt"[28] – und, sei hinzugefügt, sind schon gar nicht seine Worte allein, seine Reden.

Im Zusammenhang mit dem Gedanken vom „Eingang des Leidens in die Gottheit" wurde R. Schneider zu seinem Erschrekken deutlich, daß die „Nagelprobe", der Ernstfall für ein Christentum, das der Härte der Gegenwart gewachsen ist, darin besteht, ob wir, die Christen, willens und fähig sind, das unergründliche Leid dieser unserer Welt auf uns zu nehmen und es zusammen mit Gott im Schmerz auszuhalten. „Ist diese Erfah-

---

[28] H. Spaemann, Urgrund Liebe (Meitinger Kleinschriften 97), Freising 1983, S. 16; vgl. Ders., Stärker als Not, Krankheit und Tod [wie oben zu S. 392], S. 32.

rung aus der Verzweiflung an Kosmos und Geschichte, die Verzweiflung vor dem Kreuz, das Christentum heute?"[29]

Diese Frage – wie ein Feuerschein beleuchtet sie den Himmel. Ihr, denke ich, ist zuzustimmen, so gut nur ein jeder kann. Ja, zu denken und zu leben ist: Gott ist im Schmerz, im Erleiden und Durchstehen des Leids aller Leidenden zu *glauben* und zu finden. Wenn alles Leiden auch an Gottes Unkenntlichkeit leidet und wenn Gott selbst in das Leiden eingegangen ist, dann ist alles betroffene Aushalten von Leiden ein Leiden *mit* Gott. Dies aber beginnt, wenn das Unheil und Elend, das mir entgegenkommt, mir die Worte nimmt, alle Erklärungsversuche für dies Leiden vergehen läßt, ja als Fluchtversuche vor dem Ertragen, vor dem Aushalten, enthüllt. Wenn einer schutz- und erklärungslos vor dem Leiden steht, dann beginnt er zu verstehen, was es um das Leiden ist, inwiefern es Gottes Katastrophe und seine Stunde zugleich ist: *die* Stunde, in der er, Gott, der zu entdeckende Sinn von allem, der noch den Widersinn umzuwenden vermag, gefunden werden kann. „Auch der Mut zu schreien ins Niemandsland und der Mut zu horchen auf die verlorenen Schreie" (H. Ihmig)[30] gehören dazu.

Doch unser Bezeugen Gottes, nicht in bloßen Worten, unser leidendes und zuweilen selbst verzagtes Bezeugen *des* Gottes, der noch in der Härte des Todes das Leben und nicht unseren Tod will, kann nur gelingen, wenn es ohne weitere Absicht den Anderen frei läßt, ihn den sein läßt, der er sein will. Das wird unsere Trauer, unseren Schmerz um die ungeheure Verborgenheit Gottes noch erhöhen. Aber auch Jesus ließ den reichen jungen Mann gehen und redete ihm nicht hinterher (Mk. 10,17ff.).

In solchem Bezeugen jedoch wird uns nicht zuletzt immer wieder bewußt, wie unvollkommen und bruchstückhaft unsere

---

[29] R. SCHNEIDER, Winter in Wien [wie oben zu IV. 3., S. 197], S. 261.
[30] H. IHMIG, Was Menschen brauchen; in: Pastoraltheologie 76. Jg., 1987, S. 217.

Versuche des Bezeugens sind. Die uns gestellte Aufgabe wäre nicht zu ertragen, wäre es uns nicht gegeben, über uns hinauszuweisen auf die mit Ostern offenbarte Liebe Gottes in dem *einen* Kreuz und Tod, dem Kreuz Jesu. Es kann ja keiner die unbedingte Wahrheit für sich, für sein Leben, glauben, wenn er nur uns, einem anderen Menschen, glaubte; er kann es nur dem Gott glauben, der noch den Tod mit seiner Liebe ausgefüllt und so ausgestanden hat. Nicht für Andere, für uns selbst im Glauben bedürfen wir Jesu, des Christus, als *unserer* Eindeutigkeit; wir hätten sonst keine, wüßten nicht, was das ist, und verlören uns im Verschwommenen.

Fragen wir abschließend noch einmal, wie Gott in Jesus, dem Christus, unter uns gegenwärtig ist. Er *ist* es, denke ich, wenn Menschen *in* ihrer Unzulänglichkeit vom Geist des gekreuzigten Jesus, der gekreuzigten Liebe, bewegt sind und folglich wissen, wovon sie *leben*, nämlich gerade im Glauben gewiß nicht nur von sich. Das sind Menschen, die mit ihrer Existenz und mit ihrer ganzen Überzeugung auf Jesus und Gott in ihm zu verweisen hoffen.

Zur Wahrheit gehört, daß einer von ihr überzeugt ist. Ohne Überzeugtsein ist sie nicht da. Doch ist nun einer von einer Wahrheit überzeugt, so ist er *darin* zugleich dessen gewiß, daß sie auch die Wahrheit für jeden Anderen sein kann. Die Wahrheit trennt nicht; sie verbindet den, der von ihr überzeugt ist, mit den Anderen; denn er möchte, daß auch die Anderen selbst sie erkennen, damit sie auch für diese *deren* Wahrheit sei. So ist die Wahrheit, Gottes Wahrheit, wie sie aufgeschlossen ist in Jesus, in seiner in den Ostermorgen einmündenden Geschichte, unter uns gegenwärtig.

Mit Jesu Gegenwart verhält es sich ebenso wie mit der Gottes. Gleich wie Gott ausgebreitet ist in allem als der jeweilige Sinn eines jeden – und wie er doch als er selbst nur erkannt wird, wenn der Mensch auf ihn sich konzentriert, auf ihn als dies Subjekt und diese Person, so auch Jesus als Christus. Wohl ist sein Geist in vielen Menschen, und so ist er in vielen; aber daß aller christliche Geist *sein* Geist ist und von ihm ausgeht und was er so selbst als diese Person ist, das ist nur erkannt und gelebt, wenn sich unser Erkennen und Lieben *auch* ganz auf ihn konzentriert.

Glauben an Gott – was ist das? Es ist: Daß für jeden, der verstehen und glauben kann, über allem, wirklich allem, ein Freudenschimmer sich auftun kann.

Anhang: Zu Weihnachten[1]

Das ist die Größe Gottes, die unfaßliche, maßlose Größe Gottes: Gott gibt sich uns als ein hilfloses Kind – als ein kleines Kind in der Krippe. Und darin liegt die nicht endende, göttlich werbende Aufforderung an uns: unsere Hände wie Empfangende hinzuhalten und dieses Kind zu halten und auf die Arme zu nehmen. Höchste, unendliche Ehre und letztgültige Anerkennung ist das, was uns da entgegengebracht wird. Mit dem Kind in der Krippe wendet sich Gott voll Liebe, doch drängend und wie Schutz suchend an uns: Komm, nimm und *halte* das Kind; komm, nimm die Liebe auf.

Dies Verlangen Gottes nach uns, diesen Ruf Gottes nach unserer Liebesfähigkeit, nach unserer Menschlichkeit: werden wir das am Weihnachtsfest hören? Und wenn wir es nicht hören, ist dann der Pastor oder die Kirche oder die Gesellschaft schuld? Gott: ein hilfloses Kind, das darauf wartet, daß wir uns seiner annehmen.

Werden wir offene Herzen haben, warm und lebendig genug für diesen Ruf der Liebe Gottes nach einem Widerhall in uns? Es ist ja dieser Ruf nichts anderes als eine unendliche Einladung – als eine Einladung zum ewigen Finden. Werden wir mithin verste-

---

[1] Bei dieser Anrede an die Studierenden in der Vorlesung vor den Weihnachtstagen 1985 habe ich Ausführungen M. Sebalds im „Gemeindebrief" der Paul Gerhardt-Gemeinde Hamburg-Winterhude aufgenommen.

hen, daß die Größe Gottes *darin* besteht, daß er sich uns schenkt, uns sich ausliefert – und daß er darin etwas in uns bewegen und erwecken will? Ja, in *uns*, und nicht nur damals in Bethlehem, sondern von Bethlehem ausgehend in uns allen.

Aus der Predigt Luthers zum Weihnachtsabend 1519:

„Denn so süß und gut Christus auch in sich sein mag, das wird nicht anerkannt und das erfreut uns nicht, es sei denn ich glaube, daß er mir süß und gut sein wird, so daß ich sage: Mutter, das Kindlein ist mein." – „Quantumvis dulcis Christus sit, quantumvis bonus, non agnoscetur, non exhilarabit nos, nisi crediderо, mihi dulcem, bonum esse, nisi dixerim: Mutter, das kindleyn ist meyn."[2]

---

[2] M. LUTHER, Predigt über Matth. 1,1 f. am Weihnachtsabend 1519; in: Predigten Martin Luthers durch das Kirchenjahr, II: Advent und Weihnachten, hg. P. Manns (Topos-Taschenb. 132), Mainz 1983, S. 41–46, Zitat: S. 43 (= im lat. Text: WA 9, S. 440, Z. 26–28).

Nachwort

Zwei Mitarbeiterinnen schulde ich mehr Dank, als Worte zu sagen erlauben. Anne-M. Kleinhempel hat drei Fassungen dieses Textes nicht nur korrigierend begleitet, sondern mit einer Reihe von Überlegungen weitergeführt. Ohne ihre verständnisvolle Unterstützung wäre dies Buch nicht zustandegekommen. Und gleichfalls danke ich Helga Bruns für das langjährige Mitdenken. Viele Gedanken dieses Buches rühren aus gemeinsamen Gesprächen her. Insbesondere hat Frau Bruns die beiden letzten Fassungen redigiert.